史瓦格金融訪談系列 I

30 周年紀念版

MARKET WIZARDS

Interviews with Top Traders

全球頂尖交易高手對談錄

金融怪傑

撰寫這本書的動機之一，就是要尋找答案。
我要問這些成功的交易者，成為贏家的關鍵是什麼?

傑克·史瓦格 Jack D. Schwager —— 著　俞濟群、王永健 —— 譯

目錄

學會飛翔之前，得先學會摔跤。

——保羅・賽門（Paul Simon）

一個人的上限，很可能是另一個人的下限。

——保羅・賽門（Paul Simon）

如果我想成為流浪漢，我就會向我所能找到最成功的流浪漢尋求資訊與建議。如果我想成為失敗者，我就會向從未成功的人請益。如果我想在一切事情上成功，我就會環顧我四周成功的人，並依照他們的方式行事。

——約瑟・馬歇爾・韋德（Joseph Marshall Wade）

轉引自《華爾街智慧寶藏》（*Treasury of Wall Street Wisdom*）

作者序一

關於投資，最基本的問題是：能不能擊敗市場？效率市場假說提供了明確的答案：不，除非你很幸運。

效率市場假說解釋市場的訂價方式與其過程的本質；過去半個世紀以來，這套理論一直是許多市場與投資相關學術研究的基礎。這個理論實際上構成投資領域中各個層面的基礎，包括風險衡量、投資組合優化、指數投資，以及選擇權訂價。效率市場假說可以總結如下：

- 資產的價格已經反映了所有已知資訊。
- 資產價格會立即變化以反映新資訊。
- 因此，
  ——市場價格是完美的。
  ——利用任何市場已知的資訊，都不可能持續擊敗市場。

效率市場假說有以下三種不同強度的版本：

一、**弱式效率**。這個形式的效率市場假說指出，過去的市場價格資料無法用來擊敗市場。（換言之，技術分析不過是浪費時間。）

二、**半強式效率**。這個形式的效率市場假說認為，你無法以任何公開可得的資訊來擊敗市場。（換言之，基本分析也是在浪費時間。）

三、**強式效率**。這種形式的效率市場假說指出，即使是私有資訊也不可能擊敗市場。（換言之，針對內線交易的執法依然是浪費時間。）

結論：這本書的讀者是妄想主義者。

效率市場假說認為市場無法被擊敗，因為每個人都能取得相同的資訊。這種推理在概念上是有缺陷的。即使每個人都擁有相同的資訊，也沒有理由假設他們會針對市場或證券的訂價持有完全相同的意見。以西洋棋比賽為例，所有玩家都知道相同的規則，也可以閱讀相同的西洋棋書籍，或查閱世界冠軍選手過去的比賽紀錄，但能夠成為頂級玩家的仍然只有少數。我們沒有理由假設所有玩家都以同等的效率運用相同的資訊。既然如此，對於某種意義上比西洋棋更為複雜的市場（存在更多變數以及持續變動的規則），我們又怎麼可以如此假設呢？

在西洋棋比賽中，少數技藝高超的玩家能夠利用較弱對手的失誤，贏得大多數比賽。與西洋棋類比，唯一合理的推論是：少數技藝高超的市場參與者以不同的方式解讀資訊，也就是說，他們面對相同的市場「棋盤」，卻能夠推導出與市場大眾不同的行情預測。在這個概念框架下，大多數技能較低的市場參與者在市場裡犯下的錯誤，將導致價格落入錯誤的水準（也就是說，價格脫離了某種未知的均衡水準），因此為技術更純熟的交易者創造了獲利機會。

效率市場假說的支持者認為市場難以被擊敗，這一點絕對正確，但他們的論據卻是錯誤的。在市場上難以取得優勢，原因不在於價格即時反映所有已知的資訊（儘管有時候確實如此），而是在於情緒對價格的影響變化太大，幾乎無法衡量。有時候，情緒會導致價格遠遠超越任何合理定義之下的公允價值——我們稱這類現象為市場泡沫；另一些時候，情緒會使價格暴跌，以致遠低於任何合理定義之下的公允價值——我們稱這類現象為市場恐慌。最後，也許在大多數時候，情緒對價格造成的扭曲相對有限——這時候，效率市場假說對市場環境的描繪也就相當貼近真實。因此，市場價格要麼與公允價值差異不大（情緒對價格的影響不顯著），要麼被扭曲；而一旦被扭曲，我們就難以確定價格偏差的可能幅度。

儘管我們通常可以辨識市場什麼時候處於狂喜或恐慌的狀態，卻難以評估泡沫和恐懼將把市場帶到哪裡，擊敗市場因此成了一件極為困難的事。即使完全正確地評估市場的公允價值，仍然可能太早建立部位而損失慘重。例如，假設某位交易者在一九九九年年底認定當時科技股急遽上揚的走勢已經過度延伸，於是在那斯達克指數達三千點的水準進場做空。就那斯達克指數在泡沫破裂後十年之間的價格區間（一一〇〇點至二九〇〇點）而言，上述評估絕對正確；然而，這位精明的交易者卻可能破產，因為市場隨後又上漲了六八％，最終在二〇〇〇年三月以五〇四八點做頭。根本而論，這位交易者的市場預測並沒有錯，而且發展超過十年的多頭市場即將在短短四個月後做頭向下；可是，他的這一筆交易還是成了一場災難。我們當然不需要假設市場完美訂價，也能夠說明為什麼交易者總是難以跑贏市場。

情緒能夠影響價格，甚至主導市場——光是認知這個事實，就足以蘊含重大意義。以這種觀點看待市場行為，我們同樣發現市場難以被擊敗（因為市場的情緒因素多變且無可預測）；但更最重要的是，困難不代表不可能。實際上，在情緒的影響之下，價格可能脫離真實的價值，而這個現象卻也創造了投資和交易機會。

儘管矛盾的證據愈來愈多，效率市場假說的支持者仍然緊抓著不放，因為效率市場假說是各種關鍵金融應用，包括風險評估、投資組合配置優化，以及選擇權訂價的根基。然而，不幸的是，這些應用可能因為基本假設不正確而導致錯誤的結論。況且，最極端的錯誤往往發生在錯誤代價最昂貴的時期，比如市場泡沫化和恐慌的時刻。從某種意義來說，效率市場假說的支持者就像那個在停車場的路燈柱下尋找鑰匙的人，因為那裡比較亮。

效率市場假說的缺陷很嚴重，而且隨處都是反證：

- 如果假說為真，則被認為不可能的事情早已發生，而且發生了很多次。僅舉一個例子：一九八七年十月十九日，標普指數期貨下跌二九%，跌幅令人震驚。如果效率市場假說是正確的，那麼這類事件的發生機率是十的負一百六十次方——這種可能性過於微小，大概等於你在宇宙中隨機選取一個原子，然後第二次隨機選取時又得到同一個原子的機率。（這項計算估計宇宙中存在十的八十次方個原子。來源：www.wolframalpha.com。）
- 如果效率市場假說是正確的，則某些市場參與者（包括這本書所訪問的交易者）所取得的績效紀錄，在統計上絕不可能。

- 效率市場假說預設價格將以某種機制調整到正確的水準，但這個假設所依據的是一個有缺陷的前提——消息靈通的交易者對價格的影響力，可能會暫時被消息不靈通的交易者，或者被不以獲利為目的的對沖者和政府所超越。
- 完全脫離合理估值的市場價格是非常常見的。
- 價格波動通常在基本面消息廣為人知之後才發生。
- 每個人都掌握相同的資訊，並不意味著每個人都將以相同的效率運用這些資訊。
- 效率市場假說沒有將人類情緒對價格的影響納入考量，因此遺漏了某個影響市場價格的關鍵因素；這個因素在歷史發展中多次（例如在市場泡沫和崩盤時期）支配基本面因素的影響力。

壞消息是：效率市場假說排除了擊敗市場的可能性，除非你足夠幸運。好消息是：效率市場假說在理論和經驗上都存在嚴重缺陷。所以，回答本文開始時所提出的問題：是的，儘管很難，但市場是可以被擊敗的。

我經常被問：「金融怪傑」的養成來自於天賦或後天的努力？我以賽跑的比喻作為我的標準答案。對於身體條件不佳的人來說，跑馬拉松是一項令人生畏的任務；儘管如此，大多數人只要得到充分的訓練，並且投入練習，基本上都能完成。然而，極少數擁有某種體能特徵的人，無論有沒有努力，總是能夠在兩小時十五分（男性）或兩小時三十分內（女性）跑完。交易就跟馬拉松一樣，只要努力，就能熟練；可是，如果想要達到精英的水準，就必須具備某種程度的天賦才能。許多「金融怪傑」所創造的交易成就，必然得仰賴他們的天賦，或者某種讓他們能夠比一般人更精準預測行情的內在雷達。無論多麼熱衷於交易，也無論你願意花多少時間坐在螢幕前，不得不接受的事實是：「金融怪傑」的技藝對大多數人來說都是遙不可及的。

作者序二

本書有許多令人嘆為觀止的故事：

- 有一名交易者在操作生涯初期屢戰屢敗，但後來把三萬美元變成了八千萬美元。
- 有一名基金經理人做到了許多人難以置信的事——連續五年投資報酬率達到三位數。
- 有一名來自美國小鎮的交易者，白手起家，最後成為全世界最大的債券交易者之一。
- 有一名曾當過證券分析師的理財高手，憑著主攻股價指數期貨，七年來每月的平均投資報酬率為二五％，相當於每年投資報酬率超過一四〇〇％。
- 一名麻省理工學院電機系畢業生，靠著電腦程式的操作指示，十六年來的投資報酬率竟高達兩千五百倍。

上述這些例子，只不過是本書所訪問的諸多理財高手中的若干故事，本書訪問的交易者各有其法，成就斐然。

這些交易者如何超凡出眾？大部分人認為，在市場上旗開得勝，一定有不傳之秘，但真相是：如果說我所訪問的這些交易者有什麼共同特質的話，他們的態度顯然比招式來得重要。有些交易者只用基本分析，有些只看技術分析，有些短線進出，有些長期持有。雖然他們的交易方法不一而足，差異很大，但我的心得是，他們的交易態度與原則都有共通性，這一點很重要。

如果想要成功，交易是最後的機會之一，它能使一個人在資金相當少的情況下，晉升為百萬富豪；當然，只有少數人（就像本書所訪問的這些人）功成名就，但至少機會是存在的。

我不奢盼本書的讀者都能成為超級交易者——世界上本來就沒有這麼便宜的事，但我相信這些訪問能刺激思考，協助大多數態度認真、心胸開朗的讀者改進交易的表現，也許有人會因此成為超級交易者。

傑克・史瓦格（Jack D. Schwager）

美國紐約州金橋（Goldens Bridge）

一九八九年五月

謝辭

首先，我要感謝 Stephen Chronowitz 花費極大心力與時間，詳細審閱本書的每一章節，提出許多寶貴的建議。我相信本書如果稱得上有什麼優點的話，很多地方都有他的功勞。

我也感謝內人喬安（Jo Ann），不僅忍受當了九個月的「寡婦」，而且她還是一位難能可貴的忠實讀者，常識豐富；她不時給我建議，而我通常敬謹接受。例如，她會說：「這是我所看過你寫得最爛的一段！」（不用說，那段文字已經被我刪除了。）

當然，我也要向同意接受訪問的所有交易者致謝；如果沒有他們，就沒有這本書。大體而言，他們並不需要、也無意求名——他們只為自己的帳戶交易，或者已經募集了足夠的資金，因此他們接受訪問的動機，只是為了幫助別人。例如，有一位交易者說：「我剛入行時，發現一些成功交易者的傳記或訪問特別有用，所以我也希望能飲水思源，幫助後進。」

誠摯感謝 Elaine Crocker 的諄諄善誘，才讓我能夠完成若干章節。我也感謝 Courtney Smith、Norm Zadeh、Susan Abbott、Bruce Babcock、Martin Presler、Chuck Carlson、Leigh Stevens、Brian Gelber、Michael Marcus，以及 William Rafter，他們給予我建議、指導和其他協助。最後，我要感謝 Irv Kessler、Doug Redmond 和 Martin Presler，這三位交易者接受了我冗長的訪問，卻沒有被納入本書（前兩位是因為我的問題過於技術性和深奧，第三位則是因為出書在即，沒有足夠時間再做後續訪問和彙編）。

前言

有一本書，書名是《大看板》（*The Big Board*），描述一對地球人被外星人綁架。他們被帶到「鋯子星二一二號」的動物園做展示。

這兩個人所住的動物園，牆上有一面大看板，顯示股票和商品的報價，另有新聞接收機與電話連接到地球的某個經紀商。外星人告訴這對俘虜，已經為他們在地球上投資了一百萬美元，可讓他們自行管理。如果順利的話，等到他們返回地球時便已家財萬貫了。

當然，電話、大看板和新聞接收機都是假的。那只不過是要讓這兩個地球人更用心，好讓動物園觀眾看到更生動的表演——時而雀躍歡呼，時而竊笑、憤怒、恐懼，或如嬰兒依偎在母親懷裡般得到滿足。

地球人的紙上功夫不錯。當然，這也是外星人的戲碼之一。這一次連宗教也插上一腳混入其中。新聞接收機提醒他們，美國總統已宣布全國進入禱告週，每個人都要祈禱。

地球人那一週在市場中表現欠佳，橄欖油期貨投資小虧，因此他們也祈禱了一番。果真有效，橄欖油真的上漲了。

——寇特・馮內果（Kurt Vonnegut Jr.）
《第五號屠宰場》（*Slaughterhouse-Five*）

如果隨機漫步理論的學者是正確的，地球上的交易者一定和基爾格・特勞特（Kilgore Trout，他是馮內果小說中那位無所不在的科幻小說作家）小說裡被俘的地球人遭遇相同，一樣迷惘。鋯子星二一二號上被俘的地球人以為他們根據實際報價在操作（其實不是），真實世界中的交易者也認為他們能憑聰明才智或技巧擊敗市場。如果市場時時刻刻呈現真實的效率，而且隨機，那麼就算這些交易者把成敗歸諸於本身的技巧或缺點上，那一切實際上也只不過是運氣罷了。

但是，訪問了本書中的交易者之後，這樣的觀點就變得難以接受。有人深信，要持續這麼多年贏過許許多多交易者，幾乎是不可能的事。當然，如果交易者的人數夠多，基於機率法則，經過長時間之後，一定會有某些人超越其他人的表現。交易者達成如此優越表現的機率有多大，我交由數學家去計算。不過，本書所訪問的交易者們顯然毫不懷疑地相信，長期的輸贏乃取決於技術，而非運氣。在此，我也將這樣的信念，與大家共同分享。

我的故事

研究所畢業後，我先從商品分析師開始做起，那時候我很興奮地發現，我的經濟統計分析總能正確地預測許多商品價格的重大起伏。不久後，我便興起了交易的念頭。問題是，我任職的部門不允許分析師進場交易。我和麥可．馬可斯（Michael Marcus，本書受訪的第一位交易者）討論了我的困擾和處境。麥可說：「我當年在那裡工作時也有相同的問題，你應該學學我，在另外一家公司開戶。」他介紹他新公司的一名經紀人給我，於是我便開了交易帳戶。

那時我的薪水比同部門的秘書還低，因此也沒有多少資金可以冒險。我請我的哥哥投資兩千美元，開了個帳戶，由我充當顧問。由於此事必須保密，所以我無法從辦公室打電話，每次買賣都必須搭電梯到地下室，從那裡用公共電話打給經紀商。最難過的不光是每次下單都會延遲，令人心急，而且還必須小心不讓別人察覺我常常開溜。有時，為了不讓人起疑，我甚至不得不延到隔天早上才下單。

最初幾次的交易詳情我已經不記得了。只記得扣除手續費之後，斬獲僅僅比損益兩平好一點。後來，我經歷了一次終身難忘的交易。詳細分析二次世界大戰後的棉花整體走勢之後，我發現，由於政府的種種輔助計畫，一九五三年以來只有兩個產季真正稱得上是**自由市場**（即價格由市場供需決定，而非政府的輔助計畫決定），我的結論很正確——只有這兩季的資料，能用來預測棉花的價格。不過，很不幸的是，我並沒有做出以下結論——現行市場資料不夠充分，不足以做出有意義的分析。當時棉花交易價為每磅二十五美分，相對於那兩個產季，我推論棉花價格會上漲，升到大約三十二美分至三十三美分的頂峰。

最初，預測十分準確，棉花漲了好幾個月，後來更加速攀升，並在一週之內從每磅二十八美分躍升到三十一美分。最後這個階段的漲升，原因來自於一些我認為無關緊要的消息，因此我心想：「這已經很接近我預測的高價了。」於是決定放空。接著，棉花還繼續小漲了一些，但很快就跌破了每磅二十九美分的水準。在我看來，這似乎十分自然，因為走勢和我的分析一致。然而，我的獲利和得意僅曇花一現，因為棉花價格不久之後即反彈而再創新高，還一路往上衝破三十二美分、三十三美分、三十四美分，最後直上三十五美分，於是我賠光了，被迫出清部位。當時最幸運的事，或許就是我手上本來就沒有太多錢可賠。最後棉花價格飆到九十九美分，比本世紀上一次的天價還高出一倍多。

那次交易使我被淘汰出局了好一陣子。接下來幾年，我又牛刀小試了一番，每次交易規模都不超過兩千美元，但最後又是一筆大虧的交易而一無所有。唯一足堪告慰的是，我的損失金額跟很多人比起來算是很少了。

後來發生兩件事，終於打破了我這種屢戰屢敗的模式。第一，我認識了史帝夫．柯諾維茲（Steve Chronowitz）。那時，我是豐布羅爾（Hornblower & Weeks）公司的商品研究部主管，聘請了史帝夫擔任貴重金屬分析師。我們兩人共用一間辦公室，很快就成為了好朋友。我是個基本分析師，史帝夫則不同，他完全是技術分析派（基本分析師使用經濟資料預測價格，技術分析師則利用市場本身的資料如價格、成交量和人氣來預測走勢）。

在那之前，我對技術分析總抱持著有色的眼光，覺得這種只看圖表的玩意兒大概沒用。然而，和史帝夫共事之後，才發現他對市場的預測經常都是正確的，於是我開始體認到，以前對技術分析的觀念或許錯誤了。交易要成功，光靠基本分析還不夠，必須把技術分析對交易時機的掌握也考慮進去——至少我是這麼認為的。

第二件讓我交易反敗為勝的因素，在於我終於體認到：致勝的關鍵絕對少不了風險控制。我決定不再讓自己因為一筆交易而輸光家當——不管我對市場的看法有多麼執著。

諷刺的是，我自認為的成功轉捩點，而且可視為我一生傑作的一筆交易，實際上卻是虧損的。當時德國馬克在超跌後漲破長期盤整區間。依據我對市場的分析，德國馬克正在打底。我在馬克還築底的時候做多，並且在近期的低檔之下，同時下了「取消前有效」的停損賣單。根據我的推論，如果預測正確，馬克應不會創新低。但幾天之後，馬克卻開始下跌，結果我在小賠後停損出場。幸虧當時我這麼做，因為後來馬克行情重挫有如隕石墜地。如果在過去，這樣的交易一定會讓我一貧如洗，但這次我只是小賠而已。

沒多久，我又看多日圓。日圓經過技術性盤整，蓄勢待漲，而且價格型態具有明確的停損點。我交易時通常只下一口合約，但這一次我有信心每口合約設定十五檔的停損，因此可以一口氣下三口合約——如今回想起來，這麼緊密的停損真是難以置信。後來市場一路上漲沒有回頭，但我出場太早，幸好當時還保留其中一口合約做多，而這口合約最後使我的帳戶增值成原來的三倍。我就從這次開始獲利，接下來的幾年，我善用技術分析、基本分析和風險控制，結果從阮囊羞澀的狀況，變成資產超過十萬美元。

美好的時光後來結束了。我發現自己的買賣愈來愈衝動，不再遵照我所學到的規則。

反省過去，我想當時我太恃才傲物，目空一切。猶記得有一次做黃豆虧了，我不但沒有在市場走勢和我的看法背道而馳時認輸出場，反而過度自信地認為，那只是多頭市場的短暫回檔而已，於是還加碼買進。當時我犯了雙重錯誤：判斷失準，又在政府公布穀物收成報告之前加碼買進，後來政府發布利空的報告，使我的資金淨值大跌。幾年來好不容易累積的獲利，在幾天內就輸掉了四分之一。

後來我把投資全部變現，買了一幢房子，接著又休假一年，寫了一本書[1]，儲蓄直降，幾乎五年之久無力重返市場。當我再回到市場時，用的仍是老招式，從小額開始，先投入八千美元，差不多一年便虧光了。我再挹注八千美元，先是小挫數次，終於大贏幾番，兩年內我的帳戶擴增到逾十萬美元。然後就此打住，不再擴大，一年來我的資產就在不到十萬美元的水準起起落落。

雖然客觀來說我的交易還算成功，但情感上總是有失敗的感覺。基本上我認為，憑我的市場知識和經驗，應該更有斬獲才對。我常捫心自問：「既然我前兩次能夠把不到十萬美元的資金翻倍，資產為什麼卻不能再擴大，甚至倍增呢？」

撰寫這本書的動機之一，就是要尋找答案；我要問這些成功的交易者，你成功的主因是什麼？你用什麼手法操作？你交易時遵守什麼法則？剛入行時有哪些經驗？有什麼可以奉勸後進？

從某方面來說，我尋求答案是為了幫助自己超越障礙，但廣義地說，我自認代表大眾發問，問一些別人也想提出的問題。

---

1 Jack D. Schwager, *A Complete Guide to the Futures Market*, New York: John Wiley & Sons, 1984.〔中文版《期貨市場全書》，寰宇出版（全新增訂版），二〇一八年。〕

PART I

關於期貨與外匯

Futures and Currencies

揭開期貨的神秘面紗

在本書所討論的所有市場中，期貨市場或許是大部分投資人最不瞭解的市場。期貨也是成長最快速的市場之一，成交量在過去二十年間成長了二十倍以上。一九八八年，全美國所有期貨契約的成交量總值超過了十兆美元！[1] 顯然，期貨交易絕不只是個小生意而已。

如今期貨市場涵蓋了全世界所有的主要商品，包括利率（如公債）、股價指數（如標普五百指數）、外匯（如日圓）、貴重金屬（如黃金）、能源（如石油）、農產品（如玉米）等等。雖然期貨市場起源於農產品，但農產品目前只占期貨總交易量的五分之一左右。過去十年來，許多新型合約的引進和飛速成長，導致金融類市場（外匯、利率工具、股價指數）如今約占期貨總交易量的六〇％（能源和金屬市場約占其餘四〇％的一半）。因此，

1 這只是粗略而保守的估計值。估計方式是：成交量兩億四千六百萬口，乘上每口平均四萬美元的契約價值。其中還不包括短期利率期貨（如歐洲美元期貨）以及單一期貨契約，其價值從每口糖一萬一千美元（每磅十美分）到每口標普指數期貨一萬五千美元（指數為三百點）。

雖然「商品」（Commodities）這個名詞常被用來指期貨市場，卻愈來愈不適宜。許多交易最熱絡的期貨市場（如金融工具期貨市場）對應的並不是真正的商品，而且許多商品市場也沒有相對應的期貨市場。

期貨市場（futures market）的本質，可以從英文名稱看得出來：交易對象是某個標準化的商品（如黃金）、金融工具（如國庫債券）合約，其中表明未來某個日期交貨，有別於當下立即交貨的交易方式。舉例來說，如果某汽車製造廠眼前的生產活動需要馬上用到銅，就會直接向某家廠商購買原物料。但是，如果這家汽車製造廠擔心六個月後的銅價可能會上漲許多，就可以現在先買進銅期貨，把價格鎖定在目前的價位附近（這種沖銷未來價格波動風險的操作，就叫做避險〔hedge〕）。如果這段期間內銅價果真攀升，那麼期貨避險所獲得的利潤，便可以大致沖銷到時候實際買銅所增加的支出。當然，如果銅價下跌，期貨避險操作就會發生虧損，但是廠商買銅的價格也會變得比較便宜。

期貨市場的參與者當中，以上所說的汽車製造商那種避險者（hedgers）就是其中一類，他們的目的是要減低價格的不利波動所產生的風險。除此之外，交易者（trader）也會進入這個市場，目的是從預期的價格波動中獲利。事實上，許多交易者喜歡期貨市場甚於現貨市場，理由不一而足：

一、合約標準化——期貨合約都已標準化（以數量和品質來說）；因此，交易者不必另外費心去尋找特定的買主或賣主，以建立或出清倉位。

二、流動性——所有的主要市場流動性都非常良好。

三、放空容易——在期貨市場放空和做多一樣容易。比方說，股票市場裡的空頭（借股票來賣的人）必須等價格往上跳時才能建立倉位，期貨市場則沒有這樣的限制。

四、融資比率高——期貨市場提供很高的融資比率。大致來說，原始保證金[2]要求通常是合約價值的五％至一〇％。雖然融資比率高是期貨市場對交易者有利的一個特性，但不要忘了這是一把雙刃劍。大部分交易者都在期貨市場裡賠錢，其中濫用融資就是最重要的單一因素。大致上來說，期貨價格的波動比現貨價格波動大，而期貨市場之所以以高風險聞名，主要便是

2 期貨市場也用「保證金」一詞，導致許多人將之與股票市場的保證金概念混淆。在期貨市場裡，保證金並非預先繳付的一筆款項，因為買賣當時並沒有實物的交易，必須等到到期日才有；在期貨市場中，保證金基本上是用來保證履行合約的一筆存款。

融資因素作祟。

五、交易成本低——期貨市場的交易成本非常低廉，比方說，股票投資組合經理人如果想降低市場曝險，賣出等值的股價指數期貨合約，會比賣出個別股票的成本便宜許多。

六、沖銷容易——市場交易時間內，只要價格不是鎖住漲停板或跌停板，[3] 期貨倉位隨時都可以沖銷（offset）。

七、有交易所的保證——期貨交易者不需擔心交易對手的財務是否穩健。所有期貨交易都由交易所的清算公司保證履約。

期貨的結構性特徵導致期貨與其標的市場（underlying market）的關係非常密切（市場上有所謂的套利客，他們的活動讓價格偏離常軌波動的幅度相當微小，而且為期十分短暫），所以期貨價格的波動與相對應現貨市場之間，有著非常緊密的平行關係。讀者務必記住，絕大部分的期貨交易都集中在金融工具上，而且許多期貨交易者實際上也從事股票、債券和外匯的交易。因此，即使讀者從未涉足股票和債券以外的投資世界，以下各章的期貨操作者訪談內容，你應該也不至於感到陌生。

3 有些期貨市場明定每天最大的價格變動幅度，以防止自由市場的力量在漲跌停板之外求得價格均衡；在這種情況下，市價會變動到漲跌停板價位，並幾近停止交易。

銀行間外匯市場簡介

銀行間外匯市場是二十四小時交易的市場，隨著太陽起落，交易地點從美國到澳洲、東亞、歐洲，再回到美國。這個市場之所以存在，是因為世界匯率波動劇烈，有必要滿足各個企業規避匯率風險的需要。例如，如果某家日本電子製造商洽談外銷音響設備到美國，六個月內收到美元付款，這段期間該製造商有可能會受到美元兌日圓貶值的打擊。如果這家日本廠商想要保住以日圓計價的銷售利潤，便可在銀行間外匯市場拋售等值的美元。銀行將依未來的特定日期，向這家電子廠商報出這筆金額的外匯價格。

投機客為了從匯率波動中獲利，也會到銀行間外匯市場中交易。舉例來說，某個投機客預料英鎊兌美元會下挫，便可賣出遠期英鎊（銀行間外匯市場所有交易都以美元計價）。預期英鎊會對日圓走低的投機客，則會買進特定美元金額的日圓，並出售等值美元的英鎊。

Chapter 1

麥可・馬可斯

Michael Marcus

好戲不重演

好戲不重演

麥可·馬可斯（Michael Marcus）最早在一家大型經紀公司擔任商品研究分析師。不過，他對交易的興趣濃厚，終於驅使他放棄這個高薪的職位，全心全意投入商品交易。當了一陣子場內交易者之後，他進入商品公司（Commodities Corporation）服務，這是一家僱用專業交易者從事基金操作的公司，馬可斯後來成為該公司最成功的交易者之一。幾年下來，他的獲利甚至超過其他交易者所賺的總和。他在十年之間，使公司的資金增長了兩千五百倍，令人難以置信。

與馬可斯初次見面，是我到雷諾證券公司（Reynolds Securities）任職期貨研究分析師的時候。當時，馬可斯已跳槽到雷諾證券公司的競爭對手擔任相同的職位，而他的遺缺由我接替。

我們在事業生涯初期定期見面，並交換意見。當我們對市場走勢產生不同意見時，儘管我總是認為自己的分析較具說服力，最後卻總是證明馬可斯的預測較為準確。後來，馬可斯成為一個成功的交易者，並搬到美國西岸去了。

當我開始興起寫這本書的念頭時，即把馬可斯優先列在我的受訪者名單中。馬可斯起先同意接受訪問，不過態度並不十分肯定。幾個星期之後，他拒絕了，因為他一直以來都盡量在這個他熱愛的行業裡保持低調。（我所訪問的交易者當中，大多數都是馬可斯所認識，而且敬重的人。）我非常失望，因為馬可斯是我有幸認識的最高明交易者之一。幸好，我們的一位好朋友幫助我說服了馬可斯改變主意。

採訪馬可斯的時候，我們已有七年沒見面。訪問就在馬可斯家中進行，他的家是一棟雙拼式的建築物，位於山崖之上，可以俯覽南加州的海灘。這棟建築的大門氣勢恢宏（我的助理形容為「奇異大門」），連坦克雄師都難以越雷池一步。

開始訪談時，馬可斯顯得有些疏離，近乎孤僻。馬可斯個性中比較安靜的這一面，讓他那短暫的場內交易者生涯顯得更有趣。不過，一談到他的交易經驗，話匣子便打開了。我們的話題圍繞在他早期「浮浮沉沉」的事業生涯，而他認為這是他的職涯發展中最引人入勝的一段歲月。

傑克·史瓦格（以下表記為——）你是怎麼開始對期貨交易感興趣的？

麥可·馬可斯（以下表記為M）我其實應該稱得上是一位學者。一九六九年我從霍布金斯大學畢業時，在班上成績名列前茅。我還擁有克拉克大學心理學博士學位，而我當時相信我的終身職業是當一位教授。

後來透過朋友介紹，我結識一位名叫約翰的人。他告訴我，他可以讓我的存款每兩週就增加一倍。這番話聽來實在很誘人，而我甚至不敢問他那是如何做到的（大笑）。因為我深怕，要是知道太多真相，就會破壞這件美好的事，我可不想最後被澆一盆冷水。

——你是不是太多心了？難道他的口氣聽起來像是二手車的推銷員？

M　不。我當時對投資一竅不通，於是請約翰當我的商品投資顧問，週薪三十美元。他是我們學校的大三學生，偶爾我也會請他吃洋芋片和汽水。這傢伙相信，光吃這些東西就可以過活。

——你就付他這麼多嗎？難道沒有紅利？比如，他做得不錯的話，就多送他一點洋芋片？

M 沒有，就是這麼多。

——你拿出多少錢來投資？

M 大約是我省下來的一千美元。

——結果呢？

M 我第一次去交易公司時，既緊張又興奮，我甚至穿上我唯一的西裝呢！我們去的是雷諾證券公司的巴爾的摩辦事處，那是一間寬敞高雅的辦公室，觸目所及都是桃核木傢俱，而且整間辦公室瀰漫一種安靜肅穆的氣氛，令人印象深刻。辦公室最引人注目的是前面的一大片商品交易看板，是那種會發出滴答聲的老式看板。聽到那種滴答滴答聲，實在令人興奮。看板前面有個大廳，交易者就坐在那裡盯著看板。不過，由於大廳和看板距離很遠，我們必須用望遠鏡來觀看板上的商品價格變動。這實在非常刺激，就像看賽馬一樣。

我後來聽到擴音器推薦購買黃豆粉，才意識到這是玩真的。我看看約翰，希望看到他臉上充滿自信與確定的表情。可是，他卻看著我問道：「你認為我們是不是應該買黃豆粉？」（他大笑）這時候我才知道，他根本對期貨一竅不通。

我還記得當時黃豆粉的交易情況相當平靜，價格小幅起伏：七八．三〇、七八．

四〇、七八．三〇、七八．四〇。於是我們決定買進，可是就像變魔術般，我們一拿到成交確認單，價格就開始往下跌。我想，即使是在那時候，我就已經擁有某種交易方面的本能了，因為我當時立刻對約翰說：「我們搞砸了，還是趕快出場吧！」結果，這筆交易害我損失了一百美元。

我們的下一筆交易是玉米，可是舊戲重演。約翰問我要不要買玉米。我回答：「好吧，我們試試！」結果雷同。

——你當時到底知不知道你在幹什麼？在那之前，你有沒有讀過任何有關商品交易的書？

M 一無所知，也沒有讀過這類書籍。

——你難道連每一口合約的數量都不知道嗎？

M 是的，我不知道。

——你知道價格每下跌一檔，你會損失多少嗎？

M 我知道。

——很顯然，這是你唯一知道的事情？

M 沒錯。我們下一筆交易是小麥，結果又賠了。後來我們又回到玉米，這回還不錯，到了第三天我們才開始賠錢。我們當時是以交易可以撐多少天才賠錢，作為成功與否的判定標準。

——你是不是每次都在賠了一百美元以後出場？

M　是的，不過有一筆交易賠了兩百美元。當時我只剩下五百美元左右，而約翰有個點子，認為可以把一整天的虧損都撈回來。他說，我們應該買進八月份的豬腩，同時賣出隔年二月份的豬腩，因為這買進賣出間的價差高於**持有成本**（八月份收貨、保存，然後到隔年二月份再重新交貨的總成本）。他說這是一筆萬無一失的交易。

我似懂非懂地同意了這筆交易，然後我們兩人終於決定去吃頓午飯。通常我們一整天都會盯著看板，不過我們認為這筆交易應該穩賺不賠，因此才放心出去用餐。然而當我們回來時，卻發現自己幾乎已經賠得一乾二淨了。我還記得那種震驚、憤怒與難以置信的感覺。

我永遠記得約翰當時的反應。他是一個小胖子，鼻樑上架著一副厚重的眼鏡。他衝到看板前，猛敲著看板，口中喊道：「難道就沒有人想穩賺不賠嗎？」後來我才知道，八月份的豬腩根本就不能作為隔年二月份期貨交割的商品，這筆交易從一開始就錯了。

——約翰以前做過期貨交易嗎？

M　沒有。

——既然如此，他怎會說出能夠把你的存款每兩週增加一倍的天方夜譚呢？

M　我也不知道。不過，在那筆交易之後，我已身無分文。於是我告訴約翰，經過這幾筆交易之後，我發現他其實和我一樣，對期貨交易一竅不通。因此我決定解僱他，不再給他洋芋片和汽水。

我一輩子也忘不了他的反應，他告訴我：「你犯了你一生中最大的錯誤。」我問他以後有什麼打算？他說：「我要去百慕達洗盤子，賺老本，然後再投入期貨交易，等我成為百萬富翁之後，我就退休。」好笑的是，他並不是說：「我要去百慕達找份工作，賺夠老本，然後再投入期貨交易。」他非常確定地說他要去**洗盤子**賺回老本。

——約翰最後怎麼樣了？

M　我也不知道。我只知道他有可能從洗盤子開始，最後成為百慕達的一位百萬富翁。

在這之後，我又湊了五百美元，投入白銀交易，不過也賠光了。我最初的八筆交易，其中有五筆是和約翰合作，有三筆是靠自己，結果都賠掉了。

——你是否想過，你根本不適合從事期貨交易？

M 沒有。我在學校成績不錯，因此我對買賣期貨很有信心，問題只在於能不能掌握要領。我的父親在我十五歲時就去世了，他遺留下三千美元的壽險理賠金。於是我決定不顧母親的反對，動用這筆錢繼續買賣期貨。不過，在此同時，我也明白我必須多瞭解一些有關期貨的知識。

我讀了好幾本契斯特·凱納（Hester Keltner）有關小麥和黃豆的書；另外，我也訂閱了他的市場通訊，他在其中為交易者提供交易建議。我根據他的推薦買進小麥，結果小有斬獲。估計在這筆交易中每英斗為我賺進四美分（共兩百元）。這是我第一次買賣期貨賺錢，真是興奮極了。

後來，在我收到凱納的第二期通訊之前，小麥價格又跌回到我當初買進的價位，於是我再度買進，又小賺了一筆。我感覺自己已開始逐漸掌握期貨操作的要領了。打從一開始，我就愛上了自己做決定的那種感覺。

至於接下來的一筆交易，則可以說是完全靠運氣。我依據凱納的推薦，於一九七〇年夏季買進了三口十二月份玉米期貨，而那個夏季恰好乾旱無雨，造成當年玉米歉收。

——那是你第一次大賺嗎？

M 是的。我後來一方面依據凱納的建議，一方面憑自己的判斷，又買進幾口玉米、小麥和黃豆期貨。那個夏季結束時，我總共賺了三萬美元，這對一個小康之家來說，實在是再美妙不過的事。

——你如何判斷獲利了結的時機？

M 有些是在行情仍然上漲時脫手的，有些則是開始下跌時脫手。總而言之，我脫手的時機都還算不錯。

——這麼說來，你那時候就能憑直覺決定適當的買賣時機？

M 是的。那年秋天，我到麻省渥凱斯特（Worcester）的研究所就讀，可是我當時根本不在乎是否能拿到學位，反而經常翹課，跑到當地的普惠（Paine Webber）經紀公司交易。

那真是一段美好的時光，當時我在期貨交易上小有斬獲，然而同時我也發現自己的曠課紀錄實在驚人。一九七〇年十二月，我決定休學，並搬到紐約。我在基督教青年會（YMCA）待了一陣子，每當有人問我從事什麼行業，我總是帶著幾分自豪的味道告訴他們：我是個投機者。我當時覺得投機二字聽來頗為美妙。

一九七一年春天，穀物再度成為期貨市場的焦點。當時有此一說：「病蟲害將嚴重打擊玉米收成。」因此我決定趁機大撈一票。

——這是凱納的預測，或只是市場傳言？

M 我想凱納大概也相信這種說法。我向母親借了兩萬美元，加上自己的三萬美元，全部都押在這個預測，五萬美元全部買了玉米與小麥期貨。剛開始，市場還維持平穩，我不賺也不賠。然後，關鍵性的那一天到來，我這一輩子也忘不了。《華爾街日報》有一篇報導，標題是〈芝加哥交易所的病蟲害遠大於中西部的玉米田〉。當天玉米期貨一開盤便大幅下挫，很快就跌停板[1]了。

——你親眼看著市場崩盤嗎？

M 是的，我當時就站在經紀公司裡，眼看著看板上的價格直線下挫。

——難道你沒有想到在跌停之前脫手嗎？

M 有。可是我卻眼睜睜地看著價格跌停。我當時完全傻了，一心只希望市場會止跌回升。結果我只是目不轉睛地看著看板，等到跌停時我已無法脫身。當天晚上，我考慮了一整夜，可是我毫無選擇餘地，只有脫手一途。第二天一早，我在一開盤就把手中的倉位全部殺出。

——開盤後價格是否持續重挫？

M 沒有，不是重挫，只是小跌二美分。

——你在這筆交易中賠了多少錢？

M 三萬美元全部賠光了，而母親借我的兩萬也賠掉了一萬兩千美元。我太自負，這筆交易給了我一個很大的教訓。

——後來你怎麼辦？

M 我非常難過，決定找個工作餬口。當時經濟不景氣，要找到好工作並不容易，因此我想也許應該降低自己的要求。我應徵了一些職位較低但自己絕對能勝任的工作，卻都沒有得到回應。最後我才明白，我總是找不到工作，是因為我根本就不怎麼想要那些工作。

在我所應徵的工作中，最好的機會就是擔任雷諾證券公司的商品研究分析師。結

1 在許多期貨市場裡，單日的價格變動都有漲跌停板的限制。在馬可斯的案例中，由於自由市場的作用，造成商品價格下跌，到跌停板時市場交易就會自動中止，因為當時雖然有大批賣單，可是卻沒有願意承接的買單。

果我輕易就爭取到了這份工作，原因是我真的很想要這份工作。從這次的經歷，我學會了一件事：「假如你積極爭取你所要的，你獲得的機會就比較大，因為你比較在意。」

在我的辦公室與大廳之間有一道玻璃牆，我可以看到大廳中營業員的工作情形。這對於無法忘情於期貨交易的我來說，實在是很大的誘惑。

——那時候你是否只做研究，沒有從事期貨交易？

M 是的，因為公司嚴格禁止分析師進行期貨交易。不過，我可不管這些，我又向我母親、兄弟和女朋友借了一筆錢，然後在另一家公司開戶。我發明了一套暗號和我的經紀人聯絡，以免引起公司懷疑。例如我說：「太陽出來了。」是代表某種意思，而我說：「天氣是陰天。」又代表另一種意義。

當時，我一方面要寫市場研究報告，一方面又忍不住要偷看大廳中的行情看板。賺錢的時候，我必須隱藏得意之色；賠錢的時候，又必須嚴防同事看到我臉上沮喪的表情。我想沒有人注意到這件事，但我簡直就快瘋了。我備受煎熬，因為我想要自由自在地做期貨交易，不想玩捉迷藏。

——那段時間你到底是賺還是賠？

M 賠。我又回到了借錢、賠光、借錢、賠光的惡性循環中。

——那時候你知道自己哪裡做錯了嗎？

M 問得好。基本上，我當時做期貨交易從來沒有遵循原則，我完全做錯了。不過，一九七一年十月，我在我的經紀商辦公室裡認識了一位朋友，日後我的成功得完全歸功於他。

——他是誰？

M 艾迪．賽柯塔（Ed Seykota）。他是位天才，同時也是一位傑出的交易者。當初我認識他時，他才剛從麻省理工學院畢業。他自己發展出一套電腦程式交易系統。直到現在，我還是弄不清楚他到底如何知道那麼多有關期貨交易的專業知識。賽柯塔告訴我：「我覺得你應該到這裡來工作，我們要成立一家分析公司，你可以用自己的帳戶交易。」他的建議相當不錯，然而其中唯一的問題，就是那家公司的研究部門主管不肯僱用我。

——為什麼？

M 我也不清楚。其實我應該是最有希望被錄取的，因為我的履歷寫得很棒，又有經驗。後來，我問他拒絕錄用的原因，他說：「不錄用你是因為你對期貨交易已經懂得太多，而我們希望能從頭開始訓練一個新人。」於是我回答：「我會完全聽你的指示。」最後，我終於說服他聘請我。

我在那裡工作簡直如魚得水，因為我可以向賽柯塔學習，而他當時已經是一位成功的交易者。基本上，他是一位順勢操作者，遵守傳統的交易原則；他不但教我如何獲利，同時也教我如何減少損失。

賽柯塔本身就是一個好榜樣。例如，有一次白銀價格持續上揚，大家都認為白銀價格偏低而看好後勢，然而只有賽柯塔一人做空，結果銀價果真下跌，每天跌半美分。他說：「趨勢已經開始下跌，我會一直做空，直到趨勢改變。」他的順勢操作策略，讓我學會了忍耐。

——賽柯塔的交易案例就是你成為成功交易者的轉捩點嗎？

M 剛開始還沒有。即使有賽柯塔在身邊，我還是一直賠錢。

——你覺得當時自己哪些地方做錯了？

M 我想主要在於耐性不夠，無法等到大勢明朗，就貿然進場。

——你可曾想過，既然賽柯塔做得相當成功，就乾脆依樣畫葫蘆好了？

M 沒有，我做不到。

——你可曾想過，乾脆放棄期貨交易？

M　有的時候會這樣想，乾脆放棄期貨交易算了，因為賠錢的滋味實在不好受。電影《屋頂上的提琴手》（*Fiddler on the Roof*）中有一幕，主角仰頭望著天空，向上帝傾吐心聲。我則是抬頭自問：「難道我真的這麼笨嗎？」然後我似乎聽到來自上天的回答：「不，你不笨，你只是需要再努力一點。」於是我決定再努力看看。當時，我在協利（Shearson）公司認識一位已屆半退休的經紀人阿莫斯・賀斯泰德（Amos Hostetter）。他學識淵博，和藹可親，而且他頗欣賞我寫的東西。我們經常聊天，他補強了許多賽柯塔教過我的東西，我從他們兩人身上獲益良多。

——你當時可曾向公司提供期貨交易的建議？

M　有。

——這些建議成功嗎？

M　還不錯，因為我已經比較有耐性了。不過，當時手頭很緊，而且也沒有人願意再借錢給我。可是，我還是決定再試。那時候我的年薪只有一萬兩千五百美元，卻仍然設法存下了七百美元。由於七百美元還不夠開戶，我找了另一個朋友出資七百美元，和他合夥開了一個帳戶。

——你完全主導這個合夥帳戶的期貨交易嗎？

M　是的，我的朋友根本不懂期貨。當時是一九七二年七月左右，美國正在實施物價管制，期貨市場大概也受到了一些管制。

——你指的是尼克森的物價凍結政策嗎？

M　是的。理論上，合板價格被凍結在每一千平方尺一一〇美元的價位上。合板是我當時為公司分析的商品之一，而其價格在當時已經接近一一〇美元。於是我發出一篇看空的通訊文，指出儘管合板供應緊俏，不過價格不可能突破一一〇美元，因此在一一〇美元放空，並不會有任何損失。

——當時政府如何控制商品價格，使市價不至於因為供不應求而上漲？

M　很簡單，只要價格上揚就算違法。

——你是說生產者不能提高價格？

M　是的。當時情況是用人為的力量把價格壓低。然而，根據經濟理論，以人為力量壓低價格會導致商品供應短缺。可是期貨市場的情況是否也是如此，便不得而知，這是理論與現實間的灰色地帶。

有一天，我在看行情的時候，發現合板價格已升達一一〇美元，然後繼續揚升到一一〇．一美元、一一〇．二美元。換句話說，合板的市場價格已經比法定上限價格高出二十美分。於是我四處問人，接下來會發生什麼事，但似乎沒有人知道答案。

——合板是期貨市場上唯一超過法定上限價格的商品嗎？

M 是的。不過也沒有發生什麼大事。我記得當天合板市場以一一〇美元收盤，第二天，合板就以一一〇．八美元開盤。當時我想，既然政府准許合板以一一〇美元以上的價位成交，那他們可能就再也不管合板價格了。於是我買進合板，結果合板價格最後飆漲到兩百美元的水準。

——這是你在穀物市場慘敗之後，首次有所斬獲嗎？

M 是的。

——合板現貨價格是否仍維持在一一〇美元？

M 當人們欲取得某種商品卻別無他途時，期貨市場的功能就是為人們提供最後一種途徑。

——基本上，凍結物價造成了兩價市場，這不就有如合法黑市？

M 是的，那些與生產商之間沒有良好的特殊關係而無法以凍結價格取得商品的人，可以在期貨市場以較高的價格購買合板。另一方面，合板的生產者也因為被要求以法定價格賣貨而感到不滿。

——既然期貨市場價格並未受到管制，生產者為什麼不把商品拿到期貨市場交易？

M 有些人的確這麼做了。不過，當時合板期貨交易才在起步階段，大部分人對期貨不甚瞭解，有些人甚至還認為到期貨市場上交易是違法的。另外，也有些人想把合板拿到期貨市場上交易，但是他們的律師說：「也許合板確實可以在期貨市場中賣到高價，不過我們最好還是依照規定的價格出售。」實際的問題真的很多。

——難道政府沒有干涉嗎？

M 也不盡然，我回頭再來談這件事。總而言之，因為這筆合板期貨交易，我的七百美元就在幾個月之內膨脹成一萬兩千美元。

——這是你當時唯一的一筆交易嗎？

M 是的。之後，我想到木材缺貨的情況可能也會和合板一樣，於是我又把所有的錢都投到木材期貨上，就如同以往買賣玉米和小麥期貨一樣。我一心以為，木材的期貨價格也會突破法定的上限價格。

——木材期貨當時的行情怎麼樣？

M　不怎麼樣。木材就只是在一旁看著合板期貨價格從一一〇美元上漲到兩百美元。合板與木材屬於同質商品，而且當時木材供應也告短缺，因此我認為木材期貨價格也一定會上漲。我在大約一三〇美元的價位買進木材期貨，但也就在這時候，政府有關單位終於注意到了合板的情況；他們認為，木材市場絕不能重演合板的情況。

就在買進木材的第二天，某個政府官員出面宣布：他們打擊炒作木材價格的投機分子。聲明一出，木材行情立刻大跌，跌到我快要被淘汰的邊緣。政府官員連續做了兩週類似的聲明，後來價格跌到我的生死邊緣才穩定下來，最後我的資金僅僅足夠保留部位而已。

——你以一三〇美元買進木材，後來木材價格跌到什麼水準？

M　大約一一七美元。

——這麼說來，雖然木材價格的跌幅遠低於合板的漲幅，可是由於投入木材期貨的資金比較多，因此你所承擔的風險也比當初操作合板時更大？

M　是的。那兩週我走在生死一線間，是我一生中最悲慘的歲月，我幾乎每天都想棄子投降算了。

——你想要認賠了結，是為了解除痛苦，還是為了想救回一點老本？

M　都有。我那時候心急得連手都會發抖。

——你當時賠到什麼地步？

M　一萬兩千美元已縮水變成不到四千美元。

——你可曾想過你又重蹈覆轍了？

M　有啊，我以後絕不會再這麼做了。這是我最後一次以孤注一擲的方式操作期貨。

——後來呢？

M　我咬緊牙關撐下去。最後木材價格終於止跌回升。當時木材供應短缺，而政府似乎也無力阻止木材價格上漲。

——是什麼樣的觀點或膽識，促使你撐下去？

M　我想，主要是因為我已瀕臨絕望邊緣。不過，走勢圖上有支撐點，市場似乎不會崩盤，我苦撐的結果終於有了成果。那年年底，我的帳戶從不到四千美元又增加到兩萬四千美元。經歷了這次交易後，我再也不敢把所有資金放在同一筆交易上了。

第二年，也就是一九七三年，政府物價管制措施造成人為的商品供應短缺，因而被迫取消物價管制。管制措施一旦取消，多項商品價格便開始急遽上揚。有些商品的漲幅甚至高達兩倍，而我善用了期貨以小博大的特性，大賺一筆。

我想，我能搭上這班商品價格全面上揚的列車，應該歸功於賽柯塔教導我堅持追隨市場趨勢的交易原則。在一九七三年，我的資金已經從兩萬四千美元躍增為六萬四千美元。

——我記得當時期貨市場出現了一次前所未有的現象：商品價格先上漲大約一〇%，然後連續創下新高紀錄。你當時如何知道商品價格還會繼續飆升？

M 我當時是一個對通貨膨脹頗為敏感的右翼人士。我的理論是，政府一再促使匯率貶值，這對於通貨膨脹極為敏感的期貨交易來說，無疑創造了一個非常適合的交易環境。

——你的理論事後證明是正確的嗎？

M 是的。當時市場放眼望去到處都是獲利機會，即使犯下若干錯誤，也不會有任何不利的影響。

——當時全是多頭市場嗎？

M 是的。當時商品價格全面揚升。我雖然從中獲利頗豐，但我也犯下一個嚴重的錯誤。當時黃豆期貨行情全面看漲，價格從三．二五美元漲到一二美元，我全面出清，獲利了結，只為了表現出自己與眾不同，而沒有跟著趨勢走。可是賽柯塔並沒有在漲勢未盡之前出場。結果我眼睜睜看著黃豆連續十二天漲停板。我不服輸，每天都到辦公室轉一下，只看到他仍然在場內，而我已出場；最後我都沒勇氣上班了，因為我知道黃豆一定又是漲停板，而我卻不得其門而入。

——在奔騰市場中提前下車，這種經驗跟實際賠錢沒什麼差別吧？

M　是的。當時我簡直懊惱到了極點，我甚至服用鎮靜劑來弭平沮喪鬱悶的心情，可是服藥的效果並不大。後來有人告訴我：「你或許應該服用托拉靈（thorazine）之類的強效藥。」

我記得，當時我在家裡服完托拉靈，出門搭地鐵上班，結果一進地鐵便暈倒了。起初，我還沒有想到這是托拉靈的緣故，然而在我迷迷糊糊回到家門口時，又暈過去了。托拉靈的藥力真是太強大，那段時間可說是我交易生涯的低潮。

——你難道不會覺得不甘心，又回去做黃豆交易？

M　我認輸了，我怕一進去就賠錢。

——你剛才說你賺了六萬四千美元，後來呢？

M　那時候，我經常到棉花交易所閒逛。每當聽到交易者高喊買進或賣出時，我就感到非常興奮。對我而言，交易所實在是世界上最刺激的地方。可是，我的資本淨值必須要累積到十萬美元，才能進場交易棉花。當時我除了商品帳戶外，沒有任何資金，因此一直見棄於棉花交易所門外。

我繼續進出期貨市場。幾個月後，我的資本終於超過十萬美元。然而也就在那時候，賽柯塔建議我買進咖啡豆。我依言行事，不過同時也遞進了停損單，以防行情突然重挫。結果咖啡豆行情的確開始下跌，我立刻就出場，但賽柯塔是個順勢交易者，沒有採用停損單，結果被套了好幾天。

當時的交易情況和我那筆黃豆交易一模一樣，不過賠錢和賺錢的角色對換了。我看在眼裡，心中不禁湧起一絲快意。我自問：「這到底是什麼世界，我的快樂竟然建築在另一個人的痛苦上？」我終於明白，這一行的競爭實在太激烈了，於是我決定到紐約棉花交易所當場內交易者。

——可是，當場內交易者，競爭可能更大。

M　或許是，但事實不然。

——你可曾考慮過場內交易者的限制？從此你只能在一個市場進出，這無異於減少你的交易機會。

M　當時我想得並不多，只是一心覺得做場內交易者一定非常刺激。由於個性內向，我總是不敢和其他場內交易者一樣高聲喊叫，反而把我的買賣單交給另一位場內交易者，由他替我喊價。這樣子的做法延續了好幾個月，直到我認清了我在幹什麼。

——所以，到了場內當交易者，你還繼續以本來當部位交易者的方式在市場上交易？

M　是的，但那只是出於害怕。

——我想，你大概常常一整天都沒有交易？

M　沒錯。

——當場內交易者有什麼好處？

M　我沒有得到什麼好處，不過我從中學到許多交易經驗。我認為，想當交易者的人都應該先從場內交易者做起。我在那裡學到的東西是受用不盡的。

——你學到什麼？

M　我學會根據場內的交易氣氛來判斷市場行情，從成交鈴聲的密集度預測價格的走勢。例如，當市場價格波動時，場內如果突然安靜下來，這往往代表價格不會再上揚。此外，當成交鈴聲突然由弱轉強，可能不是代表市場價格開始上漲，而是表示獲利回吐的賣壓開始湧現。

——你說，你當場內交易者所學到的經驗讓你受用不盡。可是，如果你不在交易廳內，又如何利用這些資訊呢？

M　我從那段經驗中瞭解到盤中走勢圖的重要性。我會在走勢圖的某些關鍵點上持有大量倉位，可是一旦走勢和預期不相符，我就會立即出場。舉例來說，我可能會在走勢圖某個關鍵價位買進二十口合約，而不是平常的三到五口，然後設定非常緊密的停損點。市場可能飆漲，或者我被停損出場。有時候，我可以賺上三、四百點，而承擔的風險卻只有十點。那是因為我做過場內交易者，瞭解市場將如何回應盤中走勢圖裡的這些關鍵價位。

那段日子我的交易有點像在衝浪，總是想在正確的時刻衝上浪的高峰，如果不成便退出。我可以一天獲利好幾百點，而且幾乎不冒任何風險。後來我成為坐檯交易者（desk trader）時，仍繼續運用這套衝浪技術，當時這套方法所向皆捷，不過我不認為在如今的市場裡還能無往不勝。

——是不是因為如今的市場有如直升機，經常陡升陡降？

M　是的。以前如果價格漲到了盤中走勢圖的高檔，往往會破繭而出，一飛沖天。但是，如今行情遇到相同狀況時，卻經常會遭遇賣壓回檔。

——那麼現在應該如何做交易？

M　我認為關鍵應該在於減量經營。最好的交易應該是基本面、技術面與市場反應這三方面，全都站在你這一邊。首先就基本面而言，就是市場供需失衡，可能造成價格有所變動。其次是市場技術面走勢完全反映出基本面的情況。第三則是市場依據新聞的利多與利空，做出正確的心理反應。例如，多頭市場應該不因利空消息而回檔，但會因利多消息而激升。假如你的每筆交易都符合上述條件，你一定會大發利市。

——你就是嚴格依照上述原則進行交易的嗎？

M　並沒有。因為基本上我太過於喜愛從交易中獲得樂趣。我知道我應該依據上述原則做交易，但是交易對我而言，是一種生活中不可或缺的樂趣，因此我在交易中總是把樂趣排在最優先。然而，只要市場情況符合上述三種標準，我都會做比平常多五到六倍的量。

——你所有的利潤，都是從那些符合原則的交易中賺到的嗎？

M　是的。

——至於其他的那些交易，是否能達到損益平衡？

M　是的，而且那些交易也為我帶來不少樂趣。

——你會不會把每筆交易都記錄下來，並且區分哪些是純粹為樂趣而操作，哪些是為獲利而操作？

M　我只記在心裡。我知道符合我獲利原則的交易一定會為我賺錢；至於其他的交易，我的目標則是損益平衡即可。不過，現在符合獲利原則的交易機會已經愈來愈少了，因此必須耐心地等待。

——為什麼符合獲利原則的交易機會愈來愈少？是否因為整個市況已經變得更複雜？

M　是的。現在的專業交易者遠遠比從前更多。想當年，賽柯塔與賀斯泰德教我的知識非常寶貴，然而今天每個交易者都對這些交易原則耳熟能詳。如今你在交易室裡，觸目所及都是一些聰明絕頂的交易者與電腦。

在當年，你可以從行情看板得知玉米價格開始蠢動，於是你買進玉米。第二天，經紀商開始建議投資人買進。第三天，也許有一群之前誤判情勢的空頭開始回補，然後有一群牙醫獲得了消息，跟進買進。由於我是市場裡僅有的少數職業交易者之一，因此搶盡先機。我可能會在那批牙醫進場時獲利了結，把手中持有的玉米賣給他們。

——你所談的都是短線交易，難道你不做長線嗎？

M　有些時候我也會做長線，不過我大部分交易都在兩、三天後就獲利了結。

——既然大部分時候都做短線，你通常會在什麼時候再度進場？

M　就前面的例子來說，牙醫的部位不會持有太久，因為他們選在錯誤的時間進場。玉米的漲勢已呈強弩之末，價格也開始下跌，這時候我就會趁機再買進。可是在今天，商品價格一旦突破走勢圖上的某個關鍵點，所有的交易者就立刻一擁而上。

——也就是說，行情持續上漲的後續支撐力量已不復存在？

M　是的。能夠抬高價格的操作者早已入場下注。牙醫之類的玩家不算，因為他們參與市場的力量微不足道。

——這是因為今天的大部分投資人都把資金交給基金經理人操作，而不是由自己直接交易？

M　是的。就算那些牙醫自己操作，數量都很小，與基金經理人交易的數量相比，根本毫無意義。今天，你幾乎必須持相反立場。你應該先問：「所有的專業交易者都進場了嗎？還有誰會在稍後進場？」當年根本不需要煩惱這些，因為總有一些後知後覺者，也就是那些較晚獲得資訊、動作較慢的投資人。基本上，今天市場上的每個人既果決，行動又敏捷。

——在今天的市場，假突破的現象是不是比過去更多了？

M 是的，遠遠更多。

——在如此的環境下，順勢操作策略是否已無用武之地？

M 我是這麼想的。我認為順勢操作的時代已經結束，除非市場供需出現極度失衡，而其巨大影響力凌駕於其他的市場因素。（在本次訪問之後不久，便發生了一九八八年大乾旱。這個事件足以作為馬可斯上述理論的最佳證明。）還有一種例外情況：當我們進入通貨膨脹，或通貨緊縮的時代。

——換句話說，除非市場上出現一股非常強大的力量，足以左右市場行情走勢？

M 是的。

——商品市場在過去五到十年間發生了變化，是不是因為專業基金經理人的數量大幅增加，以致過去傾向於犯下種種錯誤的小戶投資客成了市場的微小力量？

M　商品市場的確已經改變。最好的例子就是理查・丹尼斯（Richard Dennis），他從前做得相當不錯，可是他在一九八八年賠掉了大約五〇%的資金。順勢交易策略已經行不通了，因為一旦你發現趨勢而進場時，其他人也會立刻跟進，導致市場缺乏後續支撐力，於是行情呈相反方向變動。

另外一個導致現今市場缺少長期趨勢的原因，是各國央行為了穩定匯率，往往在市場上從事反向操作。

——央行過去一直都這麼做，不是嗎？

M　這種情形在最近幾年才開始增多。如果你讀過有關美國公債的資料，你就會發現，外國央行持有美國公債的數量在最近幾年大幅增加。外國央行似乎逐漸取代外國投資人，成為挹注給美國的一大資金來源。

——你認為這種情況對交易有什麼意義？你的交易習慣是否會因此而有所改變？

M　我一度非常熱衷外匯交易。例如，雷根當選總統之後的那幾年，美元走勢強勁，我曾經在我的個人帳戶和公司的帳戶持有相當於六億德國馬克的部位。當時，這些部位的價值大約三億美元。那是個非常棒的市場。即使連銀行也計算在內，我可能還是世界上最大的外匯交易者之一。

但是，外匯市場是一個二十四小時的市場，因此從事外匯交易非常辛苦。即使晚上睡覺時，也要每隔兩小時起來一次觀察市場的變化。我會密切跟進主要外匯市場如澳洲、香港、蘇黎士、倫敦的開盤情況。我的婚姻就是因此而破裂的。如今，我會盡量避免接觸外匯交易，因為外匯市場完全受政治因素左右，我甚至還得猜測各國央行的決策。

——你在那段日子裡，每天半夜起床，是不是因為害怕匯率在美國市場開盤前發生劇烈變動，造成你重大損失？

M　是的。

——你做外匯交易時一向如此，還是因為吃過太多苦頭，才改變交易習慣？

M　我是一朝被蛇咬，十年怕草繩。

——這麼說來，這種二十四小時密切注意國際外匯市場動態的交易方式，確實能夠幫助你避開重大損失？

M　是的。舉例來說，我記得一九七八年年底美元開始重挫，幾乎每天都創下新低紀錄。當時我與布魯斯・柯夫納（Bruce Kovner）合作從事外匯交易，我們每天都要討論好幾個小時。有一天，我們注意到美元突然轉強，但手中所掌握的資料也無法解釋箇中原因。

我們在百思不得其解的情況下，只好瘋狂拋售手中持有的外匯。後來，在那一週的週末，卡特總統宣布了一項支撐美元的計畫，才解開了我們心中的迷惑。假如我們當時等到美國外匯市場隔天開盤才拋售，就會賠得傾家蕩產。

這經驗證明了我們所堅信的一個原則——國際外匯市場的大戶，包括各國政府，經常可以得到一些內幕消息；如果我們發現市場突然出現出人意表的變動，就應該當機立斷，馬上動作，事後再去尋找原因。

——那一次的市場變化我記憶猶深，外匯期貨市場在該項措施宣布之後，連續好幾天跌停板。你一定是在那一波行情的最高點出場的。

M 那一筆交易的確做得很漂亮。不過，總而言之，重點在於我認為美國政府在實施大政策之前，總會先通知歐洲各國央行，容許歐洲各央行在美國宣布政策之前，就開始動作，從而使得歐洲市場率先反映出該項政策的影響。因此，我覺得做交易最好的時間是在歐洲市場時段。

——我們再回來談談你的交易生涯。你放棄場內交易者的工作之後，又到哪裡去了？

M 我接到賀斯泰德的電話，他當時幫商品公司操作一筆基金。他建議我去商品公司當交易員。

商品公司當時的政策是僱用計量經濟學家來擔任交易員。當商品公司的董事開會討論是否要僱用我時，他們的第一個問題是：「這個人寫過什麼文章？在哪一些期刊發表過？」我只有人文學士學位，沒有其他的了。他們說：「他只會交易。」所有人都覺得太好笑了。

——他們的目的不就是要透過交易來賺錢嗎？

M 他們認為除非你擁有博士學位，否則無法替他們賺錢。不過，賀斯泰德最後終於說服他們給我一次機會。我想，我是他們僱用的交易者當中唯一沒有博士學位的。一九七四年八月，我進入商品公司當交易員，公司給了我三萬美元作為交易基金。大約十年後，我把這筆基金擴大為八千萬美元。那是我表現得非常好的時期。

——你將原來的三萬美元變成八千萬美元，還是他們後來又陸續增加你的交易基金？

M 我做了幾年後，他們再給了我十萬美元。不過，之後他們總是從我這裡拿錢出去。商品公司當時仍在成長階段，公司一年要從交易者身上抽取三〇%來支付成本。

——所以，那時候你每年至少要有三〇%的獲利率來維持你的帳戶。由此看來，你當時一定做得相當不錯？

M　我當年的平均年獲利率至少是百分之百。

——你做得最好的一年是什麼時候？

M　我最好的一年是一九七九年。那是不可思議的一年，我搶搭上金價突破八百美元的那段行情。

——你掌握到整段行情嗎？

M　我不斷進出。那一波行情真是過癮。我在澳洲買進黃金，香港金價立刻每盎司上漲十美元，然後倫敦市場又會推升黃金上揚十美元，等到美國市場開盤後，每盎司就已經賺了三十美元。

——聽起來好像在海外市場購買黃金，比在美國市場容易獲利？

M　當時我住在加州，有許多方便之處，因為我在紐約同行還在蒙頭大睡時，就先在香港金市進行交易。我還記得當時從電視新聞上得知蘇聯入侵阿富汗，之後我立刻打電話到香港，查詢那裡的人是否已經知道這則新聞。當我發現香港金價還沒有任何變動，顯示他們還沒有收到這則新聞，我立刻買進二十萬盎司的黃金。

——這相當於兩千口合約！在香港買進這麼大的規模，當時有遭遇任何流動性的問題嗎？

M　沒有，他們照樣接單，不過後來那些人都因此被炒魷魚。我上次去香港時，還有人提醒我不要到黃金交易廳，因為那裡還有一些人記得這件事。

——他們知道對做的另一方是誰？

M　是的，他們知道。

——香港方面會不會以為你有什麼內幕消息？

M　不會。他們也許以為我瘋了，竟然瘋狂買進黃金。五到十分鐘之後，香港也得知了蘇聯入侵阿富汗的新聞，整個市場立刻沸騰起來，因此我的每盎司黃金賺了十美元。

——實在難以想像你可以靠電視新聞做交易。

M　是啊！我以前也沒有做過，這是我第一次，也是最後一次這麼做。

——那波行情是大起大落的局面，你是否及時出場？

M　是的。我大約在每盎司七百五十美元左右的價位出場，後來金價一度上漲到接近九百美元的水準。當時我還頗為難過，認為自己太早出場了。不過，在金價跌到四百美元左右時，我就覺得好過多了。

——你在這一波行情中，如何判斷自己應該出場？

M　那個年代，許多市場都很瘋狂。我有一項原則：當市場的波動性和動能已經顯得不合常理，我就立刻出場。漲停板就是我衡量行情的方式之一。在那段日子裡，每當市況連續幾天漲停板，就會出現各種奇怪的狀況。因此，我在連續第三天漲停板的時候，就會非常小心，然後幾乎總是在第四天漲停板的時候出場。如果我有幸能捱過連續四天漲停，我也一定會在第五天漲停板的時候出場。當市場的波動性已經達到這種程度的時候，我必須強迫自己出場。

——你從一個賠錢的交易者變成一個成功的交易者，而你的轉捩期就在商品市場行情一片大好的一九七〇年代中期。你認為你的成功有多少是靠自己的交易技術，又有多少是靠市場行情的助力？

M　老實說，我認為當時的行情太好了；你只要買進、持有，就一定可以賺錢。在那段日子裡，有不少一夜致富的傳奇故事。

——不過，也有許多人根本守不住。

M　一點也沒錯。不過，我的運氣不差，當市場情勢變得比較艱困的時候，我已經成為一位相當傑出的交易者了。到了那個時候，我已經學會了這項技藝。另外，在那段時間，我也有幸能夠深入瞭解一個特定的商品市場——可可豆。

我有將近兩年的時間只做可可豆交易，因為得力於赫爾穆特・威瑪（Helmut Weymar）（商品公司創辦人）的資訊與協助。威瑪可以稱得上是可可豆專家，他也寫過一本有關可可豆的書，內容之深，我甚至連封面都看不懂。同時，他還結交許多從事可可豆生意的各類朋友。我透過威瑪和他的朋友，深入瞭解了有關可可豆交易的專業知識。

——你專做可可豆交易的日子顯然沒有持續下去，怎麼回事？

M 威瑪後來退休了。

——我想，作為交易者，威瑪大概不如你？

M 我們可以這麼說，我比威瑪善於利用他的資訊來從事交易。

——除了你早期那段不如意的日子，還有哪一些難忘的交易讓你遭受重大打擊？

M 我從來不會讓自己陷入恐怖的災難。最糟的一次，就是在我熱衷於外匯交易的那段期間。當時我的帳戶表現得很好，有能力持有大規模的部位。我大筆買進德國馬克，然而就在我買進沒多久，西德央行便決定打擊投機性交易，結果我在五分鐘之內損失了大約兩百五十萬美元，於是我立刻出場，以免兩百五十萬美元的虧損擴大到一千萬。更悲慘的還在後頭——隨後我眼睜睜看著市場止跌回升，不但完全收復失土，而且還更上一層樓。

——市場止跌回升距離你出場隔了多久時間？

M 大約半個小時。

——你又進場了嗎？

M 沒有，我已經完全放棄這一波行情。

——現在回想起來，你覺得當時出場是正確的抉擇嗎？

M 是的。不過，每當我想到只要什麼都不做就可以避免賠掉兩百五十萬美元，心裡就難過。

——你是否曾把交易所賺的錢拿去做別的投資，還是不斷反覆投入交易帳戶？

M 我做過一些差勁的投資，虧蝕不少老本。當我的交易規模變得更大時，我需要一些動力，所以我花起錢來毫不手軟。我曾坐擁大約十幢房子，到頭來又全賠進去，有些甚至我還沒住過就轉手了；我買過一架私人飛機，花了我不少錢。我有一度發現，我賺的錢當中有三〇％要繳給政府、三〇％用來養飛機、二〇％用於房地產。於是我決定全賣了。

——聽起來，像你這樣精明的交易者，做起投資卻是笨拙的。

M　是的，我那時實在愣頭愣腦得不像話，我投資了許多房地產，大多數在加州，結果除了其中一筆之外，全都賠錢。做出那麼笨拙的投資，卻還能存活，我大概是絕無僅有的吧。

——投資的表現這麼差，你認為問題出在哪裡？

M　我做每件事都是隨興而發，從不深入分析。

——也就是說，你一直在重蹈覆轍，投入一無所知的領域，然後虧錢。難道你沒有任何警惕之心嗎？你似乎有一種自我毀壞的傾向，總在別處虧錢。

M　是的，一點也沒錯，我賺的錢可能有一半虧在那些投資。

——做這些不明智的投資時，難道沒有人拉你一把，告訴你：「你知道你在幹什麼嗎？」

M　有，我曾有六、七十名職員，但只要他們說這些話，我就革他們的職。除了那些虧錢的生意，我至少還能有不錯的收入付這些人的薪水；但平心而論，我賺的許多錢就這麼化為烏有。

——這些虧損會不會帶來相當於你在市場上賠錢時所承受的心理打擊？我會這麼問，是因為你談及這些投資虧損時，似乎無動於衷。

M　是的，看清自己有多笨，實在很痛苦，但我已學會不要太執迷於物質，把投資失敗當成人生的教訓。我明白了，我不必在世界上每一處風光明媚的地方都擁有房子；我只需要住進那裡的旅館，然後在沙灘或天然步道上漫步。或者，如果想要厚待自己，也許可以租一架包機，實在不需要擁有自己的飛機。

——對，這很有道理，但我想說的是：假設你的交易承受同等規模的損虧，我覺得你可能會遠遠更痛苦。或許那是因為你並沒有將你的自尊依附在這些其他的投資上，是嗎？

M　是的，我相信鐵定是如此。我常想，至少有一件事情是我精通的。我總覺得商品交易大概是唯一我真正在行的事。如果不是這樣，我可能早就改行擦鞋去了。

——你認為當一個卓越的交易者需要天分嗎？

M　我認為，要成為一個頂尖交易者，確實需要天分。這就有點像是要當一個卓越的小提琴家。不過，要當一個稱職的交易者，並且靠交易賺錢，你的確可以透過學習交易技巧而達成。

——你的交易生涯是經歷失敗而到達成功的。對於新手，或正在賠錢的交易者，你有什麼建議？

M　我的建議是，任何一筆交易的賭注都不要超過全部資金的五％。如此，你至少可以錯上二十次，可以撐很久。我必須強調，五％是單一交易構想的額度。如果你同時針對兩個相關的穀物市場，各建立一個多頭部位，這仍然算是一個交易構想。另外，我要建議，最好每筆交易都使用停損。我指的是真實遞入的停損單。如此才能確保你在商品價格跌到一定價位時出場。

——你每次在進場之前，都會先決定好出場的價位嗎？

M　是的，我總是這麼做。你也必須這麼做。

——我想，你的每一筆交易都過於龐大，實際上大概不可能設定一個停損點？

M　是的，不過我的經紀人可以接受我的停損單。

——你是說，你每次下買單時，同時也會伴隨一張限價賣出的委託單嗎？

M　是的。另外，如果你在下買單的時候，突然發覺市況不對，千萬不要不好意思改變主意，你應該立即抽回買單。

——你的意思是，如果下了買單五分鐘之後，發覺市場情況不對，你也不應有「假如我這麼快出場，我的經紀人一定認為我是白痴」的想法？

M　正是如此，如果對市況不確定，不知道該怎麼辦，你最好立刻出場。畢竟，你還有再進場的機會。有疑惑的時候，就乾脆出場，回家睡個好覺。我常常這麼做，到第二天，一切自然都會明朗化了。

——你是否會在出場後，立刻又進場？

M　會。我常常在出場後的第二天就進場。所謂當局者迷，旁觀者清。你只要一出場，就可以看得很清楚。

——你對新進交易者還有什麼忠告？

M　也許最重要的是，你必須堅持手中的好牌，盡量減少手中的壞牌。假如不堅持手中的好牌，又如何彌補壞牌所造成的損失？

你必須堅守自己的立場與風格。我認識許多高明的交易者，可是我一再提醒自己：如果我跟著他們的腳步做交易，我一定大賠特賠。每個人都各有長處和短處，有些人可以堅持手中的好牌，然而也會抱著壞牌不放；有些人則總是太早放掉好牌，但壞牌也丟得很快。只要堅持屬於自己的風格，你會同時從自己的方法裡得到好處和壞處。如果你只想把別人的交易風格與策略融合於自己的交易中，最後你得到的是所有那些方法的壞處。我就吃過這種苦頭。

——那是不是因為使用別人的方法時，你不可能像使用自己的方法時那麼有信心？

M 是的。做交易就必須要有勇氣承擔風險。如果你是那種「我做這筆交易是因為柯夫納也這麼做」的人，你對這筆交易就一定不會有信心，這樣倒不如一開始就不要做。

——你現在還經常與其他交易者一起談論市場嗎？

M 很少。每當我與其他交易者討論時，我總是提醒自己要堅守自己的主張。我的目的是從他們身上收集市場資訊，而不是受他們的意見左右。

——我想，就算與你討論的是一群非常傑出的交易者，你也不會改變你的論調。如果進場時憑藉的不是自己的點子，就會把你的交易搞得一團糟，對吧？

M 沒錯。你要知道這個世界瞬息萬變，因此常要捫心自問：「這個點子有多少人跟進？」無論如何，一定要顧及市場是不是早已反映了你的點子。

——你怎麼評估？

M 可以用典型的動能指標，並且觀察市場的人氣。市場已經連跌或連漲幾天了？人氣指標顯示的狀況如何？

——有沒有哪一些你在市況變調時當機立斷出場的實例？

M 最典型的實例之一，就發生在一九七〇年代末期的黃豆期貨市場。當時黃豆市場行情由於供應短缺而一片看好。同時，每週一次的政府報告也顯示黃豆出口暢旺，更加強了黃豆價格的漲勢。我持有相當大的多頭部位。當時我接到一通商品公司的同事打來的電話。「我有個好消息，和一個壞消息，」他告訴我。「好吧，好消息是什麼？」「好消息是，根據政府公布的報告，黃豆最近的出口情況非常優異；壞消息是，你沒有建立極限部位〔法規允許的最大投機部位規模〕。」他們預期黃豆市場在未來三天會連續漲停。

我聽了以後，有點懊惱沒有做得更大一些。第二天黃豆市場一開盤，我便大量買進，而黃豆行情也不負眾望，在開盤後不久便告漲停。可是到了盤中，黃豆行情卻又打開，開始下跌。我心想：「黃豆不是應該連續三天漲停嗎？怎麼在第一天上午就無法維持漲停？」我立刻打電話給我的經紀人，叫他拋出黃豆。結果這次就是因為當機立斷，我才順利逃過一劫。

——你全部出清了嗎？

M　不只是那樣。由於我急著出場，已經算不清自己賣出了多少，結果反而意外賣出過多而成了空頭。後來黃豆跌了四、五十美分，我才回補。這也是我唯一一次忙中有錯還賺到錢的經驗。

——我也記得一次類似的狀況。當時棉花行情一片大好，棉花價格幾乎漲到一磅一美元的水準。某一天，政府報告公布顯示，美國最近對中國輸出了五十萬包的棉花。這是我生平僅見的最大利多，可是棉花期貨市場第二天一開盤非但沒有如預期跳空漲停，反而小漲後一路下跌。

M 我還記得另一個有趣的例子。在某個物價齊漲的時期，有一天，幾乎所有的商品皆告漲停，只有棉花在開盤漲停後，隨即又告下跌，最後收盤時只比前一天收盤價微揚，那也成了棉花價格的高點。後來，其他市場仍然不斷漲停，只有棉花從此行情黯淡。

——這麼說來，如果各種商品行情普遍上揚，唯有你所持有的商品價格下跌，你是不是就應該立刻賣出？

M 如果某個市場比所有其他市場都表現得更糟，你最好離開。假如消息面是利多，而市場行情卻沒有隨之上揚，那麼你最好就是做空。

——人們常常陷入哪一些有關市場的錯誤觀念？

M 我認為，人們在市場裡「失能」的最大原因，就在於他們誤以為自己可以依賴專家。如果你遇上對的人，或許他真的幫到你。例如，你剛好是保羅．瓊斯（Paul

Tudor Jones）的理髮師，你有機會聽他談論市場，那麼聽他的話大概錯不了。然而，這些所謂的「專家」並不是交易者。你平常見到的那些經紀人，大概再過一百萬年，也成不了交易者。聽取這些經紀人的建議來進行交易，只會讓你賠得更多。交易需要的是個人的完全投入，你必須做好自己該做的事。這就是我的忠告。

——還有哪些錯誤的市場觀念？

M　最愚蠢的觀念就是相信市場裡有所謂的陰謀。我認識世界上許多卓越的交易者，而我可以肯定地說，形勢比人強，沒有任何一個人能真正左右市場的走向，行情終究會走出自己的方向。就算偶有例外，也不可能持久。

——你把你的成功，歸功於教你交易原則的賽柯塔與賀斯泰德。你自己也曾經訓練其他的交易者嗎？

M　有的。我的一個學生後來不但成為成功的交易者，也成了我的好友。他就是布魯斯·柯夫納。

——他的成功，有多少歸功於你的教導？又有多少歸功於他的才華？

M　我初識柯夫納時，他是個作家，也是教授，平常只利用空閒時間從事交易。不過，即使如此，他在交易方面的專業知識卻相當豐富。記得初次和他見面時，我一再賣弄複雜的交易觀念來加深他對我的印象，可是，我這樣一個每天要花十五小時做交易和進行市場分析的專業交易者，所提出的任何觀念與問題竟然都難不倒他。我也因此見識到了他的本事。

——這只是說明他學識淵博；可是，他有什麼特質讓你覺得他可以成為成功的交易者？

M　我想是因為他很客觀。一個好的交易者絕對不能死板。假如你發現某個人能夠以開放的胸懷接受世間的事，你就找到了一個具有條件成為交易者的人。我從柯夫納身上就發現了這項特質。我第一次與他見面時，就知道他可以成為一個成功的交易者。

我嘗試向他傳授我從賽柯塔與賀斯泰德那裡所學到的技巧，以及我從自己的交易經驗中所得到的領悟。我和他合作後，便開始飛黃騰達，成就斐然。那幾年，我的帳戶增長三〇〇%，他的增長更高達一〇〇〇%。他實在是個天才。

——作為一個交易者，你在事業生涯中可曾遭遇低潮？

M　有的。一九八三年左右，我開始逐漸減少交易，因為我覺得自己需要充電。

——在市場上交易，膽識有多重要？

M　膽識非常重要。任何專業交易者都不能沒有膽識。成功的交易者必須有勇氣嘗試、有勇氣接受失敗，更要有勇氣不畏艱難而攀上成功的顛峰。

——就目前而言，你有沒有什麼交易以外的目標？

M　我練空手道很多年，已經到了相當高的段數，但我想要達到黑帶。另一方面，我也接觸了靈修，因此想要在那個領域多投入一些時間。

——聽起來有些含糊，那是因為你刻意保留嗎？

M　這些事情很難說得清。我來想想看該怎麼說。愛因斯坦說，唯一最重要的問題是：宇宙是否友善？我想，每個人都應該從內在去感受宇宙的友善；這是每個人都應該追求的境界。

——你已經在那個境界了嗎？

M　我已經開始接近一些了。

——你本來不這麼覺得嗎？

M　不。我本來覺得這不是個友善的地方。

——十年或二十年後，你覺得自己還是個交易者嗎？

M　是的。市場交易太有趣了，我不會輕易放棄。我不會想要賺更多的錢，因為我或許還是會在房地產市場把那些錢賠光。

——假如每天從事交易十三小時，你還會覺得交易是件好玩的事嗎？

M 不會。假如生活中只有交易，那簡直就是一種折磨。不過，假如能保持生活的平衡，市場交易就是一種樂趣。成功的交易者最後總會達成生活的平衡，他們都會去尋找市場交易以外的樂趣。如果交易者只專注於交易，最後一定會陷入過度交易，或是被一時的打擊弄得心神不寧。

——遭遇連續虧損時，你如何面對？

M 過去，我會在連續賠錢之後做得更大，希望反敗為勝，不過這種做法通常都不會成功。後來我改採減量經營的方法，如果情況一再惡化，我會完全停止交易。不過，一般來說情形都不會那麼糟。

——偶爾能夠硬拚出一條生路嗎？

M 有時候可以。不過，乾脆中止交易的話，結果可能會比較好。我天性不服輸，因此要我認輸而中止交易並不容易。我每次賠錢的模式是：賠錢、硬拚、再賠錢，然後才減量經營，或有時候中止交易，直到脫離賠錢的漩渦。

——你會暫停多久？

M　通常是三至四個星期。

——當你屢戰屢敗時，通常是因為摸不清市場，還是出於其他原因？

M　我認為，屋漏總會逢連夜雨，當你開始虧錢時，所有擔憂將全湧上心頭，導致凡事悲觀。

——很少交易者能夠像你如此成功，你認為自己有何特殊之處？

M　我保持開放的態度，願意接受任何情感上難以接受的資訊。例如，我見過許多相當不錯的交易者，最後總是把賺到的錢全數吐出來，因為他們總是不願意在賠錢時停止交易。當我賠錢時，我會對自己說：「你不能再繼續交易了。」另外，每當市場走勢與我的預測完全相反時，我會說：「我原本希望趁這波行情大賺一筆，不過既然市場走勢不如預期，我乾脆退出。」

——你是否追蹤記錄每一天的資產變化？你會繪製帳戶餘額的變化曲線嗎？

M　過去我常常這麼做。

——這做法有用嗎？你是否建議新進交易者追蹤每天的帳戶資產變化？

M　我覺得應該這麼做。如果你的帳戶資產正處於下降的趨勢，那就是個警訊，你或許應該減量操作，或重新評估。或者，當你發現自己賠錢的速度比賺錢更快，那就要提高警戒了。

——你是否留意哪一些專家顧問的意見？

M 就易讀性、想像力，以及知識價值而言，我喜愛的市場通訊有《加州科技股通訊》（*California Technology Stock Letter*）。我也喜歡馬丁·茲威格（Marty Zweig）的《茲威格通訊》（*The Zweig Letter*），以及理查·羅素（Richard Russell）的《道氏理論通訊》（*Dow Theory Letters*）。

——我的受訪者當中最多人提及的，大概就是茲威格。

M 你總是可以從茲威格那裡得到一些有用的東西。他非常實在。

——從你提到的市場通訊看來，我想你也從事股票交易。你做股票多久了？

M 最近兩年才開始涉足股票。

——你做股票交易的方式，跟做期貨有什麼不同？

M 我操作股票時更有耐性。

——標的選擇方面，有什麼不一樣嗎？

M 沒有什麼不同。我總是根據技術圖、基本面與市場行為來決定交易的標的。我認為，這種方式適用於任何市場。

——是否專注於特定類型的股票？

M　我不交易道瓊股票。我比較喜歡小型股，因為吃人不吐骨頭的專業交易大戶大都不會在這類股票互相廝殺。同理，我認為操作澳元要比操作德國馬克好，操作店頭市場的股票要比操作上市股票好。

——你依據哪些基本面因素選擇股票？

M　我基本上都根據《投資者日報》（*Investor's Daily*）能夠取得的資訊，也就是**每股盈餘**（EPS）[2]。我將每股盈餘的數據，結合我對該股市場發展潛力的個人直覺。如果該企業的業務發展空間有限，就算每股盈餘很高，也不足以成為交易標的。然而，如果每股盈餘成長快速，同時該企業也頗具發展潛力，這支股票就相當具有吸引力。

另外，我也會參考股票的本益比（P/E）。換句話說，當我看到某家公司的收益快速成長時，我也希望瞭解市場願意支付多少代價來購買這家公司每年的盈餘。

——這麼說來，你希望找到每股盈餘維持高水準，而本益比卻偏低的股票？

M　是的，這是最理想的狀況。

——你看不看相對強弱指標（RSI）？

M　相對強弱沒有什麼助益，這個指標反映的是股票的過去表現。當相對強弱指標很強時，股價往往已經開始跌了。

——選擇股票時，你還會注意哪些事？

M　我還會注意產業動態。以現在︵一九八八年五月︶為例，我相信航運費率會提高，因此看好航運業。

——基於什麼原因？

M　供給與需求。航運費率有如商品價格，有一定的週期。當船隻供應緊俏時，供不應求的情況就會促使航運費率上升，從而導致航運業者在獲利增多的情況下增加船隻。然而船隻增多，卻又會使船隻供需情勢改變，導致航運費率下降。目前我們進入了航運費率即將止跌回升的循環週期。

——帳戶規模逐漸提升之後，交易是否變得愈來愈困難？

M　是的，因為你將被迫在愈來愈少的市場裡競爭，而且跟你對做的都是其他的專業

2　EPS排序就是根據個股相對於其他所有股票的每股盈餘成長所產生的排名。請閱讀威廉．歐尼爾（William O'Neil）和大衛．瑞安（David Ryan）的訪談。

大戶。

——各商品市場之間，有沒有什麼共通的行為模式。例如，你能不能以交易債券的方式做玉米交易？

M 我認為，只要會做某種商品的交易，其他任何商品的交易也都難不倒你，因為交易的原則是相通的。交易關乎的是情緒，那是群眾心理，包含了貪婪、恐懼。無論在任何一種商品市場，情況都是一樣的。

●●●

大部分成功的交易者，入行早期總會歷經失敗，幾乎毫無例外。馬可斯的交易生涯儘管成就非凡，早年也曾經歷多次失敗。馬可斯的經驗告訴我們：早期的交易失敗只是意味著你在某些地方做錯了，並不能作為未來成敗的指標。

在本次訪談中，我尤其感興趣的是，馬可斯雖然經歷多次失敗，可是他最慘痛的經驗，卻是提前從一筆獲利潛力極大的交易中提早下車。把握大時機，乘勝追擊，是交易者成功的關鍵。馬可斯在訪問中強調，乘勝追擊和認賠了結同樣重要。他說：你必須堅持讓你手中的好牌持續為你賺錢，否則你一定無法彌補認賠了結所輸掉的錢。

馬可斯經歷了慘痛的教訓，才瞭解過度交易的危險。有一次，他針對一個實際上並不存在的荒年進行穀物交易，結果一筆交易就把辛苦攢積的三萬美元賠得精光。後來，他在木材期貨交易又重蹈覆轍。這些經驗對馬可斯的交易哲學帶來了相當大的影響，也難怪他對交易者的第一個忠告是：任何一筆交易所投下的資金，都不要超過總資金的五％。

除了過度交易，馬可斯也強調每筆交易設定停損價位的重要性。他認為保護性停損能夠迫使交易者遵守承諾，因此十分重要。他也建議，當情勢變調，而自己又無法拿定主意時，最好立刻出場。

馬可斯還強調，當一個成功的交易者，必須靠自己下決定。他說，聽取別人的意見，即使對方是個優秀的交易者，最後只會讓交易變得一無是處，因為你往往會把自己和對方的弱點聚合在一起。

最後，儘管馬可斯是個進取的交易者，卻非常堅信慎選交易的重要性。他說，唯有等到市場各個元素都支持同一個方向，這時候進場交易的成功機率才會大增。如果你執行大量僅僅符合最低條件的交易，那麼你只是在市場裡尋樂，與成功交易無關。

Chapter 2

布魯斯・柯夫納

Bruce Kovner

縱橫全球的交易者

縱橫全球的交易者

布魯斯·柯夫納（Bruce Kovner）也許是當今舉世進出金額最大的銀行間外匯與期貨交易者。光是一九八七年，他就為自己及其基金投資人賺進三億美元。過去十年，他的平均年投資報酬率高達八七％；也就是說，你在一九七八年年初，只要投資柯夫納的基金兩千美元，十年後，你的投資就可以成長到一百萬美元。

柯夫納雖然是一位超級交易者，卻極力低調，避免成為公眾人物。他在接受我的訪問之前，不曾接受過其他任何傳播媒體的採訪。他後來對我說：「你也許覺得奇怪，為什麼我會接受你的採訪。」事實上，我的確有過這樣的疑問，只是沒有問出口，而且我也一直假設他是基於信賴才同意接受我的採訪。七年前，我與柯夫納曾有一段同事之誼，當時他是商品公司的首席交易員，而我在該公司擔任分析師。

柯夫納繼續解釋：「我似乎難以躲避公眾的注意，但是一般大眾媒體的報導往往會誇大其辭，也會失真。我認為你的採訪至少可以為我留下一篇真實的紀錄。」

從柯夫納的外表，實在難以想像他是一個經常進出數十億美元的超級交易者。他那睿智而自在的神態，其實更像是一位大學教授。事實上，他在成為交易者以前，的確也是一位學者。

柯夫納從哈佛大學畢業後，便在哈佛大學與賓州大學擔任政治學教授。雖然他喜歡教書，卻不熱衷於學術生涯。他說：「我不喜歡每天一大早就得面對空白的稿紙，思索著如何寫一些深奧難懂的哲理。」

一九七〇年代初，柯夫納有意從政，參加了多項政治性活動；不過，由於後來缺乏財力，而且實在不善政治圈內的勾心鬥角，因此放棄了步入政壇的念頭。當時他曾任州政府與聯邦機構的顧問工作。

一九七〇年代中期，柯夫納把注意力轉移到金融市場方面。他認為，憑他正規政治學與經濟學教育的背景，應該可以在這個領域闖出一片天地。後來他熱衷於研究世界金融情勢，進行相關的金融商品交易。大約有一年的時間，他完全浸淫於金融市場與經濟理論的研究。他讀遍了所有能夠得到的資料。

柯夫納當時對利率方面的理論下過一番頗深的功夫。他說：「我完全被**收益率曲線**[1]迷住了。」

柯夫納苦心研究利率市場時，利率期貨交易仍處於萌芽階段，那時的市場不太健全，價格扭曲的情形往往持續一段時間；今天，相同的價格扭曲現象很快就會被套利交易者攻破。柯夫納說：「當時利率市場不重要，花旗銀行或所羅門兄弟（Solomon Brothers）公司根本不屑一顧，但我可就不同了。」

柯夫納根據利率理論所發現的異常現象與期貨合約之間的價差有關。期貨的合約有固定月份（例如三月、六月、九月、十二月）。基於市場循環的現象，利率理論認為較近月份期貨的價格應該高於較遠月份期貨的價格。儘管較近月份的期貨的確反映了這種價差關係，較遠月份期貨之間的價差卻幾近於零。柯夫納的第一筆交易便是買進某月份的期貨，而賣出更遠月份的期貨。隨著時間的推移，買進的期貨與較遠月份期貨間的價差也就愈來愈大。

這筆交易的結果就像教科書裡所說的那樣，而柯夫納從此迷上了交易。他的第二筆交易也與市場內價差（Intermarket Spread）有關。〔意指在相同的市場裡買進某個月份的

1 所謂收益率曲線（yield curve），是指公債收益率與其償還期之間的關係。如果長期公債收益率高於短期公債，例如，五年期公債收益率高於一年國庫券，則圖形上顯示的收益率曲線就會呈現逐漸上升的斜率。

合約，同時賣出另一個月份的合約。）柯夫納預期銅供應緊俏，會促使較近月份的銅期貨價格揚升，於是他買進較近月份的銅期貨，賣出較遠月份的銅期貨。雖然預測正確，但是他太早買進，最後只好認賠了結。儘管如此，經歷兩筆交易後，他還是把三千美元的股本增加到了四千美元。

布魯斯．柯夫納（以下表記為B）第三筆交易，才真正把我帶進了這個行業。在一九七七年年初，黃豆市場供應持續短缺，形成需求驅動的市場。每一週的壓榨價差（crush）都高於預期，幾乎沒有人敢相信那些數字。（壓榨意指加工成大豆油和大豆粉的黃豆數量。）我密切注意七月份黃豆期貨與十一月份黃豆期貨的價差變動情況。由於黃豆似乎快要缺貨，我想七月份和十一月份合約之間的溢價將會持續擴大。這個價差當時以狹隘的區間在六十美分左右波動。我發現，我大可在溢價收斂到四十五美分時停損出場。當時，我並沒有意識到波動性有多大。溢價六十美分時，我建立了一口價差合約（即買進七月份期貨，賣出十一月份期貨），價差隨後擴大到七十美分，於是我再建立一口合約。我以金字塔的方式不斷加碼。

傑克・史瓦格（以下表記為———）你最後持有多少口合約？

B　我最後大約持有十五口合約，不過我在期間曾經更換經紀商。我原本在一家小型紀公司做交易，這家公司的老闆是一位資深的場內經紀人，每天盯著我。那時候我大約已經持有十口到十五口合約。當時一口期貨合約的保證金是兩千美元，價差交易的保證金則只要四百美元。然而這位經紀人卻告訴我：「你做的價差交易和**單邊多頭部位**[2]相同，因此保證金要從四百美元提高到兩千美元。」

———他顯然十分擔心你的部位所承擔的風險。

B　是的。他在意的是，我只為價差合約付了四百美元的保證金，而他認為那個合約的性質就跟淨多頭部位一樣。

———其實他也沒有全錯。

B　是的，可是我非常生氣，於是我把帳戶轉到另一家經紀公司。這家公司的名稱暫且保留，至於原因我稍後會解釋。

2　價差保證金低於單邊保證金，其中的預設是，淨多頭或淨空頭部位的波動性比價差部位更高。原因：在一個價差部位裡，多頭合約的部分很可能會至少沖銷一部分空頭合約的價格變動。然而，在供應短缺的時期，跨作物年度（intercrop）價差合約（例如做多七月黃豆、做空十一月黃豆）的波動性可能不會比淨多頭或淨空頭部位低。

——你生氣，是因為你認為他對你不公平，還是……

B 我不覺得他對我不公平，不過我認為他的做法對我的交易已經構成了障礙。我把帳戶轉到另一家較大的經紀公司，然而我卻在該公司選擇了一位不太稱職的經紀人。當時黃豆行情持續上揚，我也一再加碼。我第一筆價差交易是在二月二十五日進行的，到四月十二日，我的帳戶已增加到三萬五千美元。

——你只是在行情上漲時持續增加自己持有的部位，還是另有一套計畫？

B 我有一套計畫。我總是等待價格漲到某個水準，然後回跌到特定價位後才加碼。我的金字塔操作法並沒有問題。

當時黃豆期貨市場行情一片大好，價格連續漲停。到四月十三日時，價格更是創下新高紀錄。我的經紀人在當天打電話給我：「黃豆行情正在飆漲，看來七月份期貨會以漲停收市，而且十一月份期貨也會跟進。你賣出十一月份期貨實在太傻。我看還是讓我幫你回補十一月份期貨，這樣你就可以在未來幾天多賺一點。」我同意了，於是我們開始回補十一月份期貨。

——你把當初所有賣出的部位都補回來嗎？

B 是的。全部都補回來（他大聲笑）。

——這是一時衝動的決定嗎？

B　我想我是鬼迷了心竅。十五分鐘後，我的經紀人慌張地打電話過來說：「我不知道應該怎麼告訴你才好，黃豆市場看來要以跌停收市了，我不知道能不能讓你全身而退。」我簡直嚇呆了，我大叫著要他趕快幫我出場。

——你最後是否在跌停板才出場？

B　我在接近跌停板的時候出場。讓我告訴你我的損失有多大，在回補十一月份期貨而只持有七月份期貨時，我的帳面上原本有四萬五千美元，但在收市時只剩下兩萬兩千美元。我深受打擊，簡直無法相信自己竟然如此愚蠢。只為貪圖蠅頭小利，就把自己多年來對市場的研究心得完全拋至腦後。為了這件事情，我有好幾天都食不下嚥。我覺得我的交易事業完蛋了。

——可是你還有兩萬兩千美元，與你當初的三千美元相比，仍然好很多。

B　你說的沒錯。可是……

——你的情緒大壞，是因為你做了愚蠢的決定，還是因為賠了錢？

B　絕不是因為錢的緣故。我想是因為這次經驗終於讓我明白，交易者總會有「瘋狂」的時候。在這件事情發生之前，我的帳戶從三千美元到四萬五千美元，一切都很順利。

——你在一帆風順的時候，是否覺得一切都很容易。

B 是的，的確很容易。

——你當時可曾想過，市場行情也有背棄你的一天？

B 沒有。我當時決定回補，就證明我根本沒考慮到風險的問題。我想我最難過的是，我拋下了我一直以來都覺得自己能夠守住的理性思維。我終於明白市場大勢變化多端，它可以載舟，也可以覆舟。不過事實上，我最後還能剩下兩萬兩千美元，已經算是不幸中的大幸了。

——我相信你後來當機立斷決定立刻出場，讓你逃過了一劫。

B 是的。那天之後，市場持續重挫，幾近崩盤。我常常在想，如果那天我沒有因為犯錯而出場，也許我的遭遇會更慘。

——這筆價差交易結果如何？

B 失敗了。七月份黃豆期貨價格也告下挫。

——由於你是在黃豆價格和價差達到最高檔的那一天軋平部位，即使沒有退場的決定，你的獲利也會折損。

B　可以這麼說，但對我來說，那是一筆讓我「一敗塗地」的交易；雖然離一敗塗地還差一點，不過在心理上我覺得那已經是了。

——這是你交易生涯中最慘痛的一次經驗嗎？

B　是的，影響所及既深且遠。

——但你還是靠這筆交易賺進不少吧！

B　我靠這筆交易賺進了六倍於本金的利潤，但那是因為我採用了極高的槓桿。我當時根本不清楚自己承擔了多大的風險。

——經紀人在電話中告訴你市場將以跌停收市之後，你是由於驚慌，還是在控制風險的直覺下決定賣出？

B　我也無法確定。當時我所面對的情況是，市場走勢和我的分析預測完全相反，而且我找不出任何原因。直到今天，只要市場出了狀況，導致我的情緒平衡受影響，或者我再也無法搞清楚當下正在發生的事，那麼我會結束所有跟這個狀況相關的部位。

——你能舉出最近發生的例子嗎？

B　一九八七年十月十九日，也就是爆發全球股市大崩盤的那一天。因為摸不透導致市場發生劇變的原因，我在十九日與二十日把手中全部的部位拋出。從事交易的第一條原則，就是千萬別讓一個你摸不透的市場變化逮個正著，讓自己糊里糊塗地遭受重大損失。

——我們言歸正傳，那筆黃豆交易結束多久之後，你才再度進場交易？

B　大約一個月之後。幾個月之後，我的帳戶又恢復到大約四萬美元。後來，我去應徵商品公司助理交易員的工作，當時面試我的是麥可．馬可斯。面試結束的幾個星期後，馬可斯叫我再去一趟商品公司。他告訴我：「我要告訴你一個好消息和一個壞消息，壞消息是我們不打算僱用你擔任本公司的助理交易員，好消息是我們決定請你當我們的交易員。」

——商品公司給你多少資金從事交易？

B　三萬五千美元。

——你同時也操作自己的帳戶嗎？

B　是的，而且這是我覺得很棒的一件事。商品公司的政策允許你同時操作自己的個人帳戶和公司的帳戶。馬可斯和我都是非常激進的交易者。

——你受到馬可斯的影響嗎？

B 喔，當然，影響很大。馬可斯教會我一件極端重要的事。〔停頓〕

——嗯，這是很棒的開場。來，亮點是什麼？

B 他教會我的是：你可以賺一百萬元。他向我證明了，只要專心致志，美好的事情就會發生。其實你真的可以做到，這是很容易被忽略的一點。他讓我看到，只要你堅定立場，維持紀律，你就可以做到。

——聽起來，他給了你信心。

B 是的。他也教了我另一件絕對重要的事：你必須願意犯錯，錯誤並沒有什麼大不了。馬可斯教導我的是：做出最好的判斷、出錯、再做出最好的判斷、再出錯、做第三個最好的判斷，然後你的錢就會翻倍。

——你是舉世間少數的成功交易者之一，你與其他交易者有何不同之處？

B 我無法解釋為什麼有些交易者會成功，有些卻會失敗。至於我自己，我認為我擁有兩項相當重要的特質。第一項是對於市場未來走勢有廣大的想像空間，並且深信不疑，例如我相信黃豆價格有朝一日會漲到目前水準的兩倍；美元會跌到一美元兌一百日圓以下。第二項則是我能在壓力下保持理性和紀律。

——交易技術可以傳授嗎？

B　可以，不過有一定的限度。多年來，我訓練了將近三十位剛出道的交易者，不過，其中只有四至五位成為成功的交易者。

——至於其他的二十五位呢？

B　最後都被淘汰出局。不過這與智力沒有任何關係。

——最後獲致成功的人，和那些被淘汰出局的人有何差異？

B　他們堅毅、獨立，而且頗有主張。他們敢在別人不敢進場時進場，同時他們也會節制自己的貪念。野心太大的交易者最後總會把交易弄砸，而且永遠無法保住所賺得的利潤。商品公司就有一位這樣的交易者，我不方便說出他的姓名，他的聰明才識之高是我畢生僅見，他判斷市場準確無比。然而我能賺錢，他卻不能。

——他的問題是什麼？

B　他的野心太大。我做一口合約，他卻要做十口。他一年當中可能有一、兩筆交易讓帳戶翻倍，但最終還是沒賺到錢。

——你的交易決策一向仰賴基本分析嗎？

B　是的。我不會單純靠技術面資訊做交易。我經常使用技術分析，這工具非常棒，但是，除非我瞭解市場變動的原因，否則我不會輕易進場。

——這樣說來，你的每一筆交易背後都必定有基本面因素的支持嗎？

B 可以這麼說。不過我要補充，技術分析通常可以使市場的基本面情勢更加明朗化。舉例來說，去年上半年有人說加元會升值，也有人說加元會貶值，而我根本就無法判斷加元的走勢。不過，如果你逼我做選擇，我會說加元貶值。後來美加貿易協定簽署，市場情況改觀。事實上，在美加貿易協定簽署的前幾天，加元就已經開始揚升，而我直到這時候，在市場大勢逐漸明朗的情況下，才敢斷言加元將會上揚。

在美加貿易協定之前，我覺得加元已經漲到高價水準，因此無法確定加元會上揚，或是下跌。我也只有等待市場變動，然後再跟隨市場變化的方向行動。我之所以如此，主要是因為兩項關鍵性的判斷，一項是市場的基本面產生變化（雖然我不能確定這個變化對市場情勢可能造成的影響）。另一項則是市場的技術面顯示加元已經突破上檔壓力區。

——你說，你不能確定市場基本面變化對價格走勢會造成什麼影響，這究竟是什麼意思？基本上，美加貿易協定對加拿大的重要性遠高於美國，這不就顯示該項協定的簽署對加元應該算是一個利多消息嗎？

B　未必是利多，我也可以從利空方面來解釋。美加貿易協定取消了雙方之間的貿易障礙，這意味著美國產品將可長驅直入加拿大市場，對加拿大經濟不利。我舉這個例子的重點是，市場上有許多消息遠比我靈通的交易者，他們知道加元會上揚，因而先行買進。我只是緊跟在他們之後，搭上加元上漲的第二班列車而已。

——這是不是意味著，當市場基本面產生變化，技術面最初的變動方向往往就是市場長期趨勢所在？

B　一點也沒錯。市場上的領先指標往往是那些消息遠比你靈通的市場人士，例如，蘇聯就是個厲害的交易者。

——蘇聯在哪些市場算是領先指標？

B　匯市，在某種程度來說，也包括穀物市場。

——我們怎麼知道蘇聯的動作？

B　蘇聯都是透過商業銀行與經紀商進場操作，因此我們大都可以打聽得出來。

——蘇聯連國內經濟都無法掌握，但在國際市場上卻是一個高明的交易大國，聽起來是不是有點矛盾？

B　是的，不過事實的確如此。

——這是什麼原因？蘇聯到底是怎麼做到的？

B 我們同業間流傳著一則玩笑——蘇聯可能偷拆了我們的信件。不過事實上，蘇聯（以及其他國家政府）的消息的確非常靈通。原因很簡單，因為他們擁有全球頂尖的情報網，而且眾所皆知，蘇聯（以及其他政府）具有監聽全球商業通訊的技術與能力。這也就是為什麼有許多商品交易公司在打機密電話時總是小心翼翼，甚至裝設反竊聽裝置。

我要強調的要點是，影響市場的因素千頭萬緒，交易者難以全盤掌握。而唯一可以左右交易大局的，就是大筆進出的交易。

——這一點，就是技術分析的基本依據所在嗎？

B 我對技術分析的看法是：有些技術分析相當可信，然而也有很多根本就是胡說八道。

——這是一個很有趣的說法。哪些技術分析可信，哪些又是鬼扯？

B 有些技術分析師宣稱可以利用技術分析預測市場未來走勢。這根本是不可能的。技術分析只能追蹤市場過去的軌跡，不能預測未來。你必須運用智慧，根據市場的交易者過去的行為，判斷他們的下一步。

對我而言，技術分析有如體溫計。光靠基本分析，而不注意市場走勢的相關圖表，就如同醫生為病人治病，而不替病人測量體溫一樣荒謬。假如你要完全掌握市場情勢，就必須瞭解市場大勢所趨，亦即市場行情是旺盛還是清淡。你必須知道有關市場的一切資訊，才能在進場時占到優勢。

技術分析不但可以反映市場大勢所趨，也可能突顯市場異常的變化。任何新浮現的價格型態，都是一種異常變化。對我來說，研究市場價格走勢圖裡的細微價格行為，是一項非常重要的工作，我可以由此判斷市場裡其他人的行為。想要掌握市場當下的失序狀況，以及未來的潛在變化，走勢圖的研究是必不可少的。

——當你研究市場價格走勢時，是否會因為這種走勢似曾相識，而且以往經驗顯示這種走勢通常是市場行情上漲的前兆，所以進場交易？即使沒有基本面因素的支持，你也會這麼做嗎？

B　有時候會這麼做。不過我必須補充，只有經驗豐富、見多識廣，而且不會因為突如其來或無法瞭解的價格變動而受到震驚的交易者，才能夠做出如此大膽的行動。

——你的意思是，你常常在價格向上突破時採取這類行動？

B　是的。

——可是市場價格向上突破可能只是假象。

B 價格密集盤整之後，基於某些沒有人知道的理由而突破，通常都是值得冒險的交易機會。

——假設市場價格因為當天《華爾街日報》的一則報導而向上突破，這也算是值得冒險的交易機會嗎？

B 那可能就不太值得了。物理學的海森堡（Heisenberg）「不確定性原理」可用作類比。微距觀察時，被觀察對象的狀態很有可能被改變。如果玉米價格已經密集盤整了一段時日，然後因為《華爾街日報》報導玉米市場可能供貨短缺而向上突破，這種價格上揚的局面通常不會維持太久。但是，如果大家都認為玉米價格沒有上漲的理由，而價格卻向上突破，則造成玉米價格上揚的這種力量就可能相當大。

——你是說，市場價格向上突破的原因愈難讓人理解，後市就愈好？

B 我的確是這麼想的。市場價格走勢愈容易被投機者發現，走勢型態通常就只是一種假象。當市場價格走勢不受投機者青睞時，技術性突破就更有意義。

——目前市場上愈來愈多人使用電腦化的順勢操作系統。這種情況會不會導致市場價格的技術性假突破顯著增加？

B 我認為會。目前市場上有數十億美元的資金是根據技術分析來決定進出的。這類系統大都使用移動平均值等簡單的辨識方法來進行交易，然而這種方式會製造出許多假訊號。其實，我也設計了一套類似的技術分析系統，所以我能夠瞭解其他的系統使用者準備進場的時機。如果我發現當下的市場行情是藉由這類資金所驅動，我對這波走勢的興趣就絕對比不上蘇聯大筆買進時所驅動的走勢。

——假設你在市場行情密集盤整後向上突破時才進場，然而市場行情又告疲軟，也就是說，價格又跌回到盤整的區間內。你怎麼知道該在何時出場？你怎麼區分市場行情只是暫時回檔，還是進入長期疲軟不振的階段？

B 每當我進場時，總會預先設定停損價格。這是唯一可以讓我安心睡覺的方法。也就是說，在進場之前，我就已經知道自己該在什麼時候出場。部位規模取決於停損的價位，而停損的價位取決於技術分析。例如，當市場在盤整區間內波動時，你沒有理由把停損設置在區間內，這麼做肯定會被踢出場。我通常把停損點設在技術性關卡以外的價位。

——有許多人把停損點設定在同一個價位上，可能會因此把市場引到那個價格水準。你遇過這樣的問題嗎？

B　我從來沒有考慮過這一點。我總是避免將停損點設在市場行情可能輕易達到的價位。如果你的分析正確，市場行情絕不可能會回檔到停損價位。有時候我會把停損點設定在明顯的區域，只要我認為市場行情很難輕易達到那個水準。舉個例子，在最近的一個星期五下午，債券市場以高波動率跌破一個已延續多時的盤整區間。就我所知，這波走勢來得毫無先兆。我可以安心地在這裡放空；如果我的判斷正確，行情不會再回到這個區間內，而我就在那裡設定了停損點。這個部位讓我晚上睡得很安穩，因為我知道萬一行情回升，我就會出場。

——說到停損，以你的部位規模而言，我以為你一貫使用的是心理停損，但看來不一定如此？

B　可以這麼說：我做好了妥善的安排，一旦設定了停損，就不再需要操心。我不會遞入交易廳，但那也不算是心理停損。

——你依靠什麼來斷定自己的交易失敗？設定停損點可以減少虧損，不過如果你深信這筆交易的基本面看好，我想你一定不會輕易就此罷休。假設你的基本分析結果與市場大勢背道而馳，你要到什麼時候才會放棄這筆交易？

B　首先，虧損本身就會提醒我要減量經營。其次，就如你所說，就算我認為我的基本分析正確，但技術面也會提醒我應該三思而後行。比如說，我看壞美元行情，但是美元匯價卻突破某個中期技術性關卡，在這種情況下，我就會重新考慮自己對市場的看法。

——你前面曾經提過，你自己也設計過一套技術分析系統，用以追蹤類似系統進出數十億美元的動向。你會使用這套系統從事交易嗎？如果會，你的基金中有多少比例用這套系統進行交易？

B 會的。根據這套技術分析系統進出的資金大約只占我基金總額的五％。

——難道這就是你對技術分析系統的信心嗎？

B 總體而言，我的技術分析系統的確賺錢，但是基於風險管理與市場波動等因素，我並不太喜歡。不過，由於使用這套系統也提高了我的策略多樣性，所以我仍然以少量的資金根據這套系統進出

——你認為是否可能發展出一套可以和傑出交易者媲美的電腦交易系統？

B 我認為不可能，因為這套系統必須具有高度的學習功能。電腦只有在資訊結構清晰、層次分明並有前例可循的情況下，才能「學習」。例如，用於醫學診斷的專家系統能夠開發成功，是因為規則明確。可是，開發交

易專家系統的最大問題，就是交易與投資的遊戲規則變幻莫測。我曾經和一些電腦專家合作，試圖發展一套交易專家系統，最後我們一致認為發展這套系統並不適宜，因為資訊不僅多樣化，而且解讀資訊的規則也經常在改變。

——你目前的交易規模遠大於從前，這一點會不會導致你的交易比以前艱難？

B 現在能夠為我提供充分流動性的市場愈來愈少。

——你現在管理的資金有多少？

B 在六億五千萬美元以上。

——我想其中有一半以上都是靠資本增值而來的吧？

B 是的，我去年的獲利就有三億美元左右。

——哪些市場因為流動性不足而難以操作？

B 我很喜歡但流動性通常很糟的市場，就是銅。在銅市裡，我現在已成了一頭大象。

——像銅這樣的市場，操作規模應該在多大以內，才不至於有問題？

B 每天進出五、六百口應該不難，再高的話就有些難度了。銅市每天成交大約七千到一萬口合約，其中很大一部分是本地對做或價差交易。相對的，你在債券市場裡一天進出五千口合約也不成問題，在銀行間貨幣市場也可以大進大出。

——像咖啡豆期貨這種成交量不大，但偶爾形成大幅價格趨勢的市場，你也做嗎？

B　會，我去年做咖啡豆，而且還賺了好幾百萬美元。現在如果我管理六億美元資金，即使從咖啡豆交易賺進兩百萬美元，也沒什麼大不了。事實上，做咖啡豆的效果可能適得其反，因為我所投入的時間、精力，會分散我對匯市的注意力，而匯市才是我的主力所在。

——看來，你的操作規模已經大到影響了你的交易績效。既然你有充足的個人資金，你可曾考慮只操作自己的帳戶，不用去煩惱管理基金的那些問題？

B　我想過，但基於一些理由，我並沒這麼做。雖然我在基金裡投入了大量自己的資金，但我替別人管理的那一部分資金，實際上就是一個買權。（類比於一張價格上漲時擁有無限上檔獲利，價格下跌時卻僅損失購買成本的選擇權合約。）我這麼說並不表示我的態度輕率，我在投資人心目中的聲譽對我而言極端重要；但無可否認的是，買權遠遠比一個盈虧機率對稱的部位更好。

——就實際操作而言，你能夠管理的資金有沒有上限？

B　對大部分的商品期貨而言，當然有；然而，外匯、利率和石油等等的商品市場，縱使有上限，這上限也非常高。我打算以非常謹慎的方式管理資金未來的成長。

——如果你投入的並不是流動性最高的市場，例如債券或外匯以外的市場，你所下的單實際上會不會影響市場走勢？

B 會，但我從不刻意左右市場。

——談到這一點，市場上常聽到有些大戶在左右價格，這樣做真的能奏效嗎？

B 我不以為然，短期內或許有用，但最後終究會導致嚴重錯誤。如果因為自大而背離市場技術面與基本面的結構，自以為能操控市場，結果就會因為過度交易而傾倒。

——不提及身分的情況下，能不能舉一個例子？

B 近期有個例子，一家英國交易機構試圖壟斷原油市場，最後惹上了麻煩。他們開始時的確成功，但後來失去控制，原油價格下滑四美元。

——結果怎麼樣？

B 他們賠了大約四千萬美元，該機構也陷入困境。

——你可能是世界上管理最多錢的交易者，怎麼應付虧損時的情緒煎熬？

B 交易的心理壓力很大，任何一天我都可能虧損數百萬美元。如果你把虧損與個人情緒攪和在一起，你就不能做這一行。

——交易虧損還會對你造成困擾嗎？

B　目前唯一令我煩心的，就是資金管理不善。從事交易常常會遭遇相當大的虧損，不過只要交易方式穩當，我就不擔心。像早期我回補十一月份黃豆的那種交易，才會令我害怕。不過我從那次經驗中學到了控制風險的技術。現在我每天都在進出，虧損是很正常的事。

——在你的交易生涯中，可有不如意的時候？

B　有的。我在一九八一年虧損大約一六%。

——這是因為你自己的錯誤，還是應該歸咎於市場？

B　兩者都有。當時的商品市場是我從事交易以來遭遇到的第一個大空頭市場。空頭市場與多頭市場有許多相異之處。

——你是不是安於市場一直以來的上漲趨勢，所以才掉以輕心？

B　不是。空頭市場的最大特色，是在行情大幅急跌後又迅速反彈。我總是太晚進場做空，於是在反彈時被停損出場。在空頭市場，你必須利用急遽的逆勢反彈進場建立部位。

——你在那一年還犯了什麼錯誤？

B　資金管理太差，彼此相關的交易也做得太多。

——你的信心在那一年是否為之動搖？你有因此暫時收手嗎？

B　我後來暫時收手，設計了許多風險管理系統。我加強關注持有部位的相關性。從那時候開始，我每天都會評估我所持有部位的總體風險。

——你從事的外匯交易是銀行間市場交易，還是期貨交易？

B　我只在銀行間市場做外匯交易，除非我想利用國際貨幣市場（IMM）從事套匯交易。〔IMM是芝加哥商品交易所（CME）的附屬機構，同時也是全球最重要的外匯期貨交易所。〕銀行間市場的流動性比較高，交易費用比較便宜，同時也是一個二十四小時交易的市場。這一點對我們非常重要，因為我們一天二十四小時都在做交易。

——在你的交易中，外匯占了多大比例？

B　平均來說，大約五〇%至六〇%的利潤都是來自外匯交易。

——我想你交易的外幣種類應該超過國際貨幣市場所提供的五種外幣吧？

B　只要是流動性高的外幣我都交易。事實上，幾乎所有歐洲貨幣（包括斯堪地納維亞半島國家）、所有主要亞洲國家貨幣，以及中東國家貨幣，都是我交易的對象。

另外，交叉匯兌（cross）可能是我最重要的交易方式，而這種交易工具根本不能在IMM使用，因為合約金額是固定的。〔交叉匯兌涉及兩種外幣，例如買進英磅，並賣出以美元計價等額的德國馬克。〕

——但是，你可以透過IMM將兩種不同貨幣的買賣合約調整到相等金額和合約數。

B 的確，但是在銀行間外匯市場，你可以做得更精準，也更直接。例如，德國馬克／英鎊和德國馬克／日圓，就是交易非常活絡的交叉匯兌。

——我想，當你做馬克／日圓的交叉交易時，都是以美元為計價單位吧？

B 沒錯。你只要說：買進一億美元德國馬克、賣出一億美元日圓。在銀行間外匯市場，美元是國際通用的計價單位。

——如果發生突發狀況或美國公布的經濟數字與預期差距太大，導致外匯市場價格劇烈震盪，銀行間外匯市場的價格波動會不會比外匯期貨市場小？或者，套利者會讓這兩個市場保持緊密關連？

B 套利者在這兩個市場從事套利交易，這就是行動敏捷的套利者在這些市場上的獲利機會。市場之間有時候會稍微脫節，但不會有太大差距。

——銀行間外匯市場對突發事件的反應是否比較不極端？

B 是的，因為外匯期貨市場經常會發生場內交易者停損出場的情況。這時候只有靠套利者進場來維持市場的穩定。

——銀行間市場的交易有多少比例是商業活動與對沖避險操作，又有多少比例是投機活動？

B 美國聯準會曾經做過相關調查。我現在手邊沒有相關數據，不過，基本上這是一個對沖市場。銀行，以及少數像我這樣的玩家，是主要的投機者。

——為什麼外匯期貨市場無法在外匯交易上扮演重要角色？

B 外匯期貨市場不是一個有效率的市場。運用外匯期貨市場從事對沖交易，經常會受到合約到期日及金額的限制。例如，我需要為四月十二日的三千六百萬美元做對沖，銀行直接就收下單子了。然而，期貨市場只針對特定的日期和固定的合約規模做交易，因此無法精確符合對沖的需求。

——既然銀行可以滿足任何一個客戶的對沖需求，外匯期貨市場就無法和銀行間外匯市場競爭了，是嗎？

B 是的。而且，這些活動是在一般的企業與銀行關係的脈絡下進行。對沖者往往想要由此證明自己的保證利潤，作為貸款的條件。

——請你談一談你的基本分析方法，你如何判斷市場的合理價位？

B 我假設當天的市場價格就是合理的價位，而我只研判哪些因素會導致價格波動。高明的交易者應該能夠提出各種可能變化的假定。我會在心中描繪出全球可能發生的狀況，然後等待事態的演變予以證實。當然，這些假設狀況最後大都不會實現，也就是說，你想像中的圖像裡只有少數元素符合現實。但是，你偶爾會突然發現某個圖像，當中的十個元素有九個與現實世界相仿。這個場景也就成了你的現實世界圖像。

舉例來說，在著名的「黑色星期五」，即十月十九日全球股市大風暴爆發當天，我嚴重失眠，我也確信當晚失眠的交易者絕對不只我一個。接下來的那一整個星期，我思索著當週的事件將如何影響美元。我試著描繪不同的世界圖像，而其中一個是帶著全然恐慌的圖像——全球金融體系完全陷於慌亂。

在這種情況下，美元將會成為維護全球金融秩序的避風港。這也就是說，美元將會因此大幅上揚。後來果然不出我所料，在那一週的週二，全球各地的資金的確從其他市場抽出，轉而投入美元，以致美元劇揚。在往後的兩天，美元行情持續揚升，直到週末才開始回跌。

到了這個時候，一切才在我腦海裡拼湊起來。在這個世界金融局勢的恐慌氛圍之下，必須要有刺激性的措施，但日本與德國的中央銀行不願採取可能導致通貨膨脹的政策，加上美國貿易逆差擴大，於是唯一的解決方案就是美國財政部長貝克（Baker）打壓美元。必須有一方祭出刺激性的政策，而美國就是這個角色。結果，美元即將下跌，而其他央行為了自身利益，也不會出手干預。我非常確定，這是貝克唯一能做的事。

——你到週五才明白你的假設獲得證實，這時候採取行動，是不是太晚了？

B 是的。那個週末我真是度日如年，因為我知道美元在下週一開盤就可能會重挫。我一直在等美國當地時間週日晚間亞洲匯市的開盤。

——你有許多外匯交易都在美國交易時段以外進行嗎？

B 是的。第一，我不論到那裡都會攜帶全球匯市行情顯示器。第二，我有一位助理，二十四小時全天候值勤。

——你是否要求你的助理在匯市行情發生重大變化時立即通知你？

B 沒錯。首先，我們會訂定行情當天可能波動的範圍，如果行情超出這個水準，我的助理就會立刻通知我。

——你是否常常在半夜接到助理的電話？

B 我常和一位助理開玩笑，說一年只准他吵醒我兩次。不過這種情況並不常發生，而且也沒有必要。我家裡裝有匯市行情顯示器，因此我隨時都可掌握匯市的變動。此外，交易助理的主要工作之一，就是半夜起來接電話。有時候他會在一個晚上被電話吵醒四到五次。

——你是說，你把晚間的交易授權給交易助理來做？

B 我們至少每週做一次類似的沙盤推演，假設各種可能發生的情況以及應對之策。

——比如說，某種外幣來到一三五，你的助理就知道應該怎麼做……

B 是的，他知道該買進還是該賣出，這些交易決策其實事先就已經安排好了。不過，如果是重大突發狀況，例如某國總理辭職或是某國政府突然將貨幣貶值，助理還是會立刻通知我。

——你偶爾會在半夜做交易嗎？

B 是的，這是常有的事。

——你顯然沒有辦法無時無刻都在交易，究竟你是怎麼平衡支配工作時間與個人生活？

B 我通常只在上午八點到下午六、七點之間交易。遠東市場很重要，如果外匯市場交易非常活絡，我會在遠東市場做。遠東市場在美國本地時間下午八時開盤，東京市場上午盤直到本地時間午夜十二點才告一段落；如果市場走勢劇烈震盪，我就先睡上幾個小時，等下個市場開盤再來做，這樣子很有趣，也很刺激。

——因為你看著行情的波動從一個國家延續到另一個國家？

B 當然。當你真的參與其中時，顯示器上的行情會緊緊抓住你的注意力。你看著報價跳動的幅度愈來愈大，行情愈來愈瘋狂。針對每個市場，我在每個國家都有聯絡人，所以我知道市場正在發生什麼事。這是一場極度刺激的遊戲，而且到處都有機會。岔題一下，我做這一行的原因之一，在於我深深沉迷於全球政治及經濟事件的分析。

——你的敘述方式，讓人覺得這一切就是一場遊戲，而不是工作。你真的如此看待嗎？

B 的確不像是工作，除非你賠錢了——那就真的成了苦工（大笑）。對我來說，市場分析像極了一個巨大且多重面向的棋盤。其中的愉悅純粹是智識上的。例如，我們嘗試分析紐西蘭首相正在面臨的問題，以及他的因應方式。許多人認為這種想法太奇異了。但對我而言這一點都不奇怪。這個人管理著他的小國家，他的確面臨著一連串實實在在的問題。他需要思考如何應對澳洲、美國，以及那些快要把他逼瘋的工會。而我的工作就是解謎——這個人會做什麼決定、他的行動會帶來哪一些他自己以及市場所無法預料的後果。這過程本身對我而言是非常有趣的。

——你追蹤全世界如此多樣的市場，肯定得大量閱讀經濟文獻。除此之外，你也會關注市面上各式各樣的市場通訊嗎？

B　是的，我每天都會收到一份「大師報告」。

——有哪一些大師？

B　所有受歡迎的通訊作者，如派瑞特（Prechter）、茲威格（Zweig）、戴維斯（Davis）、埃利亞（Eliades）等等。

——你採用大師報告的內容作為反向意見的指標嗎？

B　我試著不要太自以為是，因為當市場出現重大走勢時，他們大部分時候都是對的。我實際上留意的是那些沒有得到市場確認的大師共識。我想要知道大部分人都誤判行情的時候。

——所以，當你的大師名單裡的多數意見都偏多，市場卻沒有上漲，而你又掌握了一些利空的基本面因素，這時候你對自己的立場就更有信心了，是嗎？

B　是的，這時候會信心大增。

——你認為跟隨大師的指示操作能獲利嗎？

B　有可能，但我認為，你必須對自己持有的部位有足夠的信念，才能賺錢；仰人鼻息很難有成。不過，確實有一些非常棒的市場大師。例如，我喜歡的股市大師馬丁·茲威格（Marty Zweig）。他有優異的風險控制技巧。而且，他不像其他的市場大師那樣，自詡為未來預言者；他僅僅觀察眼前所見的，然後理性下注。

——你曾經提到控制風險的重要性，以及對所持有部位具有信心的必要性。你認為每筆交易應該承擔多大的風險？

B　首先，我會盡量把每筆交易的風險控制在投資組合價值的一％以下。其次，我會研判每筆交易的相關性，進一步降低風險。我每天都會做電腦分析，瞭解持有部位的相關性。隨著經驗的累積，我瞭解我過去在部位的相關性方面所犯的錯誤，可能會引發重大的交易危機。假如你持有八個相關性極高的部位，這無異於從事一筆規模與風險為原來八倍大的交易。

——這是不是說，假如你同時看好德國馬克和瑞士法郎，你就會從其中選擇一種自己比較喜好的幣別來做多？

B　一點也沒錯。但更重要的是，做多某種貨幣，一定得同時放空其他貨幣。例如，即使我現在持有淨空的美元部位，但我做多日圓、放空馬克。在我的所有交易中，只要做多某個貨幣，就會同時放空另一個貨幣。

——德國馬克和日圓交叉匯率的變動速度會低於單一幣別匯價的波動嗎？

B　這也不盡然。例如，最近英鎊兌馬克的交叉匯率一度在二．九六與三．〇〇之間波動，一個月前才突破三的水準。可是在突破前，由於英國央行的干預，曾有二十次進攻三的關卡而失敗的紀錄。後來英國央行終於棄守，而交叉匯率衝上三．〇一時，根本就沒有成交。事實上，直到交叉匯率漲到三．〇三五時才有成交紀錄，因此英鎊兌馬元交叉匯率等於足足上漲了一%，才有交易。

——這對銀行間市場來說，是不是相當反常的情況？

B　是的，這意味著每個人都在觀察三．〇〇的價位。當大家瞭解英國央行不會再度干預時，就沒有人願意賣出英鎊了。

——這類型的突破，也就是又兇又急的突破，是否遠比典型的突破更可靠？

B　是的，可靠多了。

——即使你單子的成交價比較差？

B　成交價愈差，這筆交易就愈好。以這個實例來說，當時在三．〇四和三．〇二之間交易了幾個小時後，就直衝三．一一。

——你認為交叉匯率所能提供的交易機會優於單純的美元交易嗎？

B　是的，因為很少有人會注意到交叉匯率。愈少人注意，交易的機會就愈好。

——你的交易風格包含了基本分析和技術分析的融合。假使我告訴你，我們要把你關在一個房間裡，你可以選擇得到所有的市場基本面資訊，或所有的技術面圖表與指標，但你只能二擇一來從事交易，你會選擇哪一種？

B　這等於要求醫生只能用診斷或體檢表為病人治病。事實上，兩者都需要。不過，如果一定要選擇其一，我認為基本面的資訊比較重要。在一九七〇年代，光靠技術分析就可以賺錢，不過當時市場上並沒有充斥所謂技術性假突破的現象。然而到了今天，幾乎每個投資人都是技術分析專家，而且也出現許多技術性交易系統。我認為這種轉變會使得偏重技術面的交易者更難以從事交易。

——大多數順勢系統（trend-following system）都採用相似的交易方法，你認為這類系統最終會因為自身的規模與重力而自我毀滅嗎？

B　我認為的確會這樣。這類技術交易系統只有在一種情況下有效，那就是高通膨率的期間。然而，當通膨率平穩時，毫無疑問地，我想技術交易系統只會相互廝殺而亡。

——我們把話題轉到股市，你認為股市與其他金融市場在本質上有何不同？

B　股市走勢經常出現短期反彈或回檔。行情上漲後總會下跌。然而商品市場走勢則是根據實質商品的供需來決定。如果市場供應短缺，價格一定會呈現持續上揚的走勢。

——如果股價指數期貨的波動比較劇烈，是否仍然可以運用技術分析來操作？

B　或許可以。通常較長期的操作方式往往可以捕捉到股市上揚的大波段，只是停損價格的範圍要設得大一點。

——為了避免短期回檔的雜訊，你必須著眼於捕捉長期走勢。

B　在股市裡，我比一般交易者更能長期持有，因為我的策略耐得住大幅回檔。還有另一種方法，我所認識的一位交易者嘗試弄懂了股票市場以什麼方式傷害大多數的交易者，因此他在股價指數市場裡表現得很好。這種方法顯然對他有用。

——他如何做量化的解讀？

B　他參考的是市場人氣指標，但基本上他用的是他的直覺。

——有人把一九八七年十月全球股市風暴歸咎於程式交易，你的看法呢？

B　我認為那次股市崩盤涉及兩個因素，一個是股市行情已經漲過頭，因此難以承受利率調升以及其他基本面因素所引發的壓力。另一個則是退休基金運用所謂**投資組合保險**的操作方式大量殺出持股，因而引發賣壓。

——我們說的，是「投資組合保險」（portfolio insurance）和套利型「程式交易」（program trading）的對照嗎？[3]

B　沒錯。如果真的要怪罪於套利交易，那就只能這麼說：程式化的套利交易催生了投資組合保險方法。

——所以，當我們想要把市場下跌怪在套利者頭上時，我們只能說，是套利者讓另一群人有可能在市場上使用投資組合保險？

B　是的。如果你回去看布雷迪報告（Brady Report），你會看到運用投資組合保險的

3　股票價格下跌時，投資組合保險會系統性賣出股指期貨（然後在價格上漲時回補），以降低投資組合風險。程式交易通常指的則是，當一籃子股票與股指期貨的價格不同步時，在股指期貨市場進行與一籃子股票行情相反方向的買賣交易。

交易者在短短幾個小時內，就帶了幾十億美元的賣盤進入市場。市場無法消化。投資組合保險真是糟透了的東西；所謂的「保險」根本名不符實。實際上，那不過就是大規模的停損單。當時如果沒有投資組合保險的拋售行為，市場仍然會大幅下跌，但肯定不是我們所目睹的五百點等級崩盤。

——成為一個超級交易者，是否要靠天分？

B　就某方面來說，是的，因為畢竟不是每一個人都能成為超級交易者；交易是一種零和賽局。

——要當一個成功的交易者，天分與努力孰輕孰重？

B　假如你不努力，絕對不可能成為成功的交易者。

——有沒有交易者可以光憑先天的技巧而獲致成功？

B　你只能維持短暫的好光景。我聽說過許多成功來得快、去得也快的交易故事。市場上常會有人能夠猜中砂糖價格即將上漲到四十美分，或猜中各月份銅期貨價差會擴大，這種事總是一再發生。例如，我就聽說有一位交易者去年因為猜中各月份銅期貨價差會大幅擴增，而賺了兩千七百萬美元，可是他後來又全都賠光了。

——你對新進的交易者有什麼建議？

B 我要強調，必須先學會風險管理。第二個建議是：少量經營。不論你認為你所持有的部位應該有多大，都應該再減少一半。根據我的經驗，新手的野心都太大，往往會持有適當規模的三到五倍，結果導致每筆原來只應擔負一％至五％風險的交易，卻承擔了五％至一〇％的風險。

——除了過量交易之外，新進交易者最常犯的錯誤還有哪些呢？

B 他們把市場擬人化。市場並不具人格，它絕不在意你是否賺錢。假如有一位交易者總是說：「我希望市場如何……」他也就無異於陷入自我毀滅的思維模式，因為他的非理性期待取代了他的理性分析。

●●●

我經由這次訪問，對於柯夫納的分析能力佩服得五體投地。直到現在，我都想不通，他是如何騰出時間分析各國錯綜複雜的經濟情勢，更遑論將這些分析整合成一幅完整的圖像。顯然，柯夫納高明的基本面與技術面分析技術，絕非一般的交易者所能望其項背。不過柯夫納似乎有一些交易方法是一般交易者可以學習的。

柯夫納把風險管理列為交易成功的第一要件，他總是在買進前就先決定出場的時機。

同時他也強調，應該根據整體投資組合，而不是根據個別的交易來評估風險。這個觀念對於具有高度相關性的交易尤其重要；一旦所持有的部位彼此相關時，投資組合總體的風險往往大於交易者所覺察的。

在柯夫納的訪問中，令我印象最深刻的，乃是他設定停損的方式。他說：「我總是避免所設的停損價位能讓市場行情輕易達到……」憑藉如此方式，柯夫納盡可能減少被迫出場的機會，同時又能貫徹嚴格的資金管理法則。他的方法背後的哲學是：寧可設定較寬鬆的停損，預先界定最大數額的風險，因此執行較少合約數的交易。他的方法與大多數典型的交易者相反；大多數交易者總愛嘗試限縮每口合約的虧損，然後盡可能提高可交易的合約數，結果大多數原本理想的交易都來不及等待行情往預期中的方向移動，就被停損出場了。如果市場行情真的到達停損點，就顯然表示該交易犯了錯誤——停損價位應該以這個道理為依據，而不是依你願意為每口合約承擔的虧損金額來決定。如果以這個方法設定的停損對你而言過於寬鬆，那就減少操作的合約數。

柯夫納最糟糕的一筆交易，肇因於過分衝動。根據我個人的經驗，從事交易最具破壞力的錯誤，就是過分衝動（請不要與直覺混為一談）。任何人從事交易都應根據既定的策略方向前進，千萬不要因為一時衝動而倉促改變策略（例如，因為朋友的推薦而買進一筆未經計劃的期貨合約，或只因為市場行情一時不振，而在價格尚未觸及預先設定的停損點之前就急於出清所持有資產的部位）。

最後，柯夫納認為，一個成功的交易者應該具有堅毅、獨立、自我主張的個性；而且，能夠承認與接受失敗，也是一個成功交易者必不可少的人格特質。

Chapter 3

理查・丹尼斯

Richard Dennis

一位傳奇人物的告別

一位傳奇人物的告別

理查．丹尼斯（Richard Dennis）在一九六〇年代末期踏入商品交易行業。當時，他只是交易所營業廳內的遞單小弟，賺取微薄的薪水。一九七〇年夏天，他決定自立門戶，於是向家人借了一千六百美元，在美中交易所（Mid America Exchange）買了一個會員席位。

美中交易所是一個小型的交易所，交易的合約規模小於其他各主要交易所。不過，由於每筆合約金額較低，因此比較能夠吸引到資金較少的掮客與投機客。對剛出道而且資金不多的丹尼斯來說，美中交易所再適合不過了。此外，美中交易所也是丹尼斯唯一買得起會員資格的交易所。

美中交易所的會員資格花了丹尼斯一千兩百美元，他的可運用資金因此只剩下四百美元。說來令人難以置信，丹尼斯最後竟然把這一小筆資金變成一筆大約兩億美元的財富。報導曾引用他父親說過的一句話，而且絕對是一句過於低調的話：「我們不如說，理查把那四百美元用得還不錯。」

儘管丹尼斯是一位頂尖的交易者，但他也經歷過幾次重大的挫敗。我們的訪談進行時，他正遭逢職涯中的其中一次挫敗。一九八七年年底到一九八八年年初，丹尼斯管理的數個基金承受了高達五〇％的損失，而他私人的帳戶也遭逢相同的命運。正如他寫給投資人的公開信所述：「我個人的損失與您所遭遇的損失一樣慘重。」

也許這就是丹尼斯成功的原因，即對重大挫敗絲毫沒有情緒化的反應。他顯然早已善於適應重大挫敗，只是視之為交易生涯中較大的漣漪而已。他在這段期間的信心絲毫沒有動搖，並深信只要堅守自己既定的交易策略，一定會出現轉機。若不是我知道他在受訪當時正處於低潮，單憑他在接受訪問時所表現出來的自信，我一定會以為他當時正在賺錢。

丹尼斯的作風一點也不像百萬富豪，他的節儉生活在商品交易界中早已有口皆碑。事實上，他唯一符合百萬富豪的行徑，是他在政治與慈善事業方面的一擲千金。丹尼斯是羅斯福美國政策研究所的創辦人，該中心是自由學派的智囊團。丹尼斯本人則主張美國政府應對富有的美國人課重稅。儘管丹尼斯熱衷政治，他在政治方面的成就卻遠不及商品交易。近年來，他更加活躍於政治圈，支持許多自由派的候選人。相較於交易，他在政治圈的「勝率」有些淒慘。在一九八八的美國總統競選，丹尼斯是巴比特（Babbitt）競選團隊主席。

當初我為這本書列舉訪問對象時，丹尼斯是首先浮現在我腦海的幾個名字之一。他早就是交易行業中的傳奇人物，書中所訪問的其他幾位交易者都對他推崇備至。

為了這次訪問，我與丹尼斯的助理頻頻接觸。我把訪問計畫拿給他看，他則告訴我，他會向丹尼斯報告，然後再通知我。一個星期後，我接到電話，被通知丹尼斯可以在下個月的某一天撥出一小時與我會面。我向他解釋，我大老遠到芝加哥，就是為了要好好採訪丹尼斯，一個小時的時間實在太少了。但我得到的答覆卻是：丹尼斯只能給我一小時。言下之意就是，要不要隨便你。最後我只好同意，不過還是希望如果訪問氣氛良好，丹尼斯也許會多給我一些時間。

訪問當天，我比約定時間早五分鐘到達丹尼斯的辦公室，丹尼斯則是準時赴約。他彬彬有禮地與我握手，並向我道歉說他可能會在接受訪問時，偶爾看一下商品報價螢幕。不過，他向我保證，這樣的行為絕不會妨礙採訪的進行。他還說，如果他需要中途下單，他會給我訊號。作為一個有交易經驗的人（雖然絕對無法與丹尼斯相比），我表示可以理解。

訪問開始時，我們雙方都有一些不自在。我這一方面正在擔心一個小時的時間不夠；至於丹尼斯，我想是因為天性羞怯的緣故。不過，五到十分鐘之後，我們的緊張情緒就消失了，氣氛變得相當融洽，訪談也漸入佳境。

四十五分鐘之後，我猜想丹尼斯可能會因為雙方談得相當融洽而多給我一些時間，但結束前十分鐘，他對我說：「我大概還有十分鐘可談，假如你有比較重要的問題，可以先提出來。」我依言照辦。十分鐘之後，丹尼斯斬釘截鐵地告訴我：「我想時間到了，謝謝你。」

我來不及對丹尼斯提出的問題，主要是有關他在政治方面的經歷，例如參議院舉行聽證會調查丹尼斯涉嫌操縱黃豆市場，以及美國羅斯福政策研究所和丹尼斯所熟識的一些政治人物。這些題材一定頗具吸引力，不過由於和這本書的主旨不合，因此，我只好優先提出與交易有關的問題向他討教。

訪問結束前，我還是亮出了底牌，我說：「我們還沒有談論到你在政治方面的經歷。」丹尼斯則以四兩撥千斤的方式，輕而易舉化解了我的攻勢。他說：「讀者對這一方面不會有興趣的。」接著，他便起身送客。

六個星期之後，我要求再度採訪丹尼斯，書中有關丹尼斯基金遭受重大損失的部分，便是出自第二次的訪問。

第二次訪問的一個月之後，丹尼斯宣布退休，專職從事政治工作。從此以後，丹尼斯再也不會涉足商品交易了嗎？也許，但一切都說不準。

●●●

傑克·史瓦格（以下表記為——）你當初是如何踏入商品交易這個行業的？

理查·丹尼斯（以下表記為R）高中畢業後，我就在一家交易所打工當跑腿，當時我的週薪是四十美元。可是，我試著從事交易，經常在一小時之內就賠掉一週的薪水。不過，現在回想起來，這些錢與我所學到的交易知識相比，實在是微不足道。

——聽說你還未滿二十一歲的時候，就和你父親去了交易所。他在場內，你則在場外打手勢指示他如何交易。

R　那是一九六八年與一九六九年的事情。我父親擁有交易所的會員資格，可是他對交易懂得不多。我們會這麼做，只是因為我想去交易所，可是我的年紀又不夠，無法進入場內。年滿二十一歲的當天，可以說是我父親最快樂的日子，他說：「我實在受不了這些東西。我根本不知道自己在做什麼，現在都交給你了！」

——你打手勢，你父親下單，這樣是不是很不方便？

R 是的，我們經常虧錢。

——不過，你們也不至於賠得太多吧？畢竟你們的交易量很少。

R 在那段期間，我大概賠了幾千美元。

——你認為那段時光值得嗎？你在那段期間也學到不少東西吧！

R 是啊。如今回頭看，我要奉勸剛出道的交易者（雖然這是老生常談），踏入商品交易行業時，你應該先成為最糟的交易者。

——因為那時候當一個糟糕的交易者，代價比較不那麼高，是嗎？

R 是的。如果你發現自己總是把交易搞砸，千萬不要太意外。

——你知不知道有哪一些交易者早期很成功，日後卻失敗？

R 我很早就注意到這類交易者。許多人在市場上像鴨子般受到烙印。對他們來說，最在意的並不是第一筆大交易是否成功，反倒比較在乎自己第一筆大賺的交易究竟是做多還是做空。他們日後很可能因此就一直堅持做多或做空。這不是個好現象，因為做多與做空應該是同等的，你絕不可以特別鍾愛任何一方。如果犯下這種錯誤，你的交易必定不會太成功。

我想，一九七三年那一波壓倒性的黃豆多頭市場就是一例。即使他們當時沒有在市場裡賺錢，但只要目睹過這個瘋狂市場，見證了少數幾個在其中賺大錢的人，從此這種印象就深深烙印在他們心中。

B——你是說，人們會因為這樣的經驗，而在往後的交易裡傾向於多方？

是的。

R——當時以微薄的資本進入美中交易所從事交易，你的信心從何而來？老實說，只要稍有差錯，你就可能血本無歸。

不會。因為美中交易所的好處就是可以交易迷你合約。我犯了一些錯誤，虧損了一些錢，但也不至於賠光。我其實也不知道當時有沒有信心。我踏入商品交易時，帶著與其他許多交易者一樣的抱負：不斷嘗試，直到成功。我的意思是說，如果你在一切都還不確定之前下注，那麼你應該要準備好接受失敗。這是毋庸置疑的。

R——大部分交易者在從事交易的第一年都不怎麼順利。可是，你在第一年就相當成功，這是如何辦到的？

我當時做對了一件事——即使資金很少，我也不會全部投入一筆交易。另外，我的運氣也不錯，正好趕搭上一九七〇年玉米收成量大減而價格暴漲的列車。

——搭上這班列車完全是靠運氣，還是因為你有遠見？

R　我想是遠見的成分比較大。當時我對交易還不太有概念，不過我至少學到一個正確的觀念——順應市場趨勢。記得週五那一天，穀物市場收盤創下了當年的新高價。我相信——我到現在還是如此相信——應該跟隨市場趨勢而行動。走勢愈強，就愈必要這麼做。我記得自己在當天臨收盤前買進幾口玉米、小麥和黃豆期貨。結果在隔週一，這些合約全都因為玉米歉收的報導而漲停開盤。

當然，行情不是必然會這樣發展；如果事態不是如此，我就只能受挫，並且可能需要更長的時間，才能把四百美元變成兩千美元。但是，我並不是靠著運氣丟飛鏢而成功的。我確實採取了某種長期而言應該有效的方法——那就是順勢操作。

——就這個實例來說，當時週五收盤時的強勁漲勢，是否成了下週行情的有效指標？

R　是的。最起碼你不應該在市場開盤上漲時放空，或是在市場收盤下跌時做多。

——我好奇的是，既然你早已在市場上取得成功，為什麼還會決定到研究所唸書？

R　早在一九七〇年夏季之前，我就已經申請入學，而我也在這一年第一次進入交易聽操作。我當時只打算在暑假裡交易，但那三個月的經驗，以及三千元的利潤，給我烙下了深刻印象；我對於交易實在難以忘懷。結果我只在紐奧良市的杜蘭大學研究所待了一個星期。我把原本要投進自助洗衣機的硬幣都用來打電話到芝加哥下單。當我把硬幣用完之後，我一無所有，只剩下一堆髒衣服，於是只能選擇回到芝加哥。

——從那時候開始，你就成為了全職的商品交易者嗎？

R 是的。

——談談你印象最深刻的交易經驗？

R 在我離開研究所之後的第一年，有一天我做了一筆非常糟糕的交易，害我損失了三百美元。由於我當時的資本只有三千美元，因此這對我來說實在是一筆相當大的損失。我為了賺回這筆損失的金額，於是又加碼，繼續持有原來的部位，結果又賠了。可是，我還是不甘心，於是第三度加碼，結果仍然是賠。到了當天結束，我總共賠了一千美元，也就是資本的三分之一。

有了那次經歷以後，我學會了在遭逢重大損失時，乾脆出場回家睡覺，隔一段時間再考慮進場。所謂旁觀者清，道理就在這裡。現在回想起來，如果我當時的交易策略預先考慮到可能遭逢損失的風險，我就不會輸得那麼慘了。

——回過頭來，你會不會認為那是你做過最好的交易之一，因為那次的經驗使你從此不再犯下如此嚴重的錯誤？

R 一點也沒錯。我學會「不要為了賺回損失而加碼」的觀念。另外，我也瞭解到，當自己遭遇重大損失時，情緒會大受影響，並導致判斷錯誤。因此，遭逢重大損失時，就應該隔一段時間再考慮下一筆交易。

——我想這次經驗的教訓是：當情況不利時，別急，慢慢來。

R 是的。你必須設法把損失降到最低，盡可能保護自己的資本，真正把資本用於那些能夠在短時間為你賺取最大利潤的機會。你絕不能把資本押在一筆不是十分理想的交易上。如果你這麼做了，當最好的機會來臨時，你就不能以最大的力量投入。到時候，即使你進場了，投入的資金也必然相對較小，因為你的一部分資金被另一些交易占去了。

——讓你首次嚐到大獲全勝滋味的，就是一九七三年的黃豆大多頭市場嗎？

R 我在那一年的黃豆市場上賺了一大筆錢，讓我有足夠的資金於第二年進入芝加哥商品交易所。不過，我並不是靠做長多而獲利的。當時，我是場內交易者，經常搶短線，而且市場處在交易非常活絡的時刻，正適合我搶進殺出。

——這麼說來，你的成功並不是靠順勢而行的交易策略，反倒像是搶帽子交易？

R　當時有許多人擔心市場行情已經漲過頭，因而提前下車，甚至在幾乎能確定第二天也會跳空漲停的情況下，也同樣這麼做。而我則會在他們賣出時進場。

——聽起來好像很容易得手。

R　其實也有一些風險，不過只要你順應著強勁趨勢，就不會有什麼太大的問題。他們給你提供了一些勝算。

——因為你確定隔天再上漲的機率很高？

R　你別忘了，有些市場甚至連續十天漲停。對絕大多數人來說，連續四、五天漲停就覺得不可思議了。

——就在市場連續多天漲停的時期，市場仍然有可能在某個時間點觸及跌停板。你如何辨識，或如何感覺，哪些時候不該在漲停板時買進？

R　那不過是機率的遊戲。結果總是起伏不定的，但你會知道，漲停時進場的勝算在你這一邊。

——在從事交易許多年的經歷中，你是否曾遇過諸事不順的狀況？你是否曾因為對某個市場走勢嚴重判斷錯誤，而導致一整年的交易蒙受重大損失？

R 交易之所以會陷入低潮，通常都不是由單一市場導致的，而是因為所有商品市場都進入盤整走勢，並且在走勢圖上出現許多技術性假突破。然而，只要有某個市場的走勢有利於我，我通常都有辦法轉危為安。

——你曾在哪一年陷入交易低潮嗎？

R 對我來說，一九七八年實在不吉利，因為我當時正處於從場內交易者過渡到場外交易者的轉換期。我當時對這兩者的區別，根本毫無概念。

——你在一九七八年開始成為場外交易者嗎？

R 一九七七年時，我的大部分交易還是在場內進行；但到了一九七八年，我就完全脫離場內交易者的生涯了。

——如此的轉變，就是讓你日後偏重長線交易的原因嗎？

R 基本上，一九七八年的經驗告訴我，想要在場外交易，你必須以較長的時間架構交易。在交易所場內進行交易比較方便下單，如果你看到黃豆正要跌破三美分，你即刻賣出，如果沒有跌破，我就出場。可是，如果在場外從事交易，就無法享受到這種便利。此外，場內交易者可以憑著場內的氣氛與現場情況來決定買進或賣出，可是坐在辦公室裡，就只能靠觀看市場的報價螢幕來做決定了。在場內，你會不知不覺就掌握了一些指標，比如「這三個傢伙從來沒有正確掌握市場轉折點」，而如果他們突然同時做相同的事，我的訊號燈就亮起了。我在過了很長的一段時間之後，才真正意識到我再也無法使用那些工具了。

——那麼，你為什麼要做這樣的轉變呢？你當時是一位做得相當不錯的場內交易者，不是嗎？

R 我在一九七〇年剛入行時，市場上還沒有匯率、利率、黃金等商品期貨。可是，到了一九七八年，這些商品已經出現多時，例如外匯期貨交易便是在一九七四年登場的。我無法忽視它們的存在。

——這麼說，你是因為想在較多的商品市場上從事交易，才放棄只能在單一商品市場進行交易的場內交易者生涯？

R 是的。在我剛入行的時候，並沒有這麼多的交易機會。

——我知道你曾經組織過交易者訓練計畫，這是哪一年的事？

R 我在一九八四年年初曾經訓練過一批人，一九八五年年初又訓練了另一批。

——這項計畫的動機是什麼？

R 我有一個從高中時代就認識的好朋友，也是我的合夥人。我們兩人經常意見不合，其中一項爭執就是：成功交易者的交易技術是否可以簡化為一套規則（這是我的看法），還是，每一位成功的交易者都有一些主觀、難以言喻，又神秘的特質？我們經常為這個問題爭論不休。後來，我惱火了，於是說：「我有方法可以一勞永逸地解決這個問題，我們找一批人來訓練，然後觀察訓練的成果。」他同意了。老實講，這個訓練計畫是一項實驗。我們盡可能把我們所知道的交易技術傳授給他們，我也設法把我所知道的一切予以規則化。我們教他們一些有關機率、資金管理，以及交易的知識。實驗的結果證明我是對的；不是我自誇，這套訓練計畫的成效確實驚人。

——你是說，你的觀念是，只要是正常人，都可以經過訓練而成為成功的交易者？

R 不是。我們嚴格篩選出一批我們認為適合做交易的學員。我們當時收到一千份應徵信，從中選出四十位來面試，然後再從這些人當中挑選十位出來。

——你們根據哪些條件來篩選？

R 我不太想談這些。假設我告訴你，我們的其中一項條件是西洋棋玩家，那麼我們再徵人的話，可能就會收到一大批棋士的應徵信。

——聰明是不是主要的條件之一？

R 聰明只是交易者的特質之一，但並不是絕對的條件。尋找我們想要的特質時，我們會從一般智力的人或絕頂聰明的人當中挑選。如果我們選擇了一個絕頂聰明的人，那不過是因為他剛好是我們的人選之一。

——你是否介意把自己壓箱底的絕活全部傳授給別人？

R 當然。不過，我並不像大部分的交易者那樣，把交易策略想得如此脆弱，以為一旦別人知道了，策略就馬上失效。其實，只要方法正確，即使其他人大略知道這個策略，該策略仍然有效。我常常說，即使你把自己的交易技巧登在報紙上，根本也沒有幾個人會照著做。總體而言，交易成敗的關鍵在於決心與紀律。幾乎任何人都可以列出一些跟我們傳授的方法比起來有八成效用的交易規則，可是他們卻無法教別人如何在市場情勢不穩定時堅守這些規則。

——訓練時間有多長？

R 非常短。第一年，我們只用了兩週。然後，我們讓學員實際從事一個月的交易，中間記錄他們做每一筆交易的理由。我們想要觀察他們能不能貫徹使用我們所教導的技巧。到了第二年，我們甚至把訓練時間縮短為一週。

——總共有多少位學員？

R　總共有二十三位。

——他們的成績如何？

R　我們淘汰了三位表現不理想的學員。至於其他二十位學員，平均年投資報酬率在一〇〇%左右。

——你把自己在市場交易的根本方法傳授給學員，不就等於製造了二十個翻版的理查·丹尼斯嗎？他們的交易績效跟你的是否相同？

R　差異相當大。我們在課堂上不斷地提醒：「我們將把我們認為有用的交易方法傳授給你們，不過你們必須加上自己的眼光、感受，以及判斷能力。」

——這批交易者所操作的資金規模有多大？

R　加上他們的獲利，實際上資金逐年增加。目前平均每個人大約操作兩百萬美元。

——他們以多少資金開始？

R　十萬美元。

——我聽說你稱呼這批交易者為「海龜」（turtles）。我覺得非常有趣，請問典故是什麼？

R 決定做這項訓練計畫的時候，我剛從亞洲回來。我後來向別人提起這項計畫時，無意間說道：「要培養交易者，就得像新加坡人養海龜一樣。」我在亞洲訪問時，曾經在新加坡參觀海龜養殖場，看到無數竄動的小海龜，令我印象深刻。

——運氣對操盤有多重要？

R 長期來看，運氣根本不重要。我認為沒有一位交易者能單靠運氣而獲得成功。

——但是，就單筆交易而言，運氣的成分就相當大了，不是嗎？

R 這就是誤導人的地方。任何單筆交易的成功幾乎完全靠運氣。這關乎的是統計。假如你的交易方法在每筆交易的勝算是五三%，那麼長期而言，你的獲勝率就是一〇〇%。如果要判斷兩名交易者孰優孰劣，以短於一年期間的成績來比較，是毫無意義的，你至少應該依據好幾年以上的績效數據。

——你是少數幾個同時使用自由心證與交易系統的交易者。你覺得這兩種取徑有何差異？

R 專業交易者經常會下高明的決策，但是他們並不會想要做系統化的分析。例如大部分交易者做某筆交易而獲得成功時，他們並不會思考這筆交易為什麼成功？或者，這筆交易所運用的方法是否可以轉用到其他的交易上？而我正好相反，總是對自己的操作進行分析，即使在我開始研究機械式系統操作之前就這麼做了。

另一個極端，則是那種進場交易前，先進行分析的學者型交易者。他們可能因為缺乏實戰經驗，而無法發展出理想的交易系統。幸好，我已經具備相當豐富的實戰經驗，因此我做的研究也比較能夠應用到現實世界。

——請你舉例說明缺乏實戰經驗對交易系統的研究可能造成的影響？

R　譬如說，我設計了一套機械式交易系統，而我也知道該系統所指示的停損價位往往就是大量停損單聚集的區域。在現實世界裡，設定與別人相同的停損價格並不是高明的做法。此外，透過交易系統所得到的資訊，總會與現實市場略有出入。如果不做修正，這套系統充其量也不過是紙上談兵而已。

——你剛才提到你會根據自己的交易經驗來設計機械式交易系統。你會把交易過程中所有正確與錯誤的行為記錄下來，或者只憑記憶？

R　我會把我的觀察記錄下來，並且進行思考。我回顧與思考我的所有行為。

——你是否建議其他交易者仿效你，將交易過程中所有正確與錯誤的行為記錄下來？

R　當然。交易過程總是非常緊繃，以致交易者通常不太願意回想當天交易的情況。如果當天操作得很順手，我也許就讓這一天過去。但如果當天操作得很不理想，我必定會自我檢討，設法找出癥結所在。當操作不順手時，交易者不應該抱持鴕鳥心態，一心只希望轉機會出現。

——你是說，當你最不願意回想過去一天的交易時，往往那就是最需要反省的交易日。

R　是的。我不會對市場心存僥倖，而是盡量找出問題、設法解決。

——假如市場出現了某種狀況，你的經驗與直覺都告訴你應該這麼做，可是交易系統卻指示你做完全相反的動作，你會怎麼辦？

R　假如經驗與交易系統告訴我兩種完全相反的做法，那麼我什麼也不會做，一直等到衝突解決之後，我才會行動。

——你的系統大多以順勢為取向嗎？

R　是的。

——這樣的系統在趨勢反轉時，往往會選錯方向。假如你的經驗告訴你趨勢即將反轉，你認為應該做多，交易系統卻仍然指示你做空，在這種情況下，你是否會做多呢？

R　遇到這種情況，我可能一樣會什麼也不做，靜觀其變；對我而言，交易中的心理或主觀層面，跟技術與順勢操作的層面，兩者同等重要。

——所以，你認為應該等待市場顯現某些反轉的跡象，才可採取行動？

R 比較可能發生的是：我站在對的一方，順應著趨勢建立了部位，後來由直覺驅使我比其他順勢系統的操作者更早出場。

——至於逆向建立新部位呢？

R 我當然也會這麼做——也就是說，我會逆勢進場。然而，以經驗法則而言，我認為自己不應該這麼做。

——這類交易的結果會比順勢操作更差嗎？

R 一般來說，的確如此。不過，偶爾會有大斬獲，就像我有一次在糖價六十美分時進場做空。（糖期貨從一九七四年十一月的高點六十六美分，崩跌到七個月後的低點十二美分。每下跌一美分，相當於每口合約一一二〇美元。像丹尼斯這樣的大玩家，交易的合約數通常以千口計。）這類經驗，我遇過十次。不過，我必須老實告訴你，我的絕大多數逆勢交易都沒獲利。

——做空糖期貨是一個很棒的案例，因為當時市場正處於爆發性漲勢——敢於六十美分放空，實在需要無比的勇氣。但我們看看故事的另一面：糖市進入空頭市場，下跌至五美分，而全世界的所有順勢操作者都做空。然而，假設基本面因素正在轉變，而且價格已經幾乎不可能再低，這時候你會反向而行嗎？

R　實際上，我在這樣的情況下所賠掉的錢更多；這時候，市場只會繼續下跌，而你做的卻是相反的部位。我在糖價六十美分時做空，賺了很多錢；但是，我在糖價六美分時做多，卻賠得遠遠更多。

——當你基於市場下檔「有限」而買進，隨後市場卻持續下跌，你會選擇撐過去，還是投降？

R　應該投降。市場可能會繼續跌到二美分，甚至一美分，你怎麼會知道呢？

——我想，主要考量之一是，你持續失去遠期合約的溢價。[1]

R　當然。你在三美分被迫出場，再以五美分進場。然後，市場又跌回到三美分。

——若非如此，這筆交易也就不會有這麼大的風險。

R　沒錯。如果你覺得市場無論如何都會傾向於往某一個方向移動，那必然是一種幻想。市場是不會這樣的。一九七三年的黃豆漲至四美元，許多交易者做空；他們

1 在空頭市場，愈遠期的合約，溢價可能愈高。例如，五月的糖期貨合約以六美分交易，七月合約可能是六美分半，而十月合約則是七美分。即使現貨市場的價格穩定，十月份合約的持有者在五月和十月之間可能得損失一美分。

認為四美元的黃豆不可能再漲了，就跟他們認為四美分的糖不可能再跌了一樣。結果，黃豆不僅上漲，而且在四、五個月期間站上一二．九七美元的高點。這就是我必須強調的另一個重點：從事交易，必須設想市場上最不可能發生的變化，為一切極端狀況預做準備。別為市場設限，別以為市場不可能越過你畫下的那一條線。在市場打滾近二十年來，如果問我學到了什麼，我會說：任何你預想不到的，任何你覺得不可能的，都會在市場上發生。

——你的意思是說，不要太相信歷史？

R　是的。

——可是，你是根據歷史來設計交易系統的，這不是和你的觀念相抵觸嗎？

R　看來如此，其實不然。一套優越的順勢交易系統應該可以幫助你持續留在市場裡，直到跡象顯示趨勢即將改變。假如你研究過一九七二年黃豆行情變動的軌跡，你可能就會在每一次黃豆上漲五十美分之後出場，因為當時黃豆的漲幅從來沒有超過五十美分。可是，黃豆行情後來上漲至八美元，根據歷史而下的結論顯然是錯誤的。一套優越的順勢交易系統，應該能夠讓你在走勢發動時的大部分時候都抱牢著部位。

——你是說，不要讓未來的行動受制於以往的經驗？

R 是的。市場以往變動的軌跡可以告訴你，某種市況下行情會上揚，或某種市況下行情不會再上漲，但絕不可能告訴你行情上漲幅度的上限。

——以某個系統交易時，你會使用的是歷史測試結果最理想的版本，還是會考量其他的因素？

R 決定交易方法時，最困難的一道問題就是：應該直接使用歷史測試結果最好的系統，或者應該從另一個立基點開始。你可能會故意捨棄最佳參數組合（歷史測試結果最理想的系統版本），因為你認為未來有別於過去。就定義而言，任何其他參數組合的歷史測試表現絕對比不上最佳組合。如果表現的差異只有一〇%，而你相信這個就歷史數據而言表現次佳的系統實際上將更符合未來市況，那麼這就值得一試。

——你從一名小交易者搖身變成超級交易者，而且目前所管理的都是投資人的資金。請問籌碼過多是否會影響你的操作？交易規模過於龐大是否會對你交易的成敗造成負面影響？

R 當交易規模大到某個程度時，的確會對我造成影響。不過我認為，目前的交易規模還沒有到達這種水準。我現在所管理的基金共有一億兩千萬美元；我認為，當我管理的基金達到目前水準的三倍時，才可能對我的操作造成影響。

——換句話說，你目前所管理的基金金額還沒有到達你能力的極限？

R　是的。

——這是不是因為你用多種方式從事操作，所以不會把所有的資金集中於某個市場上？

R　是的。你必須考慮分散風險的問題。假如你只有一種交易策略，或者只是一個人做決定，你絕對無法管理一筆龐大的資金。但如果你有多種交易策略，或是有一批人幫你做決定，管理幾億美元的資金根本不成問題。

——你訓練交易者就是為了這個目的嗎？

R　其實我在執行訓練計畫時，根本沒有想到這一點。不過，這套計畫確實為我的決策工作帶來許多便利。事實上，我們已經在考慮授權，讓部分接受訓練的交易者來管理客戶的資金。

——滑移價差（slippage）對你的交易來說是個問題嗎？〔滑移價差是電腦程式的理論成交價與實際成交價之間的差異。〕

R　不。建立系統時，我們對交易成本的預設非常嚴苛。另一方面，我們透過自己的經紀商，顯著減低了這方面的成本。

——當你進行某一筆交易時，你必須到什麼時候才能確認該筆交易是錯誤的？你決定出場的依據是什麼？

R　假如交易發生後一到兩週出現虧損，那麼這筆交易顯然就是錯誤的。即使損盈平衡，一旦考慮到你耗費的時間成本，這筆交易很可能還是錯誤的。

——每進行一筆交易，你都會預先設定最大的虧損嗎？

R　你永遠要先設想最糟的狀況。這樣的狀況發生時，迅速離場是你唯一的選擇。

——你是無師自通的交易者嗎？或者，你是否接受過其他交易者的指導？

R　我會說，我是個自學的交易者。市面上有關交易的讀物稀少得叫人驚訝。

——針對有興趣涉足交易的人，你有什麼推薦的讀物嗎？

R　我認為愛德溫・勒斐佛（Edwin Lefèvre）的《股票作手回憶錄》（*Reminiscences of a Stock Operator*）[2]（有關傳奇股票交易者傑西・李佛摩（Jesse Livermore）的半自傳

2　編按：中文版《股票作手回憶錄》，寰宇出版，二〇一五年。

作品〉是一本有意思的書，也貼切地敘述了交易的況味；不過，這已經是六十五年前的作品了。

——可不可以在不揭露機密的情況下，闡述你的關鍵交易策略。

R　我們決定進場交易的最重要理由，就是市場呈現趨勢。這是一個相當簡單的策略。前後一致地貫徹這個策略，遠遠比你使用哪一些特徵來辨識趨勢來得更重要。不論你使用何種方法從事交易，關鍵都在於該方法能夠在市場出現趨勢時將你帶入市場。

——任何一套簡單的交易系統都能輕易地定義趨勢，你是否採用其他特殊的方式辨識市場趨勢？

R　沒有。我只要發現趨勢正在形成，就一定立刻行動，問題只在於行動時間的早晚。至於這一點，我會觀察市場對消息面的反應。如果行情在應該上漲的時候上揚，我就會盡早進場。如果行情在應該上揚的時候下跌，我則會在一旁觀望，等待大勢明朗化。

——各個市場之間的共通性有多大？譬如說，黃豆市場的價格行為與債券市場相似嗎？還是各有各的性格？

R　即使我不知道那是什麼市場，我也可以在其中做交易。

——如此說來，各個市場的性質其實相當類似。

R　是的。如果我的研究得出一套無法同時用於黃豆市場與債券市場的交易系統，我們就會放棄這套系統。

——股市是否例外？我是說，股市的特性是否與其他市場不同？

R　我認為股市比較特殊。

——為什麼？

R　根據我的觀察，股市中各類股票價格波動的隨機性要比一般商品市場高，這也就是說，商品市場行情的波動比較具有趨勢存在，而股市行情波動就很難找出脈絡。

——你能解釋造成這種現象的原因嗎？

R　我認為股市中股票的種類太多，個股的基本面資訊也過於分散，不足以匯聚成整個股市行情的大趨勢。商品市場裡的種類不像股市那麼多。

——換言之，股市裡的資訊流動比不上商品市場？

R　資訊不足、基本面訊息不足。結果什麼事都不會發生。

——在商品市場裡，技術面的資訊基本上只有價格、成交量與未平倉量等，然而股市的技術面資訊遠多於商品市場，例如上漲／下跌數量比例、各種人氣指標、類股之間的關係等等。順勢系統在股市裡的表現不佳，是不是因為這類系統沒有善用這些資訊？

R 我不認為如此。我的看法是：一般順勢系統不適用於股市，因為股價指數過於隨機，不足以形成明確的趨勢；而這種現象背後的原因在於構成指數的個股價格幾乎都是隨機的。

——對於近期程式交易（program trading）所遭受的抨擊，你有什麼看法？

R 那些抱怨的人，應該為自己感到羞恥。

——你指的是金融圈裡的人？

R 是的。他們都很聰明，應該知道自己的抱怨有多愚蠢。

——你認為程式交易成了市場下跌時的代罪羔羊嗎？

R 當然。對那些表現糟糕而對不起客戶的人，這是很好的藉口。他們聲稱，程式交易者從股市投資人手中奪取財富。這種指控是荒謬的。程式交易或許能夠稍微左右市場，但不可能達到系統性的操縱。如果程式交易者導致股票價格過高或過低，這種情況應該可以為價值投資者提供更好的機會。當然，對那些偽裝成價值投資者的投機交易者來說，這就不是好事了。

——交易發生連續虧損時，你如何處理？

R　減量經營。如果情況真的很糟，則乾脆出場。

——你會有某些時候需要脫離市場好幾天嗎？

R　一般來說是一到兩天。你有時候就是需要一段緩衝期。這種情形就像投球，總要先有一些準備動作。我時常會這麼做，至少讓自己有個停頓。即使只有一天也好。

——一般人對市場最大的誤解是什麼？

R　誤以為市場變動總有道理可循。

——在技術分析方面，一般人最大的誤解是什麼？

R　誤以為技術分析不比基本分析重要。

——哪一些人的分析，是你認為值得參考的？

R　不少。例如，茲威格（Zweig）的分析就很好。

——你從事交易時，會參考外部分析師的看法嗎？

R　不會。在訓練學員時，我總會問他們：「如果你根據市場資訊研判目前是買進的時機，可是你打電話給經紀商時，他卻告訴你他正在賣出，請問你這時候會買進、做空，還是採取觀望態度？」學員如果對自己的判斷沒有信心，選擇了買進以外的答案，他就會被淘汰。

——你為什麼要管理別人的資金？其實你只管理自己的資金就足夠了。

R　管理別人的資金最大的好處是，既具有獲利潛力，又不必承擔風險。十年來，常常有人問我是否厭倦了風險？已經精疲力盡了嗎？有想過退出嗎？這麼久以來，我都搞不明白他們的意思。但我必須承認，目前我的確體會了減少個人風險的重要性。我可以縮小交易規模；然而如此一來，獲利能力也會減少。如果加入別人的資金，我不但可以增加我的獲利，同時也可以把風險控制在較低的水準。

在第二次訪問中，丹尼斯改變了對這個問題的看法。這可能是因為他的基金遭受了重大損失。丹尼斯決定脫離資金管理人的工作，他說：「我發現，替別人管理資金是得不償失的事。不過，並不是在財務方面，而是在心理方面。」以下是第二次訪問的紀錄。

——我知道你不會喜歡下面的這個問題，不過我還是要問。你所管理的基金有一部分在一九八八年四月停止交易。這是不是因為那些基金已達五〇％的自動停損點？

R　事實上，我們在這些基金的虧損達到大約四九%時，就停止交易了。我們出清了所有的部位，然後請求投資人准許再降低停損點。

——你會不會因為這次經驗而改變你以後的交易策略？

R　我可能會更早出場，以減少虧損。不過，我不會改變交易策略。有人曾經對我說：「市場既然不景氣，你大可反向操作，這樣不就能轉危為安了嗎？」我告訴他，我絕不會反向操作，因為就長期觀點來看，這種做法會造成難以挽救的虧損。

——一九八七年十月在利率市場的空頭部位造成了你最大的一筆虧損。當時出了什麼問題？

R　大部位虧損的原因是，市場跳空開高，開盤價超越了我們所設定的回補價位。例如，我們通常把歐洲美元的回補價位設定在四、五〇點以上，但市場在十月二十日以跳空二四〇點開高。我們只好承擔了一九〇點無法避免的虧損。

——即使市場價格距離停損位置這麼遠，你仍然會馬上出場嗎？

R　當然，如果你在這種情況下猶豫是否要立刻出場，你就一定會惹上大麻煩。

——你是否認為市場本身的變化造成了你的重大虧損？

R　很難說。不過，有一點是可以確定的：市場上價格假突破的現象愈來愈多。

——這種現象是否與過去五年到十年間電腦化順勢交易系統的日益普遍有關？太多人使用這類系統，結果反而使系統無法發揮功用嗎？

R 這是毫無疑問的。就某種弔詭的層面而言，這種現象也代表市場上技術面的力量已經凌駕基本面。我說弔詭，是因為這場勝利同時又貶低了技術面交易的價值。

——你認為順勢交易系統會不會有完全失效的一天？

R 我們總有一天會發現順勢交易系統不再管用。甚至往後若要發展一套好的交易系統，也會變得加倍吃力。

——在這種情況下，過去所使用的交易方法，在往後還能發揮同樣的作用嗎？

R 其實，只要你對這個問題抱持正確的觀點，你就會發現市場上仍然有許多順勢交易者做得比你好。我無法說得太詳細，因為只要你的觀點是正確的，你就會得到許多有用的資訊。要成功，就必須領先別人一步。

——聽起來，你似乎早在一九八七年年底陷入低潮之前，就已經著手尋求這個問題的解決之道了。

R 是的。過去十年間，使用順勢交易系統的人愈來愈多。我們早就開始討論這個問題了。尋找解決方法的大半努力其實在於真正瞭解問題。我們花了好幾年時間，才知道該怎麼樣問出對的問題。

——你在什麼時候才找到你認為滿意的答案？

R　說來相當諷刺，大概就是在我決定停止營運基金的時候。

——我知道你不願詳細解說你的解決方法，不過你針對技術性假突破的方法，是不是從短線著眼，因為只有如此，你才能即時反應市場變化？

R　秘訣在於盡可能把交易時間架構轉移到你所能承受的最短期，或最長期，而這取決於你的交易風格。中期時間架構是絕大多數順勢操作者所在的區域，最好的策略就是迴避這個部分。

——當你提到你所管理的一億美元基金虧損了大約五〇%的時候，更別說你的個人損失，你的口氣仍然很平穩。你真的能處之泰然嗎？你的情緒難道沒有受到影響？

R　我盡量避免讓自己的情緒受到影響。為這種事情而感到心神不寧，既不值得，也無幫助。下操作決策時，必須盡量避免摻雜個人情感。

——你說得很對，但你是如何做到的？

R　你必須搞清楚狀況，畢竟交易只是生活中的一小部分。同時，對我來說，操作失敗導致情緒受影響，就表示我對自己所做的事沒有信心。我會盡量避免陷入這樣的境地，因為我總是覺得，著眼於短期利益會讓你誤入歧途。

——所以，你有能力避開情緒陷阱？

R　是的。不過，我也會在交易順手時，保持平常心。假如你會因為交易成功而過度高興，那麼你在交易失利時，就會益發感到失望。我從事交易已經有二十年，若非學會了保持平靜，我早就被交易生涯中的大起大落逼瘋了。

——歷經二十年的交易生涯之後，這一切會變得更容易一些嗎？

R　也不盡然〔大笑〕，我只是變得比較容易保持清醒，但每個人都會有彈性疲乏的時候。交易者就像拳擊手，市場隨時都會對你施以一番痛擊。經歷了二十年，我已習慣這些痛擊了。

——對於交易者如何在交易失利時保持穩定的情緒，你有什麼建議？

R　這有點像打高爾夫球：第一桿打得很差時，你大可怨天尤人，然而打第二桿的時候，你仍然得全神貫注。

——你會使用經濟成長率、通貨膨脹及美元匯率等長期經濟指標，作為交易決策的依據嗎？

R　我會注意這類指標，但是我會盡量避免在從事交易時利用這些資訊。操盤有點像在擲骰子，你以為這顆骰子被你動過手腳而對你有利，因為你知道了一些關於市場的統計數據。長期的經濟情勢最終可以驗證為對錯，但即使數據對了，我也不認為這個資訊對當下的個別交易而言有什麼差別。

——即使你認為美元會崩盤，你仍然不會改變你做交易時所使用的基本價格型態，是嗎？

R 我認為不會，更覺得不應該，儘管過去我可能曾經這麼做。從事交易最忌諱的事莫過於錯失大撈一筆的良機。過分重視長期經濟情勢，就會使你犯下這種錯誤。舉例來說，假設我認為美元行情將走軟，因而放棄做空外幣的機會，我可能就會錯失一大筆財富。就算美元後來的確走軟，我又獲得了什麼？也許就只是躲過一次小虧損。對我的交易類型而言，這樣的風險報酬比是全然錯誤的。

——沉浮交易二十年，你認為美國未來的經濟大趨勢是什麼？

R 我敢斷言，美國的通貨膨脹率將會在一九九〇年年底創下新高峰。〔這篇訪問在一九八八年年中進行。〕

——導致通貨膨脹的主要原因是什麼？

R 主要原因在於避免經濟大衰退。經濟衰退將由聯邦預算赤字引起，利率必須不斷提升，才足以讓投資者願意賺買債券。為了避免經濟衰退，美國政府會設法刺激經濟成長，而這種手段最終往往失敗。

——換句話說，美國政府會因為擔心經濟衰退而放寬貨幣政策，結果卻引發通貨膨脹？

R　很遺憾，這是一個非常共和黨式的觀點，但我覺得這是對的。無可否認的是，金融市場其實控制在保守派手中。政府放寬貨幣政策以解決經濟衰退，這不可能是借錢給政府與企業界的保守派人士會買單的方法。

——你是說，預算赤字是一顆定時炸彈，遲早會對經濟造成重大傷害？

R　是的。我們不能因為這個問題目前不大，就認為不是問題。我們都預期生命是延續的，但經濟體系，當然包括市場，其實斷裂的時刻多於延續的時刻。

——這麼說來，我們目前是年復一年地審查預算赤字，然後說：「這個問題現在不大，經濟還相當景氣。」直到有一天，預算赤字嚴重到不可收拾，大家才會驚醒過來……

R　這就像白蟻。你可能等到房子垮了，才注意到白蟻的存在。然而現在一切還沒有分崩離析，但我不認為我們應該感到安逸。

——假如你是美國總統，你的當務之急是不是解決預算赤字？

R 當然是。我認為這對民主黨尤其重要，因為是他們首先倡導凱因斯主義（Keynesianism），所以他們必須承認，儘管這是個偉大的經濟理論，但不適用於現實世界。〔凱因斯主義主張政府應該有計畫地提升就業。〕

——我想，凱因斯不曾提倡在經濟景氣時使用赤字政策。

R 是的，他並沒有這麼說。他說，在景氣時使用盈餘政策，在衰退時運用赤字政策。問題在於我們只用了半套理論，因為政府欠缺足夠的意志力在經濟景氣時採行盈餘政策。一言以蔽之，美國政府顯然是以凱因斯理論作為貨幣寬鬆、過度支出與過度消費的藉口。我們必須承認，政府是欠債上癮者，而在現實世界裡，財政赤字的觀念是有瑕疵的。

——你是說，目前所謂的凱因斯主義，並不符合凱因斯所提出的經濟理論？

R 這套理論沒有問題，只是不適用於現實世界。所以，我們不應該使用。此外，凱因斯經濟理論是過度儲蓄與消費不足的解決方案，當時的確把美國從大蕭條的深淵裡拉出來。但現在的問題完全相反：儲蓄不足與過度消費。即使凱因斯主義在政治上站得住腳，你還是必須尋找另一種解決方案，因為你面對的是全然相反的問題。

——你認為哪些經濟理論適用於當前的經濟環境？

R 我們應該拋棄赤字預算的做法。我們必須逐步減少赤字，而且聯邦政府也應效法各州政府平衡預算。米爾頓．傅利曼（Milton Friedman）提出以經濟成長率來決定貨幣供給額的穩定成長，這或許是好建議。

——你對交易新手有什麼忠告？

R 從事每筆交易時，你都必須抱持最壞的打算，因此應該小量經營。另外，你應該從錯誤中吸取經驗；不要斤斤計較每天行情的漲跌，應該注意交易決策的方向，而不應對單筆交易的成敗患得患失。

●●●

丹尼斯宣布退休之後，我曾經透過電話追問他幾個問題。我把問題告訴丹尼斯的助理。幾天之後，助理打電話給我，把丹尼斯的回答告訴了我。以下就是這一次後續訪問的問題和答案。

●●●

——在你從事交易的最後一年，你的基金投資人賺得並不多。如果有一位投資人從你開始管理資金的第一天起就投資你的基金，他今天的成果如何？

R　當初投資的每一千美元，直到關閉帳戶時，將增加成三千八百三十三美元。〔複利年報酬率為二五％。如果只計算到前一年的資產曲線高點，複利年報酬率可能是前述數值的兩倍。〕

——聽說你在從事交易的最後一年損失慘重，這種說法是否有誇大之嫌？

R　我在市場上所賺到的錢，有一〇％是在最後一年虧掉的。不過，就資本淨值的比例來說是偏高了，因為我捐了不少錢作為慈善及政治獻金。

——最後一年交易不順手，是否讓你決定提早轉行？

R　沒有。這和我的事業轉變沒有任何關係。

——如今離開市場後，你還會偶爾做一些交易嗎？

R　我將不再涉足交易。

●●●

理查・丹尼斯是我們這個時代的其中一位傳奇商品交易者。他是那種在市場行情跌到谷底時大量持有多頭部位，而在市場行情漲升到頂峰時，大量持有空頭部位的交易者。

但令人意外的是，他並不推崇抄頭、抄底的行為。實際上，他表示這類操作對他的交易成就的貢獻微乎其微。

丹尼斯認為，身為一名交易者，最可怕的錯誤莫過於錯失獲利良機。根據估計，他有九五%的利潤來自於五%的交易。換句話說，如果丹尼斯不能夠確切掌握獲利時機，他可能就會是一名失敗的交易者。同理，你必須有所警惕，不應該對市場持有過於固著的看法，因為你的頑固可能讓你錯過市場的大趨勢。

另外，丹尼斯還提出一項非常重要的忠告：你最不情願檢討交易的時候——也就是虧損的時候——通常正是你最應該檢討的時候。

Chapter 4

保羅・都鐸・瓊斯

Paul Tudor Jones

激進的操作藝術

激進的操作藝術

一九八七年十月可以說是投資人的夢魘，當時他們親眼目睹了全球股市重演一九二九年崩盤的歷史。但是，就在同一個月份，由保羅．都鐸．瓊斯（Paul Tudor Jones）管理的都鐸期貨基金，卻賺得六二％的投資報酬。瓊斯是一位特立獨行的交易者，交易風格與眾不同，他的表現也是同行難以望其項背的。然而最重要的，也許就是他做到別人根本難以想像的事：連續五年的年投資報酬率都到達三位數字，帳戶回跌幅度卻極小。（我有點誇大了；一九八六年，瓊斯的基金只賺取了九九．二％的利潤！）

瓊斯從事交易可以說是無往不利，他是從經紀人開始起家的，但是他在第二年就賺了一百萬美元的佣金。一九八〇年秋天，瓊斯進入紐約棉花交易所當場內交易員，在往後幾年內，他又賺了數百萬美元。他最令人咋舌的成就，其實並不是在於他獲利豐厚，而是在於他能夠持續不斷地穩定獲利；他在三年半的場內交易員生涯中，只有一個月遭遇虧損。

一九八四年，瓊斯一方面因為厭倦場內交易員的工作，另一方面擔心從事場內交易的工作終究會使他失聲，於是他放棄了這份工作，開創自己的新事業：資金管理。

一九八四年九月，瓊斯以一百五十萬美元創立了都鐸期貨基金，到了一九八八年十月，當初投資的每一千美元，都增值成為一萬七千四百八十二美元，同時他所管理的資金也成長到三億三千萬美元。事實上，瓊斯所管理的資金應該不止這個金額；瓊斯從一九八七年十月起停止接受投資，並且開始出金。

如果你像瓊斯一樣，相信市場存在景氣循環，那就會發現他當時即將迎來另一次的事業轉折。我們實在很難想像，如果他再來一次，會做出怎麼樣的成果。

瓊斯擁有強烈的雙重個性。在私人的場合中，他相當隨和；然而在操盤時，他下達命令就彷彿是兇悍殘暴的士官長。他在公眾的形象是一名狂妄自大的交易者，但私底下卻是一位平易近人、謙沖有禮的紳士。大眾媒體對他的報導，往往偏重於他奢侈浮華的生活方式：乞沙比克灣（Chesapeake Bay）的華廈、三百英畝的私人野生動物保護區、美女、佳餚等等，但是他同時也以濟貧為副業。

瓊斯效法紐約商人尤金．朗（Eugene Lang）設立了一個基金，資助紐約市布魯克林區最貧窮的布德福─史特文森區八十五名小學畢業生完成大學教育。瓊斯不僅捐錢，還每週定期與接受救濟的學生碰面。他最近又成立了羅賓漢基金會（Robin Hood Foundation），到目前為止，這個基金會共擁有五百萬美元。該基金會正如其名，向富人籌措資金，然後轉交給民間社會公益團體與貧民。

瓊斯把我的採訪安排在下午三點十五分，正好是除了股價指數之外，各期貨市場都已經收盤的空檔。儘管如此，我仍然擔心在此時進行採訪可能會受到干擾，因為我知道標普股價指數期貨是瓊斯的主要交易標的之一。事實上，在我抵達時，瓊斯正在進行標普股價指數期貨的交易。

我等到瓊斯下完單之後，才向他解釋我不想打擾他的交易。我說：「也許我們應該等到市場收盤後再談。」而他則回答：「沒問題，我們開始吧！」

我後來才知道，他那一天做的不是一般的標普股指期貨交易，而是預期股市即將崩跌，因而正在建立一個大規模的空頭部位。瓊斯不時流露一種激情，就像網球選手回應每一次的截擊。然而，他輕鬆地在他的交易與我們的對話之間轉換。

瓊斯對他的交易啟蒙導師伊利・杜里斯（Eli Tullis）推崇備至。杜里斯最受瓊斯崇拜的特質，也許就是他控制情緒的意志力。瓊斯回憶說，杜里斯在他的資產遭受最嚴重虧損時，仍然能夠不動聲色地與訪客天南地北地聊天。

瓊斯其實已經獲得杜里斯的真傳。他接受訪問的當天，股價指數期貨臨收盤突告大幅上揚，導致瓊斯損失一百萬美元。但是，他仍然神色自若，我在結束採訪後，才發現他在接受採訪期間，曾遭受重大損失。

這次訪問的時間並不充裕，於是兩週後我又去拜訪瓊斯。第二次訪問時，有兩件事值得一提，瓊斯在第一次訪問時，曾經大量放空。然而在第二次訪問時，他卻改成做多。他顯然是因為原先的預測錯誤，而改變了他對股市後市的看法。

「市場顯然已經超賣了。」他在第二次訪問時，斬釘截鐵地對我說。瓊斯對市場的看法在短短兩週內即產生一百八十度的轉變，突顯瓊斯的交易風格具有極大的彈性，而這特質正是他獲致成功的主要因素之一。瓊斯不僅能夠立刻出清原先持有的部位，同時還可以毅然決然地在事實證明他原先的預測錯誤時，轉向相反的一方。

第二件事是，瓊斯對股市與經濟的相關預測非常審慎。他擔心第二波股市主要拋售浪潮（第一波發生在一九八七年十月），可能導致某種形式的金融麥卡錫主義。事實上，歷史早有前車之鑑：一九三〇年代參議院的聽證會中，委員會成員全力要找出一九二九年紐約股市崩盤的罪魁禍首。

瓊斯深恐自己身為醒目的投機客與經濟趨勢預測專家，將來可能很容易成為政府盯上與開刀的對象，尤其某重要官員曾打電話給他，更令他忐忑不安。「你可能不會相信這個人的官階有多高。」他以帶有懷疑的聲音解釋，小心翼翼地避免指名道姓。

雖然瓊斯還是一樣客氣、友善，但相對於上一次受訪時開誠布公的態度，這一次卻成了預先錄製般的回答，找不出任何破綻。例如，我問他操作策略時，他卻回答有關搶先交易的事——也就是經紀商將自己的單子插隊在客戶單子之前的非法行為。這個回答實際上是顧左右而言他，因為瓊斯根本沒有代客操作，讓人覺得他好像利用這次訪問發表正式聲明，也許是要作為將來國會聽證的證據。我想瓊斯不是太偏執，就是過度戒慎恐懼。不過，瓊斯說真正的經濟危機會導致「殺死帶來壞消息的信差」，也非全然無的放矢。

● ● ●

傑克·史瓦格（以下表記為——）你什麼時候開始對交易感興趣？

保羅·都鐸·瓊斯（以下表記為P）當我還在唸大學的時候，曾讀過理查·丹尼斯的一篇文章，令我印象深刻。我當時覺得丹尼斯所從事的工作，是全世界最完美的工作。當時，我對交易已經有一些認識，那是因為我的舅舅比利·多納凡是一位相當成功的棉花交易者。一九七六年，我從大學畢業後，便要求舅舅協助我入行成為一名交易者。他介紹我去找著名的棉花交易者伊利．杜里斯，他住在紐奧良。他告訴我：「伊利是我所認識的交易者當中最高明的。」我於是去找杜里斯，然後他聘請我在紐約棉花交易所工作。

——為什麼你到杜里斯那裡找工作，而不是幫你的舅舅工作？

P　因為我舅舅的事業主要在現貨棉花的買賣。我比較想成為交易者。

——你在紐約棉花交易所工作多久？當時的工作又是什麼？

P　我只是個場內辦事員，其實大家都是從這個工作做起的。不過，當時我也做許多分析工作，觀察市場行情，並猜測市場的後市。我在紐約棉花交易所待了半年後，就到紐奧良替杜里斯工作。

——你從杜里斯身上學習不少吧？

P　當然。與杜里斯共事的確是一次難得的經驗。他可以在市場未平倉合約數只有三萬口的時候，就包辦三千口合約的交易。他的交易量遠超過其他的交易者，實在是一位了不起的人物。

——他是從事對沖交易還是投機交易？

P　他是道道地地的投機客。不過，由於他在交易所內擁有專屬的經紀人，因此大家總是可以知道他持有的部位，他也很容易被人盯上。可是，杜里斯的態度是：「管他的，反正我會比他們搶先一步。」

——這麼說來，每個人都知道他手中持有的部位？

P　沒錯。

——可是這種情況顯然沒有對他造成傷害？

P　是的。

——杜里斯是特例嗎？難道你也不隱瞞你的交易部位？

P　我曾經試圖隱瞞，可是老實說，那些在交易廳裡工作五年、十年的人，一看到下單，就會知道是我幹的。我從杜里斯身上學到一件事：市場絕對會朝著它應該發展的方向前進。

——如此說來，你認為隱瞞自己持有的部位並不太重要。

P　不是。我認為至少應該試一下。例如，以往我下的單非常容易辨認，因為我進出的量總是三百口合約的倍數。可是，現在我會分散下單，我會給某一位經紀人下單一百一十六口合約，同時對另外一位經紀人下單一百八十四口合約。我在每個交易廳至少都會有四位經紀人。

——你還從杜里斯那兒學到什麼？

P 他是我所認識最堅強的傢伙。他教導我，交易是一種具有高度競爭性的行業，你必須學會如何面對失敗，不論如何砍部位，都會有很大的心情起伏。

——這聽起來像是一些基本的觀念。你從他那裡獲得了有關交易方面的特殊知識嗎？

P 杜里斯曾教導我有關巨額交易的手法。當你從事大筆交易時，你必須在市場允許你出場的時候才出場，不可能說出場就出場。他告訴我，假使我要進出大筆部位，絕不能等到市場創新高或跌到谷底時才動作，因為假如這是轉捩點，交易量可能就會很少。

我當場內交易者時，曾經學到一點；例如，市場以往的最高價是五六·八〇，在五六·八五的價位便可能有許多停損買單（buy stop）。如果市場上目前報價是五六·七〇買進、五六·七五賣出，此時市場買盤就有可能相當多，並引發停損買單。

後來成為場外交易者，我把這個心得和杜里斯教我的技巧融合在一起。如果我要在這種情況下軋平所持有的部位，我會在五六·七五的價位先拋出一半，因為如此，我才不必擔心一旦價格觸及停損價格，如何把自己所有的部位一次拋出。我總是會在市場創下新高或新低價之前先拋出一半部位，而保留另一半部位在創新高或新低之後才拋出。

——你還從杜里斯身上學到什麼？

P　我還學到，後市好而且連續創新高，通常就是賣出的時機。我從杜里斯身上學到，要做一個成功的交易者，就必須和市場唱反調。

——你擁有數萬次交易的經驗，哪一筆是你印象最深刻的？

P　是一九七九年的棉花市場。任何人從錯誤中所得到的教訓，都會遠超過從成功的經驗中所學到的東西。我當時有許多個投機帳戶，而且大約持有四百口七月份棉花期貨合約。當時市價在八十二美分到八十六美分之間波動，而我則在每當價格跌到接近八十二美分的時候掛進。

有一天，市價創下新低，然後又立刻反彈約三、四十點。我當時認為市場的這種表現，是價格觸及停損價格所造成。既然已經引發停損的情況，市場顯然正蓄勢待發。

我站在交易廳外面，要我的經紀人以八二．九〇美分的價格買進一百口七月份合約。這在當時算是相當大的一筆買單。我在下單時，心中不無逞強鬥勇的心理，於是我的經紀人為我出價八二．九〇美分。正巧一名拉夫科（Refco）公司的經紀人經過他身邊，立刻大叫：「賣！」。這家經紀公司當時擁有大部分可交割的棉花庫存。於是我知道他們想要以七月份合約交割，而七月份合約相較於十月份合約有四美分溢價。到這時候我才明白，市場在八十二美分到八十六美分之間波動，並非蓄勢待發的盤整，而是盤旋走低的前兆〔從八十二美分下跌的幅度，將相當於之前區間的四美分寬度〕。

——如此說來，你立刻發現自己失算了？

P 是的。我看著市價一路滑落到七十八美分。我實在不該為了逞一時之快，而買進那一百口合約。我早已做多四百口，當天再加一百口，最後又再做了那一筆為了逞強而買進的一百口。

——因此你明白應該要趕快出場？

P 不是，我明白了應該趕快放空。

——你的動作有多快？

P　幾乎是立刻。當那位經紀人大喊「賣」之後，大家都轉頭看著我。我身邊的一個傢伙還對我說：「假如你要去洗手間，最好趕快就去。」他說我臉色白得像鬼一樣。我記得當時我轉過身，走出去喝了一杯水，然後回來告訴我的經紀人：「能拋多少，就拋多少。」六十秒之後，市價跌停，我只賣出兩百二十口合約。

——其他的部位是在什麼時候拋出的？

P　第二天，市場開盤下跌一百點，我則是從開盤就盡力拋出。結果到市價跌停的時候，我一共只賣出大約一百五十口合約。最後我出清所有部位時，有些合約的拋售價格比我當初發現市況不對勁時的價格，整整低了四美分之多。

——儘管你的反應相當快，這筆交易仍然使你遭受重大損失。現在回想起來，你從這筆交易得到什麼啟示？

P　第一，絕不要與市場爭強鬥狠。第二，絕不過量交易。這筆交易的最大問題不是我損失慘重，而是我的交易量遠超過我帳戶所能負擔的損失金額。結果，單單這筆交易就讓我損失了六〇％至七〇％的資金。

——就風險管理方面而言，這筆交易是否對你日後的交易風格造成很大的影響？

P　是的。我當時非常難過沮喪，甚至考慮洗手不幹。

——你當時進入商品交易的行業多久了？

P 大約三年半。

——在那筆交易之前，你做得怎麼樣？

P 相當不錯。我的大部分客戶都賺錢，而我也是我們公司的主要財源之一。

——假如有人當時投資你一萬美元，在三年半之後的今天，他的投資金額會成長到多少？

P 大約成長三倍。

——這麼說來，那些從一開始跟著你做投資的人，縱然經歷這次失敗，就整體而言仍然是賺錢的？

P 是的。可是我在那段期間也面臨相當大的壓力，我的名聲差一點就因為這筆交易而搞砸。在那段時間，我經常自責：「笨蛋，為什麼全都押在這筆交易上？」然而，我也因此下定決心要學會自我紀律與資金管理。這次慘痛的教訓使我不禁懷疑自己作為一名交易者的能力；可是我絕不放棄，我要東山再起、捲土重來。我要做一個非常自律與專業的交易者。

——你的交易風格是否因此而徹底改變？

P 是的。現在，我會盡量放鬆心情。假如我持有的部位對我不利，我就出場；對我有利，我就長期持有。就是這麼簡單。

——我想，你不僅開始少量經營，而且也加快動作。

P 是的。不但迅速，而且防衛性更強。我現在的心裡想的是如何減少虧損，而不是如何多賺錢。然而我在進行那筆棉花交易的時候，滿腦子想著七月份合約會上漲到八十九美分，盤算著買進四百口合約的話能夠賺多少錢。我根本就沒有想到可能虧損的風險。

——從事交易時，你會不會事先訂定出場的時機？

P 我會先在心裡設定一個停損點，當價格到達該水準時，我一定出場。

——你在每筆交易上願意承擔多少風險？

P 我不是以每筆交易來計算風險。我的所有交易都是彼此相關的。我根據每天早上計算的資產價值來設定整體的風險，而我的目標是每天收盤的資產價值要高於開盤的水準。我不會在明天早上如此對自己說：「我在標普期指二六四點時做空，昨天收盤價是二五七點；所以，我今天可以承受市場反彈。」面對這筆交易時，我會當作那是我在前一天收盤時放空的部位。

風險控制是交易中一門很大的學問。例如，本月份我的虧損已達六．五％，我就會把本月份其餘日子的停損點設在資產價值的三．五％，以確保我每個月的虧損不超過二位數。

——你的交易風格的其中一個特徵，就是反向操作，在行情轉折點做買、賣交易。假設你正試圖掌握行情頭部，當價格突破而達到新高價時，你進場做空，並且設定緊密的停損。接著，你被停損出場。就這個單一交易構想而言，你會再次進場多少次，才決定放棄？

P　直到我改變了我的根本想法。否則，我會在每次被踢出場後，再次以較小的規模進場。操作不順時，我會持續減量；如此，每逢我的交易進入最糟糕的狀況時，通常持有的都是最小規模的部位。

——你所遵循的交易法則是什麼？

P　當操盤情況不佳時，減量經營；當操盤漸入佳境時，增量經營。千萬不要在你無法控制的情況下，貿然進場交易。例如，我絕不會在經濟指標公布前進場，因為這根本就是賭博，不是交易。

假如你持有的虧損部位已經讓你不安，解決的方法其實很簡單：出場觀望。畢竟你隨時可以再進場。沒有什麼其他的方法，會比重新出發來得更令人振奮。別在乎你當初是在什麼價位進場，重要的是你當天要做多還是做空。有一些菜鳥總是會問我做多還是放空，假如我說做多，他們就會問我是從哪個價位開始做多的。其實那根本不重要，當下市場的多空才重要，而那跟我在哪個價位進場根本無關，而且也跟我當下該如何配置部位風險報酬比例無關。

最重要的交易法則就是：著重於防衛性，而不是攻擊性。我做交易時，總會假設自己所持有的部位都是錯誤的。我會設定停損點，這樣才能知道最大的耗損將會到達什麼程度。做了最壞的打算之後，便能安心享受發展順利的部位所帶來的獲利。如果發展不如我的預期，我也早已做好了周全的出場計畫。

不要逞英雄，也不要過於自信，你必須隨時對自己的交易能力提出質疑，別高估自己，否則你就死定了。

美國歷史上最傑出的投機客傑西．李佛摩曾經說過：「長期而言，沒有人能擊敗市場。」對於初入這個行業的我來說，這句話非常讓人洩氣。「你無法擊敗市場」，這是個可怕的預言。我的交易理念傾向於防禦，原因就在這裡。如果你做了一筆突出的交易，別認為那是因為你有先見之明。保持信心是件好事，但你需要時時警覺。

——從事交易多年，難道你現在不比過去更有信心嗎？

P 我現在比以前剛入行時更戰戰兢兢，因為我知道在這一行，成功來得快，去得也快。我知道，要成功的話，你必須承受恐懼。每次遭受到打擊，總是在我洋洋自得的時候。

——在我的印象中，你經常在市場接近轉向的時候進場，而且有時候你的精確性異乎尋常。你如何預測到市場即將轉向？

P 我對市場的長期走勢有非常強烈的預感。同時我又能夠迅速認賠。因此，我經常在市場一連好幾個星期持續下挫時，從做多的立場一再試探。

——這也就是說，你會做一系列試探性的進出，直到確實掌握到轉捩點？

P 是的。我視自己為市場的機會主義者。也就是說，我先預測市場的走向，然後以低風險的方式試探。如果一直不成功，我就會改變我對市場的看法。

——換言之，「保羅．瓊斯在國庫債券市場的谷底以上兩檔買進」，以及「保羅．瓊斯第五次嘗試，終於成功在國庫債券市場的谷底以上兩檔買進」，前者比後者動聽多了。

P

我想這是故事的其中一面。另一面是，身為波段交易者，我一直相信市場轉向的階段才是賺大錢的機會。每個人都說，抄頭抄底是死路，你的賺錢機會在趨勢的中間部分。可是，這十二年來，我總是錯失趨勢的中間部分，倒是成功掌握了不少的頭部和底部。

如果你是個順勢交易者，想要在趨勢中間進場，那就必定得設定非常寬鬆的停損。這種做法讓我不放心。另外，市場只有一五％的時間發展趨勢，其餘時間都處於盤整走勢。

——一般大眾對市場最重大的誤解是什麼？

P

誤以為市場會受到人為力量的操縱。譬如說，他們以為華爾街有若干集團可以控制股價。其實我也可以在任何市場製造一、兩天，甚至一週的行情。假如我在適當的時機進場，稍微朝多頭的方向加把勁，我甚至可以製造出一個多頭市場的假象；但是除非市場真的處於多頭行情，否則我一停止買進，價格便會下跌。你大可以在阿拉斯加州安克拉治（Anchorage）的大街上開一家非常棒的夏季服飾店，只不過你註定只有倒閉一途。

——一般大眾還有什麼錯誤的觀念？

P　大家總以為所有跟華爾街有關係的人都會知道一些什麼消息。我的母親就是這樣。她以宗教般的狂熱收看電視節目《華爾街一週》（*Wall Street Week*），聽信節目中所說的一切。我肯定你也會受不了這個節目。

——你經常與同行討論市場走勢。當你的看法與他們對立時，你會不會感到不安？

P　會。誰會想要錯失眼前的贏家？我想跟他們站在同一陣線，因為我堅持只與績效紀錄最好的交易者談論市場。

——你如何確保別人的意見不致於混淆你自己的觀點？假設你目前看空後市，卻有七五%的同行都看多，你會怎麼辦？

P　我會先觀望一陣子。我舉個實例，直到上週三，我還是看空原油後市，儘管價格持續上漲兩美元；但由於我認識的最高明原油交易者看多，我並沒有放空。後來油市陷入遲滯。突然有一天，那位原油交易者說：「我想我該軋平了。」我立刻警覺到此時正是放空的時機，雖然石油輸出國家組織（OPEC）當時仍釋出利多消息。我馬上動作，結果大賺一筆。

——你是否留意哪一些市場評論者？

P　馬丁．茲威格（Marty Zweig）和奈德．戴維斯（Ned Davis）都很棒；但鮑伯．派瑞特（Bob Prechter）是最優秀的。我覺得派瑞特最好，因為他是終極的市場機會主義者。

——你所謂的機會主義者是指……

P　他能夠如此成功的原因，在於艾略特波浪理論（Elliott Wave Theory）能夠讓交易者創造極度理想的風險／報酬機會。基於相同的理由，我認為我的成就有相當大的一部分來自於艾略特波浪理論。

——你認為哪一些市場評論者被低估了？

P　我認為奈德．戴維斯做了非常好的股市研究。雖然他的名氣不小，但我覺得他應該得到更大的肯定。

——你認為哪一些分析師被高估了？

P　不予置評。

——很少交易者能夠擁有像你一樣的成就，你有什麼與眾不同的特質？

P　我想我最大的長處就在於，我能夠把此時此刻之前所發生的一切都視為歷史。我絕不在乎三秒鐘前操盤時所犯的錯誤，我關心的是下一秒鐘我應該如何行動。我盡量避免在交易時摻雜任何個人情緒。另外，我也盡量避免自己的判斷受到他人意見的影響。

——絕不「忠心」於自己所持有的部位，顯然是你獲得成功的一項重要因素？

P 是的。因為如此，你才可以客觀地判斷後市，於是才能無所顧忌地進行準確的預測。

——你所管理的資金成長快速，要維持相同水準的獲利率，是否變得更困難？

P 的確如此。

——你有沒有想過，如果你管理的資金比較少，獲利率可能會遠高於目前的水準？

P 這一點毫無疑問。

——你從基金管理所賺取的績效獎金，或許不足以彌補資金規模增加所帶來的不良影響。你考慮過這個問題嗎？

P 我每天都在思考這個問題。真有趣，等到你的書出版的時候，我們再來看看情況會變成怎麼樣。

——你已經停止接受新資金了嗎？

P 是的，很久以前就停止了。

——你當過經紀人和基金經理人，你認為兩者之間的利弊得失在哪裡？

P　我後來放棄經紀人的工作，是因為我覺得其中有利益衝突。身為經紀人，即使客戶賠錢，我仍然可以向他收取佣金，但從事基金經理人的行業，卻不會因客戶賠錢而獲得報償，這樣似乎比較問心無愧。

——你把自己的資金也投入了你的基金嗎？

P　我把個人資產的八五％投入我自己的基金。我認為這是我的資產最安全的去處。我深信我會善盡保管之責。

——你的基金在一九八七年十月表現非常優異，然而其他交易者卻在同一個月遭遇一場劫難。你可以說明當時的情況嗎？

P　股市崩盤的那一週，是我有生以來最刺激、最緊張的一次經驗。我們早在一九八六年年中便預料股市會崩盤，因此也就設計了幾套應對之策。一九八七年十月十九日星期一開盤時，我們便知道股市當天會崩盤。

——你為何如此肯定？

P　因為上一個星期五（十月十六日）股價下跌而成交量創新高，這正好與一九二九年股市崩盤前兩天的情況一模一樣。我們的一九二九年類比模型（analog model）完美模擬了股市崩盤。[1] 同時，時任美國財政部長貝克在週末的發言中指出，美國由於與西德無法達成協議，因此將不再支撐美元，這無異於為股市獻上死亡之吻。

——你當時放空，後來在什麼時候回補？

P 事實上，我是在十月十九日崩盤當天股市臨收盤之前回補的，我甚至還持有若干多頭部位。

——你在一九八七年十月所獲得的利潤，大部分都來自於放空股價指數期貨嗎？

P 不是。我們在債券方面也賺了不少。在股市崩盤當天，我手中持有我有生以來最大的債券部位。債券市場在十月十九日當天表現得非常糟，而我十分擔心我的客戶以及我個人的財務安全。我們的資產在華爾街的幾家期貨經紀商手中，而我覺得那些基金可能處於險境。那是我無法忍受的情況。

我當時在想，美國聯邦準備理事會（Fed）會有什麼反應？我猜想聯準會會大量挹注資金，以維持交易的榮景。可是，由於當時債券市場表現實在差勁，因此我也不敢大量持有多頭部位。後來，在最後半小時的交易時間內，債券突然開始揚升；於是我靈光閃現，意識到聯準會必定會採取一些促使債券價格上揚的行動。我馬上跟進，結果大賺一筆。

——你認為一九八七年十月是不是一個預警著後市坎坷的訊號？

P 我認為十月十九日是金融業，尤其是華爾街的生死存亡關頭；不過，由於他們太震驚，因此反而不瞭解其中的危險性。我記得我曾經被一艘遊艇撞倒，遊艇的螺旋槳劃過了我的背部。我當時的第一個念頭是：「真倒霉，這個週末泡湯了。」我因為驚嚇過度而不知事態的嚴重性，直到看見朋友的表情，才知道自己傷得多重。任何事物毀壞的速度遠快於當初建造的時間。有些事物可能要花上十年才能建成，卻只要一天就足以完全摧毀。我認為美國經濟就是如此，很可能會在一夕之間由繁榮變成衰退。雷根為了使我們相信在他任內美國經濟會維持榮景，因而舉債度日；揠苗助長是要付出代價的。

我從歷史研究得到了一項結論，即信用問題會毀滅任何一個社會。事實上，我們可以隨意使用信用卡並盡情享受。雷根讓美國人相信美國經濟情況良好，但這是借錢享受的結果，總有一天我們要償還。

1 保羅・瓊斯的類比模型由他的研究部主任彼得・波里什（Peter Borish）所開發，該模型將一九八〇年代的市場疊映在一九二〇年代的市場上。這兩個期間的市場顯示驚人的相關性。這個模型是瓊斯在一九八七年交易股價指數時的主要工具。

——你把美國當前的經濟情勢歸咎於雷根的經濟政策嗎？

P　我認為雷根使我們相信美國是一個偉大的國家。這種感覺的確很不錯。然而，從經濟觀點來看，他卻為美國經濟帶來有史以來最大的災難。我想他基本上是開出刪減赤字的支票來矇騙我們，暗地裡卻又擴大支出，使得美國的預算赤字在他的總統任內創下新高峰。

——你認為我們可以用什麼方法來解決美國當前的經濟問題，以免美國經濟成長減緩，甚至步入蕭條？

P　這就是令我擔心的真正原因。直到現在，我都還沒有看到能夠真正幫助美國脫離當前困境的方案。美國經濟落得如此地步，也許來自於某些宏觀經濟力量，而這些力量又源自於某個我們無從控制的龐大超級循環。或許美國正如其他先進文明，如羅馬帝國、十六世紀的西班牙、十八世紀的法國和十九世紀的英國，即將邁入無法避免的衰退期。我認為我們將會經歷一段艱苦的日子，而我們也將因此重新學習金融的秩序與規範。

——你可曾使用過交易系統來從事交易？

P　我們曾經測試過多種交易系統，也找到一套相當不錯的系統。不過，基於商業理由，我不便多透露。

——這套交易系統屬於什麼類型——是反向操作，還是順勢操作？

P 是順勢系統。這套交易系統的基本假設是：當市場行情變動時，必然呈現大幅變動。假設市場行情經過一段狹幅波動之後，波動幅度突然擴大，顯然就是預先告知行情將朝著波動幅度放大的方向邁進。

——你的基金目前有一部分是根據這套交易系統進行操作嗎？

P 我們在半年前才開始使用這套交易系統，目前成效還不錯。

——你認為一套好的交易系統抵得過一位高明的交易者嗎？

P 一套好的交易系統，由於擁有無限的計算能力，可以在任何市場中從事交易。然而，一位高明的交易者只能專精於少數市場。畢竟，任何一項交易決策都是某個問題解決程序的結果，而這個程序可以由人類執行，也可以靠其他力量代勞。不過，由於市場型態的定義、互動與變化過於複雜，一般而言，交易系統仍然難以和交易者匹敵。

——不過，一個好的系統有助於分散風險嗎？

P 這是毋庸置疑的。市場呈現主要趨勢的那一五%時間之中，一個好系統能夠掌握的行情走勢，是我的十倍。

以下是兩週後第二次訪問瓊斯的內容。在這兩週的時間內，瓊斯的交易已由做空轉變為做多。

——你兩週前還放空，是什麼原因讓你改變主意？

P 你是說《華爾街日報》那一篇向世界宣告我做空兩千口標普指期合約的報導以外的其他原因嗎？市場並沒有如我所預料的下跌。從事交易必須眼觀四面、耳聽八方。我總是相信市場的價格變動領先，基本面訊息隨後。

——你是說，假如你的預測正確，市場價格應該會下跌，但事實上卻沒有下跌？

P 杜里斯曾經教導我時間的重要性。交易時，我不僅採用價格停損點，也設定時間停損點。如果我認為市場應該有所變動，但事實上卻沒有，我通常就會立即出場，即使沒有虧損。根據一九二九年的股市類比模型，股市在那兩週期間應該下跌，但實際上卻沒有。這是三年來首次發生跟我的判斷背道而馳的現象。我認為，這是經濟力量造成了股市變動時間延後的效果。

我認為，目前股市走勢與一九二九年的股市有所不同的原因，在於今天的信用比當年寬鬆許多。現在的富豪汽車公司（Volvo）甚至可以給客戶一百二十個月的汽車貸款。想想看！有誰會十年都不換車？二十年前，汽車貸款的平均貸款期限為二十四個月，然而今天卻增加為五十五個月。我認為股市仍然會依照一九二九年的模式發展，只不過由於信用過於寬鬆，使得股市跟進的腳步延後了。

——聽了你在採訪開始之前的一些話，你似乎因為自己的成功而陷入偏執、多疑的狀態。

P 當這個國家陷入更深的苦難，別人正在受傷的時候，我們作為一家交易公司卻能夠賺錢；這是因為我們擁有一些知識。我們並非掌握任何不公平的知識，也就是別人無法取得的知識。我們不過是做了該做的功課。人們就是不願意相信他們有能力從平庸的群眾之中冒出頭來。

——我知道你和某一些接受我採訪的交易者一樣，也訓練了一批交易者。請問你的動機是什麼？

P 我在二十一歲時，有一位前輩對我傾囊相授，這是我一生中最懷念的事。我覺得我也有義務如此對待後輩。

——你如何挑選學生？

P　經過無數次的面試。申請的人非常多。

——你總共錄取多少位？

P　大約三十五位。

——他們的表現如何？

P　有些的確不錯。不過，總體而言，還算差強人意。

——你認為原因是不是在於優秀的交易者必須靠天分？

P　我以前從來沒想過這點，不過我現在是這麼想的。我最大的缺點之一，便是過於樂觀，總認為每個人都可以成為成功的交易者。

——你透過「我有一個夢」計畫（I Have a Dream Program）資助一群來自貧窮地區的孩童完成學業。這個計畫是否受到電視節目《六十分鐘》（*60 Minutes*）裡有關尤金．朗的故事所啟發？

P　沒錯。那一集節目播出後的一個星期，我對他談起了這件事；不到三個月，我們就開啟了這項計畫。我一直都相信槓桿的力量。真正驅使我執行這項計畫的原因，在於其中的乘數效應潛力。幫助一個孩童，你就影響了他的家庭，以及其他孩童。

我們最近也設立了新的計畫，稱為羅賓漢基金會。我們嘗試接觸那些在前線為貧窮者提供食宿的人，然後為他們提供財務支持。我們不想找官僚組織，他們通常不能有效運用資金。

——這些工作成了你目前的生活重心嗎？

P 不。市場待我真好，以致我覺得自己必須有所回饋。我不能因為做得比別人好，就自以為成功。蒙上帝恩典，我有了天時地利，所以我有分享的義務。

——贏錢和輸錢對情緒上的影響強度是否一樣？

P 當然輸錢是最令人沮喪的事，我的情緒會非常低落，甚至連頭也抬不起來。操盤對人的情緒有非常強烈的影響，就像活在兩極化的世界裡。

——你對一般交易者最重要的忠告是什麼？

P 不要滿腦子只想著賺錢，要隨時專注於保護自己已經擁有的東西。

——你認為自己在十年或十五年之後，還是一名交易者嗎？

P 我別無選擇。

保羅．都鐸．瓊斯的交易生涯從一開始就相當成功；然而，他在事業初期的表現卻也時好時壞。瓊斯在經歷了一次慘痛的教訓之後，才深切瞭解到風險控制的重要性。自從一九七九年那次冒失的棉花交易之後，瓊斯便盡量降低風險，以確保每筆交易的獲利。

今天，風險控制是瓊斯交易風格的一大特色，同時也是他的成功關鍵所在。他從來沒有想過每筆交易能為自己賺多少錢，卻無時無刻不在想著可能遭到的虧損。在他心裡，每一個部位的狀態都緊貼著市場發展。無論部位已累積了多少利潤，對他來說部位的進場價格永遠是昨天的收盤價。基於這樣的想法，他的交易從來沒有所謂的利潤緩衝，而他也從來不因某一筆交易而自滿。他不僅關心自己每筆部位的風險，還密切注意其投資組合的表現。如果他的資產因為一筆交易而減少一％至二％，他可能就會毅然決然地拋出所有的部位，以減少風險。「再次進場，總比出場要容易一些。」他說。

如果瓊斯的交易一開始就表現得很差，他會持續縮小持有的部位。如此一來，即使交易陷入困境，他也只是以最小的部位進行交易。瓊斯會自動縮小部位可能遭遇的風險，以確保每個月的虧損不超過兩位數。另外，如果他的交易大發利市，他也會提醒自己不要得意忘形與過於自信。

簡單地說，瓊斯有十幾種不同的方法控制交易風險，而這正是如他所說的：「最重要的交易法則，就是著眼於防衛，而不是攻擊。」

Chapter 5

蓋瑞・貝弗德

Gary Bielfeldt

小鎮裡的公債大戶

小鎮裡的公債大戶

許多年來，我一直聽說 BLH 是期貨市場，尤其是全球最大的期貨市場——債券市場——的主力大戶。我起初還以為 BLH 是一家大公司的名稱，可是在尋訪全美頂尖的交易者之後，我才知道 BLH 實際上只有一個人，那就是蓋瑞·貝弗德（Gary Bielfeldt）。

蓋瑞·貝弗德是誰？他哪來那麼多資本，在以法人機構為主力的華爾街公債期貨市場進出？貝弗德在二十五年前，從一千美元的資金開始從事交易。最初，他因為受限於資金規模，只做單口玉米期貨交易——在那個作物價格停滯的年代，玉米是價格最低的商品期貨合約之一。最後，他終於創造出令人驚羨的財富。

他是如何辦到的？貝弗德不相信分散投資。他的交易哲學是：挑選一個領域，然後全力鑽營，成為該領域的專家。在他的交易生涯中，黃豆是他交易的重心，其次才是穀物。

雖然貝弗德從一開始，就希望能成為一位全職的交易者；可是，由於資金規模太小，早期的他只能做一個兼職的交易者。那時候，他經營一家小型經紀公司來餬口。他面對的問題是：如何從一個欠缺資金的兼職交易者，變成一個擁有充裕資金的專業交易者。貝弗德希望成為專業交易者的強烈欲望，使他勇於承擔較大的風險，籌措自己所需的資金。

到了一九六五年，貝弗德的資金已經從一千美元成長到一萬美元。當年，貝弗德根據自己對黃豆市場的基本面評估，以及他過去的農業經濟學教授湯瑪士·海歐納莫斯（Thomas Hieronymus）的意見，判斷黃豆價格將會上揚。

於是他孤注一擲，用所有的資金買進二十口黃豆合約。以一萬美元的帳戶而言，這筆交易的槓桿比率高得驚人。黃豆價格只要下跌十美分，他就血本無歸了；即使是更小幅度的下跌，也足以讓他被追繳保證金，或被強制清算。起初，黃豆價格真的跌了，一度使貝弗德瀕臨破產邊緣。不過，貝弗德咬緊牙關，硬撐下去，最後終於等到黃豆價格翻升。當貝弗德賣出這二十口合約時，他的資產已增加了一倍。單單這一筆交易，就把貝弗德往全職交易者的目標推進了一大步。

從此之後，貝弗德的交易一帆風順。到了一九八〇年代初期，他的交易規模已經到達美國政府所規定的黃豆與穀物投機部位上限。由於這項因素，再加上一九八三年一筆非常糟糕的黃豆交易，促使貝弗德將交易重心轉移到當時還沒有投機部位上限規定的公債期貨市場。（後來公債期貨市場也實施投機部位上限規定，最高不得超過一萬口合約，而黃豆期貨市場的投機部位上限則是六百口。）

一九八三年在黃豆市場慘遭滑鐵盧，是貝弗德交易生涯的轉捩點。他因此趕在公債期貨行情跌到谷底的時候進入這個市場，並持有大量多頭部位。一九八四年年中到一九八六年年初，公債期貨行情大漲，而長期做多的貝弗德一舉成名，不但成功成為了全職交易者，也成為了公債期貨市場中少數幾位能與法人機構平起平坐的交易者之一。

貝弗德的形象全然不符合大眾對一個期貨交易大玩家的想像。大概沒有人會料到全球其中一位最大的債券交易者就住在伊利諾州的皮奧里亞（Peoria）。貝弗德如此依戀他的家鄉，以致一再拒絕成為芝加哥商品交易所的場內交易者，因為那意味著他必須放棄他所熱愛的生活方式。貝弗德給人的印象，是典型的美國小鎮市民，誠實、勤奮、熱愛家園與鄉里。貝弗德目前的目標之一，即是以交易所賺得的財富回饋家鄉。

貝弗德在他寬敞、舒適的辦公室裡接受我的採訪。他的辦公桌有十部報價機圍繞，然而在我訪問他的那天下午，他卻很少去注意報價機的螢幕。

貝弗德是個溫文寡言的人，他不願多談他在交易方面的成就，以免予人炫耀或吹噓的感覺。由於生性保守，即使一些看似無關緊要的話題，他也會盡量迴避。例如，我曾經問他某一個虧損年度的情形，他卻要求我先關掉錄音機。我無法理解他為什麼會以如此謹慎的態度來面對這個問題，而他的回答更是令我驚訝。

原來該年度虧損的原因，在於他外務纏身，包括出任芝加哥商品交易所的董事，因此必須經常往來於芝加哥與家鄉之間。他不希望這段話被引述，顯然是因為他不願讓別人以為他有意推卸交易失敗的責任。

貝弗德寡言、保守且內向的個性，使我的採訪工作備感艱難。事實上，這是我唯一一次問題比答案長的採訪。我曾經考慮把這次訪問的內容剔除；這是可行的方案，因為我的確還有許多其他內容可用。然而，貝弗德的故事確實有其價值，他的個性又如此突出，以致於我捨不得這麼做。因此，我採取折衷方案，僅擷取採訪的精華，摘錄於書中。

•••

傑克・史瓦格（以下表記為——）你從事交易與分析市場的基本方法是什麼？

蓋瑞・貝弗德（以下表記為G）我會做一些基本面分析。不過，由於我發現很難通盤瞭解市場基本面，只要能夠瞭解其中的八〇%，通常就不錯了。因此，我還會依靠其他資訊，以免我的基本分析產生錯誤。

——我想，你以技術分析來彌補基本分析的不足？

G　是的，我開發出一套自己的順勢系統。

——你一貫以這套系統從事交易嗎？

G　這套系統主要發揮後備的作用，提醒我何時該抛出持有的部位。

——你能舉例說明嗎？

G　一九八八年年初，我預料美國經濟成長將會走緩，於是在債券市場做多。到了三月初時，債券行情突然下跌。在這種情況下，我必須承認這筆交易有瑕疵，而這套系統也適時地提醒我出場。

——這筆交易的瑕疵在哪裡？

G　基本上，美國經濟情勢並沒有我想像的那麼糟。我以為市場還遺留著來自於一九八七年十月崩盤的恐懼，但實際上卻沒那麼強烈。

——你對順勢交易系統有什麼看法？

G　如果想當一名交易者，可以從研究順勢交易系統開始。剛出道的交易者，可以從順勢系統中學習如何抱牢獲利部位，同時趁早停損。即使僅短暫使用，如果你能夠從順勢系統中學會自律，那麼你就更有潛力成為成功的交易者。

——你對於公開販售的交易系統有什麼看法？

G　幾年前，我曾經研究過公開出售的交易系統，結果發現這些交易系統進行的交易次數太頻繁。如果一套系統經常進出，就會導致交易成本過高，降低系統的獲利能力。我認為最好的是中、長期的順勢交易系統。過於敏感的順勢系統，只會增加交易手續費。

——除了養成投資人的良好交易習慣，你認為順勢交易系統是一種有效的交易方法嗎？

G　針對想要使用順勢交易系統的人，我建議你在交易時必須加上自己的判斷。換句話說，他們應該把資金分為兩部分，一半採用順勢系統做交易，另一半則以自己的判斷進場，以免順勢系統失靈。

——你就是以這種方式進行交易嗎？

G　我以前比現在更注重交易系統。不過，目前我基本上專注於自己的判斷。

——那是因為你自己的判斷比較可靠嗎？還是因為順勢交易系統已不如以前靈光？

G 順勢交易系統的效用已經大不如前，因為太多人使用相同的系統。如果市場上有許多人都做同一件事，市場一定會經歷一段調整期。

——公債市場上最重要的基本面因素是什麼？

G 最重要的因素無疑是經濟情勢，至於其他比較重要的因素有四項：通貨膨脹預期、美元走勢、貿易赤字，以及預算赤字。

——你從事交易已經超過二十五年，閱歷遠較其他交易者豐富。在你的交易生涯中，你認為哪一筆交易最值得一提？

G 其實並沒有多少值得大書特書的。不過，我搶搭上一九八三年與一九八四年債券市場行情自谷底翻升的那班列車，這的確值得一提。

——你在什麼時候買進債券？

G 當債券價格在六十二點到六十六點之間波動時，我開始買進。

——你當時做每筆債券的交易時，容許自己承擔多少風險？

G 一般來說，是〇．五點到一．五點。〔公債期貨價格每漲跌一點相當於每口合約一千美元。〕

——這麼說來，你等待理想的進場點，進場後一旦發現行情不對，就立刻出場，然後再伺機進場？

G 是的。

——由於債券當時跌幅已深，我想你在那段期間並沒有遭遇到多少打擊？

G 是的，我在那段期間只遭遇幾筆損失。

——你還記不記得你在什麼時候終於正確，進場後不再被停損出場？

G 我在一九八四年五月的時候看多，當時政府標售的公債收益率為一三．九三。我從一九七四年便跨進銀行業，而在一九八四年五月當時，我們很難找到願意接受三年期貸款利率一三％的借款人，然而政府標售的五年期中期公債收益率，竟然還比這個利率水準高出近一個百分點。此外，當時我的家鄉經濟景氣到達了谷底，失業率接近二〇％，農業危機不斷惡化，我認為那樣的利率水準有可能已經夠高了。因此從那時起到一九八六年四月期間，我大肆做多公債，而那無疑是我做得最好且持有時間最長的一次。

——一筆完美交易的構成條件是什麼？

G 最重要的是掌握勝利，乘勝追擊，虧損部位則盡早停損。

——你如何在一個對你有利的長期趨勢中，持續持有某個部位？你如何避免過早獲利了結？

G 我認為最好的方法就是學會保持紀律與耐性，並且在交易之前先做通盤的考慮。你必須設計一套能夠應付多種偶發狀況的交易策略，如此才不會受到一些造成行情震盪的消息所影響，因而被洗出場。同時，你也應該設計一個能夠保持勝利果實的長程目標，並且在行情發展過程中適時調整保護性停損。另外，你也可以利用順勢系統的訊號，指示你出場的時機。

我想，設定長程獲利目標，再加上一套防患於未然的策略，就應該可使你避免過早獲利回吐。

——大部分的交易者賺少虧多，這是什麼原因？

G 交易過於頻繁。因此他們必須確定自己的大部位交易都獲利，才能彌補頻繁交易所損失掉的手續費。

——成功的交易者必須具備什麼條件？

G 最重要的是紀律，我想很多人都是如此告訴你的。第二，你必須要有耐性。如果你手上有一筆不錯的交易，就應該好好把握。第三，你必須要有進場的勇氣，而勇氣則是來自於充裕的資金。第四，要有認輸的勇氣，這種勇氣也是以資金作為後盾的。第五，你必須要有強烈的求勝欲望。

——這些條件都相當容易瞭解，除了認輸的勇氣。你可以進一步說明嗎？

G 面對失敗的交易，你必須提得起、放得下，然後專注於下一筆交易。你絕不能因為一筆交易失敗，就被搞得心神大亂。

——你所謂的勇氣，指的是什麼？

G 假如在一場美式足球賽中，一個兩百六十磅重的後衛衝過來，而你只是個一百七十磅重的前鋒，那麼你就必須有勇氣面對迎面而來的彪形大漢。進入市場時，你也應該具備如此的勇氣。假如大家都看好美元，認為日圓將會大幅下滑，此時你就必須提起相當的勇氣，才能獨排眾議，買進日圓。

——你如何評斷成功？

G 大部分人都是以事業上的成就作為評判的標準。例如，老師會以學生的成績，以及學生日後在社會上的所做所為，作為評判的標準。交易者也許就應該以他在市場上的賺賠，作為評斷標準。

——對於自己，你又如何評斷成功呢？

G 我以自己如何運用我所累積的財富，作為成功的衡量。我和我太太設立了一個基金會，透過各種計畫的資助，與社會分享我們的成就。

——你只做金錢上的贊助，還是有更直接的參與？

G 我的家人和我直接參與各種計畫的評估，然後決定贊助的對象。

——你什麼時候設立這個基金會？

G 一九八五年。但是我早在一九七〇年代初期就萌生了這樣的理念。這是我一直以來的計畫：一旦成功，就設立基金會幫助社區。

——這樣的長期目標，就是鞭策著你成為成功交易者的動力之一嗎？

G 我想，這的確是一種助力。

——你對新進的交易者有什麼建議？

G 一開始從事交易時，千萬不要讓自己虧損太多，因為反虧為盈是非常困難的。大多數交易者傾向於在入行初期就承擔太多風險。對於風險的承擔，他們總是不夠精打細算。

貝弗德接下來談到一些和打撲克牌相關的事，以及撲克牌策略在交易上的應用；然而，他要求我關掉錄音機，因為他不願意讓人誤以為交易猶如賭博。但是，我發現他的類比非常貼切，因此我說服了他讓我把這段對話記錄下來。

——請你解釋交易與撲克牌之間的共通性？

G　小時候我就學會打撲克牌。我父親曾教過我一些打牌的道理。你絕不可能每一把牌都跟，也不能堅持手中的牌一直不放；否則你會只輸不贏。你應該保留手中的好牌，把壞牌打出去。當你手中都是好牌的時候，換句話說，當你確定手中的牌贏面較大時，你就應該加注，充分發揮這把牌的力量。

如果把這套打牌技巧應用到交易上，你的獲利機率就會增加。我從事交易時，總會提醒自己要有耐心，等待各方面都對我有利的交易機會出現，這就像是在等待好牌。如果某筆交易苗頭不對，你就應該即刻出場，減少損失，這就像拿到一把壞牌時，乾脆及早放棄，以免輸得更多。另一方面，當市場走勢對你有利時，你就應該像拿到一把好牌一樣，加碼下注，決心放手一搏。

貝弗德的故事非常具有啟發性，為我們示範了既有耐性卻又激進的交易風格，將能達到何等的成就。他以微小的資本，完全憑藉自己的力量，既沒有員工的助力，也沒有科技的支援，後來卻成為全球最成功的交易者之一。況且，由於他的長期目標與行動，他的成就最終也為社會帶來了正面的影響。

蓋瑞．貝弗德的訪問中，我覺得最具洞見的就是撲克牌和交易的比擬。更有意思的是，貝弗德在這個比擬中的核心概念恰恰與量子基金共同創辦人吉姆．羅傑斯（James Rogers）的話不謀而合：保持耐性，等待對自己有利的交易機會。

Chapter 6

艾迪· 賽柯塔

Ed Seykota

各取所需

各取所需

儘管艾迪・賽柯塔（Ed Seykota）在金融圈內名不見經傳，但是他的成就確實可以名列當今最高明的交易者之一。一九七〇年代初期，賽柯塔受僱於一家經紀公司，他在這段期間開發出第一套為客戶操作期貨的電腦交易系統。這套系統獲利能力頗高，但由於該公司管理層的橫加干預與猜忌，使其功能大打折扣。這段不愉快的經驗，是促使賽柯塔決定自立門戶的主要因素之一。

賽柯塔自行創業之後，運用這套電腦交易系統操作客戶和自己的資金。在這段期間，賽柯塔所獲得的投資報酬率高得簡直令人難以置信。例如，他的一位客戶在一九七二年投資他五千美元，到了一九八八年年中，投資報酬率高達兩千五百倍。就我所知，沒有任何一位交易者能在這段期間獲得如此高的收益。

著手寫這本書之前，我根本沒聽過賽柯塔的名字。在我採訪麥可・馬可斯的時候，他多次提到賽柯塔，並且強調賽柯塔對他的交易事業頗多助益。訪問結束後，馬可斯對我說：「你知道嗎？你實在應該去採訪艾迪・賽柯塔。他不只是一位了不起的交易者，更是一位天才。」

馬可斯替我打電話引薦，我在電話中向賽柯塔說明撰寫本書的主旨。既然我已經到了西部，最方便的做法，就是在同一趟旅程裡繞到內華達州雷諾（Reno），完成賽柯塔的訪問之後再回紐約。賽柯塔答應我接受採訪，但他有點懷疑我能不能在兩個小時內完成（為了配合班機的銜接，我只有這麼多的時間）。我說，我有好幾個採訪也是在這麼短的時間內完成的，絕對沒問題。「只要我們的對話夠聚焦，就來得及，」我如此解釋。

我匆忙趕到機場修改航程，機票櫃臺人員執意認為我不可能趕上飛機，而與她的一陣爭執還真的差點讓我趕不上。我穿越整個機場，在起飛前一刻趕到登機門。抵達雷諾時，追趕飛機的倉皇才總算減緩。賽柯塔的家離機場太遠了，於是我租了一部車子。那是清晨時分，公路往山地蜿蜒，低處盡是壯麗景色。車上的收音機是古典音樂臺，此時正播放莫札特的單簧管協奏曲。這個組合是如此璀璨絢麗。

賽柯塔在住家的辦公室做交易，他住在加州東部的太浩湖（Lake Tahoe）畔。採訪之前，賽柯塔和我在湖畔散步。那是一個冷冽的清晨，田園景緻頗富詩意。賽柯塔的工作環境與我在華爾街簡陋的辦公室相比，簡直有天壤之別，我心中不禁湧起嫉妒之意。

賽柯塔的交易風格和我所採訪的其他交易者迥然不同。他的辦公桌四周並沒有安裝大排的報價機，事實上，根本連一部都沒有。他的交易工作幾乎就是他在電腦前的那幾分鐘時間，透過電腦程式產生隔天的交易訊號。

與賽柯塔的交談中，我深深折服於他的睿智與敏銳，他好像總是能夠從各種角度觀察事物。談到分析技術時，搖身一變成為一個科學家（事實上，他擁有麻省理工學院的電機工程學位），隨手在電腦螢幕上顯示他自己開發的電腦程式所產生的三維圖形。然而，當話題轉移到交易心理時，他又立刻展現他對人類行為的敏銳觀察。

其實，賽柯塔最近幾年非常深入研究心理學。就我的觀察，心理學，以及幫助人們解決切身問題的心理學應用，已經成為賽柯塔生活、分析與交易不可或缺的要素。我想，對賽柯塔來說，交易與心理學其實是一體的兩面。

我們的對談並沒有我以為的那麼聚焦。實際上，我們天南地北地聊了許多，兩小時過去了，我們甚至還未觸及核心。我繼續下去，以為我可以改搭晚一點的班機。結果，我錯過的那一班，原來就是當天雷諾直飛紐約的最後一班飛機。

賽柯塔後來跟我說，我們第一次通電話時，他就知道我們最終會有一整天的時間在一起。他對人有敏銳的洞察力。例如，他在我們的談話中問了我：「你的手錶調快了幾分鐘？」這個問題讓我驚訝——我們相處的時間如此短暫，他卻看透了我的其中一項行為特徵。他問得特別適時，因為我那天稍早才差點錯過了飛機。

賽柯塔的成功不只限於交易。事實上，他已經找到了自己的生活方式，而且懂得如何享受生活。

●●●

傑克·史瓦格（以下表記為——）你當初是如何接觸到交易的？

艾迪·賽柯塔（以下表記為E）一九六〇年代末期，我判斷當時美國財政部停止拋售白銀之後，銀價會上揚，於是我開了一個商品保證金交易帳戶，等待這一天的來臨。然而在這時候，我的經紀人說服了我去放空銅期貨，不久我便認賠出場。於是我又回到白銀，坐等白銀多頭市場的來臨。最後，這一刻終於到來，我開始買進白銀期貨，但出乎意料的是，白銀價格卻開始下跌。

我起初簡直無法相信銀價會回跌，可是事實擺在眼前，不由得你不信。我最後被停損出場，但也因此對市場的互動關係與運作更加感到好奇。

這段期間，我讀到一篇理查·董詮（Richard Donchian）寫的文章，說明純粹的機械式順勢交易系統可以擊敗市場。我當時認為這種理論根本行不通，於是我設計了一套電腦程式（當時還是使用打孔卡）來測試這種理論。結果，那篇文章所介紹的理論竟然證實無誤。那個時候，我還是無法確定我這一生真正想做的是什麼，然而，研究市場行情，以及運用自己對市場的看法來賺錢，比起其他行業都來得更有趣，於是我開始全職交易。

E

你第一個與交易有關的工作是什麼？

一九七〇年代初期，我在華爾街得到我的第一份工作，在一家大型經紀公司當分析師。我被指派負責雞蛋與嫩雞期貨市場。（嫩雞是屠體重量在兩磅半以下的小雞。雞蛋與嫩雞期貨市場的交易活動漸趨式微，以致後來從交易所除牌。）剛進公司，就擁有提供交易意見給客戶的權力，我因此感到洋洋自得。後來我寫了一篇文章，建議投資人暫時不要涉足雞蛋與嫩雞期貨市場，但是這篇文章被管理階層大肆撻伐，原因是這篇文章顯然有意阻止投資人進場。

當時，我想用電腦來進行分析工作。你要知道，當時的電腦還是使用打孔卡的，只用來做會計方面的工作。而我對電腦的興趣過於濃厚，最後竟導致電腦部門主管誤會我要搶他的飯碗，於是對我的工作百般阻撓。我在這家經紀公司勉強待了一個月之後，便決定辭職。我的部門主管把我叫進辦公室，詢問我辭職的原因。我想這應該是他第一次真正有意和我談話。

後來我進入另一家經紀公司工作。這家公司當時正處於改組階段，管理階層尚未完全建立，於是我趁機在週末利用該公司的電腦測試交易系統。公司當時擁有一部 IBM 360 電腦，而我大約花了半年的時間，以十種商品過去十年的資料，測試了四種交易系統的上百種變化。如今，這項工作用個人電腦大約只要花一天時間就夠了。言歸正傳，經過測試，我證實了順勢交易系統的確可以運用在真實市場上。

——既然你在週末才進行交易系統的電腦測試工作，我想這並不是你的職務。你當時在該公司負責的工作是什麼？

E　我真正的工作是替路透社的電報機換紙，以及把電報機所傳來的新聞貼到牆上。可笑的是，公司裡根本沒有幾個人會去看這些新聞，於是我乾脆自己讀這些新聞，並且把較重要的內容傳送給經紀人。這項工作的好處之一是，我可以因此觀察到許多經紀人的交易手法。

——這份工作聽來根本就是辦公室的小弟，你怎麼會願意接受這樣的工作？

E　既然我已經決定要進入交易這個行業，就不會在乎工作內容與待遇。

——你為什麼不留在原來的公司，至少你在那裡還是一位分析師？

E　因為那裡的工作環境很難讓我發揮。我不贊成管理階層橫加干涉分析師的工作，甚至在分析師主張目前不宜交易的時候對他施加壓力，要求他改變對客戶的建議。況且，在那兒我根本就無法使用電腦來測試交易系統。

——進入第二家公司之前，你就知道他們會允許你使用電腦嗎？

E　我不知道。不過，該公司當時正在進行改組，有若干主管遭到解僱。我猜想，既然該公司有許多部門主管都出缺，管理階層應該是無暇顧及我使用電腦的事。

——你研究電腦化交易系統的工作，後來進展如何？

E　最後，管理階層終於對我的研究成果產生興趣。我開發出第一套大規模電腦交易系統。

——你所謂的「大規模」是什麼意思？

E　這套程式後來經由公司數百名業務員推銷到市場上，使用該程式管理的資金多達數百萬美元。在一九七〇年代初期，這是一筆相當大的金額。

——你如何讓管理階層支持你的研究工作？

E　他們與理查・董詮（Richard Donchian）相識，而他又是順勢交易系統的先驅，因此他們原本就對於運用交易系統管理資金的觀念不陌生。更何況電腦系統在當時算是一個新名詞，在市場上也頗具吸引力。

——你的交易系統在當時的表現如何？

E　相當不錯。但是，問題在於管理階層無法完全信賴該系統所發出的訊號。例如，交易系統有一次在砂糖以五美分交易時，發出了買進的訊號；但是管理階層認為當時砂糖已經超買，因此不理會這個訊號。然而，砂糖價格持續上揚，管理階層於是決定等待砂糖價格拉回二十點（一百點為一美分）時買進。可是，砂糖價格繼續上揚，管理階層於是又改變策略，只要價格回跌三十點，就立即買進。

但是，砂糖價格當時根本沒有回檔，而他們的買進決策從五點變成了一百點。最後，砂糖價格上漲到九美分，管理階層直到這時候才相信這是多頭市場，於是決定立即買進，以免價格進一步揚升。至於結果，我想你也猜得出來，砂糖價格沒多久就開始回跌。可是，管理階層又再次忽略系統的賣出訊號，導致情況變得更糟糕。

就是因為這種人為干預，才導致一筆原本可以大賺的交易變成大虧。這也是我後來辭職的主要原因之一。

——你辭職的其他原因是什麼？

E　管理階層要我增加交易系統發出交易訊號的次數，這樣他們就可以多賺一些手續費。我向他們解釋，調整系統很容易，但這麼做只會減低該交易系統的績效。他們根本不在乎。

——你辭職以後到哪裡去了？

E　我只是離開公司的研究部門，繼續擔任管理帳戶的經紀人。不過，兩年之後，我又放棄了經紀人的工作，成為資金經理人。這樣的轉變，使我脫離了靠手續費維生的日子，而改以分享客戶利潤維生。我覺得，以手續費為收入的制度，違反了經紀人幫助客戶賺錢的動機。

——你離開公司的研究部門之後，仍繼續使用那套電腦化交易系統嗎？

E　是的。不過，該系統多年來已做過多次改良。

——你的操作績效如何？

E　我只對外公開我操作成績的「樣本」。我有一位客戶在一九七二年投資我五千美元，現在該筆資金已成長到一千五百萬美元。理論上如果那位客戶沒有從帳戶中提錢，他賺的錢應該不止這個數目。

——你的操作成績如此傑出，可是你的客戶卻不多，這是什麼道理？

E　我很少接受新客戶，即使要接受，我也要經過長期考慮，還要訪問該客戶，瞭解他的動機和態度。我認為，客戶的選擇對我的操作成績非常重要。我要的客戶是能夠完全信任我，以及長期支持我的人。如果我的客戶過於關心短期間內的表現，就一定會對我的交易構成阻礙。

——你當初有幾位客戶？

E　在一九七〇年代初期，我有六位客戶。

——當初的那些人，現在還有幾位仍然是你的客戶？

E　四位。有一位客戶賺了一千五百萬美元之後，決定撤銷他的帳戶，改由自己管理。另一位客戶賺了一千萬美元之後，決定在海邊買棟房子，然後退休，安享太平日子。

——設計你的第一個系統之前，你從哪裡得到學習的資源？

E　影響與啟發我的，有《股票作手回憶錄》，以及理查·董詮的五天與二十天移動平均交叉系統，還有他的每週交易法則。我把董詮的理論視為我在技術交易路上的指引。

——你的第一個交易系統是什麼？

E　我的第一套交易系統就是董詮移動平均系統的變形。我選擇使用指數移動平均數（Exponential Averaging），原因在於比較容易運算，而且運算的誤差在經過一段時間後會自動消失。這套系統在當時算是非常新的觀念，大家連系統名稱都唸不出來。

——你說那是你的第一個系統，這意味著你後來改變了系統。你怎麼知道你的交易系統需要更換？

E　交易系統其實並不需要更換。關鍵是，你必須開發出與你的個人交易風格相容的系統。

——所以你最原始的交易系統並不適合你？

E　我最原始的交易系統非常簡單，交易原則很僵硬，不容我越軌。然而我發現，運用這套系統時，我很難不摻雜個人的感覺。我一再地進進出出，而且總是挑錯時機。我當時覺得我應該比系統懂得更多，所以我其實並沒有真正相信順勢交易系統是可行的。畢竟，有太多文獻「證明」了這類系統根本行不通。此外，我也覺得，如果我不研究市場，簡直就是浪費自己的智慧，以及我在麻省理工學院所學到的知識。不過，隨著交易信心日漸增強，而且開始學會忽視新聞，我也對這套交易系統感到更放心了。同時，我也持續不斷地在系統中增添「專家交易法則」，於是我的系統愈來愈契合我的交易風格。

——你的交易風格是什麼？

E 我的交易風格基本上是順勢操作，再加上一些技術型態辨識，以及資金管理的演算法。

——在不揭露機密的情況下，可否請你說明，你是如何取得遠遠比其他標準順勢系統更優異的成績？

E 長期存活與獲利的關鍵，在於把資金管理技巧融合到交易系統當中。市場上有許多經驗老到的交易者，也有許多魯莽的交易者；可是，幾乎沒有既魯莽又經驗老到的交易者。

——有道理，但你還是沒有回答我的問題。我換一種問法：市場上有各式各樣的內建資金管理方法的順勢交易系統，然而為什麼你能夠做得遠遠比其他系統更好？

E 我似乎有某種天賦。我想這和我的哲學觀有關。我用心感受市場交易，而且經常保持樂觀的態度。此外，我不斷從交易中學習，也不斷改善交易系統。還要補充一點，那就是我把自己與操作視為一套系統，我總是跟隨一套法則行事，但我有時候也會完全脫離這套法則，而依自己強烈的直覺行事。這樣的交易結果可能會導致虧損，但是如果我無法在交易中增添一些自己的創意，最後我可能就會被壓得發瘋。因此，平衡工作心態也是登上成功頂峰的關鍵所在。

——請你比較系統交易與自由心證交易的優劣點。

E 系統交易基本上也是自由心證交易。資金經理人不論採取哪一種方式，都必須決定承擔多少風險、選擇進入哪一個市場，以及是否依據資金多寡而增減持有的部位。這些都非常重要，甚至要比進場時機更重要。

——在你所有的操作中，依據交易系統的操作占據了多少比例？這個比例是否隨著時間而改變？

E 我的操作愈來愈偏重於系統交易，其一是因為我對順勢交易法有愈來愈大的信心，再者是我的機械式交易系統日益精密。有時候，我還是會認為自己的判斷可以勝過系統，可是這種想法經歷了幾次失敗之後，便漸漸消失了。

——你對順勢交易系統的前景有何看法？這類交易系統會不會因為日益普遍而導致成

效大減？

E 不會。其實所有的交易都具有某種系統化的特質。許多相當成功的交易系統都是根據順勢系統的理念而設計的。生命本身也是順應趨勢的。當冬季來臨時，鳥類就會南飛，公司也會依據市場趨勢改變產品策略。

交易系統表現優劣亦有其週期可循。順勢交易系統表現突出時，一定會大為風行。然而，當使用人數大增時，市場趨勢就會變得起伏不定，導致交易系統無用武之地，於是使用的人數勢必會減少，而這又促使市場行情再度恢復到適合使用順勢系統的情況。

——對於在交易中納入基本面分析，你有什麼看法？

E 我認為你所讀到的基本面資訊通常並沒有用，因為市場早已將這類資訊反映在價格上了。但是，如果你能比別人早一步知道某些基本面的變化，那又另當別論了。

——你是說，你只靠技術分析進行交易？

E 基本上，我是一個已經具有二十年經驗的順勢交易者。依重要性排列，我所需要的資訊是：(一)長期市場趨勢；(二)目前走勢型態；(三)買賣的時機與價位。這是我做交易所仰賴的三大要素。至於基本面相關的訊息，則排在遙遠的第四位；而且，還可能讓我賠錢。

——選擇買進時機是否意味著選擇一個回檔的價位進場？若是如此，你如何避免錯失價格走勢？

E　不是。如果要買進，我的買進價格會在市價之上。我要在這個價位進場，因為我認為市場動能會推動價格朝我做的方向前進，如此一來風險會比較低。我不會試圖抓住頂部或底部。

——如果你看好後市，你會在短期強勢出現時進場，還是等待行情回檔時才進場？

E　如果我看好後市，我不會在回檔買進，也不會等待強勢而買進；因為我早就持有部位了。我會在停止買單（buy stop）被軋的時候轉做多，而停止賣單（sell stop）被觸及時反向做空。看好後市卻未持有多頭部位，是說不通的。

——你可曾利用反向意見作為交易的輔助？

E　有時候。例如，在最近的一次黃金會議上，發表意見的人都看壞黃金市場的後市。我於是告訴自己：「金價也許已經跌到谷底了。」〔事實證明賽柯塔的看法是正確的。這項會議結束後，金價便立刻開始彈升。〕

——你會因為這類資訊而買進嗎？

E 喔，不會，因為跌勢還沒結束。不過，我可能減少我的空頭部位。

——請你談一下你的交易生涯中最戲劇化與情緒化的經驗。

E 戲劇化與情緒化的交易經驗，往往都是負面的。自傲、希望、恐懼與貪婪，都是阻撓交易成功的障礙。我最大的失誤，通常都是過於情緒化而導致的。

——可否請你談談這方面的「實戰故事」？

E 過去的事，我不太想談。一旦交易出錯，我就會盡早停損，然後忘記這個不愉快的經驗，並且轉向新的機會。當我把這筆交易埋葬之後，我就不再願意挖出其中的細節——至少不希望被寫在書裡。也許，某個晚上，用過晚餐後，坐在燈火旁邊，我會回憶過去，但是，不是現在……

——可否具體說明那些讓你有所學習的交易錯誤？

E 多年來，我與白銀之間總是有些「東西」。我的第一筆虧損就發生在銀市，後來更在這個市場上承受了許多次我的交易生涯中最糟的虧損。這「東西」似乎已流進我的血液，不斷迷惑著我。它誘惑我為了避開空頭襲擊而移除保護性停損。價格通常會撐著一陣子，然後繼續往下跌。我被「銀釘」射死很多次，以致我開始懷疑自己大概就是某種狼人。我開始自我催眠，練習正向觀想。我也避免在圓月之下行走。到目前為止，這些做法似乎有用。

——你如何選擇交易機會？

E　大部分是透過交易系統。不過，有時候我也會因為一時衝動而進場。所幸因衝動而進場交易的部位都不大，不至於傷及我的投資組合。

——好的交易必須具備那些要素？

E　關鍵是：(一)停損、(二)停損、(三)停損。只要遵守這三個原則，你就有機會成功。

——你如何面對手氣不順時的逆境？

E　我會減量經營，直到完全停止交易為止。在虧損時增加籌碼、試圖翻本，無異於「自作孽，不可活」。

——既然你基本上是個系統交易者，這不就意味著交易活動在賠錢的時候也不會有所改變嗎？

E　我在電腦程式中加了一些邏輯，例如，根據市場行為調整交易活動。不過，總體而言，一些重大的決策都是在交易系統之外做成的；例如，當有些部位已達規模上限，或市場流動性太低時，如何維持風險的分散程度。

就心理面來說，我會依據操作表現而調整交易活動。獲利的時期，我的交易活動會更激進一些，反之則會收斂。如果你正在虧損，卻又情緒化地增加交易活動，希望挽回頹勢，那麼你一定會損失慘重。

——你是自學成功的交易者，還是曾經接受別人的提攜？

E 我是自學成功的交易者。不過我也不斷研究自己和其他交易者的操作。

——你在進場交易的時候，就已經設定好出場的時機嗎？

E 我在進場時就設定好了停損點。趨勢如果延續，我會調整停損以鎖定利潤。不過，當市場情況變得難以預測時，我就會獲利了結。如此一來，縱使獲得的利潤會減少，卻可以減少投資組合的風險，而且也不會因此被弄得緊張兮兮的。

——你的每一筆交易願意承擔的最大風險，占資產的多少比例？

E 我的每筆交易只願意承擔最多五％的風險。不過，當重大消息導致市場行情跳空而突破我的停損點時，我遭致的損失通常都會高於這個水準。

——你曾經因為市場太「稀薄」而遭受多大的損失？

E 當我急著出脫出錯的部位時，所有市場對我而言都是稀薄的。大多數市場總會在有些時候因為意外消息而出現對我不利的急遽走勢。相關新聞被消化之後，市場便在新的價格水準恢復其厚實程度。在糖期貨的多頭時期，當價格從十美分上漲到四十美分時，我持有幾千口合約；為了出脫部位，我只好犧牲了好幾美分。〔糖價的每一美分相當於每口期貨合約的一千一百二十美元。〕

——你是一位非常傑出的交易者，什麼因素使你如此傑出呢？

E 我認為我的成功來自於我對市場交易的熱衷。交易對我而言，不只是嗜好或事業，而是我的生命。我深信我註定就是要當一名交易者。

——你遵循哪一些交易原則？

E （一）減少虧損；（二）乘勝追擊；（三）小量經營；（四）毫不猶豫地遵循市場法則；（五）知道何時該打破交易法則。

——最後兩條原則顯然相互衝突。老實講，你到底遵循哪一條？

E 兩者我都相信。大部分時間我會遵循既有的交易法則。然而，我會不斷地研究市場情勢，有時候也會發現新的交易法則，用以取代既有的法則。有時候，壓力到達極限時，我就會完全脫離市場，直到我自認為可以遵循交易法則時才再進場。也許有一天，我能夠列出較明確的法則，來說明如何打破既有的交易法則。我並不認為交易者可以長期遵循某一條交易法則，除非該法則確實反映了他的交易風格。其實，總有一天他會發展出新的交易法則來取代既有的法則。我想這就是交易者必經的成長過程。

——調整交易規模，對成功交易有多重要？

E　可能有用，這取決於調整的目的。如果你做了某種調整之後，交易結果理想，那麼你就應該以調整後的規模做交易。

——直覺重要嗎？

E　直覺很重要。被你忽視的直覺會以更隱晦的方式扭曲你的邏輯。你可以透過冥想或反思，去探索這個感覺背後真正的東西。如果直覺持續存在，則可能代表你的潛意識裡對某些隱含資訊的珍貴分析。另一方面，直覺也可能來自於某種追求刺激的內在欲望，與市況無關。你必須仔細區分「直覺」與「期盼」的隱晦差異。

——哪一年的交易績效最糟？當時發生了什麼事？

E　我最慘的一年是一九八〇年。當時多頭市場已經結束，然而我卻堅守多頭，並且持續逢低承接。但是市場持續崩跌。我以前從未見過如此龐大的空頭市場。那次經驗給了我相當大的震撼。

——你的交易系統中的資金管理原則在一九八〇年出了什麼問題？你忽視了交易系統

的訊號嗎？

E　當時市場呈現劇烈波動，交易系統也無從發揮效用，但我卻不顧一切地持續交易，不斷進出，想抓住最高點與最低點；然而，市場卻不聽使喚。那一年我損失慘重。當時，我發現我的方法完全沒用，因此有一段時間退出市場。

——你對一般交易者有什麼建議？

E　他應該找一個超級交易者替他做交易，這樣他就可以高枕無憂，去做自己愛做的事。

——你認為走勢圖分析對交易有用嗎？

E　順勢交易法就是走勢圖分析的一種。根據走勢圖分析從事交易有如衝浪，你不必瞭解波浪起落的原因，就能成為一名衝浪高手。你只需要感覺到波浪湧起，並且掌握乘浪的時機就夠了。

——你在一九八七年十月股市風暴期間的經驗如何？

E　我在股市崩盤當天賺了一大筆。事實上，我在那一年的交易成績也相當不錯。不過，由於我在利率期貨市場做空，因此在股市風暴的第二天賠了錢。當時大部分的順勢交易者不是放空股票和股價指數期貨，就是乾脆出場觀望。

——今天的市場是否因為專業資金經理人大增，而與五年或十年前的市場有所不同？

E　沒有，市場仍像以前一樣不斷變化。

——你的資金規模變大，是否導致操作更困難？

E　這種情況的確會使操作變得比較困難，然而也會變得比較輕鬆。困難的是，你很難在不影響市場的情況下進出。但比較輕鬆的是，你可以找到許多能幹的人手來支持你從事交易。

——你所謂的支持是什麼意思？

E　比如說，一批專業且經驗豐富的經紀人。經驗老到的交易者，即使僅僅跟你分享市場上的喜樂與痛苦，就是一種支持。另外，有些老前輩甚至可以嗅出市場行情的波動。我同時也可以從家人、同事及朋友那裡獲得我所需要的支持。

——你是否使用外部的顧問服務？

E　我追蹤許多市場顧問的動靜，主要透過閱讀商業刊物，以及從經紀商那裡聽聞。這些顧問服務所帶來的結果通常盈虧各半，除非他們開始洋洋得意，那就可能有麻煩。

——那關於市場通訊呢？

E　市場通訊往往落後市場，因為這些刊物回應的是近期的新聞。當然，有些通訊是例外，但大致而言，通訊內容的撰寫實際上是這個產業內的初階工作，因此往往由經驗有限的交易者或非交易者擔當。好的交易者做交易。好的通訊作者寫通訊文章。

——你是否會依據同行的意見下決定？還是完全獨立作業？

E　我通常不理會同行的看法，尤其是那些說得斬釘截鐵的人。當某些老前輩說著一些他認為「可能會」發生的事時，反而更可靠。

——到了什麼時候，你才開始相信自己是個能夠持續獲利的交易者？

E　其實我一直都在「我會贏」以及「我運氣不錯」之間遊走。有時候，我才剛開始對自己的能力感到自豪，接下來面臨的就是一筆慘不忍睹的虧損。

——不同市場間的價格型態有多相似？

E　常見的型態不受限於個別市場的行為。例如，債券的價格型態像極了蟑螂在牆壁爬上又爬下。可惜的是，蟑螂型態的追蹤者總是找不到跟他們對做的交易者。

——股市是否有別於其他市場？

E　股市不但有別於其他市場，本身也難以捉摸。這句話聽起來似乎難以理解，但是想要瞭解市場根本就是件徒勞的事。我認為，瞭解股市就像瞭解音樂一樣沒有道理；有許多人寧願瞭解市場，而不去瞭解賺錢的機會。

——你說「股市難以捉摸」是什麼意思？

E 股市難以捉摸，因為股市的行為模式很少重複。

——你對於通貨膨脹、美元與黃金的長期觀點是什麼？

E 通貨膨脹是社會擺脫舊秩序的方式之一。無論你願不願意，所有貨幣終究要貶值。計算一下在耶穌的年代投資一分錢，每年複利三%，今天會得到多少錢，然後思考為什麼今天沒有人能夠擁有這麼大的一筆錢。

黃金一再被挖出來、提煉，然後再被掩埋。全世界的黃金蘊藏量顯然愈來愈低，許多黃金早已被藏在金庫裡。我預見的趨勢是中心化的全球黃金庫。

——超級交易者是否都擁有交易的特殊天分？

E 高明的交易者擁有交易的天分，就如同音樂家與運動家擁有天分一樣。超級交易者是天生註定要從事交易的，他們並不是擁有交易的天分，而是命運掌握了他們。

——交易要成功，天分與努力孰輕孰重？

E 我不知道這兩者之間的分界何在。

——運氣對交易的成功有多重要？

E　運氣非常重要。有些人很幸運，天生就聰明，然而有些人更聰明，而且生來就有福氣。

——你可以說得更清楚一些嗎？

E　運氣、聰明和天賦，往往意味著某個人擁有達成特殊成就的傾向。有些人的確天生就是音樂家、畫家或分析師。我認為操作的天賦很難靠後天學習而得。我只能去發掘擁有操作天賦的人，然後再加以培養。

——交易的工作對你的個人生活造成了什麼影響？

E　我的個人生活和我的交易人生，早已融合。

——贏錢和輸錢對情緒上的影響強度是否一樣？

E　除了贏錢的快樂和輸錢的痛苦，還有贏錢的痛苦和輸錢的快樂。另外，還有沒搭上車的快樂與痛苦。交易者愈遠離他身為交易者的承諾，這些感受就會愈強烈。

——當你賺到幾百萬美元的時候，會不會先把一部分鎖起來，免得像傑西・李佛摩那樣？〔李佛摩是美國二十世紀初一位知名的投機客，曾多次把賺得的錢財賠個精光。〕

E　我認為「李佛摩經驗」是他心理層面的問題，與金錢存放在哪裡無關。事實上，我讀過李佛摩的事蹟，其中提到他把賺得的一部分財產保存起來，可是在他需要的時候卻又拿出來使用。所以，把錢鎖起來，反而更接近於他的經驗。另外，如果你帶著強烈的「翻本」意圖，那麼你必定會過度交易，然後全盤覆滅。這種感受很刺激，可是代價非常昂貴。

最好的方法就是在輸錢時愈賭愈小，在資金耗損的時期減少曝險。這樣做可以讓你的資金更安全，情緒也因此漸趨平穩。

——我發現你的桌上沒有裝設報價機。

E　交易者擁有一台報價機，就像賭徒面對一台吃角子老虎機，結果一定是不停地給機器餵食銅板。我在市場收盤之後，才會再收集我所需要的市場價格資料。

——為什麼有那麼多交易者都以失敗告終？

E　這就和大部分小海龜無法長大，是同樣的道理：被召喚的太多，被選取的太少。這就是社會運作的法則。經過淘汰的過程，只有適者能生存。被淘汰的人只有向別的領域求發展，直到尋得自己的使命所在。任何領域都是這樣的。

——失敗的交易者要如何轉化為成功的交易者？

E 失敗的交易者很難改頭換面而變成一名成功的交易者，因為失敗的交易者根本不會想改變自己。那是成功的交易者會做的事。

——你如何看待心理因素與市場分析對成功交易的相對重要性？

E 心理因素驅動著分析的品質。心理因素是交易的驅動力，而市場分析則是交易工作的地圖。

——你在心理學的領域下了不少功夫。你能不能單純根據你與某個人的對話，就判定他將成為一個成功或失敗的交易者？

E 可以。能夠成為成功交易者的人，往往也就是那些在他們各自領域中獲得成功的人。

——你認為一名成功的交易者應該具備什麼特質？

E （一）熱愛交易；（二）熱愛勝利。

——難道不是每一位交易者都想贏嗎？

E 不管想輸還是想贏，每個人都能在市場上如願以償。有些人似乎天生就是喜歡輸，因此他們最大的勝利就是輸錢。

我認識一位交易者，他每次都能以一萬美元的本錢在數個月之內賺進二十幾萬美元。接著，他的心態就會發生變化，把贏來的錢全部吐出去，屢試不爽。有一次，我和他一起做交易，我在他的心態開始轉變之前出場，結果他又一如往常地賠得精光，而我卻賺了一筆。我想他根本就不想改變他這個老毛病，因為他可以從中得到許多樂趣，就像是殉道者一樣，可以博得別人的同情與注意。這似乎才是他從事交易真正希望得到的。

我想，任何人只要深入地檢視自己整體的交易模式，包括他們的所有目標，就會發現他們確實得到了自己想要的，儘管他們可能看不透，或不願意承認。

我有一位醫生朋友，他曾經告訴我一則有關癌症患者的故事。這名病患以他的病情來吸引別人的注意，並且藉此指使他身邊的人。後來我的朋友與病患的家屬做了一項實驗，他們告訴這名病患，目前有一種注射藥劑可以治好他的病，然而他卻不斷地找藉口逃避注射，最後甚至完全拒絕。我想，這位病患認為他在家中的權力地位遠比自己的生命還重要。同樣的道理，有些交易者在從事交易時，可能反映了他們真正視為重要的事物，只是他們不願意承認。

我想，那些最浮誇、最趣味的交易者，為的不僅僅是利潤；他們或許是為了追求刺激而踏入市場。提高利潤最好的方法之一，就是設定並且觀想你的目標，讓你的意識與潛意識皆一致走在賺錢的路上。我協助過許多交易者檢視他們的優先排序，以及調整目標。我綜合採用了催眠、調息、伴隨、視覺化、完形療法（gestalt）、按摩等等方式。這些交易者通常有兩種結果：（一）從此取得更大的成就，或（二）意識到自己根本不想當交易者。

——我想，總也有一些想贏，可是卻因為欠缺技術而失敗的人吧？

E 求勝意志強烈是一件令人愉快的事，因為這種意志會促使人們去尋求各種能夠滿足需求的方法。求勝心切而又欠缺技巧的人，其實可以找一些具有專業技術的人來協助他們。

——我偶爾會做一些有關市場未來走勢的夢，儘管這種情形發生的頻率不高，可是有些夢境最後卻演變成了事實。你可曾有過如此的經驗？

E 我認識一些人，他們宣稱有時可以藉著夢境來預測市場未來的走勢。我想夢的功能之一，是把真實世界中難以整理的資訊與感覺整合起來。例如，有一次，我告訴許多朋友白銀行情將會上揚，但事實上銀價卻開始回跌。我當時並不在意，而且猜想這只不過是暫時的回檔整理。可是我卻得承受虧損和朋友的譏笑。我無法忍受犯錯。那一陣子，我經常夢到自己搭乘一架失去控制而面臨墜毀的銀色飛機。

最後，我決定拋出我的白銀部位，自此以後就再也沒有做過同樣的夢了。

——你如何評定成功？

E　我從不評定成功，我只慶祝成功。我認為一個人的成功與失敗，與他是否能夠回應命運的感召有關，而與財富的多寡無關。

•••

千萬不要被賽柯塔的幽默所迷惑，他的談話其實蘊藏著發人深省的智慧。就我個人而言，他最具震撼性的一句話是：「每個人都能在市場上如願以償。」

當賽柯塔說出這句話時，我還以為他在耍嘴皮子。但我很快就發現他的態度的確相當認真。他的觀念是：每位輸家的內心深處，其實都蘊藏著求輸的潛意識，而每一位想贏卻贏不了的人（比如我），實際上是被這種求輸的潛意識破壞勝利的果實——這真是一個難以讓人接受的論調。

儘管我那過於理智的思維大概會否定這個觀念，可是我對賽柯塔在市場與人類行為方面的豐富知識所折服，因此不自覺地思考：他說的或許是對的。總之，「每個人都能在市場上如願以償」，這真是一個令人聳動的概念。

Chapter 7

賴瑞．海特

Larry Hite

控制風險

控制風險

賴瑞．海特（Larry Hite）對金融市場的興趣，是被大學時代的一門課所激發出來的。然而，他步入華爾街的路途就像摩西前往以色列一樣坎坷曲折。海特初入社會時，誰都無法想像這個年輕小伙子日後竟然會在金融市場上揚名立萬。

首先，他以不算理想的成績從大學畢業；之後他出了社會，儘管曾經從事各種工作，卻沒有一份能維持長久。最後，他以演員與編劇的工作維生。雖然沒什麼大成就，但總算養活了自己，也享受其中。他寫過一部不曾拍成電影的劇本，但被電影公司選為備用劇本，因此也就成了他穩定的收入來源。

有一天，海特在收音機裡聽到一名投資專家韓特（H. L. Hunt）述說自己如何以買賣原油選擇權而發財的經過。當天晚上，海特又在一個派對上結識了披頭四的經理人伯恩．依普斯坦（Brain Epstein）。這兩個際遇終於引發海特進軍金融市場的野心。海特當時心想：「這裡頭有一些以小博大的機會。」

海特後來從依普斯坦那裡爭取到幾份填詞的合約，賴以餬口。然而他對進軍金融市場的意念卻有增無減。他曾自我調侃說：「你經常聽說某人從華爾街賺了錢，出來改行做編劇，而我大概是唯一以編劇和演員賺錢而進入華爾街的。」一九六八年，海特終於決定涉足金融市場。由於他對這個領域一竅不通，於是決定從股市經紀人做起；幾年後，他成為一名全職的期貨經紀人。

經過十幾年的磨練，海特認為自己在市場上所學到的專業知識已經足以讓他長期獲利，於是他成立明德投資管理公司（Mint Investment Management Company）。海特知道自己的交易理念必須經過嚴格的科學測試，於是他邀請統計學博士彼德．馬修（Peter Matthews）入夥，並且在一年後，聘請曾經任職某國防電子公司的電腦程式工程師麥可．狄爾曼（Michael Delman）到他的公司負責電腦方面的工作。在馬修與狄爾曼的協助下，海特的交易理念終於獲得統計與數學上的證實。海特不斷強調，明德投資管理公司能夠獲致成功，馬修與狄爾曼兩人功不可沒。

海特的投資理念並不在於獲取最大的投資報酬率，而是透過嚴格的風險控制，維持投資報酬率的穩定成長。這也正是明德投資管理公司最大的特色之一。根據統計，從一九八一年四月開始營運，到一九八八年年中，明德投資管理公司的平均年投資報酬率在三〇%以上；然而更引人注目的是，該公司的年投資報酬率介於一三%到六〇%之間，六個月的最大耗損率低於一五%，任何十二個月（不限於曆年（calendar year））的耗損率更低於一%，表現得相當一致。

明德投資管理公司傲人的績效，讓該公司管理的資金呈現巨幅成長。一九八一年四月，公司的資金只有兩百萬美元，如今已成長到八億美元的水準。雖然明德投資管理公司目前管理的資金相當龐大，不過這並沒有對交易績效造成阻礙。根據海特的估計，明德投資管理公司的能力足以管理二十億美元的資金，簡直稱得上是超級期貨基金。

我的採訪是在紐約世界貿易中心的世界之窗餐廳進行的。我和海特一直聊到餐廳打烊後，被提醒離開為止；我們後來又到海特的辦公室談了好一陣子才結束採訪。

•••

傑克・史瓦格（以下表記為——）你從什麼時候開始對金融市場感興趣？

賴瑞・海特（以下表記為L）我在大學唸書的時候，選修了一位商學系教授的課，這位教授頗有幽默感。我舉個例子，他曾經在銀行擔任查帳的工作，有一天，他在查完帳之後，回頭開玩笑地對銀行經理說：「我逮到你了！」結果竟把那位經理嚇得心臟病發作。後來，他進行第二次查帳，發現那位經理竟然真的挪用了七萬五千美元的公款。

有一次，這位教授在課堂上介紹各種金融工具，比如股票、債券等等。最後他說：「現在讓我們來談談最瘋狂的期貨市場。在這個市場裡，投資人只用五％的保證金即可進行交易，而且這些保證金甚至都還是借來的。」全班人聽了都大笑不止，但我沒有。我覺得用五％的保證金進行交易，其實是一件相當合理的事情。

——那麼，你從什麼時候開始涉足金融市場？

L 那是好幾年之後的事。我當時是一名唱片企劃，有一天，我下定決心要改行，去追求我真正的興趣——金融操作。儘管我最感興趣的是期貨，可是由於我對此一竅不通，於是我決定從股市經紀人做起。

我最先到一家非常老派的華爾街證券公司應徵，那是一家一旦走進去就會不自覺輕聲細語的公司。接見我的是一個從牙縫間綳出聲音的康乃狄克佬。他告訴我：「我們只替客戶買進藍籌股。」

我當時毫無金融市場的知識，也搞不清楚「藍籌」是什麼，只是覺得在這個嚴肅的投資公司裡聽到這個名詞有些怪異。面試之後，我突然想到賭場中最貴的籌碼就是藍色的，於是我告訴自己：「啊！現在我搞懂了——就是賭博嘛！」於是我丟掉剛買的葛拉漢與陶德的書（即《證券分析》（*Security Analysis*）[1]，這本書被股市分析師視為經典之作），而去買了一本《擊敗莊家》（*Beat the Dealer*）。我當時有個想法：成功的投資其實關乎的是勝算，只要能計算出輸贏的比率，就等於找到了市場上的獲勝方法。

——你憑什麼認為自己可以發展出能夠提升勝算的方法？

L　我當時也只是一知半解，但經過多年交易經驗的累積，我瞭解到市場其實是沒有效率的。我有一位經濟學家朋友曾經向我解釋：要想戰勝市場，所做的一切努力其實都是徒勞無功的，因為「市場是有效率的」。然而，我卻發現，所有告訴我市場具備效率的人，都沒賺到錢。我的這位朋友向我爭辯：如果我能設計出一套在市場中致勝的電腦交易程式，別人一樣也能做到，而這些系統的功用在市場上一定會相互抵銷。

1　編按：中文版《證券分析》，天窗出版／美商麥格羅．希爾合作出版（台灣總經銷：寰宇出版），二〇一一年。

——你為什麼會認為他的論點不對？

L 因為人能夠設計系統，但人也會犯錯。有些人在交易賠錢的時候，就會更動交易系統，或者不斷在不同的系統之間轉換。有些人根本不相信交易系統，總會懷疑交易系統所發出的訊號。我每一次出席基金管理產業的研討會，會後一起喝酒時，總是一再聽到相同的故事：「我們系統表現很棒，但我就是沒有進場做那一筆黃金交易；如果我進去了，那會是我賺最多的一筆交易。」

我們可以得到一個非常重要的結論：人是不會改變的。而這就是這一場遊戲能夠一直玩下去的原因。

一六三七年，荷蘭鬱金香的交易價格曾經高達五千五百荷蘭盾，後來卻慘跌到五十，跌幅達九九%。你也許會說：「在那個時代，交易是一項新鮮玩意，資本主義也才初具雛型而已。今天我們遠比那個時代的人進步，因此絕不會再犯同樣的錯誤。」好吧！我們再來看看一九二九年空氣壓縮公司（Air Reduction）的股價，從每股兩百三十三美元的高檔大跌到三十一美元的水準，跌幅高達八七%。你也許會說：「二〇年代是一個瘋狂的時代，現在的情況與當時截然不同。」那麼我們再來看看一九六一年德州儀器公司（Texas Instruments Co.）的股票，從每股兩百零七美元跌到四十九美元，跌幅達七七％。如果你認為一九八〇年代的我們比當時又更進步，那就不妨看看白銀價格從一九八〇年的五十美元高檔慘跌到五美元的價位，跌幅高達九〇％。

我要說的重點是：人是不會改變的。如果你有堅定的意志以及高度的自信，那麼只要利用以往發生過的市場情況來測試你的交易系統，你就能瞭解交易系統面對未來情勢所能發揮的作用。這就是我們在市場上致勝的利器。

L

市場未來的變化，是否可能和過去有所不同？

市場未來的走勢也許會改變，可是人卻不會改變。當我們還在測試交易系統而未開始管理資金時，我的夥伴狄爾曼提出了以持有期間來測試系統績效的概念。單純以曆年作為評估交易系統的基準，必然會失之武斷。你真正想要瞭解的，是該系統在任何一段持有期間內的獲利機率。

在測試期間，我的另一位夥伴馬修發現，該交易系統在任何六個月的持有期間內，獲利機率是九〇％，在任何十二個月的持有期間內有九七％獲利，而在任何十八個月的持有期間內則可以一〇〇％獲利。經過七年的應用之後，該系統在六個月、十二個月與十八個月持有期間內的實際獲利機率分別為九〇％、九九％，以及一〇〇%。

讓我告訴你，我對我的交易系統多麼有信心。我有一位員工，以前是英國皇家陸軍上校，也是一名拆卸炸彈的專家。我曾經問他：「你是如何拆卸炸彈的？」他回答：「其實並不難。炸彈有不同的種類，比如說馬來西亞製造的炸彈就和中東製造的不同，你只需要分辨出哪一種炸彈，然後依其構造拆開來就行了。」我又問他：「如果你碰到一枚你從來沒見過的炸彈，你應該怎麼辦？」他看看我：「那麼，你又知道了一種新炸彈，不過你最好祈禱這不是你所碰到的最後一枚炸彈。」

有一天，我走到他的辦公室，發現這位具有鋼鐵般意志的人竟然泫然欲泣。我問他怎麼回事，原來是聯邦準備理事會突然改變貨幣政策，市場遭受嚴重打擊，我們的基金一夜之間從每股十五美元跌到十二美元，而他才剛接到一位新客戶而已。於是我命令他：「替我打電話給那位客戶！」他有些不敢相信自己的耳朵：「什麼？」我又加強語氣地慢慢重複一遍：「替我打電話給那位客戶。」

當我還是經紀人時，我的老闆就曾經告訴我，假如你的客戶賠了錢，如果你不打電話告訴他，一定有其他人會告訴他。老實說，我當經紀人的時候，我就是那個告訴他的人。當我打給我的潛在客戶時，他會抱怨他的經紀商讓他賠錢，而我會說：「喔，他怎麼可以這麼對你？」

我在電話中向那位客戶解釋說，根據我們的經驗，客戶賠錢的情況大約每隔幾年就會發生一次，不過我相信我們的基金價值在九個月之內不但會止跌回升，而且還會創新高。我說：「事實上，我自己還借了一筆錢投入這個基金。」那位客戶驚訝地說：「你真的這麼做嗎？」我向他保證，我的確是這麼做了。

結果那位客戶不但沒有撤銷帳戶，反而把投入的資金增加一倍。如今，他已成為我最大的客戶之一。我為什麼能如此肯定？因為我瞭解我的交易系統，並對系統深具信心。交易這個行業的美好在於，你也許不知道明天的市場會如何，但是你能夠明確掌握長期而言將會出現的情況。

保險公司的營運就是一個很好的類比。面對一個六十歲的老人，你根本無從確定他在一年後是否還活著。然而，如果是十萬個六十歲老人，你就能夠相當準確地預測他們當中有多少人到了明年還活著。我們做的是同樣的事；我們讓「大數法則」發揮作用。就某種意義而言，我們是市場的精算師。

我有一位朋友，曾經因為做期貨而破產。他無法瞭解為什麼我能夠一直用電腦交易系統進行交易。有一天，當我們在打網球時，他問我：「賴瑞，你這樣做難道不會無聊嗎？」我告訴他：「我做交易不是為了尋找刺激，而是為了贏。」這樣的交易方式也許很枯燥，但能賺錢。當我和其他交易者聚在一起，他們談論著自己驚心動魄的交易經驗時，我總是沉默不語。對我而言，每筆交易都是一樣的。

——許多基金經理人採用順勢交易系統，然而幾乎沒有人會不懷疑系統產生的訊號。你的公司為何能夠不一樣？你又是如何讓投資的報酬風險比高於產業的一般水準？

L　因為我們知道自己無知。不論得到的市場資訊有多麼完整，不論交易技術有多麼高明，任何人都無法避免犯錯。

我有一位靠交易賺進一億美元的朋友，他曾經傳授我兩條基本的交易原則：第一，只要你不是拿全部的家當下注，即使交易失敗，你還是可以全身而退。第二，假如你知道交易最壞的結果會是什麼，你就可以擁有最大的交易空間。簡言之，雖然你無法控制獲利，但你可以控制風險。

我舉個例子來說明他的忠告有多重要。一位重量級的咖啡豆大型交易商曾經邀請我與他見面。當他請我到一家高級餐廳用餐時，他問我：「賴瑞，為什麼你對咖啡的瞭解比我還多？我是全球最大的咖啡豆交易商，我知道船期，也認識政府部長級的人物……」我回答：「沒錯，我對咖啡豆根本一竅不通。事實上，我連咖啡都不喝。」他又問：「那麼你是怎麼做交易的？」我告訴他：「我只看風險。」那頓晚餐吃了幾個小時，他在那段時期裡問了我五次，我是如何從事咖啡豆交易的。而我則是告訴了他五次，我控制風險。

三個月之後，我聽說他在咖啡豆期貨市場虧了一億美元。他顯然不瞭解我所謂控制風險的含意。你知道嗎？關於咖啡豆，他確實懂得比我多，然而要命的是，他根本沒有關心風險。

明德投資管理公司的第一條交易法則是，每筆交易所承擔的風險絕不可高於總資產的一％。既然風險只有一％，我可以不在意任何單一交易的盈虧。把交易風險控制在最低點，是一件非常重要的事。

我認識一位經理人，他的一位客戶臨時撤銷帳戶，使他的基金減少了一半。可是，他並沒有把交易的規模減少一半，仍然以原來的合約數進行交易。最後，他的資金虧損到只剩下原來的十分之一。風險管理是不能掉以輕心的，絕不容許你出差錯。如果你不能控制風險，總有一天你會淪落到被風險控制的地步。

明德投資管理公司的第二條交易法則是，絕對要跟著趨勢走，而且要完全信任交易系統。

事實上，公司明文規定，任何人都不得擅自違反交易系統所發出的指令；因此，公司從來沒有失敗的交易。總體而言，交易有四種：成功的交易、失敗的交易、賺錢的交易和賠錢的交易。大部分的人都以為，賠錢的交易就是失敗的交易，其實不然。即使是賠錢的交易，也可能是成功的交易。

比如說，你做了一筆交易，成功與失敗的機率是五十比五十，賭贏可以賺二美元，賭輸將賠一美元。這樣的交易，即使是賠錢，也算是一筆成功的交易，因為這種賭局的重點不在於一筆交易的輸贏，而在於你是否能持續這樣地賭下去——只要能持久，你最後一定會是贏家。

第三條法則，則是要以分散投資來減少風險。分散投資有兩個方法，一是在全球市場操作盡可能多樣的項目。我們在全球市場操作的項目，可能比任何其他基金經理人都還要多。另一個方法是，絕不使用單一的交易系統從事交易。我們會使用各種不同的交易系統，從事長期與短期的交易。這些交易系統如果單獨使用，不見得有多大的效用，不過我們也不在乎，因為我們的目的在於透過這些多元的交易系統，將風險降至最低。

明德管理風險信守的第四條法則是：追蹤市場起伏。當市場起伏大到有損期望報酬／風險比率時，我們便停止在該市場交易。

此外，公司採用三種燈號來確認是否接受交易系統所發出的訊號。綠燈時，我們完全接受交易系統的指令。黃燈時，我們會根據指令出清目前的部位，但不會再增加新的部位。紅燈時，我們就會自動出清所有的部位，而且也不會增加新的部位。

以一九八六年為例，咖啡豆價格曾經從一・三〇美元上揚到二・八〇美元，然後又回跌到一美元的水準。在這段期間，公司於一・七〇美元的價位釋出多頭部位，然後就不再進場。我們這筆交易本來也許可以賺得更多，但在市場行情上下震盪如此劇烈的時期，上述的做法就是我們控制風險的方法之一。

——如此說來，你和其他順勢交易者的不同之處，就在於你發展出一套指引你何時不再進場的方法？

L 其實，在任何一場遊戲或賽局中，即使是條件最差的人也有可能獲勝。我們可以把參與市場交易的人，大致上分為三類：交易者、場內交易者，以及投機客。交易者擁有最完整的交易資訊，而且也掌握了最容易出脫手中部位的方法。如果在期貨市場上虧損，他們仍然可以設法在現貨市場上降低風險。場內交易者則擁有速度優勢。以時效而論，沒有人能趕得上場內交易者。至於投機客，雖然沒有市場資訊與速度方面的優勢，但他們擁有選擇進場時機的優勢。投機客可以選擇市況對自己有利時才進場；換言之，他們有不進場的自由。這就是他們的重要優勢。

——你提到，波動率的增加就是你暫停交易的訊號。你以過去多少天的價格資料作為波動率的衡量？

L 短則十天，長則一百天。

——這是一個模糊的區間。你是有意避開明確的答案，還是說，你在這個區間內使用不同的時間架構？

L 我們在這個區間內參考不同的時間架構。

——我完全瞭解一%風險規則的用意。不過，我有一個問題：一旦你被停損，但系統未給予相反的訊號，[2] 那麼，在價格走勢回到原本的預期時，你將基於什麼理由而重新進場？你有沒有可能因為正常的價格回檔而被停損出場，然後錯失了隨後的重大走勢？

L 如果市場創新高，我們就會再次進場。

——但是，假設市場進入一個寬闊的交易區間，你難道不會因為價格創新高而重新進場後，一再被震盪出場？

L 這種情況會發生，但還不至於是個問題。

——你非常重視風險管理。你的交易生涯中是否曾經發生一些特殊的事件，因而形塑了你的這種態度？

L 當我最初接觸期貨交易的時候，我發現如果買進九月份豬腩，然後在七月以前賣出，幾乎是穩賺不賠。於是我邀集幾個朋友，湊了一筆錢做豬腩期貨交易，結果真的賺了。我非常高興，自以為是天才。

當時，我有一位從事玉米期貨交易的朋友，說服我買進較遠月份的玉米，賣出較近月份的玉米。當時我只懂豬腩，對玉米一竅不通，不過我想以某個月的多頭部位來抵銷另一個月份的空頭部位，應該是一筆相當安全的交易。但是沒隔多久，政府突然公布了一份出乎意料的玉米收成報告，導致我的多頭部位持續跌停，空

2 例如，當某個多頭部位因為資金管理原則而被停損出場，但系統並未發出賣出訊號；也就是說，系統仍然處於多頭模式，即使價格走得再高，也不會再另外發出買進訊號。（不過，如果部位出場是基於系統發出的賣出訊號，那麼系統就會再次開始監控條件以發出買進訊號。）

頭部位卻一直漲停。

當時我沮喪得不得了。我記得自己走到樓梯口，不禁雙膝跪地，大聲哀求：「老天，我不在乎賠多少，可是千萬別讓我背負一屁股債。」正當我跪在地上向上天禱告時，一位瑞士銀行家恰巧從我身旁經過。直到今天，我還在猜想那位銀行家當時心裡在想什麼。

——還有沒有其他因為不注重風險管理，而遭致嚴重損失的個人慘痛經驗？

L 我本人並沒有。不過，在我的交易生涯中，我經常親眼目睹別人因為忽視風險管理而遭受重大打擊的慘痛經驗。如果你不認真看待風險，風險就會認真修理你。我在年輕時代曾經擁有一部機車，而我一位老愛惹是生非的朋友告訴我：「賴瑞，騎機車的時候，千萬別和汽車爭道，你一定會輸的。」這句話其實也適用於交易：「別與市場鬥狠，你一定會輸的。」

亨特兄弟（Hunt brothers）的遭遇就是一個很好的例子，有人曾經問我：「亨特兄弟怎麼可能會輸，他們有幾十億美元的資金啊！」我們這樣說好了，假如你有十億美元，而你買了價值兩百億美元的白銀，那麼你所承擔的風險，其實就與一個只有一千美元，卻買了兩萬美元白銀的傢伙並無二致。

我有一位朋友，單靠選擇權套利交易就賺了一大筆錢，我還到過他在英格蘭的別墅渡假。他雖然是一位很高明的套利者，卻是一個相當糟糕的交易者。他曾經設計出一套頗具獲利能力的交易系統。有一天，他對我說：「我不會依照這套系統的訊號放空黃金。我覺得系統下達的指令不太對勁，而且這套交易系統所發出的訊號，也只有五〇％的正確性。」因此，他不但沒有依照指令放空黃金，反而還做多黃金。後來黃金行情開始下跌時，我告訴他：「趕快平倉算了。」但是，他卻堅持：「黃金行情一定會止跌回升的。」

好啦！最後他就是因為這筆交易賠得傾家蕩產，連那幢別墅也賣掉了，落到只能住在租來的小公寓裡。他仍然是我的好朋友，他賠掉整棟別墅的遭遇，的確給了我很大的衝擊。曾經擁有的東西就這樣丟了！而且這一切就只是因為那一筆交易。更諷刺的是，如果他遵從他的交易系統所發出的訊號操作，他可能會大賺一筆。

我再告訴你一則故事。我的表哥曾經靠選擇權交易，把五千美元的資本變成十萬美元的財富。有一天，我問他：「你是怎麼做到的？」他回答說：「其實很簡單。我買進選擇權，如果它上漲，我就繼續抱著，如果它下跌，我就一直等到不賺也不賠的時候才賣出。」我對他說：「要靠交易過活的，這種策略絕對不能維持長久。」他說：「賴瑞，你放心好了，我知道自己在做什麼，我不願意賠錢。」我說：「好吧……」

他接下來的一筆交易是用九萬美元買進美林公司（Merrill Lynch Co.）的選擇權。這一回選擇權價格一路下跌，而我在一個月之後打電話給他時，他告訴我，他現在負債一萬美元。我說：「等等，你有十萬美元，只花了九萬美元購買選擇權，如此算來，即使賠光了，你也應該還剩下一萬美元啊。」他回答說：「我原本是以四・五美元的價格買進選擇權的。當價格跌到一美元時，我想假如我再買進兩萬美元的選擇權，那麼只要價格反彈到二・七五美元，我就可以攤平了。於是我又到銀行貸了一萬美元。」

需要重視風險管理的，不限於金融交易，也包括任何型態的商業決策。我以前的一位老東家曾經僱用一位選擇權交易者幫他做交易。這位交易者非常聰明，但是不老實。有一天，這位交易者突然失蹤，留下一堆爛攤子。我的老東家並不是交易者，於是他找我徵詢意見。「賴瑞，你認為我應該怎麼辦？」我告訴他：「把持有部位全部抛出。」但是，他卻決定繼續持有，結果市場止跌回升，反而讓他發了一筆小財。

經過這件事之後，我告訴一位同事：「鮑伯，我們最好另謀差事。」他問我：「為什麼？」我回答說：「我發現我們的老闆最近身陷於地雷陣之中，他的脫身之道是閉起雙眼，不管三七二十一地走出來。以後他要是再處於這種情況，一定會以為閉起眼睛走出來是最恰當的脫身之道。」果然，不到一年的時間，我的這位老東家必須出脫某個大規模的 delta 中性價差選擇權部位（這是一種對稱的部位，無論哪一個方向的小幅走勢都只會帶來極微小的價值波動）。結果，他沒有選擇全部出脫，而是一次出脫一個方向的部位。當他完成整個部位的清算時，公司的資本也賠得精光了。

L

除了風險控制的失誤，還有什麼原因造成一般人做交易時賠錢？

人們做交易時根據的通常是個人偏見，而不是統計方法。例如，有一位定期上電視節目《華爾街一週》的評論者，大約六、七十歲。有一天，他在節目上分享他的父親教會他的事：「債券是你的投資組合的基石。」想想看！自從他入行以來，他大概要每八年才遇上一次利率下跌。（利率走低時，債券價格會上漲。）顯然，「債券」兩個字在他心中的份量遠遠高於債券在現實的價值。

——你從事各種不同的商品交易。你以相同的方法在不同的市場裡交易嗎？

L　我們並不是為交易而交易，而是為賺錢而交易。記得有一次，我們公司的行銷經理米奇・昆唐（Mickey Quenington）介紹我認識一家公司的前任總裁（即曼恩公司（E. F. Man）。賴瑞後來將明德投資管理公司五〇％的股權交給曼恩公司，以換取該公司對明德風險管理公司的財務支持）。這個人是位個性固執的愛爾蘭人，他問我：「你做黃金和可可豆的方法有何不同？」我回答：「我在這兩個市場都下注一％，對我來說都一樣。」我的話把他惹怒了，他幾乎對我吼說：「你是說，你連黃金和可可的區別都看不出來？」我想，若非他很喜歡米奇，我早已被他趕出辦公室了。

我太太來自英國的保守家庭。她非常擔心她的家人瞧不起我。有一次，我接受《倫敦時報》的採訪，記者問我對倫敦可可豆市場未來走勢的看法。我告訴他：「老實講，我從來不注意我交易的是什麼商品，我只注意風險、報酬與資金。」結果這位記者在報導中寫道：「海特先生根本不在乎可可豆市場，他在乎的只有錢。」我的妻子看完這篇報導，不禁說道：「這下可好了，我現在再也不敢回娘家了，這篇文章完全證明他們對你的看法是對的。」

——既然你以相同的方式交易所有的市場，那麼我想你應該不相信系統最佳化（optimization）[3]吧？

L 當然。交易者之間經常流傳著一種說法：「不完美才能發大財。」我絕不會去尋找最完美的交易系統，但是會盡量找到最穩健的系統。事實上，如果只看過去的資料，任何人都可以設計出一套號稱最完美的交易系統。

——你認為哪一些技術指標被過譽了？

L 超買／超賣指標。任何一種都禁不起測試。

——你認為最有用的指標有哪一些？

L 我認為有兩項指標值得關注，儘管我並沒有用在我的交易上。第一，如果市場沒有對重大消息做出應有的回應，這其中必定含有重大意義。例如，當兩伊戰爭爆發的新聞傳到市場上時，黃金每英兩只上漲一美元。我告訴自己：「一場中東戰爭已經爆發，然而黃金卻只小揚一美元。看來黃金市場目前顯

3 最佳化程序指的是，針對歷史資料測試各種版本的系統，然後選擇歷史測試結果最理想的版本，用於真實交易。這種精密調校程序的問題，就在於歷史績效與未來績效之間的連結並沒有那麼實在。

然相當疲軟不振。」果然，過沒多久，黃金價格便開始持續重挫。

第二項是艾迪・賽柯塔教我的。當市場創新高時，其中必有重大意義。不論市場上有多少人告訴你市場基本面並未改變，或是市場沒有理由上漲到如此高點，可是事實擺在眼前，市場創下新高就表示一定有些事在改變。

——你還從艾迪・賽柯塔那裡學到什麼？

L 艾迪・賽柯塔幾乎把他交易哲學的精髓完全傳授給我。他說：「做交易時，可以自行決定所要承擔的風險。你可以承擔你全數資金的一%，或五%，甚至是一〇%。但是，你必須瞭解，風險愈高，你的成績也就呈現愈大的波動。」他說的完全正確。

——除了艾迪・賽柯塔和你的合作夥伴之外，還有哪些交易者給了你寶貴的啟示？

L 傑克・鮑伊德（Jack Boyd）。他曾經聘請我擔任他公司的經紀人兼分析師。HNH（Handy and Harman）公司在年報中說，白銀存量可能是三十億盎司，或七十億盎司，於是我在一篇有關銀市的報告裡寫道：「根據 HNH 公司，白銀存量可能是某些人以為的兩倍，也可能還不及另一些人所以為的一半。」這篇報告深得傑克的心，也讓我得了那一份工作。

傑克許多年來一直給我交易方面的建議。我發現，只要聽他的建議，每年都可以賺錢。後來，我實在忍不住，終於問傑克：他的建議與預測為何如此準確。我要強調一點，他的身高足足有六尺四寸。他回答：「賴瑞，假如你真的要瞭解市場，只需這麼做就行了。」他把手中的圖表丟到地上，然後縱身跳到桌上。他說：「現在你看著這些圖，它會告訴你。」

—— 我想，他的意思是說，你必須看到更大的圖像。

L 是的。我不認為有人能夠靠蠅頭小利致富。我與傑克共事的經驗，對我日後的發展有重大助益。剛認識他時，我就知道他的方法是對的。換言之，我從他那裡學會：交易多元的市場、控制風險、追隨市場趨勢，就必定賺錢。我清楚地看到其中的道理。

—— 你還有什麼要補充的嗎？

L 我遵守兩條適用於交易，也適用於人生的基本法則：（一）如果你不下注，你就不會贏；（二）如果你輸光了，你就無法下注。

海特的交易哲學有兩大基本元素。第一項恰恰與理論派的看法相反，他深信市場是沒有效率的，只要你能夠發展出有利的交易方法（而且不需要有太大的勝算），你就會贏。第二，你需要一套有效的交易方法，但光是如此還不足以讓你致勝。你必須有效控制風險，否則風險遲早控制你。

海特有三項風險控制的基本規則：

一、他絕對不會逆勢操作，毫無例外，而且他總是根據系統的指示進行交易。

二、每筆交易所承擔的風險絕不超過總資金的一％。

三、明德公司將分散風險的原則發揮到極致。首先，他們的交易系統由各種不同的次系統組成，而這些系統的取捨標準不僅在於個別的表現，還在於系統之間的相關性。其次，明德公司所涉足的商品市場非常廣泛，其中包括美國與其他五個國家的商品市場，而交易的種類則涵蓋股價指數、利率期貨、外匯、工業原料，以及農產品。

四、持續追蹤各個市場的波動性，當風險報酬比超越了某個預設的界限時，就發出出脫部位或暫停交易的訊號。

另外，值得一提的是，儘管海特從事過多種職業，如編劇、演員及唱片企劃，最後卻是在一個他極度熱衷的職業裡取得了成功，那就是基金經理人。我發現，賴瑞．海特的經歷恰恰印證了艾迪．賽柯塔的論點：「求勝意志強烈的人，一定會尋求各種方法來滿足他的求勝欲望。」

PART II

關於股票

Mostly Stocks

Chapter 8

麥可・史坦哈德

Michael Steinhardt

差別認知

差別認知

麥可・史坦哈德（Michael Steinhardt）最初對股市產生興趣，可以往前追溯到他的成年禮。當時，他父親贈與他兩百股的股票作為賀禮。史坦哈德回憶，在青少年時期，他的朋友多半都在玩棒球，他卻經常跑到當地的證券公司去看行情。

史坦哈德聰穎過人，一九六〇年，他才十九歲，便從賓州大學的華頓學院畢業。畢業後，史坦哈德便邁入華爾街擔任研究助理。後來，他陸續任職金融記者與研究分析師。到一九六七年，已經小有名氣的史坦哈德和兩位合夥人成立了史坦哈德・范恩・伯考維茲投資公司（Steinhardt, Fine and Berkowitz）。這家公司是史坦哈德合夥公司（Steinhardt Partners）的前身。（范恩和伯考維茲在一九七〇年代末期與史坦哈德拆夥。）

史坦哈德創業至今，已有二十一個年頭，公司在這段期間的成就斐然，複利年報酬率高達三〇％以上（扣除了二〇％的績效獎金之後，報酬率稍低於二五％）。相形之下，標準普爾五百指數同期的平均複利年報酬率只有八・九％（包括股利）。換句話說，如果你在一九六七年投資史坦哈德一千美元，到一九八八年春季，你將獲得超過九萬三千美元（扣除績效獎金之後）；但是，如果你投資標普五百指數一千美元，則只能拿到六千四百美元。獲利只是故事的前半部；史坦哈德的績效紀錄也展現了驚人的穩定性。史坦哈德合夥公司只有兩個虧損年份，而這兩年的虧損都不超過二%（未扣除績效獎金）。

史坦哈德在交易方面的卓越表現，在於他使用了多種不同的投資方法。他既是一位做長線的投資人，同時也是一位搶短線的交易者。他能果決地拋售股票，也能大膽地買進股票。另外，只要他認為時機恰當、選擇正確，就會毫不猶豫地轉換投資工具。

當然，史坦哈德合夥公司的傑出表現並不是史坦哈德一個人所創造的。公司多年來已經培育了許多優越的交易員與分析師，但無庸置疑地，史坦哈德仍是這家公司的決策中心。史坦哈德每天都會多次檢視史坦哈德合夥公司的投資組合。儘管史坦哈德授予公司的交易員充分的決策權，但只要他認為公司持有的部位不理想，就會要求交易員重新檢討投資策略。

史坦哈德極端嚴格地監控公司的投資組合，因此被視為一個苛刻且難以共事的人。事實上，對於這些年來離開史坦哈德合夥公司的許多交易者而言，史坦哈德的確非常嚴苛。史坦哈德那一張能夠讓他縱觀全景的辦公桌，形狀就像個船頭；所以，當某個記者在一篇專訪裡稱他為《白鯨記》裡的亞哈船長，實在一點都不讓人意外。然而，史坦哈德的強硬態度僅僅發揮在他的工作上——就像足球教練之類的工作，強硬的態度本來就是這個角色的一部分。

我無緣見到史坦哈德行事作風強硬的一面。我所訪問的史坦哈德，是一位平易近人、態度和藹，且擁有幽默感的紳士。（當然，我是在市場休市之後才訪問他的。）史坦哈德的確很幽默。他曾經偽裝成國稅局官員打電話給他的朋友、故意在臨收盤前咕噥著給經紀商下假的單子，或者模仿喜劇演員歐文．科里教授的語調打電話給他的分析師或記者開玩笑。

●●●

——請問你的交易哲學裡有哪些重要的元素？

M　我並不把我的工作視為「交易」。或許由於交易頻繁，我被列入所謂「交易」的行業中，然而我寧願把我所做的事視為「投資」。

在我的觀念中，交易意味著買進之前就預期要賣出。例如，我今天買進股價指數期貨，因為我認為股價指數期貨明天會漲，我打算明天賣出我所持有的部位，這就是交易。但是，我在市場上的行為，是基於較長期，而且較為複雜的原因。例如，我在一九八一年進入債券市場做多，後來我持有該部位長達兩年半的時間。

——我想，在這本書裡，我們且稱你的工作為交易。

M　你如何定義交易與投資的區別？

——我認為兩者之間的差異至少有兩點。第一，交易者既能做多，也能做空，而投資人，例如一般共同基金的投資經理人，卻總是做多；即使市場狀況無法掌握，他仍投資其資金的七〇％，而且仍然以做多為主。其次，我認為交易者比較重視趨勢，例如未來股市走勢是上揚，還是下跌；然而投資人則比較注重於買進最好的股票。對我來說，這兩者沒有好壞的評斷，區分的目的在於貫徹本書的主題。就上述兩個要點而言，我顯然應該把你歸類為交易者。言歸正傳，你的交易哲學是什麼？

M　我的理念與多數人不同，其中最主要的是「差別認知」（variant perception）。我總是從眾人對市場的普遍認知中，發展出不同的看法，甚至完全相反的觀點。我會針對這些「差別認知」操作，直到這些認知不再有別於市場共識。

——請你舉一個實例，說明當前市場上的差別認知。

M

我曾經放空基因科技公司（Genetech Co.）的股票長達一年半，在這段期間，儘管做空一度使我遭逢重大損失，可是我堅持做空，因為我對該公司的一種新藥品TPA〔TPA可以經由靜脈注射溶解血塊〕，抱持與市場完全不同的看法。

我的想法是，再過一、兩年，TPA就會被同質而且價格較為低廉的藥品取代。這家公司的發展僅僅依靠單一的藥物。假如我的想法正確，公司的股票可能跌到每股十美元以下。目前〔一九八八年七月〕該公司的股價已經從每股六十五美元跌到二十七美元。〔到了十一月底，基因科技公司的股價又跌到每股十五美元，而史坦哈德仍然堅持做空。〕

我與市場一般認知的差別在於，市場大眾都認為基因科技公司是生物科技業界的佼佼者，所開發的藥品足以改變產業的發展方向。然而，只要市場大眾對該公司抱持多頭的看法，我就會持續採取完全相反的認知而看空。

——這個例子足以說明你的交易理念，但這同時也產生另一個問題。假如你抱持與市場一般大眾完全相反的看法而放空某支個股，這時候部位的發展對你不利。如果基本面一直沒有改變，市場大眾也一直做多這支股票，你自然會更加堅信你的空頭部位。可是，就資金管理的角度來看，當你的空頭部位虧損到某個程度時，你就必須回補了。這種情況是否與你的交易理念有所衝突？

M 交易的領域裡總是有一些陳舊的原則，有的正確，有的則不；然而我從不根據這些原則做交易。例如，一般人的觀念是，等到某支股票的價格已經漲到頂點或開始下跌時，才開始做空；也就是說，除非股票已經顯露下跌的跡象，否則不做空。我可以理解這種交易習慣，這也許是最安全的做空方式，但是我卻沒有這種習慣。我的態度是「不入虎穴，焉得虎子」。如果想要賺錢，就必須承擔某些風險，而我總是在多頭還占上風的時候，就放空。一般說來，這種做法等於過早放空，因此，我的空頭部位總會先遭逢部分損失。如果股價仍然持續上揚，我會減少持有的空頭部位；但是，只要我對市場的看法不變，我就會一直堅持做空，就算判斷錯誤，我也認了。

——你是說，只要你所認定的基本面因素不變，你就會一直堅持你的部位。無論該部位對你多麼不利，你也會堅持嗎？

M 是的。不過，假如我所持有的部位遭受的壓力太大，我也會改變我的交易方向來減輕壓力。

我會告訴自己：「好吧，眼前的情況看來對我相當不利。既然眼前盡是買盤，我為什麼不暫時加入他們，說不定還可以賺一筆。」簡單地說，我把自己分成兩部分，我所認知的基本面仍然與市場大眾相異，不過我將它放在心中。至於表面上，我則是暫時跟隨市場的走勢。因此，即使我心中看空股市，我也可能暫時做多。

——在這樣的時期，你會真的持有淨多部位，或者持續在做空和中立之間擺盪？

M 我甚至不會達到中立的狀態，因為這種買進操作只是基於非常短期的觀點。我會以既有部位的二〇％至四〇％做多頭操作。

——如果你非常不看好某家公司而放空股票，然而你對該公司所屬的行業並不看空，你是否會買進同行業的其他股票來規避做空所擔負的風險？

M 我曾經試過這種方法，但是結果不理想，因為這種做法反而會產生兩個問題。一般而言，你買進第二支股票只是為了規避放空第一支股票所擔負的風險，你對第二支股票所花的心力絕對不如第一支股票。此外，既然你在某支股票上所面臨的問題已經嚴重到必須設法減輕風險，為什麼不直接去面對這個問題，而是去買第二支股票，徒增困擾。

舉例來說，你放空某支造紙股，然而紙類股都上揚，於是你買進另一支造紙股來規避在第一支股票上可能遭逢的損失。可是誰又知道這兩支造紙股會上漲還是下跌？我是說，既然你犯了錯，就應該直接面對這個錯誤，何必拐彎抹角。

——除了差別認知的概念，你的交易哲學裡還有其他的元素嗎？

M 我想是沒有了。我從不使用停損，也從來不管股價是否創新高，或是跌到新低價。我也從不使用所謂的技術分析圖。

——你真的從來不使用走勢圖嗎？

M 是的。我認為技術分析圖表一無是處。〔他突然轉變成喜劇演員的語調〕我看著那支股票，多麼神奇的走勢圖。你看，這裡是底部，如果價格再高一點，瞧，這就是真的突破，哇啦哇啦的。對我而言，那都一樣啦。

——可是，從市場資訊的角度來看，難道你不想用圖表來瞭解某支股票過去的行情走勢？

M 我隨時都在注意股市的動態，股市所發生的一切，比如價格水準、上漲趨勢、交易區間等等的，我都瞭若指掌。

——假如你知道某支股票從每股十美元上漲到四十美元，難道你不想進一步瞭解該股票上漲的原因？

M　對我而言，這並沒有什麼差別。

——你有沒有什麼具體的交易法則？

M　你所謂的交易法則是什麼？

——比如說，你在持有某個部位之前，先決定應該在何時出脫該部位。不一定是什麼風險管理法則，也可能是……

M　沒有，我沒有類似的停損法則。我的思考方式並不是這樣。

此時，史坦哈德接到一通電話。我從電話擴音器中得知，這通電話是要告訴史坦哈德一則有關菸草案的訴訟結果。電話上說：「判決已經下來了，大家都沒事，除了李蓋集團（Liggit Group）被罰款四十萬美元，沒有懲罰性損害賠償。」史坦哈德回答：「如此說來，市場上的看法應是認為該判決對被告比較有利。」

M　一個月前，我放空菸草股。我的理由是，如果原告打贏這場官司，菸草類股一定會下跌，但如果原告輸了，菸草類股的上漲空間也很有限。菸草業者在法律訴訟上從來沒敗訴過，多贏一場官司也不能算是什麼大新聞。這就是我所謂的差別認

知。我也很好奇我會賠多少，因為我原本的想法認為我不可能賠太多。你看（從螢幕上讀出新聞標題）：「法院判決李蓋集團對吸菸者之死負有責任」。你知道嗎？我不會虧，這樣的標題一定會嚇壞一些人。

——我們言歸正傳。如果你根據基本分析，決定放空某支股票，然而該股後來的走勢卻對你的空頭部位不利。請問你要到什麼時候才會知道你的分析忽略了某些重要元素，因此判斷錯誤？

M 這種情況其實經常發生。買進或賣出某支股票後，這支股票的走勢卻與自己當初預期的完全相反。我每天要檢查我的股票組合六次。投資組合中有許多股票都不是我直接負責的。例如，我的某位屬下由於不看好雜誌業，放空時代公司（Time, Inc.）的股票；可是，在他做空的同時，時代公司股價反而上漲了一〇％。在這種情況下，我就會去見這位屬下，問他幾個關鍵問題：我們什麼時候能得到一些讓人跌破眼鏡的成果？什麼時候會發生一些能夠讓我們比較好過的事情？

我在公司裡其實擔任投資組合監督人的工作，這是一個吃力不討好的工作，因為只要投資組合中有某支股票的走勢不如預期，我就會找負責人問話。因此大家都害怕看到我。

——如果某一支股票的走勢與你的基本分析與認知完全相反，你是否會因此改變你對該股票的看法？

M 我會假設與我對做的對手，他對該股票的瞭解程度應該與我相當。比方說，我以每股五十二美元的價格買進德士古（Texaco）石油公司的股票，然而該股卻突然下跌到每股五十美元。由此可知，不論是誰在德士古石油公司股價為五十二美元時賣出，他對該股票的認知完全與我相反，而我會盡可能找出他如此認知的原因。

——假如你找不出來呢？

M 或多或少總會找到一些答案。不論答案是頗具深度還是平淡無奇，我總會從其中得到一些蛛絲馬跡。

——拿你的菸草股來說好了。假如你長期放空菸草類股，而剛才的新聞雖然使該類股在明天開盤後一度下跌，可是在收盤時卻被拉升。在這種情況下，你是否會回補？

M 我會回補。我會在新聞發布的時候回補。

——所以，新聞一旦發布，你就不再玩了。

M 是的。那是我做這筆交易的唯一理由。

——好，這答案太直接了。假設你打算長期做空菸草股，而價股因為今天的新聞而下跌，卻在明天收盤前回升。你會回補嗎？

M 這要看我做空的原因何在。如果我做空是因為我認為吸菸人口日益減少，這將對菸草業造成嚴重打擊，那麼即使該類股在明天呈現大漲的局面，對我也不會造成任何影響，我反而可以趁此機會多賣出一些。

——這麼說來，只要你做空的基本面原因不改變，你根本不在乎市場對該則新聞的反應是否會與你的預期相反？

M 是的。不過如果消息面是大利空，而市場卻上揚，我就會盡力尋找箇中原因。通常這類情況都隱含一些重要訊息。

——可是，你曾經遇過你的分析全然錯誤的情況嗎？

M 當然有。

——而你會在一段時間之後察覺到自己的錯誤？

M 是的，而且未必會很快發現。

這個時候，史坦哈德接了一通電話。他說了一些讓人摸不著頭緒的話，而且故意喃喃自語。他後來告訴我，他偶爾會惡作劇，作弄打電話來的人。

M　比如，某個很久沒聯絡的經紀人打電話給我，我會翻動一些紙張發出嗖嗖聲，然後說：「買三萬股 ZCU（咕噥著另一句話）。」你明白我說什麼嗎？

——不。（我大笑）

M　但那聽起來完全合理，對吧？總之，他打過來，我讓我的秘書告訴他說我在洗手間。他之後再打來，離收盤只有五分鐘，而我還是無法接聽他的電話，他簡直快要發瘋了。然後，我在三點五十八分打回去給他，跟他說：「你做了那一筆嗎？什麼問題？總之，給我做那該死的單子！」當然，他會說：「我沒聽清楚那支股票的名稱。」所以我告訴他（又再咕噥另一句話），然後趁他還來不及回答時掛掉電話。

——你的基金採取的交易方式與一般共同基金不同，有人稱你的基金為對沖基金（hedge fund）[1]。請你說明對沖基金的意思。

M 一般認為瓊斯集團（A.W. Jones Group）是對沖基金的始祖。對沖基金的概念當初指的是：資金管理人並不能預測股市的走勢，因為股市走勢是各種不同力量交互作用而形成，非人力所能控制；可是，我們卻可以透過嚴謹的分析，研判哪些公司的股票前景不錯，哪些則比較差勁。因此，在理論上，某個人如果要維持投資組合的平衡，就可以買進他認為不錯的股票，同時放空他認為較差的股票，投資風險因此可以相互抵銷。例如，你看好福特汽車公司的股票，看壞通用汽車公司的股票，你每買進福特的股票一美元，就放空等值的通用汽車股票。只要判斷正確，即使你在通用汽車的空頭部位遭受損失，還是可以從福特汽車的多頭部位彌補回來。因此，對沖基金的基本觀念，是強調選股的能力。

——如今還有人以這種方式做交易嗎？

M 沒有，遺憾的是，如今大家都誤解了對沖基金的定義。現在，所謂的對沖基金指的是某種有限合夥事業，其中的一般合夥人根據基金績效收取報酬，與傳統以基金管理資產收取費用的方法有所區別。事實上，對沖基金的管理人對資金的運用，比傳統的資金管理更有彈性。他們既可以放空股票，也可以買進股票，同時也可以運用選擇權和期貨等其他的投資工具。

——至於「對沖基金」最初的概念，後來怎麼樣了？

M　對沖基金結構的彈性，在一九六〇年代吸引了無數年輕、激進的創業者；對沖基金讓人有機會在年輕的時候創立自己的事業。那個年代的市場上流傳著許多有關股票操作的成功故事，不少股票呈現了驚人的成長。進入對沖基金產業的人，著眼的並不是對沖操作的理念；擁有自己的事業，以及享有多空兼做的自由，才是他們真正感興趣的。雖然他們可以做空，但實際上並沒有認真地使用這個工具。「對沖」一詞有特定的意思，然而，對於坊間的大多數所謂對沖基金，你都可以嚴肅地詰問他們：「對沖在哪了？」

——如此說來，現今所謂的對沖基金只是徒具虛名而已？

M　是的。有些基金甚至不再自稱為對沖基金；他們以這名稱為恥。對沖事實上含有規避風險與做空的意味，而這種說法顯然有違美國大無畏的精神。所以，他們開

1　編按：又稱作避險基金。

始自稱（他轉而使用浮誇的嘲弄語調）私人合夥。

——諷刺的是，隨著一九五〇與一九六〇年代的市場長期趨勢發展，真正的「對沖基金」概念或許更適用於今天的市場。既然如此，為什麼現在的市場上並不存在任何純粹意義上的對沖基金？

M 因為這是一個非常受限的操作方法。對稱的多空操作，對彼此相關的標的來說是非常沒有效率的。福特汽車與通用汽車的差異可能多大？這兩家公司都受到相同的宏觀經濟因素所影響。如果你針對這兩家公司建立對稱的多空部位，幸運的話則可能在一年期間內實現一〇%的差異——當然，前提是你的判斷正確。我們認識美國西岸的一個群組，專門做空股票。他們曾經有這樣的念頭：做空個股的同時，應該做多等量金額的股價指數，讓曝險中性化。這是我所聽過最接近這個概念的東西，但他們後來並沒有這麼做。

——你的基金是否符合對沖基金的觀念？

M 我們也積極做空，就這一點而言算是符合。我們總是持有一些空頭部位。同時，我也花費許多時間檢視基金的市場淨風險，並予以調整。過去二十一年來，我們的平均曝險是大約四〇%。

——你是說四〇%的淨多頭部位？

M 是的。作為對照，過去二十年來，即使是最保守的典型共同基金，我相信平均曝險也不會低於八〇%。

——你們的淨多頭部位平均在四〇%左右。實際的上下限是多少呢？

M 有時候淨空頭部位大約維持在一五%或二〇%，有時候甚至持有一〇〇%的淨多頭部位。

——所以，你的基金顯然有淨做多或淨做空的彈性？

M 是的。我要強調的是，我們可以彈性調整市場曝險，而這是我們的基金最突出的一點。

——你如何研判整體股市的未來走向？

M 這個問題並非三言兩語就能回答。不過總而言之，我會考慮許多因素。有時，某些因素的重要性超過其他因素，然而各個因素的重要性都隨時會改變。我的研判只需要具備五一%的正確機率，而不是五〇%，那就足夠了。

——相對而言，研判未來股市的行情，以及選股，何者才是你的優異績效的重要元素？

M 回顧過去二十一年的交易，我的成功得歸因於我並沒有固定的操作模式。有時候，我靠幾支精心挑選的股票而大賺一筆；有時候，我則是靠看準股市未來的趨向而獲致成功。

例如，在一九七三年到一九七四年之間，股市持續疲軟不振，我們卻因為持有淨空頭部位而大發利市。有時候，我們則靠債券來賺錢。我要傳達的訊息是：要在市場交易上獲得成功，其實並沒有一定的模式可循。有些人認為市場裡存在所謂成功的交易模式，這根本就是自欺欺人，因為市場變化既大且快，以往成功的交易方式並不能夠保證在未來仍然有效。

——你如何確定一九七三年與一九七四年間的股市將疲軟不振，因而有信心放空？

M 因為我判斷當時美國經濟成長會衰退。

——你根據什麼判斷呢？

M 我認為當時通膨壓力沉重，會導致利率上揚，進而促使經濟成長減緩。

——行情抵達一九八二年的大底部之前，你也看壞股市嗎？

M 我當時的感覺並不如一九七三年到一九七四年間那般強烈。不過我在一九八一年和一九八二年曾經賣掉持股，然後融資持有國庫券而賺了一筆。當時，美國聯邦準備理事會採高利率的貨幣緊縮政策來打擊通貨膨脹。當國庫券利率高達一四％

時，股市根本不具有吸引力。

另一方面，我也根據反向思考法，判斷利率會下跌，而這只是時間早晚的問題，因為聯準會一定會在企業界對高利率感到吃不消時，放寬貨幣緊縮政策。這也就是說，利率遲早還是會升到頂峰，然後開始回跌。屆時股市勢必會因為新資金的注入以及原資金的回籠而恢復生氣。

——所以，在你所預期的圖像中，部分拼圖早已就位？

M 是的，只需要這麼多，就可以做決策。如果圖像已經完整，那就太晚了。

——你提到逆向思考，但是這種思考模式可能導致你在相對低的價位嘗試抓取市場頭部。

M 沒錯。人們總是以為抱持逆向立場就是勝利。畢竟逆向操作者就是持有與群眾相反立場的人。有種說法幾乎已成了陳腔濫調：群眾總是錯的，所以那個勇於與群眾對立的人必定正確。可是，真實世界不是這麼運作的。許多逆向操作者在利率站上八％新高點時買進債券，然後看著利率升上九％、一〇％。人們在債券殖利率歷史高點時買進債券而賠掉的錢，數目不菲。

想當一個逆向操作者，理論和實踐是全然兩件不同的事。你必須選對時機，並且建立適當規模的部位，才能逆向而贏。做得太小的話，根本沒意思；做得太大的話，則時機稍有錯失，你就會被踢出場。這種操作過程需要的是勇氣、承諾，以及自我覺知。

——我想，你在買進國庫券的時候，也遭受了一些損失。

M 是的。那段期間真是難受，因為我的基金大部分投資人都認為我是個股票投資者。我對債券又懂得什麼呢？大牌經濟學家亨利．考夫曼（Henry Kaufman）預測利率將會飆漲，而我何德何能，竟敢跟他唱反調？我當時的操作不同於以往，這一點早已引來基金投資人的關切，更何況我還做得不小。

——你為這個部分融資超過一〇〇％嗎？

M 是的。在某個時間點，我的五年期債券部位規模高達公司資本的三至四倍。做股票時，有個警察隨時告訴你可以做多大的投機，那就是法規明定的保證金要求。不過，買賣國庫券時，任何人都可以用保證金從事交易。根據國庫券不同的到期日，交易的保證金最低只要購買金額的百分之二。

——從買進國庫券到市場形成底部（利率升抵頂點），相隔多久時間？

M 我是在一九八一年春天開始買進國庫券，而國庫券一直到一九八一年九月三十日才形成底部。

——最初這半年，利率往不利於你的方向變動多大？

M 我不記得了，但上升幅度足以讓我痛苦不堪，尤其以我的部位規模而言。

——在這之前，你一直是股票交易者，而你在買進國庫券之後，又遭逢重大損失。難道你不曾對自己的決策產生懷疑嗎？

M 當然有，尤其是在一九八一年的夏季，我簡直度日如年。我的基金中大部分的投資人在那段期間都對我頗為不諒解，其實當時連我自己也不能十分肯定這項決策是否正確。

——你是否曾經自忖自己犯了錯，因而打算出清或減少所持有的部位？

M 沒有。我從未如此。

——你的交易原則中有一項：只要你認定自己對股市的基本面認知正確，就會堅持你所持有的部位。這項原則有沒有例外？我是說，當股市走勢與你的預期產生差異而導致你蒙受重大損失時，你會改變想法嗎？

M 我曾經做空，之後卻沒有勇氣以完整的部位堅持下去。在一九七二年「漂亮五十」（Nifty-Fifty）的熱潮中尤其如此。一九八七年十月是另一個例子，我想那是我投資生涯中最悲慘的一段歲月。當時市場上瀰漫一種看法：只要上市公司的業績能夠維持一定的成長，不管股價多少，都可以買進。這種看法使當時的股價成倍地飆漲，就像發瘋一般。

當時，我們在拍立得公司（Polaroid）股價本益比為六十倍時，放空該公司股票。我們認為拍立得公司的營運狀況實在不值那個價位；然而，我們做空之後，本益比卻漲到七十倍。當時整個股市似乎已經完全失去理性，而我們竟然問自己：「四十倍的本益比和八十倍的本益比，到底有什麼差別？」只要給出一個長期成長率的預期數值，幾乎任何倍數的本益比都可以被合理化。當時的人們就是這麼想的。

——後來你是不是因此停止做空？

M 有一段時間確實如此，因為我們一度蒙受重大損失。

——後來股票繼續上漲而證明你的退場決策是對的，或者，事後證明堅持下去比較好？

M 事後回顧，幾乎所有的個案，都證實了當時堅守下去的結果比較好。

——你剛才提到，一九八七年十月是你投資生涯中最悲慘的一段歲月。由於你經常使用反向思考方式，因此我猜想你在當年多頭氣氛瀰漫的大環境下，應該不至於持有大量的多頭部位。可以談談當時的狀況嗎？

M 事實上，早在一九八七年春季，我便寫了一封信給我的投資人，向他們解釋我為何對股市當時的情況異常謹慎，並大量減少我的多頭部位。另一方面，我也思索著股市不斷創新高的原因。

我的結論是，當時美國資本市場發生兩種異常現象——市場上流通的股票籌碼持續減少，而金融機構對融資採取放任的態度。只要銀行大方提供融資，垃圾債券市場便能維持榮景，公司經理人也會持續買回公司在市場上流通的股票，結果使得股票價格異常飆漲。我認為這就是股票價格在一九八七年估值過高的主要原因。

然而，最具關鍵性的問題是，哪些因素會改變這種情況？答案是經濟衰退。只要美國經濟衰退，就會對股市造成重大衝擊，因為美國政府在這種情況下，已經失去應變的彈性。美國政府在先前的經濟擴張期已經偏離了反循環的財政政策。到了一九八七年秋季，美國經濟不但沒有走軟，反而強勁到促使聯準會採取緊縮政策。

可是我卻沒有想到，美國政府若干一般性措施，竟然會在股市引發如此戲劇化的軒然大波。我是說，聯準會採取信用緊縮措施，到底會對股市造成什麼影響？一般來說，最多只會讓股市下跌一、兩百點，可是誰也想不到股市竟會重挫五百多點。

另外，財政部長貝克（Baker）批評西德的談話，又有什麼重大意義？坦白講，那只不過是對匯率持有不同的看法，根本不值得小題大作。我們現在再回顧一九八七年十月十九日股市大崩盤，當時究竟發生了什麼事——幾乎沒有人說得出來。因此，總括而言，一九八七年「黑色星期一」的股市大風暴，其實是源於市場內部的問題，而不是源於市場預期金融風暴或經濟衰退的到來。

——那麼，你認為十月十九日的股市大崩盤為什麼會如此極端？

M　造成十月十九日股市大崩盤的問題，是股市的運作系統難以應付其制度結構在一九八〇年代所產生的變化。此外，當時維持股市穩定的兩大主力——個人投資者與專家系統——在股市中的重要性早已大幅降低。

——你認為投資組合保險（Portfolio Insurance）在當時是否加重了跌勢？（投資組合保險就是在股市下挫時，以系統性賣出股價指數期貨來減少股票投資組合價值滑

落的操作方法。細節請參閱〈附錄一〉。〕

M　是的，那是眾多新因素之一。當時，一方面穩定股市的力量大幅降低；另一方面，卻又增加了許多一九八〇年代的新產物，例如投資組合保險、程式交易，以及全球資產配置重分配等等，加強了單一方向的衝擊。我的意思是說，這類策略的使用者傾向於在同一個時間集體買進或賣出。股票市場還沒準備好應對這一股新力量。

——你在十月十九日當天是否持有部位？

M　我在當天還增加多頭部位，以致基金的淨多曝險提高到八〇%至九〇%。我當天還持續做多。

——為什麼？難道你還是看好股市？

M　增加多頭部位純粹是我一貫反向思考下的逆向操作策略；儘管股市重挫會進一步引發強大賣壓，但也勢必會引起反彈。股市的跌勢承載了太多的情緒與極端，只要你遠離情緒，就能表現得不錯——這種想法在大多數時候都正確。所以，當天我所做的，不過就是我在市場下跌三百、四百或五百點的時候自然會做的事。

——你後來是否長期持有該多頭部位？

M 沒有。在接下來的兩個月，我持續減少多頭部位。我低估了這次股市大崩盤的力量，其影響所及使我的信心動搖。後來我決定退場持有現金，重新思考當前的市況，以及應該採取的策略。

——你認為你當時偏多的基本立場是否還成立？

M 這股力量摧毀了市場的穩定，我想我低估了這一次的衝擊。

——你在一九八七年十月損失了多少？

M 我的基金在該月份虧損了二〇%。

——現在回想一九八七年十月的經歷，你是否從中學到了一些教訓？

M 我認識一位很高明的投資人，他曾經告訴我：「我的投資績效完全來自我二十八年來錯誤經驗的累積。」他的話真是一針見血。

當你犯錯之後，一般來說，你總是會避免再犯同樣的錯誤。我同時是一名長期投資人、短線交易者及分析師，我所做的決定與犯下的錯誤遠多於一般投資人，事實上這才是讓我比一般投資人更優秀的原因。

——典型的共同基金都是採用「買進後長期持有」的交易策略。基本上，你認為這是不是一種有缺陷的策略？

M　可以這麼說。不過我不會使用「有缺陷」這個字眼。我認為這是一種過於受限的交易策略。這種策略的目的，在於分享美國股市的長期成長，而寧願忍受短期的疲軟。可是，這種策略卻限制了專業基金管理應該發揮的潛力。因此，我認為這算是一種不完美的交易策略。

——可是目前大部分的基金都是使用這種策略。

M　是的。不過已經比以前少了許多。如今，注重操作時機的人愈來愈多，這並非意味著他們都能掌握擇時操作的能力，這些改變只是表示他們已看穿了「買進後長期持有」的真相。在我小時候，最常聽到的投資建議便是買進股票，然後把股票鎖在保險櫃裡，不要理會。然而，今天你已經很少聽到這樣的建議。我們已經對美國長期的經濟榮景喪失信心。

——你認為共同基金產業會改變嗎？

M　共同基金產業對投資大眾的興致當然非常敏銳，會極力尋找迎合當代需求的投資產品。

——你如何處理虧損時的心理壓力？

M　這個問題就和這個行業裡的其他問題一樣，沒有一定的答案。因為你所遭遇的虧損，以及你所面臨的心理壓力，通常不是由同一個問題或同一種狀況所造成的。

——換言之，即使是同一個交易者，他每一次所經歷的虧損期都不一樣，沒有什麼普遍適用的道理。

M 沒錯。

——你當初是如何成為基金交易者的？

M 我在一九六〇年代末期踏入證券業時，只擁有分析師的背景。我過去是勒布羅德斯公司（Loeb Rhoades）農業設備和週期性貨品的分析師。我和另外兩位分析師合夥開創事業之後，隨著業務逐漸擴增，操盤才變得日漸重要。我也因此成了公司的交易員，可是當時我根本沒有多少操作經驗。

——既然欠缺經驗，你為什麼要當交易者？

M 也許我在市場分析方面的能力，不及另外兩位合夥人。

——儘管如此，你早年的操作成績仍相當不錯。你當初是如何在欠缺經驗的條件下從事交易的？

M 我的父親一生都是一名賭徒，我認為從事交易多少也帶有一些賭博意味。我想我繼承了我父親的賭性與賭博方面的天分。

——你在股市從事交易已超過二十年。在這段期間，股市有什麼明顯變化？

M 與今天相比，二十年前的人在股市投資方面的專業知識簡直少得可憐。法人機構的交易者通常都是一些在布魯克林區鬼混的小鬼，靠幾個股市的術語招搖撞騙。我當初從事交易要與他們競爭，簡直易如反掌。

記得有一次，一名交易者急著要賣出七十萬股賓州中央公司的股票。當時這家公司已經宣告破產，而最近的成交價是每股七美元，但賣家似乎沒有查看報價板。結果，我以每股六又八分之一美元的價格買進七十萬股。當那位交易者還在為成交價與七美元相差不到一美元而自鳴得意時，我轉身就以每股六又八分之七美元的價格把這七十萬股賣出去了。這筆交易讓我賺了大約五十萬美元，而前後只花了十二秒。

——這樣的情況持續到什麼時候？

M 直到一九七五年為止。如今，股市的競爭愈來愈激烈，而且交易者也遠比以往更精明。此外，在這二十幾年之間還有一個改變，那就是個人投資者在股市中的重要性顯著降低，而機構投資人的地位則益形重要。如今，大多數個人投資者透過共同基金購買股票。經紀商賣給個人投資者的股票，遠不及共同基金與其他所謂的「金融商品」來得多。

然而，最重大的改變也許是股市變得益趨以短期投資為導向。過去以投資者自居的人如今都成了交易者。機構法人也不再稱自己為長期投資者，改以企業形式營運，目的在於尋求最高的報酬。如今，人們對預測長期趨勢的能力已經失去信心。在一九六七年，典型的經紀商預測報告會估計麥當勞公司的每股盈餘，預測期間竟然遠至二〇〇〇年。他們認為公司穩定成長，有跡可循，因此長期的預測是可靠的。當時的人們相信美國經濟可以維持穩定成長。但是，當今美國的經濟情勢卻不容許他們懷有如此的自信。今天，早已沒有人在股票市場進行如此長期的趨勢預測。

長期趨勢預測在一九七〇年代與一九八〇年代失效，與交易的問題有關。在一九五〇年代和一九六〇年代，股市中的英雄是長期投資人；今天，英雄則是懂得掌握時機的精明交易者。市場出現了像高德斯密（Goldsmith）這種大聲讚揚資本主義的人物。他總是打著「我為固特異（Goodyear）做了什麼」的口號，但他對固特異做了什麼呢？他進入那家公司七個月，大量購股勒索後賺了一大筆錢，然後離開。他總是說他為固特異做了什麼，那是因為他心裡不安，必須把自己的行徑說成某種資本運作的過程。他們這一些人一再抱怨企業管理層，但他們對企業的經營根本一竅不通。因為某些法律限制早已不存在，人們可以做出一些過去不被允許的事。

——你指的是哪一些法律？

M 美國司法部重新解釋了收購法，以及對於獨占性質的定義。

——你對股市新手最重要的忠告是什麼？

M 股市中最邪門的事是，有時候你能夠以最大的無知賺錢。但這種事卻是一個邪惡的陷阱，會使人相信無需專業知識就可以縱橫股市。因此，我的忠告是：要認清股市的競爭非常激烈。當你買進或賣出股票時，你的競爭對象都是一些專業的交易者。在許多情況下，這些專業者往往就是你的交易對手，早晚總會給你迎頭痛擊。

——你是不是在暗示，新手交易者應該索性把錢交給專業者代為管理？

M 我不確定目前產業裡的一般專職交易者能不能稱得上「專業管理者」。我的重點是：如果你預期在股票市場裡取得優異的報酬，那麼你必須確定你的預期有所依據。如果你可以透過美國公債取得九%或一〇%，或者從短期國庫券取得七%或八％，那麼你必須在股票市場裡賺多少的報酬，才足以合理化你所承擔的風險？我想你需要的遠遠更多。你必須決定確切的數字，並且確認這個目標是否合理。

——千萬不要低估這一行的難度。

M　是的。你千萬不要相信坊間的陳腔濫調，以為股市投資風險高，因此獲益也更高。這種觀念是錯誤的。你應有的觀念是：股市投資風險高，因此你必須設法創造高收益，才能繼續在股市中生存。千萬不要以為投資共同基金就可以獲得較高的投資報酬率。

——不是嗎？就歷史而論，股票市場難道不是擊敗了利率報酬嗎？

M　沒錯，但其中涉及許多統計學上的細節。平均報酬率的計算在極大程度上取決於開始的日期。如果你在一九六八年或一九七二年開始，計算得出的數值肯定就不怎麼吸引人。

——一筆成功的交易需要哪一些要素？

M　成功的交易必須取得兩項條件的平衡。這兩項條件是：堅持自己對股市的看法，以及願意承認錯誤的彈性。你需要相信某件事物，但同時你必定會犯下一定次數的過錯。信心與謙卑之間的平衡，需要錯誤與經驗的累積。另外，你應該對交易對手保持戒心。你應該經常自問：為什麼你要買進，他卻要賣出？他知道哪些你所不知道的事？最後，你必須對自己或別人誠實。就我所知，成功的交易者都是事實真相的追求者。

史坦哈德所謂的差別認知，基本上就是反向操作。然而，你不能單靠人氣指標或其他的多頭共識衡量來觀察股市的走勢，就貿然從事反向操作。股市沒有這麼好混。雖然市場頭部總是瀰漫多頭氛圍，底部則瀰漫空頭氛圍；但不幸的是，極端的多頭與空頭氛圍，也可能意味著趨勢將進一步延伸。成功的關鍵並不在於從事反向操作，而是在於選對反向操作的時機。其中涉及的判斷無法仰賴簡化的公式。成功的反向操作者必須有能力篩出真正的機會，而史坦哈德的篩網就是他對基本面訊息與市場時機的敏銳感覺。

彈性是史坦哈德成功的另一項要件。史坦哈德的彈性表現於既做多、也做空，而且在股市不振時，將投資轉移到其他市場。「把愈多東西納入考量，包括做空、對沖，或參與債券、期貨等等市場，你就能表現得愈好，」他說。

成功的交易者在適逢好時機時，大都能夠把持有的部位增加到非常大的規模。這種做法既需要膽識，也需要技術；而這就是超級交易者與一般交易者的差別所在。史坦哈德在一九八一年和一九八二年間大量持有國庫券，就是一個很好的操作範例。

信念是任何一位交易者的必備條件，對史坦哈德這種從事反向操作的交易者尤其重要。史坦哈德相信，只要自己的看法正確，即使一時遭遇打擊，也要堅持到底。例如，他在一九八一年春季買進國庫券，而利率變動有半年的時間都對他所持有的部位不利。史坦哈德所承受的壓力，事實上還不僅於此，在這半年期間，他的基金投資人都在責難他為何不好好操作股票而去買國庫券，使他承受強大的心理壓力。儘管如此，史坦哈德依然堅守其部位。若非史坦哈德的強烈信念，我們今天也不會聽到史坦哈德這個名字了。

另外，史坦哈德也強調，市場交易是沒有公式可循的。他指出，市場不斷變化，而高明的交易者必須能夠順應這些變化。史坦哈德認為：那些想找出交易公式的交易者，遲早都要失敗。

Chapter 9

威廉・歐尼爾

William O'Neil

選股藝術

威廉．歐尼爾（William O'Neil）是美國經濟制度的狂熱支持者與樂天派人士。他說：「在美國，每年都會出現許多大好良機，每個人都應該隨時準備好掌握這些機會。你會發現，即使是一粒小小的橡樹種子，也可以長成巨大的橡樹。只要辛勤工作，就有可能成功。在美國，一個人的成功之道，就在於決心與毅力。」

歐尼爾本身便是個活生生的例子——一個典型的美國式成功故事。歐尼爾出生於經濟大蕭條時期的奧克拉荷馬州，然後在德州長大。他既是一位高明的投資人，也是一位殷實的商人。

歐尼爾的股市交易生涯始於一九五八年。當時他擔任海登史東公司（Hayden, Stone and Company）的證券經紀商，而他日後的投資策略，就是在這個時期成形的。歐尼爾一開始從事交易便相當成功。他從一九六二年到一九六三年期間，透過多空交替的操作手法，讓自己的五千美元資本成長到了二十萬美元。

一九六四年，歐尼爾在紐約證券交易所買下一個席位，並成立了一家證券公司——歐尼爾公司。如今，歐尼爾公司不但是綜合性電腦化股市資訊供應商的翹楚，而且也是全美最受推崇的證券分析公司之一。歐尼爾公司目前擁有五百家以上的機構投資客戶，旗下的《每日圖表》（*Daily Graph*）則有兩萬八千名訂戶。該公司的資料庫包含了七千五百種股票的一百二十種統計值。

一九八三年，歐尼爾更是雄心萬丈地創辦《投資人日報》（*Investor's Daily*），擺明向《華爾街日報》挑戰。歐尼爾明知這份專業性報紙可能要經過多年奮戰才能達到損益平衡，可是他毫不猶豫地投下大筆資金。

《投資人日報》在一九八四年大約只有三萬名訂戶，與《華爾街日報》的兩百萬名訂戶簡直無法相比。然而到了一九八八年年中，《投資人日報》的訂戶數量已成長到十一萬名，而且還在持續增加，這個數字與歐尼爾估計能達到損益平衡的二十萬訂戶已相去不遠。歐尼爾深信，《投資人日報》的訂戶最後會到達八十萬名，而他之所以對這份報紙深具信心，主要是由於《投資人日報》所提供的資訊，例如每股盈餘、相對強弱指標，以及成交量變動百分率等，都是其他投資專業刊物所沒有的。

一九八八年，歐尼爾又把自己的投資觀念集結成書，由麥格羅希爾出版公司

（McGraw-Hill Co.）出版，書名為《笑傲股市：歐尼爾投資致富經典》（*How to Make Money in Stock*）[1]。該書也成為當年年度最暢銷的投資專業書籍。

歐尼爾多種事業的經營並沒有妨礙他的股市投資表現。過去十年，歐尼爾的股票投資平均報酬率為四〇％。而他最精彩的表現，有一部分是來自於一九七〇年代所投資的加拿大籍石油公司，以及一九七〇年代末期與一九八〇年代初期的 Pic 'n' Save 和 Price Co. 兩家公司。然而，歐尼爾最為人所津津樂道的是，他先後兩次在《華爾街日報》刊登全版廣告，昭示投資人股市的多頭行情即將來臨。這些廣告在一九七八年三月與一九八二年二月之間刊出，時間實在是再適當不過了。

從歐尼爾公司的工作現場可以看出，該公司的行事作風強調實事求是，不矯揉造作。更難得的是，歐尼爾雖然是該公司的最高階層經理人，可是他在辦公室卻不要求享受特權，仍舊和另外兩位同事共用一間辦公室。另外，在採訪期間，歐尼爾條理分明，且對美國充滿信心的態度，也令我印象深刻。

1 編按：中文版《笑傲股市：歐尼爾投資致富經典》（全新完整修訂版），美商麥格羅·希爾出版，二〇〇九年。

傑克·史瓦格（以下表記為——）你的投資策略頗為獨創，這是如何發展出來的？

威廉·歐尼爾（以下表記為W）其實我和大部分投資人一樣，是從訂閱若干有關股市投資的專業刊物開始，而後才踏入股市的。我發現這些刊物所介紹的投資方式並不太有效，例如購買低價或是低本益比股票的策略，其實並不能確實地降低風險。

——你到什麼時候才找到足以致勝的投資方法？

W 一九五九年，我曾經研究多位在股市中成功的人士。當時，德萊弗斯基金（Dreyfus Fund）是一個相當小型的基金，管理的資金大約只有一千五百萬美元，然而在傑克·德萊弗斯的經營下，該基金的投資報酬率卻是其他競爭對手的兩倍。於是我設法拿到該基金的季報，研究其投資方法。我發現德萊弗斯基金所投資的一百種股票，其買進時機都是在該股票創新高價的時候。

我從這項研究中獲得一項重大發現：應該購買上漲潛力雄厚、且正在從底部突破而創新高的股票，而不是選擇價格已經跌到接近谷底的股票。你該尋找的，是重大走勢的開端，才不至於浪費半年到九個月的時間守著一支沒有動靜的股票。

另外，我也曾經下功夫研究過去幾年來表現最優異的股票，試圖找出那些股票臨發動前的共通性。我不僅研究這些股票的本益比，還根據許多變數而設計出一套觀察個股實際表現的模型。

——請你說明一下這個選擇潛力股的模型？

W　這套方法非常容易熟記，簡為CANSLIM，每個字母都代表潛力股在飆漲之前的共通性。

「C」代表目前的每股季盈餘（Current earnings per share）。根據我的研究，表現最優異的股票在飆漲之前，每股季盈餘通常都會比前一年同期的水準增加七〇%。然而，我經常發現有許多投資人，甚至基金經理人，都會買一些每股季盈餘與前一年同期水準相差無幾的股票；其實這類股票根本欠缺上漲的動力，沒有買進的理由。既然我們的研究顯示最好的股票在價格飆漲之前都會出現大幅盈餘增長，那麼為什麼還要買進盈餘平庸的企業呢？因此，我們選股的第一條基本原則，就是每股季盈餘比前一年同期季盈餘高出至少二〇%至五〇%。

「A」代表每股年盈餘（Annual earnings per share）。我發現表現優異的股票在發動走勢時，過去五年的複合年均盈餘成長率為大約二四%。理想的情況是，股票每一年的每股盈餘都高於前一年的水準。

如果當季盈餘強勁，而且平均盈餘成長率偏高，這種獨特組合就會創造出強勢股。《投資人日報》所刊載的每股盈餘排序，就是結合股票過去兩季的盈餘成長率，以及五年來的盈餘平均成長率，然後再與所有其他股票比較而得。如果某支股票被評為九十五，那就表示這家公司當季與五年來的盈餘表現，超過了九五%的其他公司。

「N」代表創新（something New）。所謂創新是指新產品、新服務、產業新趨勢，以及新的管理階層等等。我的研究發現，股價漲勢突出的公司當中，有九五%都曾經有創新的發展。另外，股票創新高也是一種「創新」。在我們的研討會中，我們發現九八%的投資人不願意在股票創新高時進場購買。但是股市其實有一種特性——看似「太高」的價格經常會繼續上揚，而看似「太低」的價格則可能會繼續下滑。

「S」代表流通在外的股數（Shares outstanding）。在表現優異的股票當中，有九五%在表現最好的期間，其流通在外的股數都低於兩千五百萬股。這些公司的平均流通股數是一千一百八十萬股，而中位數只有四百六十萬股。許多機構投資人偏愛流通在外股數較多的股票，但這種策略反而會犧牲一些上漲的潛力股。

「L」代表領先股或落後股（Leader or Laggard）。根據調查，一九五三年到一九八五年之間表現最優異的五百種股票當中，發動漲勢時的相對強弱指數平均為八七%。（所謂的相對強弱指數，是指某支股票價格在過去十二個月期間的表現，與其他所有股票同期間的比較值。例如某支股票的相對強弱指數為八十，即是該股票在過去一年間的價格漲幅表現比所有股票中八〇%的個股表現更好。）因此，選股的另一項基本原則，就是選擇相對強弱指數高的股票。我只買進相對強弱指數在八十以上的股票。

「I」代表股票背後法人機構的支撐程度（Institutional sponsorship）。機構投資人對股票的需求最為強勁，領先股的背後大都具有法人機構的支撐。儘管法人機構的支撐是必要的，但如果支撐的機構投資人太多，反而對股票的表現造成負面影響——假如該股或股市發生重大變化，機構投資人勢必會大量拋出持股，加重股票跌勢。這也就是某些被大量機構投資人持有的股票難以表現突出的主要原因之一。當某支股票的表現已經廣為人知，幾乎所有機構投資人都進場之後，這時候就已經錯過買進時機了。

「M」代表股市大盤（Market）。股市中有四分之三的股票會跟隨股市大盤每日的變動浮沉，因此你必須掌握股市大盤每日的價格與成交量變化。

根據測試，在任何時候，股市中符合CANSLIM選股原則的股票不到二%。不過，嚴格的標準本來就是CANSLIM的特徵，因為你只想要挑選出最優秀的股票。如果你正在為棒球隊甄選球員，你想挑選一群打擊率兩成左右的選手，還是盡可能為球隊找到擁有三成打擊成績的打者？

——既然CANSLIM的選股標準如此嚴格，這套方法的勝率如何？

W　多年來，利用這套方法挑選的股票，有三分之二最後都能獲利了結。不過，在我選中的股票當中，每十支當中也只有一到兩支的表現會特別突出。

——CANSLIM公式中所使用的大多數指標，比如每股盈餘，都是為了指示投資人在股票突破新高價之前進場。既然如此，為什麼不在某支股票處於築底階段時購買，而必須等到創新高價才進場呢？

W　任何人都不該期待某支股票在築底完成後就一定會向上突破。你可能買得太早，或者太晚。這套方法的概念是，買在虧損機率最低的時間。如果你在築底階段買進股票，按正常狀況，只要股價震盪幅度在一〇%至一五%之間，你很容易就會被洗出場。但是，只要我選擇了正確的進場時間，股票通常就不會下挫到我所設定的七％最大停損點。

——你說，你會選購相對強弱指數八十以上的股票，但如果股票的相對強弱指數過高呢？我是說，假如某一支股票的相對強弱指數是九十九，那麼該股票的價格是否已經超高而隨時可能下跌？

W　你必須參考走勢圖，才能研判。問題的關鍵不在於相對強弱指數有多高，而在於該股目前的價格距離最近一次的底部有多遠。我會購買相對強弱指數高，而且股票與最近底部相去不遠的股票。我可不會去買相對強弱指數高，然而價格已超過底部一〇％的股票。

——CANSLIM 中的 M，代表要選擇和大盤走勢一致的股票。這條法則雖然在理論上可行，但實際上不一定行得通。畢竟，股票有可能從頂部向下，也可能正處於多頭走勢的回檔整理階段，你如何辨別兩者呢？

W　股市頂部通常在兩種情況下形成。第一，股價指數創新高，然而成交量卻呈現萎縮，這表示市場上的股票需求不振，股價隨時可能下跌。第二，成交量接連幾天擴張，但是股價收盤時的漲幅卻相當有限，這表示股市主力或大戶有出脫持股的現象，股價很可能已達頭部。

另外，你也可以觀察領先指標股的表現，來辨別股市是否已達頭部。如果多頭市場的領先指標股開始下跌，那就表示股市可能已經做頭。另一個可觀察的重要因素，就是美國聯邦準備理事會的重貼現率。通常在聯準會把重貼現率調高兩到三次之後，股市就會陷入麻煩。

每日騰落線（advance/decline line）也是觀察市場頭部的有用指標。（騰落指標顯示紐約證券交易所每一天上漲股和下跌股家數的差異。）當市場上的股票普遍已突破新高之後，每日騰落線往往就會落後於市場平均值，而且再也無法突破前一個高點。這個現象表示當前真正參與市場漲勢的股票數量已經減少。

——當你認為股市已經步入空頭時，除了出脫多頭部位，你會建議投資人做空嗎？

W 除非是專業交易者，否則我通常不勸人做空。放空交易相當難拿捏，在過去的九次空頭市場中，我也只在其中兩次因為做空而有明顯斬獲。

切勿因某支股票的股價看起來太高而放空。做空的重點在於選對時機，而非僅僅趁著最高點進場。必須在大盤形成頭部之後，才能放空個別股票。從股價走勢圖來看，最佳的放空時機是：一支股票在盤整三、四次後，突破上檔反壓後又挫落，且股價下探上一次盤整區的下檔，同時成交量放大。價格跌破下檔後通常會數度嘗試拉起，結果原先的底部成為反壓區，在該價位買進的投資人為了彌補虧損，必定有許多人急於在接近損益平衡時出場，因此股價拉起到跌破點時，也是放空的好時機。

——空頭部位的風險無限，這一點是否為放空操作構成特別的問題？

W 對我來說並不會，因為我從不放任風險。如果我做空，但市場走勢卻與我的判斷背道而馳，我就會在六％或七％的虧損時認賠出場。放空前一定要設停損價位。

——除了使用CANSLIM作為選股的重要策略，風險控制在你的交易中也扮演非常重要的角色。你能不能談一談你的風險管理？

W 我的哲學是：所有的股票都不好。除非價格上揚，否則就不是好股票。假如股價下跌，你就必須當機立斷，盡快停損。股市致勝秘訣並不在於你每次都選中好股，而是在於你選錯股票時，能將可能遭致的虧損降到最低。我絕不容許我的持股價值虧損到達七％以上。這也就是說，如果股價已經比我購買時的價格下跌七％，我就會立刻自動停損賣出，絕不會有任何猶豫或遲疑。

有人說：「我現在不能賣出股票，因為賣出會實現虧損。」如果股價跌到你的買價以下，你的虧損並不是因為賣出股票的行動而產生的——虧損本來就存在了。

可是，任由虧損持續下去，卻是大部分投資人所犯下的最嚴重錯誤。截至目前為止，投資大眾都還不太瞭解盡快停損的觀念。

假如你沒有類似「虧損不得超過七％」的風險管理規則，你在一九七三年到一九七四年的空頭市場中，可能就會遭致七〇％到八〇％的損失。我曾經目睹有些人因為遭遇如此慘痛的損失而宣告破產。假如你無法當機立斷停止虧損，那就乾脆不要踏入股市。你的汽車如果沒有剎車，你敢開嗎？

在我的《笑傲股市：歐尼爾投資致富經典》一書中，記載了《輸贏之故》（*Why You Win or Lose*）作者弗瑞德·凱利（Fred C. Kelly）說過的一則故事。這則故事可以解釋為什麼大部分投資人無法在虧損時做出停損的決定。有一個人布置了一個捉火雞的陷阱。他在一個大箱子裡面和外面灑了玉米，大箱子有一道門，門上繫了一根繩子，他抓著繩子的另一端並躲在一處，只要等到火雞進入箱子，他就拉扯繩子，把門關上。可是，一旦門被關上了，他就必須走到箱子前打開，如此一來就會嚇跑了其他潛伏在周圍的火雞。

有一天，他看到十二隻火雞進入箱子裡，然後有一隻溜了出來。他想：「我再等一下，那一隻應該會走回去。等到箱子裡面有十二隻火雞的時候，我就關上門。」

然而，當他在等待著第十二隻火雞回到箱子裡時，又有兩隻火雞跑出來了。他想：「我應該在十一隻火雞的時候就關上門的。我再等一下，只要有一隻走回去，我就拉繩子。」可是，他在等待的時候，又有三隻溜出去了。最後，箱子裡一隻火雞也不剩。他的問題就在於一直期待著跑出去的火雞會回來，而這也就是投資大眾的通病，他們一直覺得股價還會回升。這個故事的教訓是：減低你的股市曝險，停止計算火雞。

W

——所以，你以 CANSLIM 模型選擇股票，同時以「七%法則」控制風險。那麼，你在股價上漲時，如何決定獲利了結？

首先，只要你所持有的股票表現正常，你就應該一直抱著不放。傑西・李佛摩曾說過：「思考不會讓你賺大錢，坐著不動才會。」第二，你必須明白自己絕不可能在股票漲到最高點時才出脫。因此，你如果因為股票在你賣出後持續上揚而自責，那實在是再愚蠢不過的事了。所謂獲利了結的意義，在於你透過賣出股票而賺了一筆，因此沒有必要在賣出股票後，因為股價持續上揚而感到懊惱。

——你在《笑傲股市：歐尼爾投資致富經典》一書中，對一般投資大眾認為相當重要的因素，如本益比、股利、分散風險、超買／超賣指標等等，給予了嚴厲的批評。

W　你認為一般大眾對於這些事項的認知有什麼缺點？我們先從本益比開始好了。

有人認為本益比低就表示價值被低估，這種主張根本就是胡說八道。根據我的研究，本益比與股票的表現並沒有任何關係。有些股票在開始飆漲時，本益比為十，然而有些卻是五十。

三十年期間（一九五三年到一九八五年）的調查資料顯示，表現最好的股票在漲勢發動之初的本益比平均值為二十，同時期道瓊三十種工業股票的平均本益比則是十五。這些股票的延伸性走勢結束後，平均本益比大約是四十五。這表示，如果只購買本益比低於平均值的股票，你將會錯失許多潛力股的上漲走勢。

許多投資人犯了一個共通的錯誤，他們僅僅因為低本益比而買進股票。多年前，我曾因諾斯洛普公司（Northrop）股票的本益比只有四倍而買進該股票，然後看著這家公司股票的本益比從四倍降到兩倍。

投資大眾常犯下的另外一個共通錯誤，就是在股票本益比偏高時賣出股票。我記得一九六二年，有一位投資人衝進我朋友的經紀公司，氣急敗壞地表示全錄公司（Xerox）股票訂價過高，因為本益比已高達五十。結局就是他在全錄公司股價八十八美元時放空，但該股票後來卻漲到了一千三百美元。

——那麼股利呢？

W 股利更是與股票的表現無關。事實上，公司所支付的股利愈高，其經營體質就可能愈弱，因為公司為了彌補發放股利所流失的資金，可能必須負擔更高的利息才能取得資金。股票下跌時，等待股利發放而抱著股票不賣，其實是一件相當幼稚的事。假如你獲得四％的股利，股票卻跌了二五％，你的投資淨虧損為二一％。

——超買／超賣指標呢？

W 我很少注意超買／超賣指標。我曾經僱用一位專門研究這類技術指標的專家。當一九六九年股市開始疲弱不振時，我建議投資組合經理人拋出持股，落袋為安。然而那位專家卻告訴我，指標顯示股市已經超賣，因此不必急著賣出股票。就在他說完之後沒多久，股市就立刻開始加速下跌。

——我們再說說最後一項，也就是分散風險。

W 分散風險，其實只是因為無知才需要的避險方法。我認為投資人最好只選擇幾支股票，然後詳加研究，再從中篩選出最具潛力的個股。投資人也應該持續密切觀察自己所挑選的股票，這對風險控制非常重要。

——你建議投資人持有多少種股票？

W 這得視投資金額而定。如果投資金額是五千美元，我會建議持有一、兩種股票。一萬美元可持有三、四種。兩萬五千美元可持有四、五種。五萬美元可持有五、六種。十萬美元以上可持有六、七種。

——除了以上討論的這幾項，你認為投資大眾還有哪一些比較常見的錯誤觀念？

W 大部分投資人認為股市的走勢圖只是一些無用的花招。事實上，大約只有五％至一〇％的投資人看得懂走勢圖。甚至有許多專業交易者也對圖表一知半解。投資人不知如何使用圖表，就如同醫師不懂得解讀X光或心電圖一樣愚蠢。走勢圖可以透露許多其他方法難以提供的資訊。利用圖表，你可以有條理地追蹤大量股票，對選股工作有很大的幫助。

——你剛才提到，利用成交量可以得知股市是否已經做頭。你是否也使用成交量作為個股交易的指標？

W 成交量是測量股市需求狀況的一種工具。當股票開始向上攀升且有意衝關時，該股交易量應該會比最近幾個月的平均日成交量高出五〇％。而成交量增加是得知該股將向上攀升的關鍵指標之一。

另外，當某支股票上漲一陣子之後，進入整理打底階段時，如果成交量萎縮，即表示該股前景持續看好；因為這種狀況代表股票在市場上求售的數量減少。

——你如何面對連續虧損？

W　假如你所遭遇的連續虧損不是因你的錯誤所造成，這就表示整個股市大勢不好。如果你持續虧損五至六次，最好的做法就是暫時出場避開風頭。

——CANSLIM選股策略中的「M」強調在空頭時遠離市場，或至少遠離多頭部位。然而，共同基金因為根本結構使然，不論是在多頭市場或空頭市場，都大量進行股票投資。難道你認為共同基金是一種相當差勁的投資方式？

W　正好相反，我認為共同基金是一種非常好的股市投資方式。我認為每個人都應該擁有自己的房屋及不動產，還有股市投資帳戶或共同基金。儘管共同基金是一種很好的投資方式，問題卻在於大多數人都不懂得如何運用共同基金進行投資。投資共同基金最好的方式，就是買進之後靜止不動、不想。一旦買進了，就準備抱牢十五年或更長，這樣才是靠共同基金賺錢的方法。既然要長期抱牢共同基金，你就必須忍受其間可能遭遇三、五次的空頭市場。典型的成長型共同基金碰到多頭走勢時，可能會上漲七五％到一○○％，但是遭逢空頭走勢時，卻只會下跌二○％至三○％。

——所以，你對共同基金與個股的處理態度全然不同？

W 是的，兩者之間有很大的差別。當你投資個股時，你必須設定停損點，因為你不知道股價將下跌多大的幅度。我記得我曾經在某支股票價格為一百美元時賣出，後來該股竟然跌到一美元。我根本無法預料這支股票竟會跌得這麼慘。假如當時我一直抱著不放，豈不災情慘重。這樣的錯誤可能會使你永無翻身之日。然而，投資共同基金的態度應該與投資個股的態度完全相反。在空頭市場來臨時，也應該緊抱著共同基金不放，因為當股市隨著美國經濟復甦而回升時，共同基金也會隨之翻揚。但不幸的是，大部分共同基金的投資人一旦遭逢空頭走勢，便會緊張起來，因而改變共同基金的長期投資計畫。事實上，當共同基金顯著下跌時，你反而應該趁機進貨才對。

——這麼說來，一般投資大眾以投資個股應有的態度面對共同基金，卻以投資共同基金的態度處理個股？我是說，他們在空頭市場時緊抱著個股不放，卻拋出共同基金。

W 是的，完全正確。大部分投資人處在空頭市場時，都會因為心理壓力而做出錯誤的決定。

——除此之外，投資大眾最常犯的錯誤還有哪一些？

W　我的書中有一個章節列出了十八個投資大眾常犯的錯誤。

以下十八項投資人常犯的錯誤，摘錄自歐尼爾的著作《笑傲股市：歐尼爾投資致富經典》：

一、大部分投資人連股市投資的大門都沒通過，因為他們根本沒有訂定一套選股的標準。有些人甚至不知道如何選擇好股，結果選擇了一些表現平平的股票。

二、在股票下跌時買進股票，將保證你陷入災難。買一支價格遠比幾個月前低的股票，表面上看起來是撿到便宜貨，然而這種做法卻有可能遭致重大損失。我有一位朋友曾在一九八一年三月以每股十九美元的價格買進國際哈佛斯特公司（International Harvester Co.）的股票，理由是股價已大幅下挫。這是他的第一筆投資，然而也是他所犯下的第一個致命錯誤，因為國際哈佛斯特公司的股票之所以大跌，是因為該公司已經瀕臨破產邊緣。

三、追低買進而向下攤平，也是一項嚴重的錯誤。假如你以每股四十美元的價格買進某支股票，然後又在股票跌至三十美元時再次買進，表面上看起來你的買進平均價格變成了每股三十五美元，但實際上你卻把自己的資金押在一支持續下跌的股票上。這種業餘人士才使用的操作策略，很可能會造成令人難以想像的損失。

四、大部分投資人都傾向於買進低價格的股票。他們認為，與其用同樣的錢買五十股較昂貴的股票，不如買一百股或一千股較便宜的股票。事實上，你應該購買價格較高，公司營運狀況較佳的股票。你應該注意的，不是你可以買多少股，而是你能投資多少錢，以及這筆錢所能買到的最理想商品。每股二美元、五美元或十美元的股票看起來都好像是便宜貨，然而大部分股價低於十美元的公司，要不是營運狀況不好，就是經營體質不健全。股票就跟其他商品一樣，沒有所謂物美價廉這種事。

另外，大量買進低價股所負擔的佣金比較多，風險也比較高，因為低價股下跌一五％至二〇％的速度遠高於高價股。專業交易者與機構投資人幾乎不會買進每股五美元或十美元的股票；然而，股票價格上漲的推動因素之一，就是機構投資人的支撐。

五、投機者初入股市時，總希望能大賺一筆。他們急功好利，因此疏忽了基本準備工作，而且也沒有耐心學習必要的操作技巧。他們期待能夠輕易地在市場裡賺快錢。

六、大部分投資人靠小道消息、謠言、故事以及一些業餘人士的建議來投資股票。換句話說，他們把自己的血汗錢交給別人投資，而不願意費神去搞清楚自己正在做什麼。大多數謠言都是虛假的，而弔詭的是，即使某一則小道消息正確，股票往往還是會下跌。

七、部分投資人買進股票，是因為看中該股票的股利以及較低的本益比。然而股利的重要性遠不如每股盈餘。事實上，公司所支付的股利愈高，其經營體質就愈弱，因為該公司必須以更高利率的貸款來彌補股利發放後所耗損的內部資金。此外，投資人很可能會因為股價下跌，而在一、兩天之內就將股利賠光。至於股票本益比偏低，則可能是因為該公司的營運狀況不理想所導致的結果。

八、許多投資人傾向於購買上市公司名稱較為熟悉的股票。即使你曾經在通用汽車公司工作，也不表示通用汽車公司的股票就值得投資。有些上市公司的名稱你可能沒聽過，然而只要稍加研究，就會對這些公司印象深刻。

九、大部分投資人無法分辨投資資訊的品質優劣，因此把朋友、經紀商以及投資顧問公司視為投資建議的可靠來源，殊不知這些來源可能正是導致他們承受虧損的罪魁禍首。傑出的投資顧問與經紀商就像傑出的醫生、律師、棒球選手一樣，百不及一。九個職業棒球選手也只有一個能加入大聯盟；當然，從大學畢業的棒球選手，大部分都沒有資格成為職業選手。

十、超過九八％的投資人不敢在股價創新高時買進股票，因為他們擔心股票已經漲得過高。然而依靠個人感覺所做的判斷，絕不會比股市走勢所透露的訊息準確。

十一、大部分業餘投資人在遭遇虧損時，都無法及時拋出持股，將虧損降到最低，卻寧願固執地等待股價回升，結果反而使虧損一直擴大到難以彌補的地步。

十二、大部分持有股票的投資人，只要股價稍微上揚，便迫不及待地獲利了結，然而對於虧損的股票，卻總是緊抱著不放。這樣的投資方法正好與正確的方法完全相反。

十三、大部分投資人過分擔心證交稅與佣金，反而忽略了投資股票的最終目的是賺取利潤。有些投資人甚至因為過分擔心證交稅，結果錯失許多賺取利潤的機會。有些投資人持有部位太久，試圖賺取長期的資本利得。有些投資人則錯誤地以為他們不應該賣出持股，因為實現利潤必須繳稅。

如果你的行動恰當、時機正確，則買賣股票的佣金根本微不足道，尤其是使用折扣經紀商的話。投資股票比投資房地產占便宜的地方，便是在於股票交易的佣金低，而且變現能力與市場流通性都很高。因此，你隨時可以退場自保，或在趨勢繼續發展時再次進場獲利。

十四、許多投資人都把買賣選擇權（option）視為發財的捷徑，然而他們購買選擇權時，卻只注意短期、低價的選擇權，殊不知這種選擇權的波動性與風險遠大於長期的選擇權。太短的期限對選擇權持有者不利。許多選擇權投資者還賣出所謂的「無掩護選擇權」（naked option），報酬微小卻得承擔巨大風險，實在是不明智的投資方法。

十五、大部分投資新手在下單時會採取限價買進或賣出的方法，很少使用市價單。這是糟糕的方式，因為投資人只著眼於幾分錢的價差，卻忽視了更重大的價格走勢。限價單很容易讓你錯失股票上揚的機會，或者錯過及早拋出以降低虧損的機會。

十六、有些投資人經常難以做出買進或賣出的決定。事實上，他們如此猶豫不決，是因為他們無法確定自己到底在做什麼。他們沒有投資計畫，也沒有一套完整的投資方法，因此對於自己的決定根本就沒有把握。

十七、大部分投資人無法以客觀的角度來觀察股市。他們總會挑選自己心裡比較喜歡的股票，並一心希望這些股票能使他們獲利，因而忽略了股市走勢所透露的訊息。

十八、投資大眾經常會受困於一些不太重要的事，而影響他們的投資決策；例如，他們被股票分割、股利調升、上市公司的新聞發布，以及經紀商和一般投資顧問公司的意見所影響。

——提到關於有人窮畢生精力研究股票與美國經濟，你對華爾街眾多公司的研究品質有什麼看法？

W 《金融世界》（*Financial World*）其中的一篇文章指出，頂尖分析師的投資表現通常不如標普五百指數。主要問題之一，就是券商的研究有八成找錯對象。每一位產業分析師都必須交出一定數量的報告，然而每個景氣週期裡通常只有幾種產業當紅。分析師往往不會仔細篩選他們的研究對象。另一個大問題是，華爾街的報告很少提供賣股建議。

——你二十五年來一直是個成功的股市投資人，我想你不太相信「隨機漫步理論」吧？

W 股市既沒有效率，也不隨機。股市沒有效率，因為有太多不值一信的意見；股市不隨機，因為眾志能成城，創造趨勢。

●●●

一般而言，投資股票的成功需要三項基本要件：一套有效的選股策略、風險管理方法，以及遵守上述兩項要件的紀律。威廉·歐尼爾就是一個最好的範例。他設計出一套非常高明的選股方法，也就是CANSLIM，以及一套控制風險的原則。同時，他也很有紀律地執行自己的選股策略與風險管理原則。歐尼爾的CANSLIM選股策略，以及《笑傲股市：歐尼爾投資致富經典》一書中所敘述的投資人常見錯誤，對投資人相當實用。

Chapter 10

大衛・瑞安

David Ryan

股市尋寶

大衛．瑞安（David Ryan）並不認為購買低價股是一種好的投資方式。但他並非一直如此。瑞安回憶他在十三歲時，曾經翻閱《華爾街日報》，找到一支股價只有一美元的股票。於是，他拿著報紙問他父親說：「假如我有一塊錢，我能不能買這支股票？」他父親就告訴他，事情沒這麼簡單。「購買股票之前，你必須對該股票的上市公司做一些研究。」他父親解釋。

幾天之後，瑞安在《華爾街日報》上看到一篇有關華德食品公司（Ward Foods Co.）的文章，該公司是製造蜂蜜糖棒的廠商。對瑞安而言，那似乎是一個很好的投資目標，因為他非常喜愛吃蜂蜜糖棒。後來他父親替他開了一個帳戶，於是他買了十股華德食品公司的股票。他記得當時一再向朋友推薦華德食品公司的蜂蜜糖棒。因為他認為，只要他的朋友多買華德食品公司的蜂蜜糖棒，該公司的業績就會大增，而他的股票也會因此上漲。瑞安的股票投資生涯就此正式展開。

瑞安對股票的興趣隨年歲俱增。他在十六歲時，就訂了一份投資週刊，並曾多次參加由威廉．歐尼爾以及其他投資專家所舉辦的投資研討會。在大學時代，他幾乎讀遍所有有關股市投資的書籍。

威廉．歐尼爾是瑞安的偶像。一九八二年瑞安從大學畢業後，便決定到歐尼爾的公司工作。他表示願意接受任何工作，甚至不支薪都可以，只要讓他進去就行。他獲得了聘用，而且在短短四年內，憑他卓越的投資績效而成為歐尼爾公司最年輕的副總裁，也是最具聲名的投資組合經理人，甚至成為歐尼爾為機構投資客戶選股的最得力助手。

瑞安在股市中的名聲，可說是從一九八五年的一次全美投資大賽中建立起來的。這場比賽由前史丹佛大學教授諾恩．塞迪（Norm Zadeh）主辦，而瑞安以一六一％的年投資報酬率獲得了該屆比賽的冠軍。瑞安為了證明自己不是靠運氣贏得冠軍，於是在一九八六年再度參賽，結果又以一六〇％的年投資報酬率再次獲得亞軍。一九八七年，瑞安再參加全美投資大賽，並以三位數字的年投資報酬率再度勇奪冠軍。綜合這三年的成績，瑞安的投資報酬率高達令人難以置信的一三七九％。

雖然我所採訪的交易者大都熱愛操盤，然而卻沒有任何一個人像瑞安如此狂熱。對他而言，選股是非常有趣的遊戲；根據他的說法，選股就像尋寶。瑞安到現在都還無法相信，竟然有人願意付錢給他去玩尋寶遊戲。

我所採訪的交易者當中，有些人的辦公室很樸實，有些則相當豪華，瑞安顯然屬於前者。他的辦公室不但空間狹小，而且四周聲音相當吵雜。可是他根本不在乎。就我的看法，瑞安只要有一台電腦和所需要的資料，即使是在衣櫥裡工作，他也不會在意。

傑克・史瓦格（以下表記為——）你在歐尼爾公司最初的工作是否與股市分析有關？

大衛・瑞安（以下表記為D）沒有。不過我打從一開始就從不間斷地鑽研股市分析。

——我想你是用自己的私人時間來做這些事吧？

D　是的，我每天晚上和每個週末都會把資料帶回家研究。

——你都在研究些什麼？

D　我研究股價走勢圖，以及歐尼爾公司過去的分析報告與預測。我研究曾經飆漲的股票，以及那些股票在飆漲之前的特性。我希望我的股市分析技術能與歐尼爾一樣高明。他是我的偶像。

——你當時也做交易嗎？

D 是的。我一進入歐尼爾公司（當時是一九八二年），就開了一個兩萬美元的帳戶。

——你當時的交易成績如何？

D 到一九八三年六月，帳戶中的金額已增加到五萬兩千美元，但之後便開始虧損，到了一九八四年下半年，我的帳戶只剩下一萬六千美元。

——你知不知道當時自己犯了什麼錯誤？

D 是的。我曾經檢討我在一九八三年六月到一九八四年年中所犯下的每一項錯誤。我當時犯下最大的錯誤也許是：儘管當時股市已步入空頭市場，道瓊工業股價指數已經從一二九六點跌到一〇七八點，然而我卻仍然以我在一九八二年八月到一九八三年六月多頭走勢時所採用的操作方式進行交易。另外，我也錯誤地買進了漲勢已過度延伸的股票。當時我買進一些股價已經從底部上漲一五％至二〇％的股票。你應該只買進那些從底部上漲幾個百分點的股票，否則承擔的風險就會太高。

這段期間的操作讓我得到了許多教訓。到了一九八四年年底，我賣掉部分房地產，然後就把資金全部投入股市，準備東山再起。

——因為你已檢討了過去所犯的錯誤，所以對東山再起深具信心，是嗎？

D　是的。我非常用功，而且我相信自己會比以前做得更好。後來我在一九八五年參加美國股市投資大賽，結果以一六一%的年投資報酬率得到冠軍。從一九八五年開始，我連續三年參加美國股市投資大賽，而且一九八六年與一九八七年的平均投資報酬率也都在一〇〇%以上。我之所以能有如此佳績，完全是因為我只買進符合我的選股條件的股票。

——你今年（一九八八年五月）的成績如何？

D　今年到目前為止，我是虧損的。這是因為股市的發展型態已經有所不同，股價波動的速度已不如過去三年那般快速。今年我投入股市的資金較少，因為我認為今年要在股市獲得大豐收的可能性較小。

——你曾經提及，你幾乎讀遍所有關於股市投資的書籍。你認為其中哪些值得推薦給有志成為股票交易者的新人？

D　我最推崇的書是歐尼爾的《笑傲股市：歐尼爾投資致富經典》。另一本必讀的是尼可拉斯・達華斯（Nicholas Darvas）的《我如何在股市賺到兩百萬美元》（*How I Made Two Million Dollars in the Stock*）[1]，很多人取笑這本書的書名，但實際上是一

1　編按：中文版《我如何在股市賺到兩百萬美元》，經濟新潮社出版，二〇一七年。

本有趣的書，你可以從中學到很多東西。另外，我也推薦愛德溫．勒斐佛（Edwin Lefèvre）的《股票作手回憶錄》（*Reminiscences of a Stock Operator*）〔一般認為這是傑西．李佛摩（Jesse Livemore）的故事〕，以及傑西．李佛摩一本非常棒的小書《傑西．李佛摩股市操盤術》（*How to Trade in Stocks*）[2]。

——是否還有其他值得推薦的書？

D 理察．樂夫（Richard Love）的《超級強勢股》（*Super Performance Stocks*）值得一讀。這是一本分析強勢股特性的佳作，對選股非常有幫助。此外，柯米．塞格（Kermit Zieg）與蘇珊娜．塞格（Susannah H. Zieg）合著的《成長股素描》（*Profile of a Growth Stock*）也是選股必讀的參考書籍。馬丁．茲威格（Marty Zweig）的《擊敗黑色星期一的投資鬼才》（*Winning in Wall Street*）[3]與史丹．溫斯坦（Stan Weinstein）的《多空操作秘笈》（*Secrets for Profiting in Bull and Bear Markets*）[4]也值得推薦，尤其是後者對放空頗有一番見解。最後，關於艾略特波浪理論，我推薦佛斯特（Frost）和派瑞特（Prechter）的《艾略特波浪原理》（*Elliott Wave Principle*），以及一位叫作貝克曼（Beckman）的英國人寫的《超級時機》（*Super Timing*）。

以上這些書籍都不錯，不過自己從股市所學到的東西會更多。我每次買進一支股票，就會記下買進的理由。（他拉出一個資料夾，裡面都是寫滿註記的圖表。）這樣的做法，有助於我記住強勢股的特性；然而更重要的是，這種方法能幫助我從錯誤中學習。

——你從自己的筆記中學到什麼？

D 絕不要追高殺低、用歐尼爾的 CANSLIM 方法選股，盡可能保持紀律。你堅守紀律的能力愈高，在市場的表現就愈好。聽信愈多的股市謠言與小道消息，你在股市裡遭致的損失就愈大。

——做筆記的習慣，是你獲得成功的重要因素之一嗎？

D 絕對是。

——請你談談你的選股程序。

D 首先，我會觀察個股的走勢圖，然後記下走勢較強勁的股票。換句話說，我記下所有值得進一步觀察的股票。

2 編按：中文版《傑西・李佛摩股市操盤術》（中文新譯版），寰宇出版，二〇一八年。

3 編按：中文版《擊敗黑色星期一的投資鬼才》，寰宇出版，二〇一八年。

4 編按：中文版《多空操作秘笈》，寰宇出版，二〇一四年。

——你的公司至少追蹤七千支股票的走勢，你不會每一支都看吧？

D 我不可能全部都看，不過我每週觀察大約四千支股票。所以，資料庫裡的大多數股票我都看了。別忘了，這其中大約有一千五百支到兩千支股票的價格在每股十美元以下，我對這類股票根本沒興趣。

——避開價格在十美元以下的股票，這是正確的交易規則嗎？

D 我認為是正確的，因為這些股票如此廉價，不是沒有原因的。

——許多上櫃股票不就被排除在外了嗎？

D 是的。許多較小型的上櫃股票都不考慮。

——可是，有時候最不引人注意的股票卻可能是最值得買的股票，不是嗎？

D 有時候。不過這類股票大部分都經年累月地在低檔徘徊。我寧可等到這些股票證明自己擁有上漲的實力，好比說漲到十五美元或二十美元之後，再考慮是否要進一步觀察。

——你瀏覽圖表並記下比較感興趣的股票之後，接下來的步驟是什麼？

D 我會檢查這些股票過去五年的盈餘成長紀錄，並且比較最近兩季與前一年同期的盈餘成長，以確認企業盈餘是否衰退。例如，某支股票在過去五年的盈餘平均成長率為三〇%，看來相當不錯，然而最近兩季的盈餘成長率如果只有一〇%和一五%，這就可能表示偏高盈餘成長的時代已經結束。當然，我們的「每股盈餘（EPS）排序」同時納入了這兩個因子，即五年期盈餘成長與最近兩季的盈餘。〔參見威廉・歐尼爾訪談中有關每股盈餘的說明。〕

——對於每股盈餘，你有什麼標準？

D 這個數字愈高愈好，至少要在八十以上，九十則更好。事實上，我買進許多每股盈餘排序在九十九的股票。

——根據我的經驗，股市通常會有預期心理。關於每股盈餘，有一點讓我感到有點訝異，因為股價往往在每股盈餘呈現亮麗表現之前，就已經上漲了。

D 很多人都這麼認為。他們會說：「盈餘報告都已經公布，現在買進太晚了。」然而，我分析幾百支漲勢最厲害的股票之後卻發現，在很多情況下，盈餘報告公布一陣子之後，股價仍然持續挺升。

——有什麼原因讓高盈餘股票無法上漲？

D 股市疲軟不振時，會讓高盈餘股票無法動彈。一旦壓力解除，這些股票就會一飛沖天。

——如果大勢不錯，還有什麼原因會阻礙高盈餘股票價格上漲？

D 投資大眾的觀點。也許有些人以為，這些股票無法持續維持以往的高盈餘水準。

——除了每股盈餘，你還會用什麼指標作為選股的標準？

D 相對強弱指標。〔股票的相對強弱排序，衡量的是個股相對於其他所有股票的價格變動。參見歐尼爾訪談中的相關說明。〕

——相對強弱指數要多高，才合乎你的標準？

D 至少要八十，最好能在九十以上。

——直覺上，如果某支股票的相對強弱指數在八十以上，我會以為……

D 你會以為這支股票的價格已經漲得太高，不可能進一步飆升，是不是？

——不一定。但就我的經驗來說，任何一支股票在到達頂部時，相對強弱指數都相當高。如果你只買相對強弱指數高的股票，那又該如何避免買到股價已經漲到高點的股票呢？

D 我會在第一個步驟，也就是在瀏覽走勢圖的階段，就先把已經過度延伸的股票淘汰出局。然而相對強弱指數高的股票，通常還會持續上揚好幾個月。例如微軟公司（Microsoft Co.）股價為五十美元時，相對強弱指數就已經高達九十七。可是該股票最後還是漲到了每股一百六十一美元。

——你的意思是說，相對強弱指數愈高的股票，愈值得投資？

D　是的，如果有兩支股票的相對強弱指數分別為九十九與九十五。我會選擇九十九的那一支。一旦相對強弱指數開始下降，我就會立刻拋出股票。

——如此說來，你不但注意相對強弱指數本身，同時也注意相對強弱指數的變動？

D　是的。假如股票的相對強弱指數開始下降，我就會非常謹慎，即使該指數仍在八十以上。

——就相對強弱指數與每股盈餘而言，你在選股時，會優先研究其中的哪一項？

D　我可能會把相對強弱指數擺在每股盈餘之前。相對強弱指數往往會在公司盈餘報告公布之前，就先有所反應。

——你是否也會以各產業之間的相對強弱指數，作為選股的依據之一？

D　是的。《投資人日報》會根據相對強弱指數把各個產業分為零到兩百級，而我通常只會選擇排名前五十級的產業股。

——研究個股的相對強弱指數、每股盈餘以及各產業的相對強弱指數之後，下一個選股步驟是什麼？

D 我會檢查個股流通在外的股數。我尋找流通股數在三千萬股以下，而且最好只有五百萬到一千萬股的股票。流通在外股數在三千萬股以上的股票都比較飽和，可能已經歷過多次股票分割。就供需觀點來看，這類股票的供應量較多，因此需要較多的資金才能推動價格上揚。

——你在選股時，還會注意什麼？

D 股票最好獲得共同基金等機構投資人的支撐力量，因為機構投資人才是真正促使股價上揚的主力。不過，機構投資人擁有的股票比例不能太多，最理想是占流通在外股數的一%至二〇%。

——除了以上這些要素，你還會注意什麼？

D 股票本身應該具備吸引投資人的炒作題材。例如銳跑（Reebok）的新款運動鞋大受歡迎、康柏（Compaq）推出新穎的攜帶型電腦，或者微軟在軟體界的領導地位。

——這麼一來，大部分歷史悠久的公司不就被摒除在外了嗎？

D 是的。我通常不會操作奇異（GE）這樣的股票，因為沒有什麼熱點，也不容易有什麼新鮮事。不過，有時也會有例外，譬如通用汽車（GM）的股票在這五年來幾乎被冷落一旁，但現在看起來似乎要鹹魚翻身了。

——以通用汽車公司為例，現在是不是轉為流行「新」事？

D 是的，但大部分情況下，通常在新興的成長企業中才會有「新」事。

——如果你用上述的方式篩選七千支股票，一定有不少股票符合你的條件。

D 一般來說，七千支股票中大約只有七十支能符合我的要求。我會再從這七十支當中，篩選七支。

——你如何進行篩選？

D 這些股票不但得完全符合我的條件，過去的表現也必須令我滿意。例如，這些股票的股價過去是否曾經上漲一倍？我所挑選的股票之中，有許多在我買進之前，價格早已上漲一、兩倍了。

——你是說，你偏好買進價格已上漲一倍的股票，而不是長時間築底的股票？

D 是的，因為這表示該股未來仍會有一段不尋常的漲勢。如果情勢進展順利，股價上漲一倍只不過是剛開始而已，後續也許會再上漲一倍。簡單地說，我在股市中所選擇的股票，無論在盈餘或是技術分析方面，都是表現最突出且強勁的。

——既然你的選股條件如此嚴格，選中的股票表現是否都令你滿意？

D 不是。好壞大約各占五〇％，所以我會盡快出清虧損的股票。我規定自己所持有的股票，跌幅絕不能超過七％，而我通常是在跌幅未到七％之前便拋售出去了。其實我只是靠其中少數幾支價格在一年內上漲二到三倍的股票來賺錢，這幾支股票的利潤輕易就能彌補其他交易的小虧損。

——通常你持有股票多久？

D 如果股票表現良好，我通常會持有半年到一年；漲勢不夠強的股票，則大概只持有三個月。至於虧損的股票，我最多只持有兩週。

——你所買進的股票，有沒有設定獲利目標？

D 沒有。我通常會等股票上漲，再築好另一個底部，然後當股價跌破這個底部時，我就出場。

——你認為投資人在進出時，應該使用市價委託的方式下單嗎？

D 如果股市走勢牛皮，使用限價委託下單倒也無妨。如果你認為某支股票前景海闊天空，而這就是你要買進那支股票的唯一理由，那麼你就沒有理由不使用市價委託單——別在意那幾分錢，只管買進就對了。股票下跌時也是如此，如果你認為該股票即將下跌，只要能盡快賣出就對了。

我曾經因為沒有使用市價委託單而吃了苦頭。一九八二年，我想要以十四又四分之三美元買進德克斯東公司（Textone）的股票，當時價格為每股十五美元。第二天，股票上漲到十六美元半。我想，既然我前一天在每股十五美元沒有買進，實在無法下手在十六美元半買進。結果，這支股票最後竟然上漲到四十五美元。

——你的操盤方式之一是買進股價創新高的股票，可是，早在創新高之前，股票不都已經通過了你的基本篩選程序嗎？

D 有時候確實如此。但是，我買進某支股票是因為該股票能讓我賺錢的可能性最大。當股票從盤整區間的下緣漲到區間上緣時，許多人會在這裡的高點附近買進，然後被套牢長達數個月。有些人會急著在損益平衡點解套而賣出股票，這會對價格造成反壓，因而難以突破高檔套牢區。

——你是說，股票創新高就可能表示上面沒有所謂的高檔套牢反壓，因此上漲空間無限？

D 是的。因為股票創新高即表示沒有人會為了解套而拋出股票，所以不會形成壓力。創新高可說是皆大歡喜的事，因此大家都會賺到錢，沒有人會虧錢。

——可是，有時候當你在等待股票創新高時，市場壓力反而會迫使股票跌回盤整區間。

請問你如何避免被這種行情洗出場？

D 其實這可以從成交量得到線索。如果某一天的成交量突然倍增，而股票也創新高，這就表示有許多人對這支股票感興趣而大肆搶進。

——所以，成交量就是讓你免於被震盪出場的武器？

D 是的，如果股票創新高，然而成交量卻只放大二〇%，那麼，你就得小心了。

——你是在股票創新高的第一天買進，還是會等待價格整理幾天後再買進？

D 我會盡快買進。

——如果你在股票創新高時買進，但是股價卻又跌回到之前的盤整區間，你在什麼情況下才斷定這只是假突破？例如，某支股票原本在每股十六美元到二十美元之間波動，後來卻漲到二十一美元，而你在此刻買進。可是過了一、兩天，股票又跌回十九美元，面對這樣的情況，你會如何處理？

D 如果股票跌回到底部，我就會把手中的持股至少減少一半。

——你所謂的跌回底部，只是單純指價格跌破原先盤整區間的頂部，還是必須符合某個最低的穿越幅度？

D 不，我指的是跌破盤整區的頂部。有時候，股價在創新高之後就會回跌到盤整區的頂部，而不會跌破。這是沒有問題的，我會繼續維持原有的持股。如果某支股票盤整區間的頂部是二十美元，股價卻回跌到十九又四分之三美元，我就會把手中持股至少減少一半。

股票一旦跌破盤整區間的頂部，往往就會一路跌至區間底端。以上面的例子來說，如果股票從每股二十一美元跌到十九又四分之三美元，那就很可能會再一路下滑到每股十六美元的價位。因此，當股票跌破盤整區的頂部時，你就得設法停損才行。

——從技術觀點來看，如果股票跌破盤整區的頂部，是否就是利空指標？

D 是的，股票在買進當天就應該要有獲利。事實上，買進股票當天是否獲利，是這筆交易最終能不能獲利的最佳指標。

——《投資人日報》會刊載出當日成交量相對於過去五個交易日平均成交量增加幅度最大的股票，那是你的選股參考嗎？

D 這項資訊的確協助我找出蓄勢飆漲的股票。

——你會不會利用這項資訊來支持你的選股？

D 是的，我每週篩選出中意的股票之後，有時候會等待相關股票出現在這個欄目中，才進場做多。

——請說明你如何利用成交量作為交易工具。

D　如果股票在上漲一段時間之後開始盤整，接下來你希望看到的，應該是成交量呈現萎縮。成交量萎縮之後再放大，即表示整理已經完成，該股票將更上一層樓。

——如此說來，當股票處於盤整階段時，成交量萎縮是好現象。如果股票進入盤整後成交量持續放大，是否就表示股票可能已經做頭？

D　是的，因為成交量放大代表有許多人急著脫手。在股票創新高時，你所希望看到的應該是成交量擴大，然而在盤整時，你所希望看到的卻應該是成交量萎縮。

——成交量還會透露什麼訊息？

D　當市場或某支股票觸底時，你希望看到的應該是成交量放大而且股價停止下滑。例如，道瓊工業股價指數從二二〇〇點跌到二一〇〇點，隔天再跌到二〇八五點，成交量卻在擴大，並以高盤做收；這表示股市已獲得支撐，有許多人在此刻逢低承接。

——你的選股方式似乎與歐尼爾的 CANSLIM 選股策略十分相近。〔參見歐尼爾的訪談，以瞭解這一套選股策略。〕你是否加入了自己的元素呢？

D 是的，我發現我們表現最好的交易，幾乎都從三十倍以下的本益比進場的。歐尼爾認為本益比不重要，我卻認為，購買本益比偏低的股票，獲利的可能性比較大。

——我想，本益比也不應該太低，對吧？

D 我所謂本益比較低的股票，是指介於標普五百平均本益比一至兩倍的股票。所以，如果標普五百的平均本益比為十五，你就應該買進本益比介於十五到三十倍的股票。如果股票的本益比遠高於標普五百平均本益比的兩倍，進出的時機就必須更精準。本益比一旦偏高，犯錯的機率也就跟著升高。

——你是否會因此避開本益比偏高的股票？

D 沒錯，大部分情況下確實如此。最具獲利潛力的情況，就是找到某支盈餘很強且本益比和大盤本益比相同的股票。

——如果你避免買進本益比偏高的股票，豈不錯過了生物醫學股的走勢？

D 生物醫學股的情況稍有不同，因為該類股的整體本益比偏高。

——那是否意味著新產業有些例外？

D 是的，規則總不能一成不變。

——你認為一九八〇年代的市場基本行為，是否仍與六、七〇年代相似？

D　是的。股市走勢其實會一再重複，沒什麼改變。如果以一九六〇年表現最好的股票，與一九八〇年表現最好的股票相比，兩者之間的特徵其實是一致的。

——你可曾想過放空的問題？

D　我對放空的經驗不足，需要花較多的時間去研究。不過，如果要選擇放空的股票，我想應該要把我前面所說的選股條件完全反過來，應該找一些過去五年盈餘成長紀錄很差、而且季盈餘持續減少的股票。這些股票的相對強弱指數應該偏低，而且還有再創新低的可能。

——你認為放空是不是在空頭市場中獲利的重要關鍵之一？

D　是的。不過歐尼爾會告訴你，做空要比做多至少困難三倍。他也會告訴你，他在最近九次的空頭走勢中只獲利兩次。他認為，空頭市場來臨時最好的做法就是作壁上觀。

——你如何及早斷定空頭市場的來臨？

D　如果我所持有的股票表現欠佳，我就會斷定空頭走勢已經來臨。如果股市大勢仍處多頭，而領先股卻在下跌，這就表示空頭市場正在逐漸形成。一旦我手中持有的股票有五種或六種被迫以停損出場，這就是預警的訊號。

——空頭市場的訊號還有哪些？

D　道瓊工業指數走勢圖與每日騰落線的背離。（騰落指標顯示紐約證券交易所每一天上漲股和下跌股家數的差異。）騰落線通常比道瓊指數早幾個月做頭。

——一九八七年有沒有發生這種情況？

D　騰落線在一九八七年第一季攀上高峰，遠比大盤在八月登頂早很多。

——你會因為兩者的背離而預設市場登頂？

D　不盡然，因為許多個股當時的表現仍然很好，而股市登頂的真正線索，是在道瓊指數從二七四六點下跌之後，曾經有過微弱且量縮的反彈，然後指數又下挫九十點，於是我便決定出場了。

——是因為價漲量縮嗎？

D　是的，而且那次道瓊指數反彈，同漲的股票很少，每日騰落線也沒有越過上一波高峰。此外，八月下旬重貼現率三年來首度調升，也對股市造成當頭棒喝的效果。

——你踏入股市交易行業的時間並不算長。你是否有信心在未來的交易生涯中每年都達到如此成就？

D　是的，因為我已經建立一套可以在未來股市交易中獲致成功的方法。此外，我也從不停止學習。

——你是否認為自己會隨著年歲的增長，成為更高明的交易者？

D　是的。如果你能從自己的每一筆交易中學到一些新東西，你的交易技巧就必定會愈來愈高明。

——你遠比一般股票投資者成功，其原因何在？

D　因為我熱愛這份工作。我雖然每天工作八到九小時，但下班回家後還是會再花幾個小時研究股票。此外，我會在週六收到許多圖表，而我總會在週日花三至四個小時鑽研。我認為，如果一個人熱愛自己的工作，成功的機會一定比較大。

——許多投資人也投入了時間研究股票，可是他們面對股市卻戰績平庸，甚至屢戰屢敗。

D　這也許是因為他們缺乏一套優良且講究紀律的選股方法。他們可能只是看到某一篇文章，然後說：「這支股票看起來不錯，我會買進。」或許，他們只是聽了經紀商的建議而買進股票。

——你對新進的交易者有什麼忠告？

D　我對任何股市新手的忠告是：從錯誤中學習，這是你在股市中獲勝的唯一方法。

——你還想說些什麼嗎？

D　股市中蘊藏的最大樂趣，就是在於尋找明日之星——尋找具有飆漲潛力的明星股。我現在在股市的感受，和當初僅交易五百股的時候是一樣的。無論過去或現在，當我挑選的潛力股後來的確飆漲的時候，我都樂此不疲。

——你把選股說得好像是玩遊戲一般。

D　這的確是一場遊戲。對我而言，這就如同一場尋寶遊戲。在這裡頭（他拍了拍手上的每週圖表集）藏著一顆明珠，我要把它找出來。

•••

在股市裡賺錢的傳統法則是：低價買進，高價賣出。然而，大衛．瑞安可能不認同。他的主張是：高價買進，更高價賣出。事實上，瑞安通常不考慮買進每股十美元以下的低價股。

瑞安的成功，基本上來自於他嚴格的選股策略。他的成功向我們證明了，你未必需要一套原創的交易方法。他利用得自威廉．歐尼爾的選股方法，再加上辛勤的工作與深入的分析，終於在股市中開創一片天地。

交易者一旦偏離他既定的交易法則，就註定要虧損。瑞安也不例外。他在一九八三年年中到一九八四年年中這段期間，被自己前幾次的成功交易沖昏了頭，忘記了自己既定的一項基本法則：絕不買漲勢已過度延伸的股票（即價格已經遠離底部的股票），結果遭受重大損失。在此之後，他就不再犯下同樣的錯誤了。

記錄交易日誌，是瑞安操盤時的一大特色。每當買進一支股票，他就會記下買進的理由；每當增加或減少持股時，他也會記下自己的看法。這樣的做法，可以使他更瞭解明星股的特性；然而，也許更重要的是，他可以藉此避免重蹈覆轍。

瑞安和歐尼爾一樣，只買最好的股票。他主張聚焦於少數最優秀的股票，不主張分散式的投資組合。瑞安從市場裡得到一項非常重要的發現：最好的交易，通常打從一開始就獲利。因此，面對虧損時，他也絕不留戀，會盡快停損。他的每一筆交易所能容忍的虧損絕不超過七％。這種停損法則是每一位成功交易者在交易策略中最不可或缺的一項工具。

Chapter 11

馬丁・舒華茲

Marty Schwartz

冠軍交易者

冠軍交易者

馬丁．舒華茲（Marty Schwartz）是在股市收盤後，在他的辦公室接受我的採訪。我發現舒華茲對於操盤所持有的某些觀點相當武斷與偏激，這樣的觀點有時甚至導致他對某些交易行為（譬如程式交易）感到氣憤不已。然而，舒華茲承認，氣憤與不平是促使他從事交易的原動力之一。舒華茲的操作沒有「順勢而行」之類的原則。他認為，市場就是競技場，而其他的交易者都是他的死敵。

另外，我也對舒華茲每天都做一成不變的功課感到驚訝不已。當我抵達他的辦公室時，他正在進行市場分析，而在我進行採訪時，他也一直沒有停下手邊的工作。當天晚上我離開他的辦公室時，他的分析工作還沒有結束。儘管他看來已經相當疲倦，可是我相信他一定會等到分析工作結束才休息。過去九年來，舒華茲一直是以這種宗教狂熱式的精神做每天的功課，從來沒有間斷。

舒華茲在成為成功的專業交易者之前，曾經有十年的時間在股市中浮沉。在交易生涯的初期，他是一名證券分析師，收入不錯；然而如他所說的，在這段期間，他經常因為交易虧損而瀕臨破產邊緣。最後，他終於改變交易策略，讓自己從經常虧損的狀態轉變成持續獲利的交易者。舒華茲從一九七九年成為全職交易者之後，平均年投資報酬率一直高得令人難以置信，而且平均每月的虧損也從來沒有超過其資產價值的三%。

舒華茲在家裡的辦公室獨自工作。他沒有僱用助手，並因此感到非常驕傲。這一類如同獨行俠的交易者，儘管操作非常成功，也往往不會享有什麼名氣。可是，舒華茲卻因為經常在全美投資大賽中獲勝，因而建立了相當程度的名聲。

舒華茲總共參加過十次全美投資大賽中的四個月期交易競賽項目，並且獲得了九次冠軍。他在這九次奪得冠軍的比賽中，平均投資報酬率高達二一〇%，而他所賺得的錢，也幾乎是其他參賽者的總和。（至於另一次四個月期的競賽，他的成績接近損益平衡。）另外，他也曾經參加過一次全美投資大賽中的一年期交易競賽項目，結果創下了投資報酬率高達七八一%的佳績。舒華茲藉著這些比賽的成績，證明自己是全球最高明的交易者。以他的投資風險報酬比率來看，他的確當之無愧。

傑克・史瓦格（以下表記為——）請你談談你的過去。

馬丁・舒華茲（以下表記為M）要從多遠的過去談起呢？

——你覺得從什麼時候開始最合適，就從什麼時候開始談起吧！

M 坦白說，我覺得從我的童年開始談起最合適。我出生在紐哈芬（New Haven）的一個小康之家。從小就很勤快。在七、八歲的時候，每當大風雪過後，我就會出去替別人鏟雪，賺點零用錢。

即使到現在，我每天還是工作十二個小時，只要不工作，我就全身不舒服。這就是我到這一刻還在進行各項分析的原因。我計算大量的數學比率、製作自己的圖表。我認為，我必須比競爭對手有更萬全的準備；要做到這一點，就必須每天辛勤工作。

長大後，我明白教育是邁向成功之路的大門，而這或許與我的家庭非常重視教育有關。我相當用功，在高中時曾經當選全校模範生。

後來我進入麻州的阿默斯特學院（Amherst College）就讀，這是我一生中最美好的經驗。接受新生訓練時，學長對我們說：「你看看自己的左邊，再看看右邊。你們當中有一半人會在班上名列前茅，也有一半人會在後面。」能進入阿默斯特學院的學生，包括我，在高中時代的成績大都名列前茅，由此可見我們的競爭有多激烈；此時想到自己不再輕易就成為頂尖的人，甚至有點難以接受。

這是我這一生中首次遭遇如此巨大的競爭壓力。我甚至曾因為搞不懂微積分而請了一位家庭教師。不過一旦弄懂，一切就豁然開朗了。漸漸地，我體會到學習的樂趣。在此之前，唸書對我來說只是一件工作，後來我才發現，學習本身就是一種樂趣。在阿默斯特學院的這段求學歷程，對我的影響很大。

一九六七年畢業後，我進入哥倫比亞商學研究所深造。當時政府已停止實行研究生緩役。我在哥倫比亞商學研究所過得不太開心，越戰也不是我的志向，於是我決定加入美國海軍陸戰隊後備，成為軍官。

美國海軍陸戰隊是一個非常特殊的組織。你在那裡會被激發出個人的潛能，而且依組織獨有的模式重新塑造另一個人格。我對於組織體系頗為敬佩，因為海軍陸戰隊從成立以來，一直是以同一套訓練計畫來訓練成員。身為海軍陸戰隊少尉，我要領導四十六個人，因此我必須充分具備各種技藝。他們會對我施加壓力，如果無法通過訓練，就只有被淘汰。據我所知，在我這一期學員當中，有一半的人最後因為無法符合要求而被刷下來。

在匡堤科（Quantico）的後備軍官學校時，我是當時唯一的後備役。其他一百九十九個常備軍人去了越南，而我留在國內；這是我入伍時他們與我達成的協議。我也是當時唯一的猶太人，而那個地方對猶太人不太友善。有一次，有個士官長用麥克筆在我額頭上畫了一個大衛星。我想要揍他一頓，但我發現他真的完全不知道這個標誌在歷史上的意義。我知道，他只是想要找我的要害，把我擊垮。最難受的是，我必須把頭上的麥克筆跡擦掉。他真是個混蛋（大笑）。總之，我撐過來了，而且表現得很好。我視之為某種成就。隨著時間經過，你的感覺會愈來愈好，最後你會忘掉這段經驗中的真實痛楚。

海軍陸戰隊的嚴格訓練使我對自己的潛能深具信心。阿默斯特學院強化了我的頭腦，而海軍陸戰隊則強健了我的體魄。這兩段經歷使我相信，只要努力去做任何事，包括操盤，一定都會成功。但這份信心並沒有馬上給我帶來成果。

從海軍陸戰隊退伍之後，我回到哥倫比亞商學研究所，以半工半讀的方式完成企管碩士學位。我踏入社會的第一個工作，就是在庫安洛普公司（Kuhn Loab Co.）當證券分析師，專門負責分析保健與零售產業。我在庫安洛普公司待了兩年，發現在華爾街工作要使自己薪水增加的最好方法，就是跳槽。

我於一九七二年換到另一家公司工作。我們姑且把這家公司稱為 X 公司，至於原因在後面就會談到。事後看來，這是我這輩子最痛苦的一段時間。X 公司有三十位分析師，每十位分成一組。公司分析部門的主管並不參與分析工作，而是由各組較資深的分析師來審核其他分析師的報告。該公司的政策是，每一份研究分析報告都得先經過各組所有分析師的閱讀與批評，然後才能發布出去。

當時，我寫了一篇有關醫院管理產業的利空報告，依照慣例，這份報告先在其他分析師之間流通。其中有一位分析師在回加州的飛機上喝醉了，把我的報告內容透露給他的一位客戶，他甚至還寄出一份副本給那位客戶。他怎麼可以把我的報告傳出去呢？結果醫院管理產業股在這份報告公布之前就先開始大跌，因為那位客戶依據我的報告，在市場上到處散播利空謠言。

那真是一次難堪的經驗，我在紐約證券交易所做了一次六個小時的聽證，以證明自己並沒有提前洩露報告的內容。公司的律師對我說：「我們會代表你出庭作證，不過如果公司的利益受損，我們會通知你。」

——當時你知道是怎麼回事嗎？

M 我不知道，不過我想，只要說實話，就應該一切都沒有問題，而結果也確實是如此。紐約證券交易所最後終於相信我是清白的。交易所後來把所有的線索拼湊起來，發現了真相，而那個分析師最後也承認了。然而，這件事卻給了我很大的打擊，我根本無心工作，也失去追求成功的動力。

——那麼，那一段時間你都在幹什麼？

M 我仍然寫分析報告，可是已經不如以前用心。一九七三年年初，除了那段不愉快的經驗之外，我也迷上了技術分析。我根據技術分析，預見了大盤即將做頭。當時，騰落線早在幾個月前已經做頭。我覺得股票市場以及我所負責的產業股將會下跌。可是，人們還在到處探問那些公司賣了多少東西、股票多少錢。我完全無心撰寫利多的報告——如果公司股價即將崩跌，到底誰還理會公司賣多少產品呢？我負責的是成長型股票，當時正以四十至六十倍的本益比交易。一切實在太荒謬了！

——當時你已經不想再寫利空報告了嗎？

M 那時候根本沒有人寫利空的預測報告。公司准許我寫一篇有關醫院管理產業方面的利空報告，可是我不相信公司會發表這篇報告。

——後來呢？

M 後來空頭市場使我失去了工作，我做了四個月的無業遊民。那是一段相當有意思的經歷，因為我相信人會在困境中學到更多東西。那時候，我大約有兩萬美元，當時不算是一筆小數目。因此我決定用這筆積蓄來從事交易。

我認識一個瘋瘋顛顛的傢伙，他設計了一套從事商品交易的電腦程式。那時候，他總是跑到電腦公司租用一台巨獸般的大機器，進行一些如今用個人電腦就可完成的運算。他使用各種移動平均數之類的東西。我把我的一部分積蓄和他的資金加在一起投資，結果賠光了。

錢沒了，於是我決定再去找份工作餬口。儘管我很誠實，但由於我過去的經歷，我在應徵時總會被問：「咦，那份有內線交易嫌疑的分析報告，不就是你寫的嗎？」所有人都不願意惹麻煩。因此，即使我是清白的，他們還是視我為頭痛人物。

後來，一位朋友替我在艾德華暨漢利公司（Edwards & Hanly Co.）找到一份工作。這家公司擁有一批相當高明，而且日後都成為明星級交易者的證券分析師。在這段期間，我認識了該公司的董事鮑伯・索納（Bob Zoellner），他也是一位非常高明的交易者。他曾經在一九七四年一手放空股票，解除了公司因經營不善所引發的破產危機。後來，他在一九七六年設立了自己的基金，從此一帆風順。

我作為證券分析師的敏銳嗅覺幫了我一把。當我發現午休時間從來不外出的研究部主任開始每天外出吃午餐時，我就開始找工作了。所以，當一九七五年秋天公司倒閉的時候，我已經在勒布羅德斯公司（Loeb Rhoades）得到了另一份工作。

一九七六年，我認識了我的妻子，她對我的影響很大。她讓我瞭解到，我的生活不是服裝發表會，而是真實的人生，然而我卻把它完全搞砸了。當時我擁有一份固定工作，可是我卻幾乎一文不名，因為我經常在交易中把錢賠得精光。

我們在一九七八年結婚，當時我在賀頓公司（E.F. Hutton Co.）工作。結婚以後，出差對我而言是一件非常痛苦的事情。當你還是二十五歲小伙子的時候，藉著出差到各地去探望老同學，是一件相當愉快的事。但是，當你步入三十歲之後，這件事卻變得索然無味了。結婚之後，每當我要出差時，都是她把我推出門的。

我非常憎惡這種「踢踏舞」式的工作，我覺得自己在其中像是個沒有靈魂的肉體。你不停地跟投資組合經理人碰面，針對你所負責的股票發表你的看法，然後他們付費給你的公司。在一個典型的出差行程中，我可能先在休斯敦安排了五個會面，然後飛到聖安東尼奧吃晚餐，深夜再飛到達拉斯，趕上明天的早餐。我厭倦了這種日子。

我想要有一個家庭，但我一直覺得自己沒有足夠的經濟能力。我一直抗拒結婚，因為我害怕沒錢。但是，到了那個時候，我開始懷疑這個恐懼其實是個自我實現的預言。人們知道怎麼面對失敗，因為他們可以自己製造失敗。這幾乎陷入了惡性循環，他們創造情境，因此總是有辦法處理情境，於是沉溺其中而無法自拔。

到了一九七八年年中，我已經當了八年的證券分析師，並開始對這份工作感到厭煩。我知道自己必須改變，也知道自己要為自己工作，不要再看客戶或老闆的臉色。為自己工作是我的最終目標。多年來，我一直在自怨自艾：「為什麼我總是不成功？」這一回，我下定決心非成功一次不可。

當一家公司想僱用你時，總會答應你的任何要求。你一旦進去之後，就不是那麼一回事了。因此，當我和賀頓公司還處於蜜月期時，我就要求公司在我的辦公室裡裝一部報價機。在賀頓公司工作的最後一年，我總是把自己關在辦公室裡，透過報價機研究股市。我每天會打幾次電話給鮑伯．索納，和他討論股市走勢。他也教了我許多分析股市的方法，例如股市在利多消息下卻告滑落，即表示股市後勢看空；股市在利空消息下上揚，則表示股市後勢看多。

那一年，我開始訂閱多份股市通訊和雜誌。我把自己當成一臺合成器，無須設計新的交易策略，只是把別人的優點融合於我的交易策略中。

我後來發現有一個名叫泰瑞．蘭迪（Terry Laundry）的人。這個來自南塔克特（Nantucket）的傢伙，發展出一套與眾不同的交易方法，稱為「魔術T預測法」。他是麻省理工學院機械工程系畢業的高材生，擁有數學背景，這一點吸引了我。這套方法的中心理論是，股市上漲與下跌的時間其實是一樣的，差別只在於漲幅與跌幅。

——根據我的經驗，股市下跌的速度往往比上漲的速度快，這不是與「魔術T預測法」的理論衝突嗎？

M 股市下跌之前，總有一段抗跌的出貨階段，我稱它為M頭。計算時間時，就要從這段期間開始，並不是等到股價到達高檔或低檔才開始計算。這個觀點，就是他這一套理論的基礎。他的理論與我以前所學的完全不同，但是對我幫助很大。

——蘭迪有出書詳述這套理論吧！書名是什麼？

M 蘭迪並沒有出書，只透過一些通訊刊物和小冊子來宣揚他的理論。其實事情有點好笑。我在《巴倫》（*Barron's*）的專欄裡提到蘭迪後，他便接到許多讀者來函索取小冊子。他是有點怪癖的人，結果只是冷冷地說：「我沒有小冊子了。」其實他應該多印一些小冊子，趁機撈一筆才對。

我發展並合成了一些指標，用來決定什麼時候進場風險較低；我著重在確定數學機率。雖然有時候我的分析顯示市場有九八％的機率移動兩個標準差，最後卻偏離了三個標準差，我仍然會在那個星期內的任何一天下注。如果我錯了，我會運用我的風險控制法則，以預先設定的金額停損出場。這是最關鍵的一環。

我訂閱了各式刊物，也發展出一套方法，然後耽溺於交易，到了一九七九年年中，我的資金從五千美元暴增到十四萬美元，前後只用了兩年時間。

——你從什麼時候開始變成股市贏家？

M　自從我有能力與急欲賺錢的「自我」進行解離開始。也就是說，自從我能夠接受自己犯錯開始。在此之前，承認自己犯錯要比虧錢還難受。我總是期待一切如我所想的樣子發展。既然那是我推論出來的，那就不可能出錯。我成為贏家之後，我告訴自己：「那是我的想法，但假如我錯了，就得趕緊脫身，因為『留得青山在，不怕沒柴燒』，我總得為下一筆交易留些資本。」在這樣的觀念之下，我總是把賺錢擺在「捍衛自我」之前，如此一來，面對虧損也不會太難過了。犯了一次錯，又有什麼大不了呢？

——你後來是不是徹底從基本面分析轉向技術面分析？

M 是的。如果有人對我說，他從未見過一個發財的技術分析師，我會嗤之以鼻，因為我當了九年的基本面分析師，結果卻是靠技術分析致富。

——你是不是仍然運用基本分析？

M 是的，但那只是為了賺一份薪水。可是我太太對我說：「你出來自己做好了。你已經三十四歲，而且你不是一直想創業嗎？就算你失敗，最多也不過就是再回頭去當分析師罷了。」

我一向自認是個勇敢而堅強的人，然而當我要單槍匹馬到股市闖天下時，我卻緊張得要命。當時我有十四萬美元，其中有三萬美元要用來繳稅，而九萬兩千五百美元得用來買美國證券交易所的席位。這麼一來，當我成為場內交易者時，可以運用的資金就只剩下兩萬美元了。於是我向親家借了五萬美元，好讓我的資本增加到七萬美元。

我在成為場內交易者的頭兩天，便告虧損。當時，我聽從索納的建議買進麥沙石油公司（Mesa）的選擇權，儘管該公司的選擇權價格已經低估，卻仍持續下跌。我甚至忍不住打電話給索納：「你說的確定是對的嗎？」我大概持有十口合約，而帳戶已經虧損了一千八百美元。我並沒有把我向親家借的錢當成我的資本，因此以我的計算，當時我已經虧損了大約一〇%，完全被嚇呆了。不過，到了第三天，麥沙石油公司的選擇權價格開始揚升，我也從此步入坦途。

四個月過去之後，我的資金已擴大為十萬美元。第二年，我又賺進六十萬美元。一九八一年以後，我靠交易賺得的錢從未少於七位數字。我記得曾經在一九七九年對我的朋友說：「我認為沒有人可以靠選擇權交易，每個月賺進四萬美元。」然而我現在卻可以輕而易舉地在一天賺進四萬美元。

——你在場內交易的表現相當不錯，後來為什麼要離開呢？

M 早期午餐時間很長，而我總是走到樓上的辦公室用餐。當我坐在辦公桌前吃三明治時，我總會做一些分析工作。最後，我發現坐在辦公桌前看著報價機，要比做場內交易者更能發揮自己交易選擇權的長才。在交易廳內，各個專業經紀商（specialist）總是選擇特定的股票顯示在他們的報價螢幕上，因為有人付錢讓他們這麼做。所以，你必須跑遍全場，才能看到你想看的報價。我發現在樓上的辦公室看報價，舒服多了。

大約一年半之後，我開始不甘於做場內交易者，而希望能擴大自己的交易空間。另外一個促使我不想再做場內交易者的原因是，一九八一年實施的新稅法，使得從事期貨交易要比股票與選擇權更容易致富。

不過，我從事期貨交易所賺的錢與當初從事股票交易相差無幾，這是因為我把我的一部分獲利拿去投資房地產，以及其他能夠改善生活品質的投資。

我曾經在一九七〇年代破產，並發誓以後再也不要嚐這種滋味。我的想法是：假如每個月都進帳，生活就可以安全無慮。你也許不會成為世界首富，可是，這又有什麼關係呢！我對自己交易期貨的成績感到驕傲，因為我最後把四萬美元的資本變成了大約兩千萬美元，而且帳戶耗損不超過三％。

——你在這段期間是否還繼續做股票交易？

M 有的，但心態改變了。我改做比較長線的交易。如今我持有十萬股個股的壓力，還不及我持有一百口標普指數期貨合約。

——你以相同的方式從事股票多方和空方的交易嗎？

M 不，我發現做空股票困難許多。

——因為「上漲放空規則」（uptick rule）嗎？〔指美國證管會的規定，要求放空股票者必須等到質借股票的行情反彈才能拋售。〕

M 不，單純只是因為放空標普指數期貨比較容易賺錢。還有，我非常討厭專業經紀人的制度；他們總是想盡辦法陷害你。我跟你說我是怎麼看那些專業經紀人的：我這輩子沒見過比他們更沒才幹，卻賺進這麼多錢的另一群人。掌握執行單帳本，是你能夠想到的最大優勢。在正常的市況下，專業經紀人總是能夠確認自己的風險。如果他們知道目前市價的八分之一美元以下有二十萬股的買單，就可以放心買進股票，因為他們知道隨時可以在八分之一美元以下脫手。所以，他們得到保護。我常跟我的朋友說，把女兒嫁給專業經紀人的兒子，是最好不過了。

我無法忍受大多數的大型機構交易者。我總是有一種跟他們決鬥的心態，而我相信這種心態讓我成為了一個更稱職、更激進的交易者。不過，前提是我在工作上必須保持理性，並且以嚴格的紀律進行資金管理。

——你在十月十九日「黑色星期一」當天的遭遇如何？

M 我當時做多，如果要我從頭再來一次，我還是會選擇做多。原因是十月十六日當天紐約股市大跌一〇八點，這是到當時為止，有史以來的最大單日跌幅。我認為這應該是撿便宜貨的時機。不過有一個問題：當天是星期五，而紐約股市如果在週五下跌，往往下週一會續跌。

我當時的想法是，即使週一（十月十九日）紐約股市下跌，也應該不會像上週五跌得那麼慘。可是誰也沒想到當時的財政部長詹姆斯·貝克竟然會在週六（十月十七日）發表一篇對西德利率政策嚴加批評的談話。我一聽到貝克這一席話，就知道完蛋了。

——這麼說，你在週末就知道麻煩來了？

M　是的。我的朋友馬丁·茲威格（Marty Zweig）在週五上電視節目《華爾街一週》時表示，美國經濟成長可能會步入衰退期。我看了這個節目之後，第二天就打電話給茲威格，問他對紐約股市的預測。他告訴我，紐約股市可能還會下跌五百點。可是，他顯然沒有料到，紐約股市竟在一天之內就下跌了五百點。

——當時他為什麼那麼看壞股市？

M　我想是因為他的貨幣指標顯示非常負面。不要忘了，那時候債券也迅速下沉。

——那麼，你在「黑色星期一」當天是什麼情況？你在什麼時候出脫手中持股？

M　標普股價指數在當天的最高點是二六九，而我在二六七·五釋出手中持股。我對自己的決定相當自豪，因為一個人遭逢虧損時很難擁有當機立斷、認賠了結的決心與勇氣。我記得當時我把手中的四十口合約全部殺出，大約虧損了三十一萬五千美元。

從事交易時，手中持股遭逢虧損卻仍然繼續加碼，可以說是自尋死路。如果我當時這麼做，虧損可能達到五百萬美元。我已經痛苦地失血，可是我仍然堅守控制風險的原則。

我的自律可以說是海軍陸戰隊訓練出來的。他們教我在遭到攻擊時，絕對不能站著不動，要不就前進，要不就後退。即使是撤退，也不失為一種防衛策略。這樣的原則也適用於市場交易。你必須保存實力，捲土重來。事實上，我在「黑色星期一」之後的交易成績還算相當不錯。總括來說，一九八七年是我交易獲利最豐盛的一年。

M——你在十月十九日當天很漂亮地出清所有多頭部位，當時難道沒有想到要放空嗎？

我想過，但我告訴自己：「現在不是賺錢的時候，而是保護財富的時候。」只要遇到艱困的局勢，我總是深信應該採取守勢自保。

崩盤當天，我出清所有部位，保全我的家庭。到了下午一點半，道瓊指數下挫二七五點，我去我的保險箱取出所有黃金，半小時後我到另一家銀行提出所有的存款，開始買國庫券，未雨綢繆。我從沒碰過這等事。

——你真的擔心銀行破產？

M　當然。我不時聽聞銀行業的從業人員告訴我：每當有事發生，首先被犧牲的一定是民眾。銀行完全沒有回應經紀公司的呼喊。星期二早上，我們經歷了幾個小時的全然崩壞狀態。所以我的顧慮是合理的。

我想我的恐懼跟我父親的經驗有關。他在一九二九年從大學畢業，如果你跟任何一個當年剛從大學畢業的人談起，他們會說，生命中好像有十年的時間突然消失了。這個國家完全停滯不前。這些事一再困擾著我，因為我心裡正在恐懼。崩盤那一天，當我看著睡在床上的孩子時，我心想，我不希望他有一天會問我：「爸，當時你能做的，為什麼你沒做？」

——你什麼時候恢復交易？

M　當週的星期三，開始時我一次只進一兩口標普指數期貨合約。標普期貨正在以全點數跳動交易，（完整的一點相當於每口合約五百美元，相對最小跳動檔（tick）則是二十五美元。）我一時無法搞懂當下的情況。依過去經驗，我知道那是機會，但整個市場規則在重新調整，而我的態度是：絕不危及家庭。我不必急於賺更多錢。週三股市漲到了我認為該放空的價格區，於是我放空十二口標普指數期貨合約，對我來說這數量微不足道。

那天晚上，鮑伯．派瑞特（Bob Prechter）（著名市場通訊《艾略特波浪理論》的編者）表達了看壞後市的訊息。隔天早上，市場賣壓籠罩，一方面是因為派瑞特的訊息，但更主要的原因是某個大型基金的經理人正在試圖出脫他的巨大多頭部位。根據消息，他在那段時期虧損了八億美元。

早上開盤前，我打電話到標普期貨交易櫃臺，辦事員說：「十二月份合約賣價二三〇、賣價二二〇、賣價二一〇，成交二〇〇。」我喊道：「回補！」光靠回補這十二口合約，我便賺進了二十五萬美元，這真是此生最值得回味的一次交易。

——你對程式交易有什麼看法？（關於程式交易，請參見〈附錄一〉。）

M　我厭惡極了。以往股市行情起落有一定的脈絡可循，然而程式交易卻破壞了這個脈絡。從事程式交易的公司以人為的力量來改變股市的正常走勢。我沒有被害妄想症，因為我其實早已調適，而且很成功。但我就是討厭這東西。

——可是有些人認為類似你這樣的批評並沒有根據？

M 他們是一群白痴。

——他們之中也有一些聰明人。

M 不對，他們是一群白痴。我可以證明他們都是白痴。

——你如何證明？

M 我認為政府監管機關應該對股市裡一些不正常的現象進行調查。這些不正常的現象其實與程式交易有關。例如，目前股市以接近當日最高點或最低點收盤的頻率遠比以往更高。在過去兩年間，股市收盤水準與當日最高點或最低點相差在二%以內的比例，大約占了所有交易日的二〇%。從數學的觀點來看，這樣的機率分配不可能是偶然的。

——聽起來，你認為程式交易是不道德的。股票和期貨之間的對沖操作，有什麼不符合倫理的地方呢？

M 因為程式交易者同時還有另一個身分。你不希望套利客和投資銀行的人坐在一起，因為你不想讓他們之間交換訊息。我想請證管會給我解釋，為什麼他們會允許機構的程式交易者和該機構帳戶的造市交易員坐在一起？

——你的例子觸及了搶先交易（frontrunning）的問題，這模糊了我原本的問題。我想問的是：因為兩個市場之間不同步而買進股票，同時賣出期貨（或相反方向的交易），有什麼不道德之處？

M 因為我曾經見過某家公司在一天之前得知了一筆債券／股票交換交易即將發生。例如，當紐澤西州賣出價值二十億美元的股票而轉持債券時，這家公司早在一天前知道有這一筆交易。既然他們知道隔天四點到四點十五分之間會得到價值二十億美元的股票賣單，他們可以先賣出幾十口的股指期貨合約，以建立這個配套交易。這實在是腐敗的。

——你舉的例子是（一）內線交易、（二）搶先交易，以及（三）買賣斷交易。但那不是程式交易。我給你舉一個例子。假設某家交易公司擁有一款電腦程式，能夠在股票價格相對於期貨價格高估或低估的情況下發出訊號，他們沒有做任何客戶的生意……

M 讓我先給你舉個例子。如果這些經紀商需要有八十美分的折價，才會接受客戶的程式交易單子，則他們會在五十美分折價的時候就為自己建立部位了。他們擁有優勢，可以搶先在他們的客戶之前交易，因為他們的交易成本比較低——畢竟他們不需要付佣金給自己。

——我一直嘗試釐清這幾種不同的事情。我們看看這個情況：沒有搶先交易、沒有客戶單子，就只是某個人用自己的資金嘗試套利。如果這就是他們的交易方法，為什麼他們的方法就一定比你的方法更糟呢？

M 因為這個是愚蠢的遊戲。任何人如果用一籃子股票去賺取比美國國庫券殖利率多出八十個基本點，他就是笨蛋！我當初離開證券分析師的工作，就是為了遠離這一群笨蛋。誰會想要去賺那一點利潤呢？經紀商賣你這些毫無價值的東西，只是為了給自己創造更多訂單流量，因為訂單流量已經成了華爾街的新力量。

——你是說，即使不涉及客戶的資金，程式交易無論如何都是不對的？

M 我是證券分析師出身的，我分析股票，然後為了價值而買進。不斷地進出場，進行股價指數期貨相對於股票的對沖交易，是沒有實質意義的作為。

——他們在市場買賣，你也在市場買賣。他們和你有什麼分別呢？

M 我做交易，是為了賺取無上限的報酬。

——是什麼理由讓你的交易風格比那些試圖套利的交易風格更正當？

M 我想，他們有權利，也有能力這麼做；但他們的行動所帶來的後果是極具破壞性的。我對那些在經紀公司上班的年輕人喊道：「你這個沒有誠信、沒有道德的王八蛋！你知道會發生什麼事嗎？你會把市場搞死。」現在他們都在咒罵我：「你高興了吧！你的願望成真了！」我說：「不，事情還沒完。」我沒向他們說出我的結論——當他們失去了三十萬美元的收入，然後發現自己竟然連一份五萬美元薪水的工作也找不到時，才會知道自己真正的價值。於是，他們又回到了原點。

——我們也該回到原點，換一個話題。請你談一談自己最難忘、最刺激的交易經驗。

我最難忘、最刺激的一次交易是發生在一九八二年十一月。當時我一天就賠了六十萬美元。

——那是怎麼回事？

M 當天是國會大選的日子，共和黨表現相當不錯，超過預期的水準。股市也因此上揚四十三點，創下當時最大的單日漲幅之一。而我卻像傻瓜一樣，持續做空。我在標普期貨五百點漲停板時還持續賣出，而那時距離收盤還不到一個小時。

我的太太當時跟我一起工作，不過那一天她外出了。隔天回來工作時，她每十分鐘就說一次：「做小一點、做小一點。」我不斷認賠，把手上的部位出清。

無論你在何時遭受挫折，心中都會很難受。大部分交易者在遭逢重大損失時，總希望能立即扳回來，因此愈做愈大，希望一舉挽回頹勢。可是，一旦你這麼做，就等於註定要失敗。不管是投資、交易、賭博，這道理都適用。我在拉斯維加斯的賭桌上學會了只在口袋裡放一定金額的賭本，然後永遠不借錢，因為賭桌上最糟的事就是輸錢後再加注。如果你能夠走出賭場，也就相當於在期貨交易中平倉出場，你就會瞬間有不同的視角。

我遭逢那次打擊之後，立刻減量經營。我當時所做的事，並不是在於要賺多少錢以彌補虧損，而是在於重拾自己對交易的信心。我將交易規模縮小到平常的五分之一，甚至十分之一。這種策略後來證明是正確的。儘管我在一九八二年十一月四日一天之內就虧損六十萬美元，可是在該月份結束時，我總共只虧損五萬七千美元。

——一九八二年大選時遭遇的虧損，是因為哪一方面的交易失誤呢？

M 當期貨市場已經漲停板，而現貨市場看來也已上漲兩百點的情況下，卻繼續放空，那是最愚蠢的事。

——今天回頭看，你會不會說：「當時怎麼會那樣？」

M 我想那是因為我前一個交易賺了不少。我的重大虧損經常就緊接在我大賺之後。那種時刻特別粗心。

——你目前從事交易是否還會犯一些錯誤？我指的並不是交易的虧損，而是與你的原則相違背的交易。

M　其實從事交易不可能不犯錯。最近我就犯了一個相當嚴重的錯誤。當時我放空標普股價指數期貨與公債，然而公債價格卻漲過其移動平均價，我開始緊張起來。可是，國庫券價格並沒有和公債價格同步移動。而我的交易原則之一是，當國庫券與公債的價格背離，也就是分別處在移動平均線的上與下時，就不該持有任何部位，因為利率在兩者重新協調之前不可能有太大的變動。可是我違反了我的交易原則，將公債部位由空轉多。這個錯誤的代價不小。原本的空頭部位大約只會虧損兩萬美元；轉多之後，我在隔天承受了六位數的虧損。這是我整年下來最大的虧損。市場交易最引人入勝之處在於自己永遠擁有改善能力的空間。從事其他行業的人，也許可以用其他方法來彌補自己原先的錯誤，但是身為交易者卻必須直接面對錯誤，因為數字是不會騙人的。

——你剛才提到的交易原則，請問到底是什麼？

M　〔取出一張清單〕我在持有部位之前，總會先檢查移動平均價格，看看當時的價格是否高過移動平均價。我不願違背移動平均所顯示的走勢。

股市創新低價時，個股價格能站穩於底部以上的水準嗎？如果能，這種股票體質一定比大勢健全。這就是我所尋找的背離現象。

決定買進或賣出之前，我會先自忖：「我真的要持有這個部位嗎？」

在交易獲利了結之後，我會放一天假作為獎勵。我發現我自己很難持續兩個星期都維持良好的交易成績。任何人從事交易時，都會經歷一段持續獲利的大好光景。例如，我也曾經連續十二天都賺錢，可是最後一定會感到疲累。因此，每當我持續獲利一段時間後，我就會減量經營。遭逢虧損的原因通常都是獲利了結之後卻不收手。

下一個原則，是我一直面對的大問題，我必須時時提醒自己不要違反。這個原則是：抄底是最昂貴的賭博形式。除非你有充分的依據，可以偶爾為之。例如，我今天在S&P急遽下跌時買進。兩個星期前，我確認了二四八·四五是標指期貨最理想的進場價格，而今天的低點是二四八·五〇。因此，我成功逢低接手，賺了不少。我擬定了計畫，然後依照計畫行事，最後成功。不過並不是每一次都能成功。這是有風險的，但我不會在虧損後繼續加碼，我知道自己正在承擔多大的風險。

於是，這就來到了我的下一個原則：持有部位之前，應該事先決定自己願意承擔多少虧損。設立停損點，而且要確實遵守。

當公債和國庫債分別處於各自移動平均線的上方和下方時，留在場外觀望，直到兩者的價格方向相互協調。〔一般而言，價格高於移動平均線意味著上漲趨勢，反之則是下跌趨勢。〕

最後，或許也是最重要的原則是：努力、努力、再努力。

——請問除了這張清單以外，你還有其他的交易原則嗎？

M 重要的原則就是資金管理、資金管理，最後還是資金管理。任何成功的人都會這樣說。

我一直努力想要改善的一點，就是繼續持有賺錢的部位；我覺得自己一直在這方面做得不夠好。可能到我斷氣的那一天，我還是在尋找更好的改善方法。

——那是因為你做錯了什麼嗎？

M 我只是太喜歡獲利了結。錢一進來，我就彷彿聽到音樂般美好。諷刺的是：我承擔了四百點的下檔風險，卻怎麼可以在一千點漲幅的走勢裡只實現兩百點的獲利？

——在風險方面，你有一套方法、一套計畫。你是否嘗試在獲利方面引用相同的方法？

M 是的，但做得還不夠好。我曾經取得各種成就，但這一點，是我一再自我批評的最大弱點。

——為什麼會這麼困難？

M 我想那是因為我一直對某種災難性事件的發生心懷恐懼。我有好幾個銀行帳戶，還有幾個保險箱存放著黃金和現金。我極度注重分散風險。我的想法是：萬一我在某個地方搞砸，還有其他東西可以保命。

——你還想到其他的交易原則嗎？

M 還有。當你對某個隔夜，甚至跨週末部位感到很焦慮，但開盤後你發現自己能夠以遠比你預料中更好的價格出場，這時候你最好繼續持有部位。例如，有一天我做空標普指數，但晚間市場的債券走勢強勁，我開始緊張。隔天早上，股票市場沒有動靜，竟然還可以不用賠錢就出場；我趕緊回補部位，鬆了一口氣。但那是個錯誤。當天稍晚，標普指數崩跌。當你料想的最糟結果沒有實現，你或許應該給部位加碼。

——你的最大耗損百分率是多少？

M 就我的專業交易生涯來說，以月為計算單位，最大的耗損是三%。我的交易哲學是，要求自己在每個月都獲利，甚至每天都獲利。我的成績其實也相當不錯。在我的交易生涯中，有九〇%的月份都是獲利的。我尤其感到驕傲的是，我在每年四月份以前都不曾遭逢虧損。這不一定意味著我能賺得更多，但我比較在意的是下檔風險。

——你是不是每年都重新開始？

M 是的。這是我的交易哲學之一，每年一月我都是個窮光蛋。

——你在一月份會做得比較小嗎？

M 不一定，只是我會比平常更加專注於交易。

——你在一月份面對虧損而認賠了結的速度是不是比較快？

M 不。我一向都能快速認賠了結。這也許就是我成功的關鍵因素之一。你永遠可以重新進場，不過你一旦先出場，就能夠以不同的角度看待事物。

——看得更清楚？

M　是的。當你持有部位而走勢對你不利時，你的壓力會讓你處在緊張的狀態。

——我們回來聊聊基金管理。我好奇的是，既然你多年來用自己的資金交易賺了很多錢，你為什麼還要替別人管理資金呢？

M　我覺得我的表現有些停滯了，而且這對我來說是全新的挑戰。另一方面，一九八七年十月之後，我發現市場變得難以衡量下檔風險。利用外部的資金池交易，是我為自己尋求槓桿的方法。

——你打算管理多大規模的資金？

M　我不想說出確切的數字，但我只接受了一、兩筆大規模的資金池。我不想與太多投資人交涉，儘管我知道一旦公開募資，一定可以取得更多的資金。涉及的人愈多，潛在的麻煩就愈多。我曾經跟一個大型基金的經理人見面，他問我的公司有多少個員工。我告訴他：「沒有。」他說他有七十個員工。在這種情況下，他想退出時會很困難，因為這麼多人的生計就在他手中。我不想要承擔這種壓力。

——你工作的地方看起來變偏僻的，你喜歡一個人工作嗎？

M　我花了好幾年的時間才習慣一個人工作，以前我會到城裡的辦公室去工作，因為那裡有許多朋友。可是隨著時光飛逝，留在城裡的朋友愈來愈少，我也不再到那裡去了。現在，我每天會和十幾個人通電話，並且將我的交易方式與策略告訴他們，而他們也有自己的交易方法。

——你是否曾經嘗試訓練另一些人跟你一起工作？

M 我聘請過四個人，但沒有一個留下來。他們都被嚇壞了。我試圖把自己複製到他們身上，但不成功。我教授他們所有我的方法，但智慧無法傳授。

——為什麼大部分的交易者最後總是輸錢？

M 因為他們寧願賠錢，也不願意承認自己的錯誤。大部分交易者在面對虧損時的反應是：「只要我不虧錢就出場。」為什麼一定要等到不賠才出場呢？這只是因為自尊。我能成為一名成功的交易者，就是因為我終於能把面子拋到一邊。「去他的自尊和面子，賺錢才是最重要的。」

——如果有人向你尋求建議，你會給他們什麼忠告？

M 我會鼓勵他們要為自己工作。我會告訴他們：「想想看，你可能會攀上一生夢寐以求的成功巔峰，因為我就是如此。」無論是生活或是金錢，自己都要擁有絕對的自由。我隨時都可以去度假，每年都有半年的時間住在威斯安普敦海灘，另外半年則住在紐約。我享受美好的生活，而我的小孩以為全世界的爸爸都在家工作。

——如果有人想成為交易者，你會給他什麼建議？

M 學習如何接受虧損。要賺錢就必須學會控制虧損。另外，除非你的資本增加兩倍或三倍，否則不要擴大你的部位。大部分的人一旦開始賺錢，就立刻擴大自己手中的部位，這是一個嚴重的錯誤，嚴重到足以讓你傾家蕩產。

●●●

馬丁·舒華茲的經歷對於經常遭逢虧損而難以突破的交易者而言，是非常大的鼓勵。舒華茲在最初十年的交易生涯中，總是挫折不斷，經常瀕臨破產邊緣。可是，他最後終能扭轉乾坤，成為全球最高明的交易者之一。他是如何做到的？

他的成功來自兩個要素。第一，他找到一個完全適合自己的交易方式。舒華茲在不得意的那段歲月當中，都是以基本分析來做交易決策的，然而當他改以技術分析做交易之後，他的事業便開始一帆風順。

這裡要強調的，並不是技術分析優於基本分析，而只是技術分析適合舒華茲。本書所訪問的部分交易者，例如吉姆·羅傑斯（James Rogers），便是靠基本分析起家的。因此，這個要素的本質在於，每位交易者都必須找到完全屬於自己的交易方式。

第二個要素則是舒華茲的心態改變。根據舒華茲的說法，當他開始把贏錢的欲望置於追求「正確」的欲望之前時，他的交易就變得無往不利。

風險控制也是舒華茲成功的關鍵因素之一，他的極低耗損率就是證明。他的交易原則之一，就是在持有部位之前，事先確定自己在這筆交易中所能承擔的風險。遭逢重大虧損後，要減量經營，而且更重要的是，在交易獲利之後，也要採取減量經營的策略。舒華茲解釋，虧損往往都是跟隨在成功的交易之後。我想大部分的交易者都應該有如此的經驗，因為成功總帶來志得意滿，而志得意滿卻會帶來得意忘形和粗心大意。

說起自己的成功經歷，大多數交易者都會提到相同的原則（例如紀律和努力）。因此，當某個超級交易者說出一些比較特別的道理時，總是讓人獲益良多。舒華茲說，當你持有某個令你擔憂的部位，但後來的行情卻沒有實現你的最糟設想時，那就繼續持有。他的這個觀點讓我為之一振。這背後的概念是：當你的擔憂來自於某種不利於你的基本面發展，或某個相反方向的技術面突破，但最終市場卻讓你的部位能夠輕易脫手，那就表示市場潛藏著一股有利於你的部位的力量。

PART III

關於綜合交易

A Little Bit of Everything

Chapter 12

吉姆・羅傑斯

James B. Rogers, Jr.

賤取貴出

賤取貴出

一九六八年，吉姆．羅傑斯（James B. Rogers, Jr.）以微不足道的六百美元在股市起家。到了一九七三年，他便與喬治．索羅斯（George Soros）合夥設立量子基金（Quantum Fund）。該基金後來成為全美表現最優秀的共同基金之一。一九八〇年，羅傑斯累積了一筆財富，於是宣告退休。他所謂的「退休」，是指開始專心經營個人的投資組合，以及到哥倫比亞大學商學院教授有關投資的課程。

我當時非常希望能訪問羅傑斯。他不僅是當代市場交易領域裡的傳奇人物，而且總是能夠透過電視及一些平面傳播媒體，為市場的普通常識注入新意並給予新的詮釋。

我與羅傑斯並不相識，因此我寫了一封信給他，一方面請求他接受我的採訪，另一方面向他解釋，我正在編寫一本有關交易者的書，隨信我也附贈了我前一本有關期貨的著作。我還在書上寫了一句引自法國大哲學家伏爾泰（Voltaire）的名言：「普通常識其實並不那麼普通。」

幾天後，羅傑斯打電話給我，為贈書致謝，並且表示願意接受訪問。但是他也告訴我：「我可能不適合你採訪，因為我可以說是全世界最爛的交易者，我不但經常持有某個部位長達數年，而且從來沒有選對進場的時機。」他認為我的採訪對象應該是高明的交易者，而不是一名成功的投資人。

我所謂的交易者，是指注重股市趨勢的操作者；投資人則著重於選擇具有獲利潛力的股票。換句話說，我所謂的投資人永遠是多頭，而交易者則可能做多，也可能放空。我在電話中向羅傑斯解釋我如何區分交易者和投資人，並向他強調，他正是我所希望採訪的對象。

我在一個初春的午後抵達羅傑斯的紐約寓所。那裡的氛圍一點都不像一棟位於紐約市的房子，更像是一個恬逸舒適的英式莊園。事實上，如果我來到紐約的唯一經驗，就是坐在他那滿是古董擺設的起居室裡，看著哈德遜河的悅目風景，我大概會以為紐約市就是一個如此安寧的地方。打過招呼之後，他馬上接著說：「我還是認為你找錯訪問對象了。」然後，他再次說明他不認為自己是個交易者。於是，我們從他的話延伸下去，展開了這一段訪談。

吉姆．羅傑斯（以下表記為J）就像我在電話裡所說的，我不認為自己是一個交易者。記得我在一九八二年買進西德股票時，我對經紀人說：「我要你替我買進甲、乙、丙三支股票。」經紀人問我：「接下來要做什麼？」我說：「只要買進這些股票，然後告訴我是否成交就行了。」他問：「需要傳一些研究報告給你嗎？」我說：「請別這麼做。」他問：「需要我們提供一些意見嗎？」我說：「不，我不需要。」他又問：「要不要我告訴你價格漲跌？」我說：「不要，連價格都不要告訴我。假如你告訴我價格漲跌，我只要看到股價上漲兩倍或三倍，就可能想賣出股票。我其實是想長抱西德股票至少三年，因為我認為西德股市將會出現二、三十年僅見的多頭市場。」結果可想而知，那位經紀人被我說得啞口無言，他以為我根本就是個瘋子。

我不認為這是交易；我只是認為市場即將出現大變動，於是進場建立部位。附帶一提，我的預測後來證明是正確的，我在一九八二年年底買進西德股票，後來在一九八五年年底與一九八六年年初分批賣出。

傑克．史瓦格（以下表記為——）你當時為什麼如此看好西德股市？

J 我是在一九八二年年底買進西德股票的，然而西德股市早在該年八月便開始邁向多頭市場。不過，更重要的是，西德股市自一九六一年以來，從來沒有出現過多頭市場。在一九六一年到一九八二年的二十一年間，西德經濟持續蓬勃發展。因此，基本上西德股市已具有介入的基礎價值。

不論是買進或賣出，我總會先確定自己不會賠錢。只要買賣標的確實有其價值，即使我判斷錯誤，也不至於虧損太多。

——可是，根據這個理論，你大有可能早在十年之前就介入西德股市。

J 沒錯。你可能會基於與我完全相同的理由而在一九七一年買進西德股票，然後眼睜睜地看著它持續十年動也不動；而在同一期間，美國股市卻是走大多頭市場。可是話說回來，西德股市當時的確擁有催化股市的因素。任何重大事情的形成與發生，總是需要催化。當時，西德股市的催化因素就是西德大選。我預測當時執政的社會黨將被反對黨基督教民主黨擊敗。我也知道，基督教民主黨早已擬訂了一套刺激企業投資的計畫。

我的想法是，保守的基督教民主黨如果在經過多年挫敗後，終能贏得大選勝利，就一定會做一些重大的經濟改革。我也發現，西德有許多企業由於預測基督教民主黨會贏得大選，因此在一九八二年都暫時停止資本及設備方面的投資。由此看來，假如基督教民主黨真的贏得大選，企業的資本投資勢必會呈現大幅擴張。

——結果呢？

J　結果在基督教民主黨贏得大選當天，西德股市就告大漲。

——假如基督教民主黨輸了呢？

J　我前面已經說過，我之所以進入西德股市，就是因為這個市場本身已經具有相當的價值。根據這個理由，我相信我不會虧損。種種跡象顯示市場將出現重大變動，而且多頭市場將持續兩、三年，甚至四年。

——聽起來你對每筆決定介入的交易都深具信心。

J　是的，否則我根本不會做。投資的法則之一就是袖手不管，除非真有重大事情發生。大部分投資人總喜歡進進出出，找些事情做。他們可能會說：「看看我有多高明，又賺了三倍。」然後他們又會拿賺來的錢去做別的事情。他們就是沒辦法坐下來等待大勢的自然發展。

——你總是以等待大勢自然發展的方式來獲利嗎？難道你從來不曾想過：「我想股市大概要上漲，不妨進去試試手氣」？

J　你所說的試試手氣，其實就是導致傾家蕩產的絕路。我總是靠等待，最後你會發現錢就在腳邊，你只需要俯身撿起來。我什麼都不需要做。在股市遭遇虧損的人甚至會說：「我剛剛賠了一筆，現在我一定要設法賺回來。」不，你不應該這樣。你應該平心靜氣，等到市場有新狀況發生時才採取行動。

——交易做得愈少愈好。

J　所以我才說我不是交易者。我認為自己是等待者，等著市場大勢發生。我就是要等到利潤唾手可得時，才行動。

——你的所有交易都以基本面為依據嗎？

J　是的。不過，商品研究局（Commodity Research Bureau）的圖表偶爾會給我一些啟示。有時候，圖表上會出現突發走勢，你會在走勢圖裡看到市場的歇斯底里。當我看到這種市場情緒時，我通常會考慮是否應該往反方向走。

——你能舉例說明嗎？

J　好的。兩年前，我在黃豆價格上漲到九．六〇美元時放空黃豆。至於原因，我到現在都還可以說得非常清楚：因為在我放空的前一天晚上，我和一群交易者共進晚餐，其中有個人一直談他買進黃豆的理由。然而我卻頂了他一句：「講老實話，我實在不瞭解你這些有關黃豆的多頭看法有沒有什麼錯誤，不過我倒是因為市場走勢過於瘋狂而打算做空。」

——你如何選擇時機進行與市場情緒逆向的交易？

J 我等到市場開始出現跳空走勢。

——你會在瘋狂行情之間介入，還是等到某種跡象顯示行情已經結束，比如某個「反轉日」？

J 不。我不知道什麼是「反轉日」。

——這使我想起一個瘋狂市場的典型例子。在一九七九年年底到一九八〇年年初，金價呈現急遽上揚的走勢，你當時是否因此而放空？

J 是的，我在金價每英兩六百七十五美元的時候放空。

——這個價格水準離最高點還差兩百美元！

J 我早就告訴過你，我不是高明的交易者。我採取動作的時間總是過早，不過這次放空距離金價漲到最高點，也只不過相差四天的時間而已。

——問題不是你的時間抓得不對，而是那幾天的價格變化實在太嚇人了。當你做這樣的交易時，難道不會猶豫嗎？

J　會啊！當價格上漲到六百七十六美元的時候（他大笑）。

——可是你並沒有改變你的決定。

J　是的。因為當時黃金市場的情況相當混亂，而黃金的漲勢也絕不會維持太久，只能說是在做垂死的掙扎。

——那是因為你看到某種市場正在做垂死掙扎的跡象，還是因為金價已經過於高估？

J　兩者都是。金價的確高估，但基本上市場也出現了歇斯底里的跡象。幾乎每一次在市場陷入恐慌時反其道而行且堅持到底，你都能賺錢。

——這麼說來，只要察覺市場出現恐慌，你就往反方向走？

J　恐慌或歇斯底里的現象，只是警告我要進一步觀察市場，並不表示我一定要有所動作。以一九八〇年年初的黃金市場為例，我預測黃金將步入空頭市場。當時，沃克（Volcker）才剛上任聯邦準備理事會主席沒多久。他誓言要擊敗通貨膨脹，而我也相信他是真心的。另外，我當時也看空石油，而我知道如果油價下跌，金價也會隨之走低。

——這是因為你認為油價與金價會同步漲跌，還是因為市場大眾都這麼想？

J　當時，大家都是這麼想的。

——但是，你相信黃金價格與石油價格真的有同步的關係嗎？

J　我認為沒有。

——我提出這個問題，是因為我總認為黃金與原油兩者之間的同步關係只是巧合。

J　的確如此。黃金與原油只在某一段非常短的期間內出現同步關係。

——這是不是表示，你會因為大眾認為市場上存在某種關係而做某一筆交易，即使你知道這種關係並不存在？

J　很少。我通常會找出事實真相作為交易的根據。當時，我認為沃克是真心要遏阻通膨上升；至於油價下跌，只不過是導火線而已。

——其實，早在一九七九年十月，聯準會就顯露出要遏阻通膨的決心。當時，聯準會將控制利率的政策，改為控制貨幣供給成長率的政策。然而黃金市場顯然不相信聯準會的決心，仍持續上揚了好幾個月。這是否表示市場的多頭氣氛已沖昏了頭，而忽略了基本面的變化？

J　是的。有時候市場的確會不顧基本面的重大變化而我行我素。我從事交易至今，經歷過多次這類情況。你也許能察覺到市場上正在蘊釀某些重大變化，但並不表示別人也察覺得到。許多人會繼續買進或賣出，只是因為大家都這麼做。

——這麼說來，當市場出現一些重大消息，例如聯準會一九七九年十月做出政策上的重大改變，但市場卻沒有立即反應，這並不表示這些消息不重要。

J 是的。如果市場行情一直朝著不應該走的方向前進，尤其是歇斯底里或延伸性走勢，你遲早會看到市場行情爆發逆轉的現象。

——請你舉一個比較近期的例子。

J 好的。一九八七年十月的股市崩盤就是一個最好的例子。順帶提一句，十月十九日是我的生日。我早在一九八六年年底與一九八七年年初就預測紐約股市將會發生重大變化，而且將進入自一九三七年以來最大的空頭市場。可是，我不知道這件事竟會發生在我生日當天，可以說是我最難以忘懷的生日禮物。

——你當時就已看出股市的跌幅會如此巨大？

J 我在一九八七年一月接受約翰・特雷恩（John Train）的訪問。我告訴他：「照目前情況看來，股市總有一天會一口氣下跌三百點。」他驚訝地瞪著我，好像我是個瘋子似的。我向他解釋，當道瓊工業股價指數漲達三千點時，下跌三百點也只不過是一〇%而已。在一九二九年，紐約股市就曾在一天之內下跌一二%。根據紐約股市目前的規模來看，下跌一〇%也並不為過。更何況股市早已經歷過一天之內下跌三%、四%、五%的情況。

我對他說：「為什麼股市不可能一天下跌三百點？」然而我卻不知道紐約股市在黑色星期一當天，竟然一口氣重挫五〇八點。

——你為什麼會選擇一九三七年的股市，作為你預測股市即將大跌的比較基準？

J 因為在一九三七年時，道瓊工業股價指數在六個月之內下跌了四九%。我要強調的是，股市將會出現急遽重挫的情況。相反的，在一九七三年到一九七四年間，股市雖然大跌五〇%，可是卻花了兩年的時間。

——那麼，你為什麼不選擇一九二九年到一九三〇年間的股市來比較？

J 因為一九二九年到一九三〇年間的股市崩盤，乃是美國經濟陷入蕭條期的前奏。我知道這一回的股市重挫，乃是金融崩潰所致，與經濟崩潰無關。

——你根據什麼預測金融崩潰？

J 我根據當時的情勢來判斷。當時全球資金淹腳目，全球股市幾乎都創下歷史新高點，而且到處都可以聽到剛從學校畢業的年輕小伙子，一下子就從股市賺了五十萬美元的故事。這些都是不真實的，只要在股市看到這種情況，就知道好日子快結束了。

——你當時做多賣權（put），還是放空股票？

J 我當時放空股票和賣出買權（call）。我從不買進選擇權，因為買進選擇權是導致傾家蕩產的絕路之一。根據一項調查，有九〇%的選擇權到期時都一文不值。我想，既然九〇%買進選擇權的人都虧損，那麼就應該有九〇%賣出選擇權的人會獲利才對。所以，如果要利用選擇權作為放空股市的工具，我會賣出買權。

——你什麼時候回補你的空頭部位？

J 就是在十月十九日的那一週。假如你還記得，當時大家都認為美國的金融體系已經分崩離析了。

——你之所以回補，是不是因為你認為股市已經過度情緒化？

J 完全正確。這是市場陷入歇斯底里的完美案例。在這種情況下，如果你還清醒，那就應該進場跟大眾對做。可能這一次是真的世界末日，我將傾家蕩產；但是，當你站在市場情緒的對立面，你將有九五%的獲利機會。

我在一九八七年十月到一九八八年一月之間，並未持有任何空頭部位。這是我一生當中，少數幾次不持有空頭部位的期間之一。不論我對市場是看多還是看空，我總會同時持有多頭部位與空頭部位，以免犯下交易策略上的錯誤。即使是行情大好，總會有人賠錢，而在行情大壞時，也會有人賺錢。

——你是說，黑色星期一之後，你找不到值得放空的股票？

J 我當時認為，只要世界末日不來，股市就一定會回升，即使基本面不看好的股票也是如此。到了（一九八八年）一月，我開始做幾筆放空交易；雖然後來都賠了錢，但我欣然接受，因為當時我的確需要這些空頭部位的保護，才能比較安心。

——有許多人把一九八七年十月的股市大風暴歸咎於程式交易。你認為程式交易只是代罪羔羊嗎？

J 是的，一點也沒錯。怪罪程式交易的人，根本就完全不瞭解股市當時的情況。政客和賠錢的投資大眾總會找個代罪羔羊來出氣。在一九二九年，他們把股市崩盤怪罪到空頭與保證金身上。其實股市大跌有許多原因，而在一九八七年十月十九日那一天，他們其實應該思考的是，股市為什麼只有賣盤而沒有買盤。

我記得我在十月十九日的前一個週末就看空股市，而且這樣的看法愈來愈強烈。在前一週，聯邦準備理事會主席葛林斯潘（Alan Greenspan）剛宣布美國貿易失衡的問題已獲得大幅改善，一切都在掌握之中。兩天之後，貿易赤字公布，卻創下有史以來的最高水準。

我當時立刻就說：「葛林斯潘這傢伙，要不是笨蛋就是騙子。他根本搞不清楚是怎麼一回事。」然後在十月十九日之前的週末，財政部長貝克（Baker）又表示，由於西德不肯依美國要求實施貨幣寬鬆政策，因此美國會繼續讓美元貶值。這種情況就像一九三〇年代的貿易戰爭重新登場。

我當時心情緊張得不得了，除了堅持原有的空頭部位之外，還打電話到新加坡放空當地的股票。十月十九日當天，股市只見賣盤，沒有買盤。沒有買盤是因為投資人根本沒有理由買進，即使是多頭也被嚇成空頭了。

——你的意思是，黑色星期一是由葛林斯潘與貝克造成的？

J 黑色星期一的形成有很多原因，葛林斯潘、貝克、貨幣供給緊縮、貿易失衡等等都是。還有，市場在六週之前曾經衝上二七〇〇點。如果你回去查看，你會發現標普指數和道瓊指數持續上漲的同時，其他市場卻靜悄悄地下滑。我在一九八六年十二月放空金融股，一直到一九八七年，我完全沒有虧損，儘管當時道瓊和標普正在衝上雲霄。

——你曾經因為市場的激情沖昏了頭而損失慘重嗎？

J 有。我在入行初期曾經歷過一次大教訓，也讓我見識到什麼是空頭市場。一九七〇年一月，我仍然在做選擇權交易，當時手頭不太寬裕，卻拿了所有的錢買了賣權。一九七〇年五月，股市挫跌，在觸底的那一天我拋出，我的錢一下子就增加了兩倍，我因此自鳴得意，認為那是天才傑作。

接著我盤算著，等待股市反彈之後就全力放空股票，而不是買進賣權，因為這樣賺錢才快。股市果如我所料上挺，於是我不顧一切地把所有家當拿來放空。不消說，兩個月後我賠得一乾二淨，因為我根本不知道自己在幹什麼。

我放空的其中一支股票是梅莫雷斯（Memorex），在每股四十八美元時放空，那時候從心理上、情感上及最重要的財務上，我都無法久戰，最後我在七十二美元回補。梅莫雷斯最後漲到九十六美元，然後直落到每股只剩二美元。

我在四十八美元放空該股票的決定，最後看來絕對沒有錯，但結果卻一敗塗地；市場根本不管我是對是錯，而這也是如今我能認清激情的原因之一。

——你從那次經驗學到什麼？

J 市場可以漲得比我的預期更高，也能跌得比我以為的更低；我當時認為，我知道的事，別人一定也知道，因為我的消息都來自報紙，沒有任何內幕消息。現在我明白：我知道的事，別人不一定知道；大部分人沒有前瞻眼光看清半年、一年或兩年後的事。梅莫雷斯的經驗告訴我，股市裡什麼事都可能發生，因為股市裡有太多人看不清究竟發生什麼事。

——你仍然預測將會出現前所未見的大空頭？

J 是的。我預測市場將跌破一九八七年十月的低點。

——你也預測我們將迎來一場非常嚴重的經濟衰退？

J 現在（一九八八年四月），我預料的是一次金融崩潰。然而，政客可能把一切搞砸，最後演變成經濟崩潰。

——市場有沒有可能遭遇金融崩潰，卻不會面臨重大的經濟衰退？

J 當然有可能。這種情況曾多次出現，這也就是我用一九三七年來比喻「黑色星期一」的原因。在遭遇黑色星期一的股市風暴之後，我並不認為美國經濟成長會陷入衰退，因為當時美元持續走軟，美國經濟中許多產業如鋼鐵、農業、紡織與礦業等等將持續良好的發展。

——如此說來，即使股市重挫，你仍然認為美國經濟不至於衰退？

J　是的，除非那些政客自己搞砸了。

——他們會怎麼搞砸呢？

J　例如提高稅賦、增加貿易障礙，以及採行貿易保護主義等等。其實政客可以很輕易地搞砸美國經濟，而且我相信他們真的會這麼做，他們一向如此。我知道我們會面臨金融危機，但如果政客處理不當，我們甚至會遭遇經濟崩潰。

——金融崩潰是怎麼引發的？

J　貿易赤字逐漸擴大，將會引發另一次美元危機。

——是什麼因素造成貿易赤字？

J　主要是因為預算赤字。除非先解決預算赤字，否則難以處理貿易赤字的問題。

——面對如此幅度的貿易赤字問題，美國目前能做些什麼？

J　美國目前所面臨的最嚴重問題之一，就是消費高於儲蓄。我們必須盡力鼓勵儲蓄與投資，如減免儲蓄稅與資本利得稅。同時，也必須盡力抑制消費，例如對消費課稅，而非向儲蓄和投資課稅。另外，美國也應該大幅削減政府支出，其實政府有許多可以在不過度傷害美國經濟的前提下削減支出的方法。我們正面臨問題，但實際上還可以控制，不至於太嚴重。如果我們沒有咬緊牙關採取行動，則我們即將迎來相當於一九三〇年代的經濟崩潰。

——你是說，我們其實有一些較不痛苦的方法，可用以大幅削減政府支出。你能舉一些例子嗎？

J 我給你舉兩個例子；其實我可以給你十幾個例子。

美國政府每年花五十億美元支持國內的砂糖價格，因此美國人民在國際糖價格為每磅八美分時，卻必須以每磅二十二美分的價格購買國內砂糖。五十億美元！其實美國政府還不如告訴國內生產甜菜與甘蔗的農民說：「假如你停止生產，政府以後每年給你十萬美元與一輛保時捷跑車。」其實我們每年可以省下這五十億美元，而且美國砂糖價格還可以因此變得更便宜。

另外，你可知道美國政府每年要花多少錢來維持在歐洲的駐軍？一千五百億美元。美國是根據四十三年前的一項二次大戰戰勝國協定而駐軍歐洲，目前駐派歐洲的美國軍人，四十三年前根本都還沒有出生。他們在歐洲無事可做，天天喝啤酒，把自己養得又白又胖，然後到處去追女孩子。我可以告訴你，就算刪除這一千五百億美元的支出，把駐歐洲美軍召回來，歐洲還是有自衛能力的。況且，你認為歐洲會向誰購買武器？自然是向美國，因為那裡的軍火工業發展並不及美國。

——可是，你所說的這些根本都是紙上談兵，沒有一位政治人物提過這些方案。

J　我知道。只要華盛頓那批笨蛋還在，就不可能出現這些方案。那些政客只會把事情搞砸。他們不會做他們該做的事，一心所想的，只是如何在下屆選舉中勝選。這情況會持續下去，直到問題把我們逼到牆角；而那時候迎來的就是一場災難了。

——假如那批政客不採取行動，我們最終是否必須在經濟衰退與高通膨率之間做一抉擇？

J　情況會變得很極端。我認為——這只是我的猜測，我還沒有確定——美國經濟最後可能先進入衰退期。開始時，那些政客會說：「我們必須咬緊牙關，度過這個難關。這段衰退期其實對我們有好處，可以幫助我們調整經濟結構。」人民剛開始會聽信這一套，可是等到美國經濟真正受到傷害時，那些政客就會放棄努力，只想及早脫身。可是，脫身的唯一方法就是多印鈔票。

——照你的說法，我們會先遭遇經濟衰退，然後演變成高通貨膨脹？

J　是的。不過，我們也可能先遭逢高通貨膨脹，然後轉而面臨通貨緊縮。另外一種可能是，我們最後必須實施外匯管制。幸好我不需要為未來兩、三年做任何投資決策。

——哪一類的外匯管制？

J 我指的是資金外流的控制。比如說，你到歐洲旅行時，攜帶的美金不得超過一千美元。另外，除非你獲得政府許可，否則不得把美元匯到海外。

——在這種情況下，美元匯價的下場是什麼？

J 美元將會在國際外匯市場上消失。外匯管制所帶來的結果就是美元日益疲軟。於是，政客會試圖引入更嚴厲的外匯管制，造成情況進一步惡化。

——你說美元會消失，指的是美元將會變成下一個披索？

J 為什麼不可能呢？別忘了歷史上南北戰爭時的那一句話：「我才不甩綠背紙幣呢！」〔綠背紙幣（Greenback）是美國政府在南北戰爭時期為了提供戰爭經費而發行的紙幣。〕

——聽你的口氣，好像美元疲軟不振是無法避免的事？

J 在一九八三年，我們還是全球最大的債權國，然而到了一九八五年，我們卻成為債務國，而這是從一九一四年以來美國首次成為債務國。到一九八七年年底，我們的外債金額甚至比巴西、墨西哥、秘魯、阿根廷及其他一些債務國的總和還要大。

——讓我把你前面所說的美國經濟問題做一個總結：由於美國政府對預算赤字拿不出一套有效的解決方案，預算赤字將導致貿易赤字持續惡化，進而促使美元貶值。

J 完全正確。這就是我從不做多美元的原因。

——面對這樣的環境，債券市場的情況會如何？

J 由於美元日益疲軟，外國人會停止把錢匯入美國。這表示，美國人民必須提供美國政府融資。但是由於美國人民的儲蓄率只有三％至四％，因此美國當局要人民給予融資就必須提高利率。如果聯準會想避免提高利率，就必須多印鈔票，可是這樣做卻又會導致美元地位一蹶不振，最後連聯準會都無法控制。在這種情形下，通膨率可能就會飛揚，利率也可能上漲到二五％至三〇％。不論上述哪一種情況會發生，我們都無法避免高利率的情況。剛開始的時候，政客們會同意忍受經濟衰退而維持低利率，但是他們終究會放棄這個做法而開始大印鈔票。

——但是，債券市場遲早要崩潰。

J　當然。我們將經歷英國因為缺乏長期債券市場的情況。這只是時間的早晚而已，可能是三年，也可能是十年。無論如何都別持有長期債券。

——就你所指的情況來說，英國債券跌了多少？

J　大約七〇%。

——你根據什麼來判斷未來美國經濟會先發生通貨膨脹，或先發生通貨緊縮？

J　貨幣供給、預算赤字、貿易逆差、通貨膨脹率、金融市場與政府政策等。我根據這些因素來判斷美國以及其他主要工業國家的經濟形勢。這就像是個巨大的立體拼圖。可是，如果這真是一個立體拼圖，你最終還是可以拼湊起來。但是，你永遠無法把這個拼圖的碎片攤在桌子上，然後慢慢拼起來。因為這個圖像一直在改變。每一天，有些碎片會消失，也有些新的碎片會加入。

——根據以上的論斷，你對黃金的長期走勢持什麼看法？

J　在一九三四年，金價每英兩大約三十五美元，而在一九三五年到一九八〇年間，黃金生產量逐年遞減。在同期間，黃金需求量卻持續增加，尤其是在一九六〇年代與一九七〇年代，正值電子革命進展得如火如荼的時候。在供應量減少、需求量卻持續擴大的情況下，黃金市場於一九七〇年代邁入多頭市場；即使通膨率為零，也無法阻礙黃金進入多頭市場，此乃供不應求的基本情勢所造成。

這種情勢到了一九八〇年代卻完全改觀。當金價從每英兩三十五美元上漲到八百七十五美元的時候，任何人都會想進入黃金產業。黃金產量於是自一九八〇年開始急遽增加，而從已知的金礦開採計畫可以預見，黃金產量在一九九五年以前會持續增加。然而在同期間，由於科技的進步，全球黃金需求量將減少，導致金市逐漸形成供過於求的情況。這種情況極可能一直持續到一九九〇年代中期。我擁有一些黃金以備不時之需。可是，我不認為黃金在一九九〇年代的避險地位會和一九七〇年代時一樣重要。我不知道一九九〇年代的最佳保值工具是什麼，不過幸好我不必現在做決定。

——單就供需情況來看，黃金的長期走勢顯然是空頭市場。如果加上美元疲軟不振的因素，是否會對金市的供需情況造成影響？

J　當然會。黃金可能依然是一項很好的保值工具。但是，絕不可能是最好的。

——換句話說，黃金作為通膨避險的時代已經過去了。

J　將士奮力於最後的戰役，投資組合經理則投資於最後的多頭市場。認為黃金是最佳保值工具的觀念其實已經落伍，而且也不正確。根據歷史，黃金曾經多次失去保值的地位，甚至有時候長期數十年。不過，我還是要對黃金加以補充說明。我說市場就是個立體拼圖，碎片不斷增減。不要忘記南非也是拼圖的碎片之一。南非的政治情勢會使黃金價格走勢更加複雜。我認為南非遲早會發生暴動。如果南非黑人起來革命，南非白人勢必會大舉拋金，造成金價重挫。

——可是，我認為南非一旦發生暴動或革命，由於礦生產受阻，金價反而應該大幅上漲才是。

J　在革命爆發的初期，金價會大漲；之後，金價會大跌。到時候下跌行情將會混淆大眾。他們會問：「為什麼金價會下滑？」不過，你應該在價格下跌後買進，因為革命的狂喜還會繼續讓局勢混亂。

——我們談過了你對股市、債券、外匯，以及黃金的長期看法。至於國際油價，你又怎麼看？

J　當經濟衰退來臨時——我保證這一天一定會到來——國際油價將下滑。我認為，國際油價會下跌到每桶十二美元以下的水準，甚至可能下探每桶十一美元，或七美元，或三美元的水準。（本次訪問的時間是一九八八年春季，當時國際油價在每桶十六美元左右。」

——根據你的預測，股市和美元都會下跌。那麼投資大眾應該靠什麼保護自己？

J 可以去買歐洲或遠東國家的外幣、國庫券。或者，去買農地。

——你當初如何開始對市場交易產生興趣？

J 從投資開始。我在一九六四年踏入華爾街，當時我剛從大學畢業，準備進研究所。透過一位在華爾街工作的朋友幫我介紹，我找到一份暑假的工作。我當時對華爾街根本毫無概念，我不知道股票與債券有什麼不同，甚至不知道這是兩種不同的東西。我對華爾街僅有的認識是：該區位於紐約市某處，而且在一九二九年曾經發生一些非常不愉快的事。

暑假結束後，我在一九六四年到一九六六年之間到了英國牛津大學。當時在牛津讀書的美國學生只對政治感興趣，但我覺得倫敦《金融時報》比較有趣。

——你在牛津就讀時，就開始做交易嗎？

J 很少，而且我只能買零股。我投資的錢，是我在牛津大學得到的獎學金。我每年年初就收到我的獎學金，然後拿著這筆錢去投資，能投資多久就多久。

——所以口袋並不是太深。

J　〔大笑〕如果我當時虧了大部分資金的話……

——所以，你當時一開始就成功賺錢？

J　是的，我賺了一些錢。一九六四年到一九六五年之間，股市呈現多頭走勢；當我在一九六六年夏季離開牛津時，股市已經開始進入空頭市場。我運氣不錯，假如我是在一九六五年年到一九六七年之間就讀於牛津，我可能就會賠得精光。

——牛津之後呢？

J　我在軍中待了幾年，由於當時我沒有錢，因此也沒有涉足交易。一九六八年，我從軍中退伍後，便在華爾街找到一份工作。

當時我把自己所有的財產都投入股市。記得我的第一任太太曾經對我說：「我們需要一台電視機。」我卻說：「我們要電視機幹什麼？我們把錢都投入股市，這樣以後我甚至可以買十台電視機給你。」她又說：「我們需要一套沙發。」我則回答：「我們要什麼沙發，我只要把錢投入市場，馬上就可以替你買十套沙發。」

——你當時在華爾街的工作是什麼？

J　初級分析師。

——負責哪一類股票？

J　工具機類與廣告業的股票。

——你是否投資於你負責分析的類股？

J　我什麼股票都投資。

——成績如何？

J　我在一九六八年八月一日進入市場，剛好就在市場頭部。但我還賠剩一點；到了一九七〇年一月，我認為股市即將進入空頭走勢。我也不知道我是怎麼發現的。如我剛才提到的，我拿了我所有的錢，買了賣權。到了五月，我的帳戶已經膨脹成三倍。七月，我開始做空股票；到了一九七〇年九月，便賠得精光。最初的那兩年實在太了不起了：我從天才變成蠢才。

——所以，你在一九七〇年九月一切打回原形。後來呢？

J　我把省下來的錢全部投入市場。我不在乎自己是不是應該有一台電視機或是一套沙發。結果我太太受不了了，於是決定與我離婚。我有某種企業家特質，就像那些毅然決然把所有身家投入於創建連鎖零售事業的人，只是我投入的是股票市場。

——你當時只交易股票嗎？

J　債券、股票、外匯和商品期貨，我什麼都做。

——你從什麼時候開始介入股市以外的市場？

J　我幾乎從一開始就從事各類交易，股票與債券交易是從第一天就開始的。外匯也開始得很早。另外，我在牛津唸書時，都盡可能把我的錢轉換成美元，因為我知道英鎊隨時會貶值。就在我離開英國的一年後，英鎊就下跌了。我又再次早了一步。不過，即使在那時候，我已經對外匯市場有強烈的感受。

至於商品期貨的交易，則是在一九六〇年代末期從黃金開始的。我記得我曾去應徵一份工作，雇主問我：「你總是看《華爾街日報》的哪些部分？」我回答：「我會先看商品期貨版。」那傢伙非常訝異，因為他也是這樣。後來他決定錄用我，而我卻拒絕他，把他氣壞了。我在一九七〇年應徵那份工作，當時我已經開始從事商品交易。

——你早期的交易生涯，我是指到一九七〇年九月為止，並不成功。你從那段日子裡得到什麼教訓，以致後來取得如此成就？

J　我從早期的失敗中學到許多教訓，足以讓我在後來的交易避免許多錯誤。我學會了一件事：除非你知道自己在做什麼，否則最好什麼也別做。我也學會了另一件事：除非等到一個完全對自己有利的時機，否則最好不要貿然進場，這樣即使你犯下錯誤，也不會遭致重大傷害。

——你從一九七〇年九月以後，還有哪一年是賠錢的？

J　沒有了。

——量子基金（Quantum Fund）是如何成立的？

J　是喬治・索羅斯（George Soros）與我合夥成立的。我是初級合夥人，他是高級合夥人，還有一位秘書，量子基金就這樣上路了。

——你怎麼認識索羅斯？

J　一九七〇年我到安和公司（Arnhold and S. Bleichroeder）任職，他是我的上司，我們兩人在一九七三年離開那家經紀公司，因為公司新的規定不允許我們從交易獲利中抽取紅利。我們當時可以繼續留下，但已無心管理基金，所以就索性離開自立門戶。

——你在量子基金從事哪一類型的交易？據我所瞭解，量子基金的管理方式與其他一般的基金不同。

J　我們做多與做空全球的股票、債券、外匯、商品期貨，幾乎是所有市場。

——你和索羅斯都是獨立作業嗎？

J 不是。若按工作性質區分，索羅斯是交易者，我則是分析師。

——比如說，你認為應該放空美元，然後由他決定放空的時機——是這樣嗎？

J 類似如此。

——假如你們意見相左呢？

J 假如意見相左，我們就什麼也不做。

——如此說來，你們只有在意見相同時才會進場？

J 我們並沒有硬性規定。有時候，即使我們意見相左，也有可能進行交易，因為其中一方的態度比較堅決。不過，這種情況很少發生，我們的意見通常都一致；一旦我們討論過某一筆交易，對錯通常就擺在眼前了。過程中往往就會形成共識。我實在不喜歡用「共識」這個字眼，因為共識型的投資策略是個災難，不過我們兩人似乎總是一致。

——當你們使用槓桿交易商品和外匯等工具時，如何進行資金配置？

J 除非資金已經用完，否則我們會使用最大的槓桿比率。當我們要買進某項商品期貨卻苦無資金時，我們就會把投資組合中最不具吸引力的投資項目出清。例如，我們要買玉米卻面臨資金不足，我們要不就是取消買玉米的計畫，要不然就是賣出手中的其他商品。這是一種非常有彈性的程序。你知道變形蟲如何生長嗎？牠們長成某個形狀，然後遇到了壓力，於是就變成了另一個樣子。我們持有的，就是變形蟲式的投資組合。

——你們難道從不評估個別部位的風險？我是說，如果你們在某個市場虧損而必須減少投資組合所持有的部位時，你們是否會輕易地減少投資組合在其他市場所持有的部位？

J 沒錯。我們總是刪減投資組合中最不具吸引力的部位。

——即使在今天，量子基金也算是頗具特色的非典型基金。我想在當時，量子基金的投資策略應該算得上是獨一無二了。

J 的確如此，即使到了今天，我也還沒有看到其他任何一位交易者能夠從事所有類型的交易——我是指全球所有的外匯、商品、期貨、債券與股票，並且多空兼做。我現在已經退休了，不過我仍然從事各項交易。我的朋友問我：「你退休了？我們有一大批職員，卻仍然無法涵蓋所有類型的交易。你說你退休了，到底是什麼意思？你仍然在全球股票市場放空！」

——我必須承認，當你說你已經退休了，我也覺得你是在開玩笑。

J 我現在退休了，但我比任何人都活躍；人們總會問我：「你到底是如何跟進這所有事情的？」

——我也有相同的問題。

J 如果你不知道馬來西亞棕櫚油的狀況，我不認為你有能力投資美國鋼鐵。就像我前面說的，這一切都是那個巨大且不斷變動的立體拼圖的一部分。

——你怎麼有那麼多時間花在各個市場上？光是閱讀資料，大概就已經是極大的負擔。

J 我現在已經不如從前那麼積極了。多年來，我一直花許多時間把大量東西塞到腦子裡，我記下各個市場過去所發生的所有重大變化。當我在教學時，學生總是因為我能說出每個市場過去的重大走勢變化而感到驚訝不已。我能記下這麼多東西，完全是因為我多年來熟讀商品、債券、股票等市場過去的資料。例如，我知道棉花市場在一八六一年進入多頭市場，價格從半美分漲到一．〇五美元。

——你如何瞭解市場過去的重大變化？

J 我會先觀察市場過去多年走勢圖中的異常現象。例如，發現類似於棉花市場一八六一年的走勢時，我就會問自己：「是什麼因素導致走勢如此？當時到底發生了什麼事？」然後我就開始尋找答案，而我就在這個過程裡學到許多東西。

事實上，我在哥倫比亞大學開了一門課，學生稱這門課為「牛市與熊市」。我在課程中讓學生去尋找市場過去的重大走勢變化，無論是什麼市場，也無論是多頭或空頭。我要求學生告訴我，如果處在當時的行情重大變化中，你會看到什麼。例如，橡膠價格在二美分時，大家都在問：「橡膠怎麼可能上漲？」然而，價格後來竟上漲了十二倍。於是我會問學生：「如果是你，你當時會看到什麼？」學生也許會回答：「我知道橡膠價格會大漲，因為當時即將爆發戰爭。」然後我就會追問：「你怎麼知道當時即將爆發戰爭？」我就是以這種透過對歷史的解釋，教導學生分析市場走勢。

我曾經研究過數百個，也許數千個多頭與空頭市場。在每一個多頭市場中，無論是 IBM 或是燕麥，行情上揚總是有原因的。

我記得曾經聽過無數次這樣的談話：「我們將面臨供給短缺。」「這一回情勢不一樣。」「油價會漲到每桶一百美元。」「油不是商品。（他大笑）」「黃金與其他商品不同。」當然不同。五千年來，黃金一直就與其他商品不同。黃金價格有上漲的時候，也有下跌的時候，這其中並沒有什麼特別之處。當然，黃金擁有保值的功能，可是小麥、玉米、銅其實也具有保值的作用。這些東西都已存在幾千年。價值有些高、有些低，但所有都是商品。以前如此，以後也如此。

——關於「這次不一樣」的論調，我想一九八七年的股市就是最近的例子吧！

J 沒錯，在崩盤前股票也是供不應求。一九六八年，華爾街一家大型券商發表一套理論，說明股票如何形成缺貨，以及為什麼多頭市場會持續上漲好幾年。一九八七年，你到處可以聽到有人說：「股票缺貨，因為每個人都在買股票。」等空頭市場跌到谷底時，反而變成金錢短缺，股票卻一大堆。（說到此處，他放聲大笑。）

●●●

當我在編纂這一章時，正好在《時代週刊》讀到一篇文章，敘述著東京股市進入不可思議的多頭市場。這大概就是「這次不一樣」論調的完美案例。這次訪談隨後將談到日本股市的話題。

東京股市暴漲令若干西方金融專家忐忑不安，他們擔心榮景可能破滅。如果真的破滅，損失慘重的投資人會被迫從東京股市抽走資金，引發另一波崩跌。和上市公司獲利比起來，日本股票的成交價已如天價，至少從美國的標準來看是如此。紐約證券交易所股票的本益比為十五，但東京股市本益比高達六十，日本電信電話公司（NTT）更達一百五十八。紐約量子基金經理人索羅斯警告：「日本當局縱容投機泡沫吹大，泡沫之大前所未見。」

東京的分析師辯稱，這種憂慮是杞人憂天；他們認為日股本益比偏高，部分原因是會計法規允許企業低估盈餘，使課稅基礎較低。股價高的另一因素是所謂的交叉持股，因為許多日本公司持有大量其他公司的股票，傳統上這些股票很少交易，所以能買賣的股票少，股價自然居高不下。

●●●

——每個市場的瘋狂現象是否存在許多共通點？

J　是的，這其實是同一種循環。當市場行情在極低點時，有一部分投資人會因為股票價格低估而開始買進，行情於是回升。然後，由於基本面或技術面看好，買進的人日漸增加，因此促使行情維持不墜。接下來，投資大眾看大家都進場買進，深怕自己沒搶搭上這班利多列車，於是紛紛跟進。

我母親就是這樣。她常常打電話給我：「替我買進某某股票。」我問她：「你為什麼要買這支股票？」她回答：「因為人家都買，而且這支股票價格已經漲了三倍。」最後，這種情況會引發瘋狂的買盤，因為人人都以為股價永遠不會下跌。然而，當市場行情過高，遠超過其合理的經濟價值時，就會開始回跌。隨著基本面或技術面看壞，愈來愈多人會賣出。接下來，投資大眾看到別人都賣出，於是紛紛爭先出脫手中持股，最後引發瘋狂的賣盤，促使行情進一步下跌，而到達行情過分低迷的局面。這就是你進場買便宜貨的時機。不過，從長線投資的角度來說，你應該等待幾年，讓市場築底。

——說到極端的多頭市場，我最近讀到一份資料，澳洲以四億五千萬美元賣出一塊位於東京的一英畝半土地，而這塊地在二十五年前買進時的價格是二十五萬美元。日本正在經歷的，就是這個時代的「鬱金香狂熱」[1]嗎？

J　我很確定，日本股市即將嚴重崩盤——而且可能就在未來一、兩年。我們的大多數股票在空頭市場裡下跌八〇%至九〇%。他們的股票也即將下跌八〇%至九〇%。

——美國的一般交易者能夠如何從這個情勢中受益呢？

J 做空日本股票、做空日本股價指數、賣出日股買權、買進日股賣權。許多日本股票在美國交易，你可以進場做空。你也可以放空在新加坡和日本大阪交易的日股指數期貨，大多數美國券商都能幫你處理。至少有五家日本大型企業的選擇權在芝加哥選擇權交易所掛牌交易。雖然我認為崩盤在即，但放空日本股票時必須異常小心，因為他們可能隨時改變交易規則。

我不知道你記不記得一九八〇年至一九八一年間的科威特股票市場。當時，你可以用遠期支票買進價值一千萬元的股票；你甚至可以用這種方式買進價值一億元的股票。每個人都這麼做。最後，竟然有一個海關辦事人員擁有價值一百億美元的股票！他用的就是遠期支票。

雖然那個市場顯然已經陷入瘋狂，但我沒有放空。我考慮了很久（他彈了一下手指）。我沒有做空的原因是，我知道一旦市場崩跌，他們就會制定規則，讓你永

1 一六三四年至一六三六年之間，一股投機風潮席捲荷蘭，造成鬱金香價格瘋狂上漲而隨後暴跌；這是一個至今仍被廣為引用的案例。

遠無法把錢拿出來。當然，市場最後崩潰了。如果我當初放空，他們會責怪我，說市場行情是因為做空而造成的。去年十月的崩盤，也有人怪我，因為我預測市場會暴跌。有些人說我害油價下跌，因為我說了油價將下跌。我多麼希望我真的如此強大。

回到日本。我已經持有空頭部位，而且打算做更多。但是，無論我在日本市場做什麼，我都必須知道危機什麼時候到來，趁著市場觸底之前離開，因為日本終究還是會保護自己。他們保護自己的方式，肯定是對我不利的。

——你可能無法取出資金？

J 是的，他們可能凍結貨幣。他們可能制定三種貨幣層級。總之，只有老天知道他們會怎麼做。

——可是，如果你在美國的交易所放空日本市場，難道你不會受到保護嗎？

J 或許他們會祭出兩種等級的貨幣限制，而你的交易對手無法履行義務。

——清算所必須負責。

J 好，很高興聽到你這麼說。這大概是我這麼久以來聽過最好的消息了。不過，無論做什麼，我都必須十分謹慎。如果日本股市只是從三萬點下跌到兩萬四千點，或兩萬點，情況應該還好。但是，你最好有心理準備，當市場崩跌到一萬兩千點時，你該怎麼脫身。如果你等得夠久，最終還是可能取回你的錢，但過程必定非常痛苦。

——你為什麼要離開量子基金？

J 我不希望自己一輩子只做一件事。我希望自己的事業能朝多方面發展。當我在一九六八年年初到紐約時，我只是一個來自阿拉巴馬州的無名小子，然而到了一九七九年，我所賺到的錢連自己都難以相信。

另外，量子基金的規模也日益擴大。當初，量子基金於一九七五年成立時，公司只有三個人，然而後來增加到十五個人。他們時時想著什麼時候可以休假、什麼時候可以加薪。而我卻對管理一點興趣都沒有，我的興趣只在於投資。我不希望基金變得這麼大。

一九七九年九月，我決定這是我留在量子基金的最後一年。不過，後來股市在十月重挫，而那段日子真是有意思極了，於是我決定再多待一年，到了一九八〇年才離開量子基金。

——你從一九八〇年就開始過你的「退休」生活嗎？

J 可以這麼說。

——你也就從那個時候開始成為獨立交易者？

J 我比較喜歡稱之為「無業」。

——但是，你在哥倫比亞大學教書。

J 那不是正職。我從一九八三年開始就是兼職，這樣我才可以打壁球。

——我以為你到那裡授課是因為熱愛教學。

J 後來的確有了一些熱忱。但是，當初我並不想要去教書。其實我的目的是學打壁球。

——你不是開玩笑吧？你到大學去教書，是為了打壁球？

J 我是絕對認真的。哥倫比亞大學就在這裡，當時院長一直糾纏著我，請我去開一門課。我告訴他：「我認為人們根本不該去商學院。」對大多數人而言，商學院只是一個浪費時間的地方。我現在還是這麼想的。不過，打壁球一直是我打算退休後要學的事。所以我跟院長商量：我每一個學期為商學院免費開一門課，換取哥大體育館的終生使用權。他同意了。我以為我撿了便宜，但其實他比較聰明——直到今天，我還在繼續開課。

——我想，到了現在，你應該已經樂在其中了。

J 是的，很好玩。而且哥大非常棒。

——你開的是哪一些課？

J 證券分析、投資分析，以及剛才提到的那一門「牛市與熊市」課程。

——在你多年的交易生涯中，可曾有過一些非常精彩的交易經驗？

J 我有不少值得回味的經驗。例如前面提過的十月十九日黑色星期一的生日禮物，就是其中最精彩的一次。另外，一九八二年八月的那一筆交易也相當精彩。我在一九八一年到一九八二年之間，在債券上投下大筆資金，所持的部位在一九八二年八月大幅飆漲，真是過癮極了。

——有哪一些戲劇性的負面經驗？

J 我在一九七一年八月做的一筆交易相當刺激。當時我在日本股市做多，在美國股市放空。然而在一個週日晚上，尼克森突然宣布美國不再實施金本位制度。我根本不知道這件事情，因為當時我正騎著機車在外面兜風。週一上班時也沒有看報紙。結果在一週之內，日本股市就慘跌了二〇％，美國股市則大漲。我們的多空部位被夾攻，損失慘重。

——你當時難道沒有立即出脫你所持有的部位？

J　當時的情況根本不容許你這麼做。在日本股市的股票要賣給誰？誰又願意賣美國股票？假如你想回補，情況只會更糟。面對當時的情況，你只好反省自己所持有的部位以及看法是否正確。如果是基本面改變而導致股市走勢呈現逆轉，最好的方法就是盡快認賠了結。可是如果你認為基本面的看法並沒有錯，那麼乾脆什麼也不要做，等待市場平靜下來。

——你堅守原有的部位嗎？

J　是的。

——如此說來，在帳面上你曾經一度遭到重大損失？

J　沒有什麼所謂帳面上的損失，帳面上的損失就是實際的虧損。

——你的哪一些分析讓你對自己所持有的部位如此有信心？

J　根據我們的分析，這項宣布並不代表世界末日已經來臨，而只是美國政府一項新政策的宣示，並不能解決美國經濟上的長期問題。

——你的部位後來是否安然無恙？

J　是的，毫髮無損。尼克森所宣布的，只不過是美國破壞《布列敦森林協定》（*Bretton*

Woods Agreement）（一九四四年的國際協定，為各國制定了一個穩定匯兌的指南）的另一個行動，也是讓美國邁向衰退的另一個事件而已。當時美國股市只不過是空頭市場的反彈。

——這麼說來，你認為這只是政府政策的宣示，不會改變市場趨勢，因此你堅守原有的部位？

J 是的。

——難道說，當政府實施某些措施對抗趨勢時，就應該在趨勢反彈時放空？

J 是的。以外匯投機為例，當央行試圖支持某種外幣的匯價時，你就應該反向操作。

——投資大眾對市場行為最大的錯誤觀念是什麼？

J 認為市場永遠是正確的。我可以向你保證，市場通常都是錯的。

——還有其他的嗎？

J 千萬不要跟隨市場的一般常識。你必須學會思考與判斷，學會看穿國王沒有穿衣服。大部分人都不會這麼做，他們寧願追隨市場的走勢。「市場趨勢永遠是你的朋友」，這句話的有效性可能只維持幾分鐘；大部分時候，依樣畫葫蘆很少能讓人致富。與市場走勢亦步亦趨，短期之內也許可以獲利，但是絕對無法長久。

——可是，事實上，你的交易風格就是長期跟隨市場趨勢。你上述的說法是否與你的交易風格有所抵觸？

J 這種市場趨勢，也就是擁有經濟因素支持的趨勢，則是不同的情況。你必須及早看透市場供需的改變，然後及早買進，而且只買進能夠上漲好幾年的市場。我不認同「市場趨勢永遠是你的朋友」，指的是投資大眾只懂得在行情看漲時買進、看跌時賣出。

——你依循哪一些交易原則？

J 趁著市場陷入瘋狂時，決定是否要逆向操作。不過，除非你真正瞭解了整個市況，否則不要逆向操作。另外，要牢記這個世界不斷在改變，要留心這些改變，並善加利用。你應該隨時願意買進，也願意賣出。許多人常常這麼說：「我絕不會買這類股票。」「我絕不會買公用事業股。」「我絕不玩商品。」你應該具備接受任何投資工具的彈性。

——如果一般投資人向你請教，你會給他們什麼建議？

J 除非你真的瞭解自己在幹什麼，否則什麼也別做。假如你連續兩年靠投資賺了五〇%的利潤，然而在第三年卻虧了五〇%，那麼你還不如把資金投入貨幣市場基金。等待真正的好時機，然後賺一筆，再把錢投入貨幣市場基金；然後，再等待。如此，你才可以戰勝別人。

——你是否曾經持有錯誤的部位？我是說，有沒有哪一些你非常確定的交易，結果卻出錯？還是說，你的每一筆交易都精挑細選，所以總是不會出錯？

J 我不想說得一副我從來不會賠錢的樣子，因為我比大多數人更常在市場裡賠錢。不過，的確已經有很久的時間沒有犯下什麼大過失。但你也別忘了，我的交易頻率不高。我可能在一年之中只做三、五次交易決策，然後堅守這些決策。

——你隔多久才做一次交易？

J 就一九八一年來說，進行交易，以及買進債券，是兩件不同的事。我自一九八一年開始持有債券，不過我不斷拋售該部位。我的確在進行交易，但基本上我仍然持有債券。我在一九八四年年底放空美元，從那時候起，我做了不少次的外匯交易，然而基本上那只是以一筆交易為中心的許多筆交易。

——你在投資與交易方面的成就，幾乎無人可及。你有哪一些與別人不一樣的特質？

J 我絕不攪和，絕不抱著玩票的心態。

——我可以瞭解這一點。不過，只有極少數人能像你一樣，如此精確地分析市場基本情勢，也沒有人能像你這樣把錯誤的交易減到最低。你到底是如何做到的？

J　除非你知道自己能掌握市場情勢，否則不要輕舉妄動。比如說，只要你看到美國農產品價格已經跌到低檔，那麼任何買進的決定基本上就不會出大錯。你的買進時機可能稍早一點或稍晚一點。就我而言，通常是早一點，但只要是市場大勢所趨，又會怎麼樣呢？充其量不過是買進的時間早一點罷了。

——除此之外，你還有其他的成功之道嗎？

J　我從事交易絕不畫地自限。我非常有彈性，願意接納任何事物。對我而言，放空新加坡元、做多馬來西亞棕櫚油，或買進通用汽車公司股票，其實都是一樣的。

——如果你對貨幣市場、股票市場、債券市場都各有預期，但卻無法三者協調，這時候你會怎麼做？

J　如果真是如此，我什麼也不做；等到所有碎片都連結起來了，我再採取動作。

——你對技術分析圖表有什麼看法？

J　我不曾碰過靠技術分析致富的人；當然，這不包括出售技術分析服務的人。

——你會使用走勢圖嗎？

J　會的。我每週都會看一下市場走勢圖。靠這些資料，我可以知道市場目前的情況。

——但是，你不會看著走勢圖，然後說：「我曾經看過這種價格型態，這通常表示市場正在做頭。」

J 我看圖表，是為了瞭解已經發生的事。

——不是為了瞭解市場未來的情況嗎？

J 不是，只是為了瞭解已經發生的事。假如你不知道已經發生的事，又如何預測未來呢？比如，走勢圖告訴我市場正在瘋狂暴漲。這些資料給我的是事實，而不是預測。我不會說……你剛才用的是哪個詞？反轉，是吧……我不會說，市場將在這裡反轉。我甚至不知道反轉是什麼……

——反轉就是……

J 別告訴我。這可能讓我更混亂。我不瞭解那些東西，我也不想瞭解。

——目前的市場走勢是否因為以趨勢追蹤系統管理的資金過度膨脹，而與以往有所不同？

J 沒有。所謂系統，指的並不一定就是電腦交易系統。以前沒有電腦，但還是有交易系統。我敢向你保證，在過去的一百年間，每十年就出現一套交易系統。人不斷在進步，自然會配合市場的發展，開發出新的交易系統。

——這樣說來，今天的市場基本上與一九七〇年代、六〇年代和五〇年代的市場並無二致？

J 是的。今天的市場甚至與十九世紀的市場也沒有什麼不同。導致市場行情漲跌的因素一直都是一樣的，供需法則並沒有改變。

——你目前有什麼目標？

J 我希望能逐步脫離市場。但是其中有兩個問題，第一，投資是最能消磨時間的休閒娛樂，我難以放棄。我從二十二歲開始就鍾情於這項活動。我一直希望能根據現有的資料來預測未來。第二個問題則是，如果我退出市場，我的基金該如何處置。如果交給經紀人，我可能會在五年之內破產，然後被逼回去工作。

——你還想說些什麼嗎？

J 好的投資決策其實只是普通常識，但是具有這種常識的人卻不多。許多人看的是同樣的資料、同樣的事實，卻無法判斷未來。投資大眾之中有九〇％都是隨波逐流，跟著別人行動，只有少數高明的投資人或交易者，才能夠從同樣的事實中，看出別人所無法察覺的線索。這種觀察入微、洞燭機先的能力是很不尋常的。

吉姆・羅傑斯的交易觀念與技術很難以三言兩語道盡。不過，他的基本交易原則值得參考。

一、**買進價值**。如果你因為商品具有實際價值而買進，即使買進的時機不對，也不致遭到重大虧損。

二、**等待催化因素**。市場走勢時常會呈現長期的低迷不振。為了避免讓資金陷入如一灘死水的市場中，你應該等待能夠改變市場走勢的催化因素出現。

三、**與市場狂熱逆向操作**。這項原則說來容易，做起來卻相當困難。羅傑斯的方法是：等待行情到達瘋狂，分析市場行情是否漲得過高，在基本面確認後放空，確信自己的觀點正確無誤，然後堅持自己的觀點。上述步驟中最困難的是最後兩項。

很少交易者擁有與羅傑斯一般的高明分析技巧，能夠在各項事實與統計數字所組成的迷宮裡暢遊無阻，拼湊著世界市場的這個「立體拼圖」，並且準確無誤地做出長期預測。如果欠缺這些能力，即使堅持自己的部位，也註定要虧損。可是，如果你具有準確的分析與預測能力，卻沒有堅持部位的本錢，尤其當對你不利的狂熱走勢還沒有消退時，那麼一切努力也都是枉然。

舉例來說，我懷疑有多少交易者能像羅傑斯一樣，在金價六百七十五美元時放空黃金，然後在金價於四天內漲到八百七十五美元的這段期間，仍然堅持自己的空頭部位，任其蒙受重大損失，直到金價開始大幅回跌而大賺。即使你具有鋼鐵般的意志，能夠堅持自己的部位，如果缺乏支撐這種意志的財力，或者準確無誤的預測能力，便難以從中獲利。因此，也許這項原則應該附帶一項警告：如果欠缺分析技巧，或沒有足夠的財力，則應用這項原則的投資人或交易者可能遭致重大損失。

四、**精挑細選**。要耐心等待完全對自己有利的交易機會出現。千萬不要為交易而交易，務必耐心等待，直到具有高獲利潛能的交易機會出現，再投下資金。

五、**保持彈性**。不要畫地自限，把自己固定於某個市場或某種交易型態上。許多交易者常常說：「我從不放空。」這些交易者的獲利空間，絕不會比願意多空兼做的交易者來得大。願意開放探索各個市場的交易者，也比死守單一市場的交易者擁有更多的機會。

六、**絕不遵循市場的一般常識**。換句話說，你要有自己的見解。謹記這項原則，你就不會在道瓊工業股價指數從一千點漲到兩千六百點，而投資大眾都以為市場上股票供不應求的時候，盲目地跟著買進。

七、**面對虧損的部位時，知道何時該堅持，何時該出脫**。假如你發現原來的分析錯誤，而且市場走勢對你不利時，套句羅傑斯的話：「愈早認賠了結，損失愈小。」但是，如果你堅信自己的分析與預測是正確的，就應堅守自己的部位。不過，這項原則只適用於擁有高明分析技術，以及完全瞭解其中風險的交易者。

Chapter 13

馬克・威斯坦

Mark Weinstein

全勝交易者

全勝交易者

馬克・威斯坦（Mark Weinstein）曾經做過房地產仲介，後來才改行當全職交易者。他在交易生涯的初期，由於對交易毫無所知，因此輸錢簡直就像在丟錢一樣。不過，他在經歷失敗之後，開始發奮研究市場與交易之道，從此以後，除了一次慘痛的交易經驗外，所有的交易都可以說是一帆風順。威斯坦從事多種交易，包括股票、股票選擇權、股價指數期貨、外匯，以及商品期貨等。儘管他不太願意透露有關獲利的數字，不過可想而知，他進出各市場的斬獲頗豐。

我透過一位朋友的介紹而認識威斯坦。儘管威斯坦對我的採訪計畫頗感興趣，可是由於不喜歡曝光，因此他也不太願意談論自己的事。他曾經打電話給我說：「好吧，我願意接受採訪，你訂一個時間好了。」第二天，他又打電話給我說：「我改變主意了，我不想曝光。」這種反反覆覆的情況持續了好幾次，而每一次改變主意，我們都在電話裡談了好久，討論接受採訪的各種利弊。

最後，我實在忍無可忍，於是對威斯坦說：「馬克，光是打這些電話的時間，就足夠我採訪你三次了。」這是我們最後一次討論有關採訪的事。兩個月之後，當威斯坦知道其他一些交易者接受了我的採訪，他才同意加入我的採訪計畫。

威斯坦在一個夏天的傍晚到我的辦公室來接受採訪。由於這棟大樓在下午五時關閉空調，後來我們只好到大廳裡，邊吃三明治、喝汽水，邊繼續訪談。

根據我和威斯坦在電話中交談的經驗，我知道他習慣從一個話題天馬行空地引出多個不同的話題。我擔心後續的編輯工作，於是在訪問時還特別提醒他不要離題太遠。過程中，我可以看出威斯坦極力想順從我的意思，可是這次採訪足足花了五個小時，而手稿也長達兩百頁。

●●●

傑克．史瓦格（以下表記為——）你如何開始涉足交易圈的？

馬克．威斯坦（以下表記為M）一九七二年，當我還是一名房地產仲介時，我有一位朋友正好是商品期貨的經紀人。我們以前是同學。

——是這位朋友引發你對交易的興趣嗎？

M　其實他沒花多少功夫就讓我對交易感興趣了，因為我父親的嗜好就是賭博。父親對數字很有一套，我看過他在賭桌上的表現。我認為我對交易的興趣是來自遺傳。我被交易吸引的另一個原因，是我在大學時的數理學科背景。我的經紀人朋友投入於開發電腦交易策略，這件事也引起了我的注意。

——你還記得你的第一筆交易嗎？

M　我記得很清楚。我用八千四百美元開了一個帳戶，並根據一份穀物分析報告的建議，做多玉米。三天後，我的帳戶只剩下七千八百美元。

——是你朋友建議你看那份分析報告嗎？

M　是的。其實他也根據那份分析報告買進玉米。我當時並不知道玉米價格已經上漲了一段時間，而且也不知道我進場時候市場早已超買。這也不是一筆太糟的交易，只是我進場晚了。我既沒有足夠的財力，也沒有膽子長期持有，只好認賠了結。另外，我的直覺也告訴我不該再為這個部位投入更多錢。

——聽起來，你朋友似乎讓你在沒有任何資金管理計畫下建立該部位。

M　我只能說我想一夜致富。

——你當時對市場交易已經有一些認識了嗎？

M　當時我對市場交易完全一竅不通。那些圖表對我來說，看起來就像電視台的收視率調查報告。

——你當時有風險的觀念嗎？

M　我知道我成功的機會不大，因為我根本不知道自己在幹什麼。

——難道你沒有想到，在進場交易之前，應該先對市場交易有一些認識？

M　沒有。因為我當時急於改變自己的生活方式，我已經對房地產仲介工作感到厭煩透頂。

——當時你投下的資金，是否占了你全部積蓄的一大部分？

M　那筆錢是我全部的積蓄。

——你後來在什麼時候再次籌夠資金而重新進場交易？

M　大約六、七個月後。在那段期間，我拚命工作，最後終於存下兩萬四千美元，其中四千美元作為生活費，然後用剩下的兩萬美元開了一個帳戶。

——這段期間你是否對市場做了一番瞭解？

M　是的，我先研究黃金市場，學會了如何分析圖表。另外，我對超買和超賣的觀念也有了一些認識。我心想，如果在一個超賣的市場買進，並留下足夠做兩次追繳保證金的備用資金，我應該就不會虧本，除非整體經濟面在一夕之間完全改觀。這就是我第二度進場交易時所使用的方法。

——但是，如果你在市場趨勢裡使用這種方法，可能會賠得精光。

M 至少當時這個方法還相當管用。我想無知即是福吧！

——你第二度進場交易的成績如何？

M 第二度進場之後，我維持了幾年的好景。不過，這全然是因為運氣好的緣故。

——不可能全靠運氣吧！你認為當時做對了哪些事情？

M 就我現在所擁有的專業知識來看，那時候我根本什麼事都沒有做對。我當時正巧趕上市場行情的大好時機。那時候，商品行情的變化比現在更能依循圖表分析所指示的方向前進，可是當時卻很少人能真正瞭解技術分析。而我則在那段期間，盡可能學習技術分析，並設法運用到交易上。

——你當時有控制風險的方法嗎？

M 沒有，其實現在也沒有。我完全依靠自己的感覺與膽識下決定。當我覺得某個部位不妥時，我就回補。這種感覺有時會在兩天後出現，有時則在兩小時後出現。

——你當時一整天都在從事交易嗎？

M　我晝夜不分地做交易，也失去了不少朋友。那時候，我在公寓的牆壁上貼滿了走勢圖表。我想，當時一定有許多朋友認為我是瘋子。

——所以，這的確是個全職的事業。

M　完全沉迷其中！我連睡覺、做夢都在交易。有時候，我徹夜未眠，思索著隔天的交易。如果我可以不睡覺，那麼我肯定會一天二十四小時都在交易。那個時候，我的動力已經不是來自金錢。我被這場遊戲深深吸引了——弄懂市場，對我來說已成了一種挑戰。

——你可曾在某一天早上睡來，感覺黃金將在當天走高或走低，或任何這一類的直覺？

M　不，與市場方向的預感無關。我腦袋裡盤旋的只是關於我當天所做過的事。即使睡著了，我的潛意識還殘留著當天交易的種種事情。

——你當時是否立下了哪一些目標？

M　所謂美國夢，就是成為百萬富翁，那時候的氛圍更是如此。不過，一直到我去歐洲度假之前，我都沒有什麼物質方面的夢想。

——那是什麼時候的事？當時你已經交易多久了？

M　大約是在一九七〇年代中期，距離我初次交易大約三、四年。

——你當時已經賺到一百萬美元了嗎？

M 是的，而且我當時已經有足夠的財富過閒逸的日子，隨時可以去度假，或是隨心所欲地購物。當時，我充滿自信，認為自己不論花掉多少錢，都可以再從市場上賺回來。我心想，下一步就是要讓我賺來的錢增值。後來我到歐洲度假時，在法國南部看中一座非常吸引我的古堡，當時覺得住在裡面是一件很棒的事，於是立刻興起買下古堡的念頭。那座古堡當時的行情大約是三十五萬美元，每年維護費要五萬美元。

——用這樣一筆金額就能買下一座古堡，聽起來不貴呀！

M 這座古堡如今大約值五百萬美元。我回到美國後，迫不及待地想從市場賺錢來買下那座古堡——這實在是一個不可原諒的錯誤。

——我不明白。你不是已經擁有足夠的錢買下那座古堡嗎？為什麼還要再賺呢？

M 雖然我擁有足夠的錢，可是對我而言，這終究是一筆支出。我認識的一些交易者，即使他的帳戶裡有一千七百萬美元，也不肯買一輛新車。

——這麼說來，你並沒有從你的帳戶中提錢出來買那座古堡？

M 是的。度假回來之後，我便決定下一筆交易的目標，就是賺到足以買下那座古堡的錢。

——換句話說，你的交易目標是賺取三十五萬美元。

M 沒錯。

——後來呢？

M 隨後的那一筆交易，我在黃豆期貨上持有大量多頭部位。黃豆在我進場的第一天以漲停收市，獲利率大約是二五%。我打算在該週的最後一個交易日出清。我在這筆交易犯下的最大錯誤，就是設定了特定的出場目標。

——你這筆交易的目標，並不是根據市場分析來訂定，而是基於你要賺三十五萬美元的念頭。你的交易方法與態度，是否因為這樣的念頭而有所改變？

M 是的，我因此而完全沒有考慮風險的問題，所持有的部位也太大了。這筆交易已完全被我的物質欲望所支配。第二天，黃豆市場在早盤再度上揚，但是在尾盤卻突然逆轉直下，最後以跌停收盤。

——你手中的部位是否因為跌停而慘遭套牢？

M 是的，我無法出脫部位。第三天，黃豆市場一開盤便跳空跌停。我空等了一天，希望跌停的局面能夠打開，可是事與願違。

——我想，如果可以，你一定早就出脫部位了。

M 如果市場還能交易，我會以任何價格脫手。

——你還記得當時的感覺嗎？

M 我處於一個驚嚇過度的狀態之中，幾乎完全沒有下判斷與做決定的能力，晚上也無法入眠，甚至祈禱著隔天能夠交易。第四天，我在開盤前半小時打電話到經紀公司詢問黃豆的市況，他們告訴我情勢並不樂觀。後來我那天根本就沒有進辦公室，因為我不敢面對那裡的人。我知道這筆交易的失敗會讓不少人竊喜。

——為什麼呢？

M 當時公司裡還有其他幾位專業交易者，他們操作的成績一直無法趕上我，如今他們看到我陷入了困境，自然是幸災樂禍。當時，唯一關心我的人，就是我的經紀人，不過他也只是擔心失去我這位客戶而已。

——其他的交易者都在嘲笑你嗎？

M 表面上他們對我的遭遇表示同情，但私底下卻等著看我的笑話，這就是我後來不再進去辦公室的原因。

——他們會暗自竊喜，是因為你的失敗至少讓他們的表現看起來不會太糟？

M　不僅如此。我想，這個行業裡有太多人享受著看別人賠錢。

——你說你不再進去辦公室，那麼你一整天都在做什麼呢？

M　我找其他的經紀商，嘗試拿到報價。

——為什麼不聯絡你自己的經紀人呢？

M　我怕太尷尬，我不想面對嘲笑。

——你自己的經紀人也嘲笑你？

M　我不知道。我當時彷彿是即將溺斃的人，急需別人的扶持。於是我跑到另一家經紀公司請教穀物分析師。他告訴我，由於市場需求仍然相當強勁，因此短期內黃豆行情會止跌回升。結果可想而知，黃豆市場在第五天仍以跌停收市。

——那時你每天虧損多少錢？

M　大約每天賠十二萬五千美元，當時我的平均年薪只有一萬五千美元。我並非天生富貴，虧錢使我耿耿於懷。

——就你的帳戶規模而言，這筆交易的損失有多大？

M　做這筆交易之前，我的帳戶內有一百五十萬美元；這筆交易使我帳戶中的金額每天大約減少一〇%。

我當時沮喪透頂，覺得自己好像被刀子割了一道傷口，即將失血死亡。在這筆交易中，黃豆價格連續五天跌停，我總共虧損了六十萬美元。記得第五天，我在公園裡握著我女朋友的手，倒在她懷中痛哭流涕，我當時已經瀕臨崩潰的邊緣。我開始懷疑自己是否適合當交易者，認為以前的獲利，根本就是運氣使然。同時，我也擔心，如果我繼續從事交易，最後可能會賠得一文不名，而不得不屈就於自己不喜歡的工作。

——哪一項對你的打擊最大——是金錢的損失，還是失敗的感受？

M　是金錢的損失、市場的跌停以及在跌停時動彈不得的無奈。我一直覺得真正的美國人是勇往直前的，絕不放空，結果卻發現，自己持有的部位慘遭套牢，無法脫手，這窘境實在不該是美國人的樣子。

——你是說，由於套牢而感覺被騙？

M　沒錯。直到今天，我還是認為漲跌停板限制是錯誤的做法。

——你是說，原本用來保護投資大眾的漲跌停板限制，反而會使他們無法出脫手中的虧損部位？

M　是的。我認為市場交易應該沒有任何限制。

——有些人認為，在股市實施漲跌停板限制，可以降低市場波動。你是否認為這樣做只會讓情況更糟？

M 當然是。如果沒有漲跌停板限制，投資人想要出脫手中的部位時，至少還可以有個價格出場。你想想看，假如有位投資人打電話給他的經紀人，結果卻發現根本無法出場，這豈不是太糟了。

——換句話說，你認為漲跌停板限制對散戶不利？

M 是的。這種限制其實是為機構投資人的利益而設計的。

——你前面曾經提過，在那筆黃豆交易之前，你不做空，只做多。真是如此嗎？

M 是的。我當時覺得，做空實在不是美國人的本性。可是，經歷過那筆黃豆交易之後，我瞭解自己所從事的是一個高度資本主義的行業。你站在多方還是空方，其實並沒有什麼差別。在那筆黃豆交易上，做空的人賺了錢，而我卻遭遇重大虧損。

——這筆黃豆交易對你的打擊持續多久？

M 好幾個月。我後來根本不想再從事商品交易，以免觸景傷情。我甚至把我房子裡任何與商品有關的東西，以及牆上的圖表全都丟掉了。

——後來，你過了多久才再度進場？

M 幾個月之後，我開始交易美國證券交易所的股票。我發現股票交易獲利的速度很慢，因此很懷念商品交易的高獲利率。我認為自己並不適合從事股票交易。那時候，我遇到了一位朋友，他是優秀的選擇權交易者。我把我的遭遇告訴他，於是他建議我和他一起做選擇權交易。和他共事的第一個星期，他要我買進特勵達（Teledyne）公司的買權（call），因為他認為買權的價格會大漲。我聽了他的建議，結果買權的價格卻告重挫。

——你總共損失多少？

M 大約四萬美元。我既生氣又沮喪，可是我並沒有對他發脾氣，因為他並沒有保證我一定會賺錢。後來我連續兩天沒有再去他那裡。他打過幾通電話給我，我都沒有回話。最後，他透過另外一位朋友找到了我。

——他是否向你道歉？

M 我回去之後，他告訴我，其實他已經透過另一個帳戶替我做了一筆相對於該筆交易的放空交易。因此實際上我根本沒有任何虧損。

——這聽起來像是惡作劇。

M 這並不是玩笑。他只是想教我，絕對不要相信任何人，即使是他也一樣。他想讓我知道，從事交易必須依靠自己；而那就是他教導我的方法。

——那筆交易之後，情況如何？

M 我做得相當不錯。我的朋友是一位高明的選擇權交易者，我從他那裡學到許多。

——你根據他教你的方法從事選擇權交易嗎？

M 是的。不過還加上我自己的技術分析。

——你的朋友不用技術分析嗎？

M 他不用。他不相信技術分析。

——你後來成為一名非常成功的技術分析交易者，這件事難道也沒有改變他對技術分析的看法嗎？

M 沒有。他一直認為，技術分析只是我從事交易的一項輔助工具，他認為我的交易能夠賺錢，真正原因主要在於經驗。我後來和他分開了好幾年，有一天，他到我的辦公室來，看我進行交易。

他像一位長輩，拍拍我的肩膀說：「你終於成功了。」我告訴他，我不但已經擁有豐富的交易經驗，而且還精通技術分析，其中包括一些我自己發展出來的技術分析方法。可是，他卻對我說：「你就是不肯放棄技術分析，是不是？你的成功其實與技術分析無關。你能如此交易完全是靠經驗。」

——你和這位朋友為什麼會拆夥？

M 原因是我們的交易風格相互衝突。他是一位完全著重於基本面的交易者。他在交易時，可以忍受巨額損失，因為他相信只要堅持到底，長期而言一定會獲利。可是，我卻不喜歡這種交易方式。我寧願每筆交易少賺一些，盡量避免賠錢。我無法像他一樣，願意承擔較大的風險。何況，我純粹是靠技術分析來從事交易。因此，我們在一九八〇年決定拆夥。不過，幾年後我們又開始攜手合作。

——我知道你曾經參加過一次選擇權交易比賽，可以談一下那次的比賽經驗嗎？

M 那是一場由芝加哥選擇權交易所的兩位場內交易者所主辦的比賽。他們邀請四十七位交易者，每人繳五千美元作為獎金，冠軍可以領走所有的錢。比賽中，每位交易者開一個十萬美元的帳戶來從事交易。

——這次比賽的期間是多長？

M 三個月。

——你的成績如何？

M 三個月之後，我在不使用金字塔式加碼（利用賺來的利潤提高部位槓桿）的情況下，把十萬美元變成了九十萬美元。

——這是非常驚人的成績。

M 是的。不過，當時的市場行情幫了大忙。

——一九八〇年拆夥之後，你從事哪一方面的交易？

M 我交易所有市場，也繼續做股票選擇權。當股價指數期貨市場於一九八〇年代初期上市後，該市場就成為我的主要交易對象。另外，我也回到了商品市場。事實上，在最近兩年，我的交易九〇%已轉移到商品上。

——你還記得一九七〇年代那一筆慘敗的黃豆交易嗎？

M 我有很長一段時間不碰黃豆。可是，當我發現自己可以輕易地回到商品市場時，我的內心深處很明白，我總有一天會從黃豆交易中把以前虧損的錢全數賺回來。

——聽起來好像黃豆是你的仇敵，而你決心要報仇。

M 是的，正是如此。我每一次翻閱商品價格走勢圖，總是略過黃豆。後來，我漸漸開始觀察黃豆市場，但許多年來並沒有真正採取行動。當黃豆價格跌到四·七五美元時，我知道差不多已經跌到谷底，可是我仍然沒有行動，因為我要確定穩贏不輸才進場。我有點像西西里人，一心要報十年前殺妻之仇。後來，我透過技術分析，判斷黃豆市場行情真的已跌到谷底，於是立刻進場承接。

——你的進場價位是多少？

M 大約六．一八美元。〔這正是一九八八年大旱災導致穀類價格巨幅上揚之前。〕

——至於你的出場價位呢？

M 我在七．二五美元出脫一部分，其餘的則是在九．九二美元出場。〔這波行情的最高價格為一〇．四六美元。〕

——你靠這筆交易賺了多少錢？

M 我們這麼說好了，這筆交易讓我痛痛快快地報了仇。

——聽你的口氣，這筆交易似乎讓你從以前的惡夢中解脫了。

M 的確如此。這筆交易顯然具有昇華情緒的作用。同時，我也從這筆交易中瞭解當初做黃豆賠錢的原因。

——是什麼原因？

M 因為我經驗不足。我不相信從事交易的人，會單純因為運氣不好而賠得精光。這其中一定有原因。若不是在交易中犯下致命的錯誤，就是經驗不足。總之，一定有問題。

——你前面曾經提到，你與那位選擇權交易者朋友拆夥的原因之一，在於你運用的是極低風險的交易方式。一九八〇年以來，你所遭逢最大的耗損比率是多少？

M 從一九八〇年至今，我的交易很少虧損，因此我並不追蹤這類數據。

——換一種說法好了，你最糟的單月交易表現如何？

M 我從來沒有經歷單月虧損。

——你是說，你從一九八〇年以來，每個月的交易都獲利？

M 是的。當然，假如我不那麼謹慎的話，我應該會賺得更多。

——那麼，你還記得最糟的單週交易嗎？

M 我的單週交易也不曾虧損過。不過，我的確在某些交易日賠錢。

——這實在太驚人。你能夠確定自己沒有忘記了哪一些星期是賠錢的嗎？

M 我很確定，因為我記得每一筆虧損的交易。例如，我記得自己在過去的兩年裡，只有三天賠錢。另外，我也記得，我至今做過數千筆交易，遭逢虧損的只有十七筆，而其中又有九筆是因為我的報價機壞掉了。通常在這種情況下，我都會趕快出清手中的部位。

——大部分的交易者只要有五〇％的交易獲利就相當滿意了，如果得到七五％的勝率就非常了不起了。然而，你的交易獲利比率卻幾乎達到九九%，這實在太令人難以置信了。

M　你可以去問賴夫，他知道我過去數年幾百筆交易的情形。〔賴夫・史蒂芬斯（Leigh Stevens）就是介紹我認識威斯坦的朋友。〕

好了，我知道你們會說：「單週交易成績不曾虧損，只有幾個交易日賠錢！算了吧，別吹了！」坦白說，我也承認威斯坦的說法聽起來有點誇張。實際上我也無法查閱威斯坦的交易紀錄，證實他的話是否正確。威斯坦唯一願意給我看的，是他參加選擇權交易比賽的紀錄。在該項比賽中，他利用三個月的時間把十萬美元變成九十倍，而其交易獲勝率更是高達百分之百。

我仍然無法十分確信，於是向賴夫求證。賴夫是威斯坦的老友，曾經花了許多時間觀察威斯坦從事交易。我認識賴夫也有三年，深知他是個誠實的人。結果，賴夫告訴我，他曾親眼目睹威斯坦大約一百筆的交易，另外威斯坦也曾告訴過他數百筆的交易，他記得其中只有一筆虧損。因此，即使威斯坦可能記錯，我仍然確信他的交易獲勝率確實相當高。

他是如何辦到的？在威斯坦回答這個問題之前，容我先做一番簡述。威斯坦使用他專屬的電腦系統追蹤各項技術分析指標，專門衡量市場的動能變化。他使用的不是標準的技術指標，而是套用他隨著市況變動而調整的參數。他把電腦系統的密集即時分析，與融合各種方法如市場週期、費波納奇回調、艾略特波浪等等的全面性圖表分析相結合。最後，還有一項關鍵因素：以他異乎尋常的能力選擇進場時間。威斯坦只有在所有交易條件都符合他的要求，以及他確信交易時機已經到來時，才進場交易。有許多交易也許具有很高的獲利率，但是除非威斯坦擁有高度自信，否則他絕不會進場。換句話說，除非威斯坦認為市場完全符合他的交易條件，否則再好的交易機會，他也寧願放棄。

威斯坦一生投入於市場而累積的能力、密集的電腦即時分析、先天的市場直覺，以及極度嚴苛的交易選擇——在這各種因素的結合之下，威斯坦幾乎所有的交易都會在進場後的二十分鐘以內處於獲利狀態。他僅僅需要決定在損益平衡的價位出場，或取得更大的獲利。

值得一提的是，威斯坦通常在幾個小時內，甚至在幾分鐘之內就獲利了結。即使進行部位交易，他也會盡可能及早了結，以確保獲利。他也輪流在不同的市場裡辨識最低風險的獲利潛能，然後迅速實現獲利。最後，威斯坦得利於他在場內的人脈，總是享有理想的買賣價差。

把威斯坦所說的話寫成文字，讀起來或許像在吹噓；不過，他說話的語調完全不是這樣——在某種程度上，甚至可以形容成天真。當威斯坦說起他的交易時，他不時說著這類評論：「市場顯然就是要走低。」「市場太好懂了。」顯然，他並不知道交易對我們這些人而言是全然不同的另一回事。

——你是怎麼達到如此高的獲利率？

M　因為我真的害怕市場。我發現，成功的交易者通常都是最畏懼市場的人。市場交易的恐懼心理迫使我必須慎選進場時機；假如我覺得市場情況不對，就乾脆不進場。至於如何選定進場時機，我則是靠經驗與神經系統的交互作用來決定的。假如我的神經系統要我出脫手中的部位，那必然是市場狀況喚起了我的知識與經驗，因此要求我這樣做。

我的交易很少賠錢，因為我總是選擇最適當的時機進場。大部分人都不會等到市況明朗才進場。他們總是在黑夜中進入森林，然而我則是等到天亮才進去。獵豹雖然是世界上跑得最快的動物，可以追得上大草原上的任何動物。可是，牠總是等到有十足的把握捕捉到獵物之後，才會發動攻擊。牠會等待一隻小羚羊，而且不是任何一隻，而是看起來軟弱無力的那一隻。選擇與等待萬無一失的機會發動攻擊，就是我的交易原則之一。

另外，我也經常觀察我後院中的麻雀。當我餵牠們麵包時，牠們總是一次只取一小塊，然後立刻飛走。牠們不斷地飛來飛去，每次只取一塊麵包。麻雀來回衝刺數百次所取得的麵包，相當於鴿子一次食用的分量，然而這也就是獵人容易獵到鴿子，卻難以捕獲麻雀的原因。這就是我做當沖交易的方式。

比如說，假如我確定標普股價指數會上揚，我絕不會試著尋找底部，也不會等漲到頂部才出場。我會在標普股價指數上揚的過程中，選擇漲勢最凶猛的一段時間進出，就如同麻雀取麵包一樣。

——所以，獵豹是你對部位交易的比喻，麻雀則是當沖交易的比喻。兩者的共通點是，牠們會等待萬無一失的時機出現。

M 沒錯。

——你如何選擇交易？

M 我使用各種技術方法來判斷進場的時機，例如：走勢圖、艾略特波浪理論、甘式分析法（Gann analysis）、費波納奇數字、週期、人氣、移動平均數，以及各種擺動指標。一般人認為技術分析不可靠，主要原因是他們通常只願意使用自己喜歡用的指標。我認為全能的單一技術指標根本不存在，你必須學習各種指標的使用方法。

——你如何做到？

M　經驗與直覺。我使用各種形式的技術分析，但也運用直覺進行解讀。我不相信那種以固定的數學公式面對市場的方法。我以自身作為「系統」，不時改變輸入變數，卻永遠產生相同的輸出——利潤。

——在決定進場時，你認為最重要的判斷因素是什麼？

M　我總是等待市況失去上漲或下跌的動能，然後進場進行反向操作。

——你兼做股票與商品期貨，你認為這兩種市場的價格行為是否相同？

M　當然不同。與商品期貨相比，股市行情很少出現完完整整的大趨勢，其上漲與下跌總是呈現波段走勢。

——為什麼會這樣？

M　當機構投資人與投機客賣出持股時，他們會在價格上漲的過程中分批出脫。相對的，他們也會在行情下跌時分批買進。這種方法破壞了上漲與下跌趨勢的完整性，導致這種波段式的走勢。這也就是許多商品交易者在股市中失利的原因。

——但是，你同時在股市中穩定獲利。你的交易策略是否與別人不同？

M 我不會在股市行情發動之前猜測方向。我總是讓市場告訴我行情變動的方向。另外，我也可以透過股市的各項技術指標（背離、騰落線、人氣、買賣權比率等等），來研判市場行情可能的變動方向。

——你在股市中所運用的技術分析方法，是否與商品期貨市場有所不同？

M 在股市從事交易時，我會觀察個股，因為股市的每支股票都有其獨特性。例如，國際商業機器公司（IBM）與通用汽車公司（GM）的股票，通常都會在股市觸底之前上揚，卻在股市做頭之前呈現停滯的走勢。另外，當一般人預期利率會降低時，公用事業類股會上揚；當利率真的下跌之後，投資組合經理人便會大力買進公用事業類股，價格因此揚升。

我在股價指數期貨交易方面的成績相當不錯，這是因為我在從事股價指數期貨交易之前，對股市與選擇權已經累積了許多經驗。

——你認為一般人對市場最大的誤解是什麼？

M

許多人認為交易就是賭博。我認識一些場內交易者，他們可以連續獲利二十年，因此這絕對不可能是賭博。

一般人還有一個誤解，就是以為市場行情會受到消息面的左右。例如，當約翰‧甘迺迪被刺殺後，股市行情立刻重挫，但是隔了沒多久卻又反彈回升，並創下新高。股市行情如此變動，令許多投資人大感吃驚；他們大都在甘迺迪被刺殺的新聞發布後，立刻拋售手中持股，如今卻又眼見股市反彈回升。他們會把股市反彈回升的原因歸究於機構投資人，可是他們卻不瞭解，當股市在基本面或技術面都是指向多頭行情時，這樣的強勁趨勢絕不會因為某一則新聞而逆轉。

另外，大眾媒體解釋市場行情下跌的原因，也會引起一般人的誤解。大眾媒體總是說，市場行情下跌是因為獲利回吐所致。如果市場行情下挫，真的是因為大家獲利回吐，這豈不是皆大歡喜。但是，事實上大部分投資人卻遭逢虧損——市場行情下跌的真正原因，乃是投資大眾認賠殺出所致。

我認為大眾媒體不應該有報喜不報憂的心態，他們應該明白告訴一般大眾：市場行情下跌的原因不光只是投資人獲利回吐，更是投資大眾遭逢虧損所致。

——你所遵循的交易原則是什麼？

M　一、做好自己的功課。

二、千萬不要有志得意滿的心理。如果洋洋自得，你就會忘記風險。要記住，最好的交易者都是最謙卑的人。

三、要知道自己的極限。每個人都有極限，即使最高明的交易者也是如此。

四、不要受別人的意見左右，要有主張。

五、耐心等待機會。知道什麼時候應該退場、什麼時候應該進場，兩者同等重要。

六、交易策略必須有彈性，以反映市場的變化。大部分交易者最常犯的錯誤，就是交易策略總是一成不變。他們常常會說：「他媽的！怎麼行情與我所想的完全不同？」為什麼一定要相同呢？市場就跟人生一樣，充滿了未知數。

七、不要被獲利的喜悅沖昏頭。天底下最難做到的事情之一，就是持續獲利。一旦賺到了錢，你就會希望繼續賺更多的錢。然而，對許多人而言，設定更高的目標不一定有所得。他們可能會開始思考自己想要從交易中得到的東西，而這往往也就是導致自我毀滅的道路。

——你對新進交易者有什麼忠告？

M 你必須學會如何面對虧損。這項工作比學習如何在交易中獲勝更為重要。假如你認為自己永遠都會是贏家，那麼當你遭逢挫折時，很可能就會因此怨天尤人而一蹶不振。

另外一項忠告是，要及早阻止虧損擴大。《股票作手回憶錄》裡提到，大部分交易者都在長期忍受虧損，因為他們只會一廂情願希望虧損不會擴大。同樣地，他們也會過早獲利了結，因為他們深怕勝利的果實轉眼之間就會溜走。這樣的觀念是不對的，他們應該設法防止虧損擴大，並讓獲利持續。

•••

威斯坦最慘痛的一次交易，就在他受到物欲的干擾而改變交易策略的時期。這是書中其他受訪的交易者共同提到的主題。在交易過程中，把潛在的獲利或虧損換算成實體物質，顯然是個錯誤。

威斯坦的交易策略立基於一大特點：他會等待市場上各種客觀條件皆符合他的要求之後，才進場交易。當我們運用這樣的交易策略時，也許無法具備像威斯坦那樣的真知灼見；但是，只在最有把握的時機出現才進場，這個觀念值得參考。

雖然我認為市場行為就長期而言並非隨機，但極短期的波動（也就是盤中的價格行為）基本上是隨機的。威斯坦動搖了我的信念。

PART IV

來自場內的觀點

The View from the Floor

Chapter 14

布瑞安・吉爾伯

Brian Gelber

從經紀人到交易者

從經紀人到交易者

布萊恩・吉爾伯（Brian Gelber）是當經紀人起家的。他最初幫一家經紀公司在芝加哥交易所（CBT）買賣金融期貨。由於他對該公司的機構投資人客戶所提供的建議都相當成功，於是他自己也開了一個帳戶。在公債期貨上市的初期，吉爾伯可以說是芝加哥交易所最負盛名的經紀人，同時也是當地最大的交易者之一。

一九八六年一月，吉爾伯擴大他的交易事業，直接管理客戶帳戶。吉爾伯除了做個人的交易，手下還有一批交易員，從事公債、國庫券以及其他商品的現貨及期貨交易。吉爾伯設立了好幾家公司，包括吉爾伯集團、吉爾伯管理公司，以及吉爾伯證券公司。這些公司所從事的業務包括清算、經紀與資金管理。

吉爾伯閒散的個性，讓人很難把他和他的工作聯想在一起。吉爾伯每天都必須親自操作，或是監督員工從事數百萬美元的債券交易，可是我發現他在描述自己的工作時，卻彷彿像在度假的感覺。

雖然我在交易時段裡訪問吉爾伯，但是他在接受訪問時，並不十分在意當時債券市場的行情，他甚至邀請了我進入他的私人辦公室。「我想我們在這裡會比較舒服一些。」他說。

訪問吉爾伯的時候，我提及了若干我訪問過的交易者，其中一位是東尼．沙利巴（Tony Saliba），他是當期《成功》雜誌的封面人物。吉爾伯問我是否帶著那本雜誌，於是我從公事包內拿出來遞給他。他微笑地讀著雜誌封面描述沙利巴於一九八七年十月十九日致富的標題：「大勝利！他在七十二小時內賺進四百萬美元！」然後吉爾伯以開玩笑的口吻說：「我在那一天，只花了二十分鐘就賺進四百萬美元，為什麼我沒有上雜誌封面？」吉爾伯並非自吹自擂，但是他的回答卻揭露了一項事實：有許多非常成功的交易者喜歡保持低調，所以並不為一般大眾所知。

傑克．史瓦格（以下表記為——）你是如何進入這一行的？

布萊恩．吉爾伯（以下表記為B）一九七六年我從大學畢業後，就遊走四方。後來我在鹽湖城根據一則求才廣告，應徵了商品經紀人的工作。當時我根本不清楚商品經紀人是幹什麼的，我猜想大概與股票經紀人差不多。結果，我卻是替一個「鍋爐室」[1]的經營者工作，不過我也在那段期間拿到了經紀人執照。

——你顯然是以旁門左道進入這個行業的。

B　我還記得去應徵時，有個傢伙坐在一間很小的辦公室裡接見我。他一整天的工作就是打電話，企圖說服別人給他五千美元或一萬美元，根據他的圖表分析系統從事投機。

後來，我替他維護這套系統，可是我不斷告訴自己：「這傢伙其實是個混混。」後來，我拿到經紀人執照之後就辭職不做，開始了幾個月的流浪，靠打零工過日子。

——那時你還做了哪些工作？

B　在火車站卸貨。有一天，我走進湯森麥金農（Thomson McKinnon）公司，告訴他們：「嘿！我有經紀人執照哦。」結果那裡的人答應以每個月八百美元的薪資僱用我。當時這對我而言是一筆相當大的數字。我需要做的，就是打陌生電話推銷，

1 編按：鍋爐室（Boiler room）是一種不老實的證券銷售手段，利用電話、電郵等方式向他人極力推銷有問題的金融產品。在美國，這類騙局最初是在租金低廉、空氣悶熱的地方進行，因此稱為「鍋爐室騙局」。

任何成功招來的人，都算是我的客戶。

——可是當時你對市場交易可以說是一竅不通。

B　我讀過幾本有關市場交易的書。另外，我也懂得一些圖表分析——就是從我的第一份工作那裡學來的。

——你讀過哪一些書？當時這類書籍並不多。

B　讓我獲益最多的書籍是羅伯．愛德華（Robert D. Edwards）與約翰．馬基（John Magee）的《股價趨勢技術分析》（*Technical Analysis of Stock Trends*）[2]。

——你認為還有哪些書值得推薦給讀者？

B　我介紹我的交易員讀的第一本書是愛德溫．勒斐佛（Edwin Lefèvre）的《股票作手回憶錄》（*Reminiscences of a Stock Operator*），這本書我至少讀了十幾遍。

好了，言歸正傳。我在湯森麥金農公司工作期間，正值美國政府全國抵押貸款協會（Government National Mortgage Association）房貸證券（Ginnie Mae，簡稱吉利美）上市，湯森麥金農公司招聘了一批交易者來從事這種新金融工具的交易。我告訴他們，我很有興趣學習交易吉利美市場。

——你為什麼會對這個市場感興趣？

B　當時，這是一個全新的市場，看起來似乎也比傳統的金融商品交易更容易管理。我認為只要我專注於這個市場，我的經紀業務應該就會穩定成長。我後來做了幾筆吉利美交易，第一筆小有斬獲，但是之後的幾筆卻告虧損。這就像磁鐵一般，我認為我在這個市場上應該會賺錢，可是卻不斷地賠錢。這種情況使我更想透徹瞭解這個市場。

——聽起來你對吉利美市場有一些偏執？

B　是的。因為我在這個市場從事交易經常失敗，所以我更想要瞭解該市場的運作。不過，吉利美的場內交易員也教了我一些東西，我在鹽湖城的幾乎每一家抵押銀行都開了帳戶。

——你當時瞭解這個市場嗎？

B　在我開設帳戶的時候，我對這個市場根本一竅不通。

——那麼你如何向別人推銷？

B　我最先是挨家挨戶拜訪，我從別人提出的問題中學習，逐漸對這個市場有了較多

2 編按：中文版《股價趨勢技術分析——典藏版》（九版），寰宇出版，二〇〇七年。

的認識。起初，我總是對他們的問題感到束手無策，而他們也弄不清楚我到底在推銷什麼。

——你至少應該知道這是一種類似期貨的投資工具吧？

B 其實我當時也只知道這麼多，因此最初幾筆生意全都搞砸了，不過後來就漸入佳境。

——你開的都是對沖帳戶嗎？

B 是的，純粹是對沖帳戶。到了一九七七年五月，我每個月可以賺到兩千美元的佣金。這對我來說，真是一大筆錢。

——都是來自吉利美市場嗎？

B 就當時而言，是的。之前還從事其他商品市場如小麥、生豬、豬腩的經紀業務。

——那都是為誰做的交易？

B 就是我打推銷電話而得到的客戶——都是一群即使輸錢也不明不白，只能一味苦惱的人。

——你會給他們提供交易的建議嗎？

B 是的，而且相當多。

——利用走勢圖分析？

B　我主要根據湯森麥金農公司的研究報告提供建議，也根據自己的圖表分析。然而大部分新進的經紀人，都只依賴公司的研究報告。

——你的客戶會不會因為錯誤的研究而賠錢？

B　不會。客戶虧損的主要原因是，他們著重於每天的行情變化，而我們所提供的，都是屬於較長期的建議。

——所以兩者有時間上的落差？

B　是的，我想這是經紀人與客戶之間普遍存在的問題。你根本無法即時提供客戶所需要的資訊。

——你是說，即使經紀人就短期而言可以擊敗市場，他也無法讓客戶享有這種績效。

B　這是幾乎不可能的，因為這兩方必須都扣下扳機，而資訊總是快速變動。

——所以，你給予投機者的其中一個忠告，就是把眼光放得更長遠。

B　是的，你必須這樣。

——我們來談談場內交易。據我所知，有一段時間，你在公債期貨市場擔任場內經紀人，同時也是場內交易者。我現在要問你的問題，很多人都想知道答案：假如你接到一筆大賣單，同時你也想出清自己手中的多頭部位，你會怎麼處理？

B 放心好了，我不做搶帽子交易，因此對我來說這並不會有什麼利益衝突的問題。就算客戶的大賣單有可能對我的部位造成不利的影響，對我來說也不會有什麼差別。再說，我手中有許多客戶，他們彼此之間的看法和做法，本來也就經常是相反的。

——可是，假如市場出現一則相當重要的新聞，以致你所有客戶做的方向都對你所持有的部位不利；在這種情況下，你是否會因為必須先處理客戶的委託單，而讓自己的部位慘遭套牢？

B 是的。這種情況發生過好幾次，而且多年來已經讓我賠掉了大約五十萬美元。可是，與我賺取的錢相比，這並不算嚴重。

——這是你既做場內經紀人又做場內交易者所必須付出的代價吧？

B 是的。

——這實在是相當糾結的情況；你知道自己也必須趕快出脫手中的部位，卻因為與客戶委託單的利益衝突而無法立刻這麼做。

B 是的。通常我都是忙著扮演經紀人的角色，一心想著：「好，有個客戶要我賣出一千口，我得趕快想辦法才行。」結果根本忘了自己也是一個交易者。等到處理完客戶的委託單之後，我才想起：「糟糕，我手上還有一筆多頭部位，我得趕快丟出去才行。」

——這樣說來，身兼經紀人與交易者，本來就有先天的劣勢，是嗎？

B　是的。我總會告誡我的員工：「假如你要做經紀人，就不要當交易者；你要當交易者，就不要做經紀人。」

——但你卻這麼做。

B　沒錯。但那是個瘋狂的時代。我在同一個市場上，既是最大的經紀人，也是最大的交易者。我每天超時工作，回到家總是精疲力盡。我就這樣做了三年，那是美好的經驗，可是我實在不應該這個樣子，任何人都無法同時成為最好的經紀人與交易者。雖然我做得不錯，但我相信我的壽命一定會因此而減少。

——大多數場內的大戶交易者都只是單純從事交易，或者同時為客戶交易？

B　現在，他們要不就是經紀人，要不就是交易者。規定很明確。

——所有的交易廳都是如此，或是僅限於國庫券的交易廳？

B　主要是國庫券市場。在標普和紐約的市場，還是有一些大戶經紀商身兼交易員。

——如今市場檢查制度日益健全。如果有人違反雙重交易（dual trading）誠信原則（即同時處理客戶的委託單，也為自己的帳戶做交易），是否會被抓？

B 要在一個公開叫價的市場上完全無缺點地執行檢查制度，仍然相當困難。

——假設公債目前交易價是九五，可是市場突然傳出一則利空消息。有一位經紀人必須處理客戶的大量賣單，同時還要為自己進行交易，而價格從九五跌到九四。最後，他自己的部位在九四·三一、九四·三〇和九四·二九拋出，客戶的部位卻是在九四·二七以下的價格賣出。他能如何迴避雙重交易誠信原則的責任？

B 他可以把自己或客戶的賣單，轉給別的經紀人。他也可以同時處理這兩筆賣單，然後在自己的賣單上填入其他經紀人的號碼。這些傢伙總有一些招式來迴避責任。

——雙重交易的誘惑力是不是太大了？

B 不。以我交易多年的經驗，我認為雙重交易有助於強化市場的效率，但是對個人而言則是個太大的負擔。

——應該完全禁止雙重交易嗎？

B 這個問題很難回答。市場的效率，以及個人的誠信原則，孰輕孰重？就我而言，利用雙重交易增加市場的流動性，要比管制少數違反誠信原則的雙重交易者來得重要。再說，就算法律明文規定禁止雙重交易，還是有人會想辦法鑽法律漏洞的。

——你在什麼時候開始涉足公債市場？

B　一九七七年九月，我到了芝加哥，成為公債市場的經紀人。我當時只有二十五歲，而且運氣不錯。一九七七年十一月，我搬到紐約，跟八個大客戶見面，其中七位在我這裡開了帳戶，我的經紀業務因此而拓展開來。這是天時地利所造就。

——你從什麼時候開始用自己的帳戶從事場內交易？

B　一九七九年。

——你可曾打算放棄經紀業務，專心從事交易？

B　事實上正好相反。我是當經紀人出身的。從一九七九年到一九八一年，我爭取到不少大客戶，當時我們成了市場的主力。我最糟的決定之一，可能就是去當了交易者。我在二十幾歲的時候，曾經是一名相當成功的經紀人，如果堅持到底，我還是可以達到今天的成就，且免受因交易而招來的痛苦。我認為交易實在是一種無趣又無益的遊戲。

——你這麼說真是奇怪，因為你遠遠比大多數交易者成功。

B　我的意思是說，如果當個經紀人，我想我應該能夠取得更高層次的成就吧！我是一個相當不錯的經紀人，我認為經紀人的工作適合我的個性。

——既然如此，你為什麼還要從事交易？

B　我會開始從事交易，是因為我的客戶勸我說：「你既然如此瞭解市場，為什麼不自己交易呢？」起初我無動於衷，可是經過半年之後，我終於把持不住而開了葷，從此愈陷愈深。

——你還記得你的第一筆交易嗎？

B　我第一筆交易是做多，賺到了一些錢。然後，我做了一筆多債券、空吉利美的價差交易，這幾乎就是一個多頭部位。可是，市場行情卻開始下滑，害得我賠上老本，外加五萬美元。我當時靠經紀業務每個月可以賺五萬美元，等於我那個月破產。我難過極了，於是開始減量經營，交易也不如以往積極。第二筆交易發生於一九七九年的空頭市場，我的問題在於一直堅守我的多頭部位。

——你為什麼會做多？

B　因為我的客戶不斷告訴我，利率不可能再上揚了。[3] 比如說，我不斷收到花旗銀行的買單，因此我認為花旗銀行顯然看好公債市場。

——假如你今天遭遇到相同的情況，你會怎麼處理？

B　我現在知道機構投資人在債券市場上做多或做空，其實各有不同的理由。以花旗銀行為例，當時我看花旗銀行買進，我才跟著買進。現在，如果我看到花旗銀行買進，我會認為該銀行可能正在重新配置資產，或者調整投資組合的到期日。如今，我不再這麼看重特定投資組合經理人的觀點，因為他們考慮的期間往往比我所考慮的更長。當時我還不明白這個道理。

——所以，你現在已經不是太在意這類看法了？

B　我只是聽聽。我已經不再閱讀《巴倫》（*Barron's*）的投資組合經理人訪問。那些內容對我沒有多大作用，我想對任何一個交易者都是。

——換句話說，當時你的問題不在於聽信別人，而是你聽信了不該相信的人？

B　我當時根本不知道應該聽信誰的話。那時候，我只是一個天真的毛頭小子，我唯一想到的事就是：有位大客戶要買進，看來行情應該會上漲。

3　利率上揚，債券價格就會下跌。債券價格和利率的基本關係是：如果利率上揚，就表示低利率債券對投資人的吸引力大減，因此為了吸引投資人購買這些低利率債券，就必須降價，使其報酬能與新發行的高利率債券相當。

——你早期的交易既沒有策略，也沒有計畫，更別說系統了，簡直就是漫無章法。

B 是的。不過隨著時間與經驗的累積，我也有了一些長進。後來，與其想著「我有個看法，我想要在市場裡表達我的意見」，我開始自問：「我應該如何從這個市場賺錢？」

——你後來學到什麼？

B 我終於瞭解別人的意見並不一定都是正確的。更重要的是，我應該要學會透過觀察市場來從事交易。我成了一個反應市場的交易者，而不是一個發表意見的交易者。

一九八〇年，所羅門兄弟公司是我的客戶之一，當時該公司在債券市場從六十五美元到八十美元，一路看空。假如我仍然和一九七九年一樣輕易聽信大客戶，我可能就會再度虧得傾家蕩產。

——什麼原因讓你不再相信客戶的看法？

B 就是一九七九年那次聽信別人而告虧損的經驗。

——那麼，你後來靠什麼獲得交易上的成功？

B 我學會了判斷行情，而且也發展了很好的直覺。那時候，我們——我的客戶和我自己——是債券市場的主力，一進場幾乎便能左右行情，我們可以提供支撐或創造反壓。當時要這麼做並不難，因此我們一連好幾個月都不曾虧損過。

——如果沒有了那些客戶，你還能這麼做嗎？

B　我希望可以；我希望這不單只是一種自我期望的實現（self-fulfilling prophecy）。但是，如果真是這樣，也沒關係。我不知道。

——一連數月不虧的情況到了什麼時候才結束？

B　一九八五年，也就是債券多頭市場的中期，我曾經艱難地掙扎過；儘管如此，從交易的角度來說，一九八六年之前我還不曾有過一年虧損。

——你交易獲勝是因為學會了判讀行情嗎？

B　是的，我留意市場變化，而且有很好的直覺。

——聽你的說法，交易者是天生的。

B　就某方面來說，的確如此。我的看法是，擁有準確的直覺並不是交易成功的必要條件，不過有助於交易的成功。

——你說的，是一種感受市場變化的第六感？

B　是的。你的直覺往往會告訴你應該做什麼。

——難道說，沒有這種天生直覺的人在市場上從事交易，都是浪費時間？或者，只要努力，誰都可以成為成功的交易者？

B　努力和交易成功並沒有直接的關係。大約兩週前，我的一位非常精明的員工才對我抱怨說：「這實在是一個讓人沮喪的行業。不論我多努力，都似乎跟交易是否獲利沒有一點關聯。」你必須瞭解自己，並且把這種認知運用到市場交易上。

——聽起來好像陳腔濫調，你所謂「瞭解自己」是什麼意思？

B　我舉個例子，我覺得自己是一個相當不錯的交易者，可是我有一位交易員比我更厲害。在這種情況下，我有兩種選擇：跟他拚高下，或者好好地做我自己，讓他做他能做的，我也做我能做的。

根據多年的交易經驗，我得到一個結論：一年當中你可能會有四個月的交易成績相當不錯，讓你興奮得睡不著覺。你也可能有兩個月的時間根本毫無交易機會，你簡直就無法想像下一筆交易機會會在何時出現，你苦惱得無法入眠。另外的六個月時間，你的交易可能是好壞參半，你難以入眠，總是想著要如何提高獲利。結果就是，你永遠睡不著覺，因為你滿腦子都在想著交易。這太痛苦了，而這也就是你必須瞭解自己的原因——為了好好調整自己的情緒。假如你不瞭解自己，你很可能就會因為一筆大獲全勝的交易而對市場掉以輕心，結果一個不留神又重重地從天上摔到地下。你也可能會因為交易持續虧損而心灰意冷，乾脆跳樓自殺。為什麼我選擇離開場內？那也是因為我瞭解我自己。我需要與人互動，而我在場內不能這麼做。

——場內交易似乎每天都處於非常緊張的狀態，你的身體不會負荷不了嗎？

B　絕對會。你可以從年紀較長的同僚們身上看出這一點。二、三十歲的年輕小伙子可以動如脫兔，身心皆具活力，但當年華老去，體力大不如前時，如果想要維持表現，便得不斷鞭策自己。

——這宛如職業運動選手，到了一定年紀不管怎麼賣力都……

B　沒錯，就是那樣。

——假如有一百個人到場內當交易者，其中有多少人能在五年之內至少賺進一百萬美元？

B　大概只有五位，或許不到五位。

——又有多少人會賠得精光？

B　至少一半。

——你比大多數交易者都要成功，你的成功之道是什麼？

B　我想原因在於我是個好聽眾。我每天大約會和二十五位交易者談話。大部分的交易者都不願意聽你的意見，他們只想告訴你他們的意見。然而我卻不同，我會仔細且誠懇地聽取他們對市場的看法。比方說，假如有一位交易者在市場行情持續上漲時，每三天就打一通電話給我，詢問我對市場的看法，那麼我猜測他一定是在做空，而且對自己所持有的空頭部位感到不踏實。

——這樣的情況透露了什麼訊息？

B　假如跟我交談的其他交易者也跟他一樣，這就表示市場行情可能還會上漲。

——如此說來，假如你跟二十五個人談話，其中的二十個由於做空而對市場行情上漲感到緊張，那就表示你應該做多嗎？

B　是的。我認識很多人，這就是我的優勢。我會聆聽他們對市場的看法，也會跟那些手氣好的交易者站在一起。當然，我也有自己的看法，不過這並不表示我一定會按照自己的看法從事交易。有時候，我知道自己的看法是對的，於是照做。有時候，我知道那些手氣正好的人才是對的，我會跟隨他們的意見。我不在乎我對市場的看法正確與否，重要的是要能賺錢。

——假如與你交談的二十五個交易者當中，有十五個做多，十個做空，你難道不會被弄糊塗嗎？

B　有時候確實會遭遇到這樣的情形。不過，我從一九七六年以來便一直採用這種做法，因為我很早就學會如何從別人的交易情況與談話中汲取訊息。例如，我認識一位交易者，他的交易目前正陷入低潮，做什麼虧什麼；他昨天才告訴我，他要做空，光聽他這句話，我就知道自己應該做多。

——只要他的手氣還是一樣糟？

B　沒錯。當一個人手氣很糟的時候，他一定做得很糟。你不能跟他說：「你手氣太糟，你別交易。」你必須讓他們繼續試手氣。

——解讀其他交易者的行為，是你目前個人交易方法中的關鍵元素嗎？

B　是的，我很有彈性。我認識這些人，所以我知道如何從他們的交易與談話中汲取訊息。我不會聽取傑克．史瓦格告訴我的事，因為我不認識他。我只跟我熟悉的人談論市場。

——你認為還有什麼因素促使你成為一名成功的交易者？

B　當一個人沒有患得患失的心理時，通常會做得比較好。求好心切時，反而會諸事不順。

——你所謂「求好心切」，是否指即使沒有好的交易機會，也硬是要進場交易？

B 是的。這也就是我會放下交易，與你談這麼久的原因。最近幾週的市場行情不太理想，我很慶幸沒有在這時候把大筆資金投入市場。

——這麼說來，只要沒有適合你的交易機會，你就會站在一旁等待？

B 不要太高估我，其實我並沒有這麼高明。不過隨著年歲的增長，我累積的交易經驗也愈來愈豐富。這麼多年來，我已經得到不少教訓。我記得理查·丹尼斯（Richard Dennis）曾經說過：「我離開交易廳後自立門戶的第一年，是我最痛苦的一段日子。我在那一年不知道付出了多少學費。」這也正是我的寫照。

——你在場內表現得很好，為什麼要出來呢？

B 我感覺市場交易已經發展到不再需要我的經紀技術的程度了。所有人想知道的不過就是：「下一檔往哪裡跳動？」「大規模部位該怎麼做？」人們為我的特殊技能所支付的代價太低了。

——你指的是經紀業務嗎？

B 經紀業務和交易都是。市場的交易量變得太大了，以致我做波段交易的方法不再有效。現在，我甚至必須預測下一檔的跳動，而不是未來八檔的跳動。

——你為什麼不能運用相同的方式？

B　如今成交量與資本額都變得太大，使我無法在場內掌握市場動態。

——這是因為市場作手愈來愈多所致嗎？

B　一點也沒錯。在公債期貨交易問世的初期，市場並不大，而且很淺，你隨時都可以掌握市場是否超買或超賣，現在就辦不到了。

——你是否因為績效開始下降，而看到了不詳的預兆？

B　一九八五年，我第一次賺少於一百萬美元，因此我感覺到有些事情不對勁了。我一直以來都是一個穩定獲利的交易者，報酬逐年增長。我仔細研究了我的交易，發現我的獲利減少，虧損則增加。我的第一個反應是：提高在場內交易的頻率。我發現我開始承擔無論是規模或風險報酬比都全然不合理的部位。就在那個時候，我才確信我需要改變。

——那一段時期，你並沒有因為某一筆交易而遭受嚴重打擊，這是因為幸運嗎？

B　其實，我有好幾次被修理得很慘，不過中間也有一些成功的交易。重點是，我發現自己即使再努力，這一切也不過就是在原地踏步。我不想投入太多心力在交易，因為那只會耗損我的心智與健康。

——如果你的表現一直都很好，你會不會繼續留在交易廳內？

B 會。交易廳是一個非常振奮人心的環境。一旦離開了，你每一天都必須強迫自己提起動力。這是一個艱難的轉折。

——場外交易總是比較困難嗎？

B 長期而言並不見得。像我在一九八七和一九八八的獲利就不錯。

——你曾經提到，從經紀人改行當交易者的第一年十分辛苦，主要原因是不是因為你仍然以場內交易者的方式從事交易？

B 是的，這是第一個原因。第二個原因則是，當時是一九八六年的大多頭市場，而我的交易方式並不是跟隨市場趨勢而行動，因此註定會失敗。

——現在還是這樣嗎？

B 不。我已經有所改變，做得也不錯。我仍然善於從事逆向操作，可是跟隨市場趨勢的交易方式也可以賺很多錢。

——你是否使用交易系統？

B 不，我們是「自由心證」交易者。技術指標與系統只是我們的工具。我們開發的其中一個有意思的系統，跟市場的波動變化有關。我們相信，波動率是趨勢方向的提示。雖然我們在歷史回測中發現這套系統提供了相當理想的訊號，我們仍然不會盲目根據系統做交易。

——以電腦化自動交易系統而言，你認為每年的平均投資報酬率必須達到什麼程度，才稱得上是好系統？

B 大約四〇％至五〇％，耗損則維持在一〇％以內。

——但交易系統的最大耗損往往高於這個水準。

B 這就是我從來不採用系統交易的原因。

——你認為交易系統的績效能和傑出交易者相提並論嗎？

B 我還沒看過這樣的系統；或許真的存在，只是我還沒遇上。

——有些交易者在技術方面相當純熟，可是卻難以成功，你認為其中原因是什麼？

B 大部分交易者失敗，都是由於自尊心太強，無法承認自己所犯的錯誤。有些人即使在入行初期能夠承認自己的錯誤，卻在成為資深交易者之後就再也放不下面子。另外，有一些交易者無法成功，是因為他們害怕遭受虧損。

——換句話說，交易要成功，重點在於避免虧損，而不是害怕虧損？

B　這是很好的說法。我就不怕虧損。如果你一開始就害怕虧損，那就完了。

——能夠坦然接受失敗與虧損，就是交易者獲致成功的條件之一嗎？

B　是的。湯姆．包得文（Tom Baldwin）便是個很好的例子。他絕對不會說：「老天！我現在有兩千口多頭合約，太多了，我得趕快賣出一些。」他只會在行情上漲過多，或者持有部位錯誤時賣出。他絕對不會因為擔心自己所持有的部位太大而賣出。

——在你多次的交易中，哪一筆交易最戲劇化？

B　一九八六年，日本人幾乎壟斷了長期債券市場。某個週一上午，債券行情在預期心理下大漲。我當時認為行情在九十時就已經過高，因此當價格超過九十一時，我就開始分批放空，賣出一千一百口合約，後來行情又回跌到九十一，我想這筆交易應該沒問題了。然而，就在不到五分鐘的時間內，行情又呈現反彈，上漲到九十二。

我的帳戶已經虧損了大約一百萬美元，而且行情距離漲停板只有幾檔。我從來沒有在這麼短的時間內遭受如此慘重的損失。我想這是因為我在這筆交易中的行事作風與平常不同所致。

——你平常的行事作風是什麼樣子？

B 我通常不會在每年的年初從事大規模交易。我比較喜歡在開始時採取細水長流的模式，一次賺一點，到後來再用之前賺到的錢來從事大筆金額的交易。

——顯然，你的資金管理哲學是：把每一年都當成重新開始。

B 沒錯。我在高點時又賣出了一些，但從那一刻開始，我只想著該如何回補。我耐心地等待，直到市場開始回檔。最後，我當天只賠了四十萬美元，沒有原本以為的那麼嚴重。但是，這筆交易對我的情緒造成強烈衝擊。我已經被市場嚇呆，因而忘了市場大有可能頭也不回地持續上漲。我不敢相信自己當時怎麼會錯得那麼離譜。

——你前面提到日本人壟斷了長期債券市場，那是什麼意思？

B 當日本人要買東西時，他們會買下整個市場。這是美國人第一次看到日本人買進證券的情況，他們把全部都買下來了。

——這就是導致債券行情上漲的原因嗎？

B 是的。

——如此說來，日本人顯然不在乎長期債券收益率過低？

B　我想他們根本就不在乎收益率，他們只在乎行情是否上漲。如果會上漲，他們就買下來。然而，每當他們買進，行情就會上漲，結果他們又再買進。

——債券市場後來又告重挫，日本人是否及時出場？

B　當然。你知道是誰在最高點買進而慘遭套牢嗎？是美國交易者。因為他們在行情上漲時一路放空，最後卻不得不再一路回補。

——日本的交易者比較聰明嗎？

B　不，那只是他們的交易風格。他們屬於猛衝型，只要有部分交易者帶頭做多，他們就一股腦兒地跟進。我有個在日本券商工作的朋友告訴我一則真實故事，有位日本交易者幾乎買走螢幕上看得到的所有長期公債，十五分鐘後打電話回來問：「為什麼公債現貨和期貨的價差縮小？」這位日本交易者真是天真得可以，沒有注意公債現貨價格在漲，而公債期貨沒什麼動。我的朋友告訴他：「所有公債都被你買走了，現貨與期貨價差當然會縮小。」日本交易者不知道他們的交易對市場的影響。

一九八七年日本人在美國股市的作風，和一九八六年在債券市場如出一轍，他們控制了股市，因為股價繼續上漲，所以他們就一路買進。

我實在無法原諒自己沒有在一九八七年買進股票、賣出債券。如果當初這麼做了，必定就成了那一年最了不起的一筆交易。

——這是根據債券已上漲而股市未上漲的推理嗎？你相信這兩個市場的價格已脫離合理價值了嗎？

B 沒錯，而且我也知道日本人正在買進美國大型股。如果瞭解了日本人之前買賣債券的作風，市場情況就更加一清二楚。

——那你為什麼沒有採取行動？

B 當時標普指數期貨和國庫券的價差合約，每口介於一萬九千美元到兩萬五千美元之間。我那時休假四天，而日本人投入股市沒幾天，價差合約就上漲到了三萬美元。

——你既然有看法，為什麼不在休假前進場？

B 我必須等價差突破那時的交易區間，我要在價差超過兩萬六千美元時買進；但價差高達三萬美元時，我實在買不下手。

——你服膺的關鍵交易法則是什麼？

B 遭逢虧損時，千萬不要加碼攤平。

——一般交易者通常錯在哪裡？

B 交易過量，渴求小道消息。

——你在連續虧損時，會如何自處？

B 我會減量經營，有時候則乾脆暫停交易。擺脫過去、重新出發，是一個好習慣。

——當交易不順手時，你會不會把手中一些還不錯的部位也一起拋出？

B 當然，因為這些部位最後也一定會變得對我不利。

●●●

我發現，雙重交易以及日本人如何影響美國債券市場，是布萊恩．吉爾伯的訪問中最有意思的部分；不過，這些內容並沒有提供太多關於交易技藝的洞見。比較具有實質意義的是，吉爾伯指出投資人經常誤用經紀人所提供的分析資料。他強調，投資人往往會用經紀人所提供的長期分析資料來從事短線交易。在這種誤用資訊的情況下，即使資訊正確，也往往會導致交易虧損。

彈性，以及壓抑自我，顯然是吉爾伯成功的兩大要素。提到那些炙手可熱的交易者，他說：「我會聽從他們的意見與看法……我對市場的看法是否正確並不重要，重要的是我能不能靠交易賺錢。」

最後，吉爾伯面對連續交易虧損的反應，與其他成功的交易者類似。他建議投資人要「擺脫過去、重新出發」。即使手中還有一些不錯的部位，也要趕快脫手，「因為這些部位最後一定也會變得對你不利」。其實，只要能恢復交易的信心，你隨時都可以東山再起。

Chapter 15

湯姆・包得文

Tom Baldwin

大無畏的場內大戶

大無畏的場內大戶

期貨市場的交易廳是一個令人難以忘懷的地方，每天有數百位場內交易者在其中相互推擠，並竭盡所能地喊進喊出。對門外漢而言，這個如此混亂的機構竟然高效發揮著執行交易的功能，實在讓人不可思議。以債券期貨市場的交易廳為例，場內就有五百名以上的交易者在其中活動，而且每個都是毫無所懼的巨人。交易廳之大，往往在這端發生的事，另一端根本毫無所悉。

湯姆．包得文（Tom Baldwin）可以說是債券交易廳內進出金額最大的交易者。他的交易規模甚至可以和市場主要的法人機構並列。對包得文來說，一筆交易高達兩千口合約（相當於面額達兩億美元的公債），根本是司空見慣的事。而他通常在一天之內大約會從事兩萬口合約（相當於面額二十億美元的公債）的交易。包得文目前三十出頭，他在六年前才涉足公債市場。

包得文在一九八二年進入場內交易，在此之前，他絲毫沒有交易的經驗。當時，包得文辭去了一家肉類包裝公司產品部經理的職位，在芝加哥交易所租了一個席位。他當時的資本只有兩萬五千美元，除此之外，他每個月還得繳納兩千美元的席位租金，以及負擔每個月至少一千美元的生活費。他的負擔其實還不止於此，當時他妻子懷孕待產。

包得文顯然不是個打安全牌的人。他勇於向風險挑戰的個性，是交易成功的關鍵因素之一。包得文一開始踏入這個行業，便有所獲利；他在第一年就成了百萬富翁，從此一帆風順。包得文拒絕透露他靠交易賺了多少錢，但根據我保守的估計，這個數字大約在三千萬美元左右，實際金額可能更高。

我認為包得文的訪談對這個出版計畫非常重要，因為他可以說是全球最大的期貨市場上最成功的場內交易者。但是，包得文對這項訪問並不太熱衷。雖然他過去曾經接受一些採訪，但顯然不太願意再次受訪。若非布萊恩．吉爾伯（Brian Gelber）的幫助——他們兩人是好朋友，互相讚賞彼此的交易技藝——我根本不可能爭取到這一次的訪問機會。

吉爾伯曾經警告我，包得文和不熟識的人相處時，態度若不是很冷漠，就是極端親切，不過通常是冷漠居多。譬如，吉爾伯告訴我說，包得文在面對「你是如何進入交易這個行業」之類的問題時，標準的答案很可能是：「我進入了交易廳，然後就開始做交易了。」根據這次訪問的結果來看，包得文有許多答覆與吉爾伯告訴我的相當類似。

我在訪談當天交易收市之後抵達包得文的辦公室。包得文則在我到達之後才進來。由於他剛搬入這間新辦公室，傢俱也都還沒來得及送來，因此我和包得文坐在窗臺上交談。

包得文對我既不冷漠，也不親近，倒可以說是有點心不在焉。我有一種感覺，假如我稍微慢一點提出下一個問題，他很可能馬上就會下逐客令。當天恰好是聖派翠克節，他的同事陸續提醒他待會兒要到當地一家酒館聚會，因此我的這種感覺變得更加強烈。

我看得出包得文急著想加入他們。因此，我決定加快我提問的速度，在他結束前一個問題的回答之後，立刻提出下一個問題。包得文的回答大都很簡短，讓我感覺好像是在為某種稀有鳥類拍照，稍有疏忽，小鳥就會立刻飛走。

我意識到，在這樣的情況下我根本無暇從他的回答中進一步挖掘，而只能提出當初已經準備好的問題。訪談大約進行了四十分鐘之後，我飛快地翻閱資料卡，不幸的是，我找到的是一道之前已提問過的問題。儘管我嘗試從另一個角度提問，但已來不及了，訪問宣告結束。包得文說他必須離開，然後禮貌地向我告辭。

傑克・史瓦格（以下表記為——）你當初如何開始對交易感興趣？

湯姆・包得文（以下表記為T）我在研究所修過一些跟商品交易有關的課程。我一直想從事交易，但是苦於沒有資金購買交易所的席位。到了一九八二年，我發現其實可以租席位，於是就開始踏入這一行。

——你一直都想要以場內交易者的身分入行，從沒考慮過其他交易方式？

T 是的。

——你是如何學會交易的？

T 透過長時間一點一滴的學習。我總是對市場有些看法。我會整天站在那裡觀察市場動態，並發展自己對市場的看法。如果我的看法後來證實是正確的，就算我沒有真正進行交易，那個觀點也就被強化了。我每一天站在那裡六個小時，從不間斷，而最終我的大部分看法都被證實是對的；於是，我開始交易。我在市場上發現相同的情境一再重複。

——你指的是市場的型態，或交易者的一些行為？

T 兩者都是。市場型態會一再重複，而市場作手也會一再重複相同的動作，你只需要針對這些現象交易。

——你最初幾個月的情況如何？打從一開始就獲利嗎？

T 我想，我最糟的交易下跌了十九檔，所以我幾乎從一開始就獲利。

——你在從事交易之前，似乎絲毫沒有交易的背景，你以什麼優勢在市場裡獲利呢？

T 我很努力工作，每天會花六個小時的時間待在交易廳內，從不中斷。

——可是，你並沒有任何交易的經驗。

T 其實不需要。你也不需要任何有關交易的訓練。所謂「聰明反被聰明誤」，知道愈多，牽掛愈多，也就無法隨心所欲地進行交易。

——你的交易型態大部分都是所謂的「搶帽子」，你每進場做一筆交易時，追求的是什麼呢？

T 能拿多少，就拿多少。我買進與賣出也許只相差一點點，甚至只有一檔。你永遠不可能先知道。你必須觀察市場、感受市場，然後在對的時機進場交易。

——平均來說，你每筆交易的買進與賣出價格之間只差幾個跳動檔？

T 是的。就較大的部位來說，大概在四檔之後我就會獲利了結。

——這麼說來，你每個部位所持有的時間應該都很短。

T 是的，我會盡量縮短。

——短至以分鐘來計算嗎？

T 是的，有的時候只有幾秒鐘。這麼做的目的只是在於：盡量降低風險。

——你一直是一個搶帽子的交易者嗎？

T 我已經從單純的帽客，轉變為兼具帽客與投機客性質的交易者。

——相較於搶帽子交易，你的部位交易占了多大的百分比？

T 很小，不到一〇％。

——所以，你至今的交易風格跟當初入行時並沒有什麼差別。

T 是的。

——你運用技術分析來從事交易嗎？

T 是的，我會使用走勢圖。

——既然你的交易都屬於短線進出，你應該是使用盤中走勢圖吧？

T 不。我使用的是過去六個月的價格線圖。

——如果你看了圖表之後對自己說：「基本上我看多。」接著你的搶帽子交易就會以做多為主嗎？

T　未必，我一開始自有定見，但如果事情的發展非我所料，我也會隨機應變。

——先從走勢圖獲取基本的行情多空立場，就是你致勝的關鍵因素嗎？

T　是的。

——你也有賠錢的時候嗎？還是說，你的表現一直都保持穩定呢？

T　我一直都穩定獲利。

——你曾有過單月虧損嗎？

T　有，一、兩次吧。

——連續兩個月呢？

T　從來沒有。

——有多少比例的人能在場內從事交易五年之後，不被淘汰出局？

T　不到二〇％。這是我根據經驗的估算，真實數目可能更低。

——其中又有多少比例的人能夠成功賺取一百萬美元以上呢？

T　一％。

——換句話說，只有極少數的場內交易者能夠成功。

T 是的，就跟其他行業一樣。你想想，有多少人能當上通用汽車公司的總裁呢？

——你認為這一％的場內交易者與其他九九％的場內交易者，兩者之間區別何在？

T 兩者之間的區別在於努力，還有堅強的毅力。另外，在我們這一行，你必須先把金錢的顧慮拋到腦後；也就是說，你不能為了金錢而交易。

——你是說，只要你覺得手中某個部位的前景看好，你就會堅持下去？你不會去想：「我在這筆交易上已經賠了一百萬美元，這一百萬美元足夠我買一棟豪宅啊！」

T 正是如此。不過，大部分的人都會這麼想。

——我想，另外一種說法就是：你比較沒有患得患失的心理。

T 是的。

——沒有患得患失的心理，是交易者成功的主要條件之一嗎？

T 是的。

——你能看出一個新進的場內交易者是否會成功嗎？

T 可以。

——你會根據什麼來判斷他日後可能是一個輸家？

T 最重要的是，輸家絕對不夠努力。大部分的新進交易者總認為，任何一筆交易的獲利與虧損的機率都是五十對五十。他們不會思考如何增加獲勝的機率。他們不夠專心，不肯注意影響市場動態的各項因素。其實你一眼就可以把他們認出來，他們的面前就好像立了一道牆。

——你所謂影響市場動態的各項因素，指的是不是基本面的因素？

T 不只如此，還包括其他市場的動態，例如道瓊工業股價指數與黃金市場等。還有，觀察場內的交易者。

——型態？

T 是的。

——換句話說，他們不夠用心，總是這邊做一筆交易，那邊做一筆交易，卻沒有在這些交易裡吸收任何東西。

T 是的。還有，他們的開銷通常都太高。他們無法長久地站在那裡參透行情。就像任何工作，只要你站得夠久，你就能學會。重點只是在於多久，以及你是否撐得下去。

——你真的這麼想嗎？

T 是的。一般交易者也許很難賺進百萬美元，但只要他能夠堅持五年，離百萬美元的目標也不會相去太遠。這就和任何工作一樣，你剛接受一份工作時，不可能打從一開始就是輕鬆舒適的。

——但你可以。

T 是。但我是從單口合約開始的。而且我也不是真的那麼輕鬆，因為我必須賺錢。我的資產只有兩萬五千美元。

——到了什麼時候，你才真正有信心自己可以成功？

T 這是個有趣的問題。在這一行，你永遠不可能真的有信心，因為你隨時都可能被掃地出局。我交易的方式是：活在劍上、死在劍下。我永遠有可能因為市場走勢對我不利而被套在某個大部位裡。但在另一方面，我也從不懷疑，我隨時可以走進市場，然後賺錢。

——你的虧損日占所有交易日的比例是多少？

T 大概每十天就有一天是賠錢的。

——這個比例會隨著時間而改變嗎？

T 已經維持很長的一段時間。

——從你的觀點而言，你認為一般交易者最常犯的錯誤是什麼？

T　他們交易的次數太頻繁。他們不會慎選適當的交易時機。當他們看到市場行情波動時，就想進場交易，這無異於強迫自己做交易，而不是主動地耐心等待交易良機。耐心是成功交易者的重要條件，也是許多人所欠缺的。

——你是說，要耐心等待交易良機的到來？

T　是的。我敢打賭，大部分人在他的頭五筆交易中，都有可能會獲利。因此他們可能就會認為：「交易實在太簡單，根本只賺不賠。」可是他們忘了，交易能夠獲利，是因為他們在進場之前，已經耐心地等待多時。一旦獲利之後，他們就會對交易掉以輕心，而且交易次數也變得更頻繁。接下來，他們會有幾筆交易遭遇虧損，卻因為沒有應付虧損的經驗，於是變得比較猶豫：「我是否該出場？」然而，就在他猶豫的時候，市場行情仍在繼續波動。於是他們便會開始擔心虧損的資金。他們會說：「假如我現在賣出，就會虧損一千美元。」對一個週薪五百美元的人來說，他們當然不想賠一千美元。總之，到了這時候，他們一心所想的就只剩下錢的問題了。

——你是說，只要一想到錢的問題，他們就完了？

T　是的。這就是投資大眾的普遍狀況。

——你又如何面對虧損呢？

T 出場。

——迅速出場嗎？

T 如果可以。重點是，我有極大的耐心可以等待。如果我知道這是一筆賠錢的交易，我就等待我認為最適當的出場時機。然後，我會嘗試轉向。

——你是說，假如你已確定捨棄這筆交易，你就會出場，不過你會挑選出場的時機？

T 沒錯。我會等，但一定會出場。

——假設市場走勢完全不回頭，你會在哪一個時間點出場呢？

T 這取決於市場往對你不利的方向走了多遠。如果已經延伸得太遠，你總得在某個時間點逃脫。這種情況在一年當中大概會發生三、四次。

——你通常都會知道該怎麼做？

T 是的，因為這種事情過去發生過。

——不過，如果你的虧損不多，你最好先別急著認賠出場，而是等待市場再次往對你有利的方向移動一些，然後在下跌時買進，或上漲時賣出，是吧？

T 是的。

——這是你交易風格的主要特色之一嗎？

T 是的。不要輕言放棄任何一筆交易。有許多交易者在遭逢虧損時，會急著出場，因為他們當初接受的訓練，就是要遵循紀律原則而盡快停損。然而，如果他們多忍耐一下，甚至只要幾分鐘，也許原本只能在七美元賣出的部位，就可以賣到十美元。

——你是說，他們急著賣出，只是為了盡快脫離痛苦？如果他們願意多忍受痛苦，結果會更好，是嗎？

T 是的。他們往往放棄得太快。在大多數情況下，如果你能堅持久一點，虧損的規模可能會因此而減少。

——你目前的交易規模比你當初進入這個行業時擴大了許多，這會不會導致交易變得比較困難？

T 會，你要自我調整。市場不斷變化，你必須隨著市場的變化而調整買進與賣出的方式。

——你認為債券市場自從你入行以來發生了什麼變化？

T 如今，你可以做規模比較大的交易。現在我在每檔行情中，都可以從事數百口合約的交易，而不至於對市場造成太大的影響。

——如果是數千口合約呢？

T　這必須要以市場當時的流動性來判斷。大多數時候你都可以出場。有時候，當你要出場時，市場的流動性往往高得讓你驚訝。

——一般來說，如果你在市場上拋出一千口合約，對市場行情的影響會有多大？

T　大概會使行情移動一、兩檔。

——就這麼多？

T　是的，就這麼多。

——既然流動性那麼高，交易規模還會成為你的阻礙嗎？

T　是的，會變得比較困難。一般來說，當你掛進一筆相當大的部位時，場內的其他交易者都會知道，因為他們根本就是站在交易廳裡看著你交易。至少他們會以為他們知道。他們會靜待你出錯，然後趁機進場。投機是交易者的天性。

——我想，因為你的長期成功紀錄，他們更會緊緊地盯著你。

T　大致上是如此。這種情況讓我難以進出。當你想賣出時，他們也會跟著立刻賣出。

——你如何應付這種狀況？

T 你必須挑選時機。你要等待大單子進來，然後趁機做自己的交易。

——就像在下棋，你讓場內的人誤以為你正在賣出，而實際上你正在買進？

T 是的，有時候會這麼做。但一般來說，這種方法無法讓你做太大的規模。

——所以，當你想出脫手中的多頭部位時，你就等待買單進來？

T 是的。

——閱讀走勢圖時，你關注的是什麼？

T 一些關鍵價位，比如本週行情的最高點與最低點；還有支撐和阻力價格，以及盤整區間。

——使用圖表時，你著重於短期或長期的分析？

T 短期。

——你所謂的短期是多短？

T 我想是愈短愈好吧！我進場做一筆交易，總是盡可能在最短的時間內獲利，並且把風險降到最低。

——我發現，債券行情總是會突破一、兩週以來的高點或低點，然後又折返。這種價格行為對於尋求價格突破的交易者而言是個陷阱。這就是債券市場的型態嗎？

T　是的，經常如此。

——你是否使用基本分析？

T　只要公布重要的基本面數據，我都會納入分析。

——你是否以間接的方式使用基本面資訊，也就是說，觀察市場對新資訊的反應？

T　是的。但我也會搶先依據新的基本面資訊做交易。某個數據一旦公布，我就會知道應該怎麼做，而我通常也有機會成為最早執行的人。

——你想搶在群眾之前執行交易。這類交易通常都能獲利嗎？

T　是的。

——你做過數萬筆的交易，有哪一筆是令你難以忘懷的嗎？

T　我第一筆一百口合約的交易，那筆交易對我來說是一個里程碑。

——為什麼？

T　因為一般人的交易規模通常都是從五口合約增加到十口合約，再從十口增加到二十口，再到五十口。

——這麼說來，你是從五十口合約一躍而到一百口，是嗎？你還記得那一筆交易嗎？

T　是的。這筆交易的風險相當大。當時，市場以六四・二五點的價格交易。有一位經紀人以該價位叫進，可是他並沒有說明要買多少口合約。我在一旁大叫：「賣！」結果那位經紀商看看我，以為我在開玩笑。他說：「我可是要買一百口啊。」他知道我從來沒有進行過如此大規模的交易。於是我對他說：「我就賣你一百口。」我才剛說完，市價就跌到六四．二四。

——如此說來，你的第一筆一百口合約交易根本就是冒險。

T 可以這麼說，當時我只是一名小交易者。之後我立刻開始以每次十口合約的速度回補。我想出價六四．二三，但市場已經跌到二二。一直到我完全回補，這筆交易總共涉及了十個不同的人，因為我當時根本不懂得如何一次回補一百口合約。

——不過這筆交易最後還是讓你賺錢了？

T 是的。交易廳內立刻傳出，有個小戶剛剛做成了一百口合約。收盤後，我還得跟清算公司談這筆交易。

——當時你從事交易有多久了？

T 六個月。

——還算是新手。我想你當時的資本根本不足以承擔一百口的交易吧？

T 是的。我當時只賺了十萬美元。甚至可能更少。

——即使有十萬美元，你也承擔不了這筆交易的波動。

T 是的，只能允許一個點的跳動。（在債券市場，一個點等於三十二檔（最小的價格跳動單位。））我告訴他們：「看吧，我剛剛做了一筆了不起的交易，但我大概不會這麼做了。」

——直到你下一次做一百口的交易，又隔了多久？

T 兩天。

——當時你難道不曾思考過風險的問題嗎？

T 沒有。我當時只想：「這是一筆好交易。」於是我就舉手說：「賣。」

——作為一個交易者，難道你不曾這麼想：我最好小心一點，才能長久在這一行生存？

T 那都是後來才有的想法。

——一切總是在你的掌控之中嗎？是否經歷過失去控制的時候？

T 有一些交易日，我的確失控了。

——有哪些值得一提的經驗？

T 有好幾次。任何一個虧損好幾百萬美元的交易日，都值得一說。

——那都是碰到了單向交易市場嗎？

T 是的。我是造市者，因此必須站在趨勢的反方向。所以，當市場單向移動五十檔時，我必定站在錯誤的方向，而且有時候會因此而賠錢。

——一九八七年十月債券市場行情跌到七十六點低點時，你做多還是做空？

T 做多。

——你是從什麼時候開始做多的？

T 比七十六點高出五點的時候。

——高出五點！你是指八十一點？

T 是的。當天行情跌破七十七點，而我手中卻有數千口多頭合約。其實當時還有許多交易者都持有大筆多頭部位。

——當天市場行情大幅重挫，是誰在做空呢？

T 當時商業銀行不斷在放空。

——你猶豫嗎？

T 是。

——你當時可曾想過，既然市場行情已經跌到七十六點，或許接下來還會再下跌到七十點？

T　沒有。以當時情況來判斷，七十六點已經是谷底了。

——為什麼？

T　這是我根據技術分析與經驗而得到的結論。

——你說過，即使原本的交易錯了，你還是會耐心等待適當的出場時機；這就是其中一個例子嗎？

T　對。

——你可曾使用交易系統？

T　沒有。一定會出錯。

——你認為使用交易系統只會導致虧損嗎？

T　是的。你知道為什麼會有交易系統的存在嗎？

——為什麼？

T　因為一般人對自己的能力缺乏信心。如果你真的有一套萬無一失的交易系統，你大可以自己用來賺大錢，又何必以一套二九．九五美元的價格出售呢？

——你覺得運氣與交易有關嗎？

T　交易其實就和其他工作一樣，你必須努力、專心投入，然後創造自己的運氣。我的運氣不錯，第一次做一百口合約的交易就相當成功。但是，我為什麼會那麼幸運呢？因為我六個月以來每天都在交易廳裡觀察市場、感受市場。當機會出現時，我毫不猶豫地去掌握。

——你必須為運氣付出代價。

T 對。

——是否有些場內交易者其實並不怎麼高明，可是卻正巧碰上了幾筆相當不錯的交易而獲利？真的有人會這麼幸運嗎？

T 即使有，他們的運氣也不會維持長久。根據場內交易者適者生存的法則，只要你能夠堅持一年就會獲利，可是要堅持一年不是一件簡單的事情。

——你的交易是否被哪一些你所敬佩的交易者所影響？

T 喔，有的。這些人可以說是我的交易指標。

——這麼說來，這應該也算是你的交易策略之一了。比如說，某位交易者相當高明，當你考慮賣出手中部位時……

T 假如他也賣出，你就知道自己的決定是正確的。

——假如他買進呢？

T　那麼，你就應該多考慮一下。也許你應該考慮不要做這筆交易。

——有些交易者無法成功，原因是否在於他們過於自我，不願意採納別人的看法？

T　是的。

——你能夠成功的一部分原因在於你不會自以為是，剛愎自用，是嗎？

T　是的。追求成功的過程中，你必須不斷調整心態。當你的交易開始獲利後，你可能會自以為永遠不會遭逢虧損，或者忘記了自己的成功不過是各種微小的因素聚合而造就的。當你以為自己在市場上已經所向無敵，那你就完蛋了。

——這麼說來，制訂交易決策是出自於自己的看法還是別人的意見，並不重要。重要的是你這項決策是否能獲利？

T　沒錯。

——想成為一個成功的交易者，一定要在某種程度上成為一個利己主義者嗎？

T　其實，最優秀的交易者沒有自我。要當一個成功的交易者，應該把自我縮小到足以對自己的交易能力具有信心的程度就可以了。賠錢時，你不能讓自我與自尊心矇蔽理智；你應該把自尊心放在一邊，放棄該筆交易。

——達到如此成就之後，你會不會認為再多的錢已經沒有意義，因此考慮把帳戶變現之後離開市場？

T　我不曾這麼想。當我入行時，我顯然必須賺錢養家，但我從來沒有設定一百萬美元之類的目標。我只是想：「嘿，這太棒了，或許我可以賺個十萬美元。」

——這麼多年過去了，你現在有了其他的目標嗎？

T　沒有。

——你仍繼續做這些事，只是因為你樂在其中嗎？

T　是的，而且我希望未來一直都這樣。

•••

包得文在交易方面的驚人成就，使他成為這本書理想的採訪對象。不過，我並不期望他的談話對我以及非場內交易者能帶來多大的幫助。畢竟，分秒必爭的場內交易者，與持有部位長達數週、甚至數月之久的交易者，本質上終究不同。

令我驚訝的是，這次訪談的內容仍具有一些參考價值。其中最重要的也許就是：不要以金錢論斷交易的成敗。對他而言，金錢只是從事交易的一種計算工具。可是，大部分交易者的觀念與他相反。多數人都是以金錢來衡量自己的成敗，這樣的態度會對交易決策造成干擾。

舉例來說，假設你以五千美元從事一筆交易，後來卻虧損了，帳戶只剩下三千美元。在這個時候，假如你以金錢來衡量這筆交易（例如，你想到虧損的那兩千美元，足以讓你去度假），那麼就算你對那筆交易仍具信心，你還是會拋出手中部位。因為對某個部位失去興趣而出脫，這是一回事；因為你把部位虧損換算成實體價值，最終承受不了而出脫部位，那則是另一回事。

包得文提出了另一個有違常識的有趣觀點：交易遭逢虧損時，不要急於出場，應該多等待一陣子，再選擇最有利的出場時機。包得文的這個觀點與一般的交易原則不大相同。遭逢虧損時應該盡快認賠殺出，這才是成功之道——難道這不是市場裡的老生常談嗎？然而，我不認為包得文的觀點與這項原則相抵觸。包得文要強調的是，在市場行情波動最劇烈的時候，並不適合出場，只要你能多堅持一會，也許可以找到一個對你更有利的出場時機。當然，這項原則應該只適用於能夠遵守紀律、確實執行風險控制策略的交易者。

Chapter 16

東尼・沙利巴

Tony Saliba

「一口」決勝

「一口」決勝[1]

東尼・沙利巴（Tony Saliba）一九七八年來到芝加哥選擇權交易所（Chicago Board Options Exchange）的交易廳任職。做了半年的文書工作之後，他躍躍欲試，想自己下場。他找到另一位交易者願意支援五萬美元，但他在初嘗甜頭之後，幾乎把自己搞垮。幸好他及時轉變交易方式，才從災難邊緣挽回；從此以後，他就一直做得很成功。

沙利巴的交易風格，可以說是如履薄冰，而且善於利用曇花一現的良機。他的大多數財富就是靠著少數幾次這樣的機會而來。其中的兩次機會，也就是特勵達（Teledyne）公司的股價暴漲和一九八七年股市崩盤，都將在這個訪談中提及。

沙利巴的交易成就受人矚目，不只是因為他在幾次交易中大賺特賺，更因為他在交易過程中總是能夠控制風險而贏得利潤。事實上，沙利巴一度創下連續七十個月單月獲利累積超過十萬美元的紀錄。有一些交易者可能大賺了幾票而成為百萬富豪，但其中極

1 不熟悉選擇權的讀者，可以先閱讀本書的〈附錄二〉，以理解這個章節裡有關選擇權交易的內容。

少數人能夠守成。那些偶爾大賺幾票，而且還能戰無不勝的交易者，確實很罕見。

沙利巴功成名就，自然是下了不少苦功，但他同時也廣泛地分散投資，其中包括投資房地產、軟體公司和連鎖餐飲等等。總體來看，他在其他方面的投資只是小有斬獲，但還是能夠滿足他追求多樣的胃口。

訪問進行的那段期間，沙利巴正在進行他一生中最重要的投資：和一家法國銀行協商，要求對方支援他數百萬美元成立一家大型交易公司，目的在於發掘和訓練新一代的交易者。

沙利巴是很有親和力的人，喜歡接近別人，因此讓人覺得只要短短五分鐘的會面，彼此就能成為知交。看來，他是喜歡和人打交道的人。

在我們會晤之前，沙利巴出了點小意外，在芝加哥選擇權交易所大樓健身俱樂部的大理石地板上滑了一跤。我準時赴約時，他的助理告訴我，沙利巴因為這件意外，早上不能來了。於是我留言給他。那天稍晚，沙利巴就打電話來致歉，並安排幾個小時後見面。

我們在拉薩爾俱樂部（LaSalle Club）的吧檯談話，當時客人不多，不至於分心。起初，我太專注於訪問，沒有注意到吧檯上方有個大螢幕。後來我放輕鬆了，才發現大螢幕放映著電影《保送入學》（*Risky Business*）裡火車上的一幕，性感女星狄摩妮正在引誘著湯姆・克魯斯。

我有個壞習慣，總是把訪問安排得很緊密；沙利巴是我當天第三個訪問的對象，因此我後來開始顯得有點左支右絀。我的第一個念頭是：「不要看螢幕，你已經開始分心了。」第二個念頭是：「沒有專注於聽東尼說話，是極端失禮的，尤其他剛剛還因為造成我的不便而向我道歉，還特別重新安排了這次會面。」我的第三個念頭是：「感謝老天，還好面對螢幕的人是我。」

●●●

傑克・史瓦格（以下表記為——）你如何當上交易者？

東尼・沙利巴（以下表記為T）高中時，我曾經當過一些穀物交易者的桿弟。上了大學之後，有一位朋友問我要不要當經紀人，當時我以為經紀人大概就跟我見過的那些穀物交易者一樣，於是便說：「好啊，太棒了，在哪裡？」「印第安納波利斯。」他回答。我問：「印第安納波利斯的什麼交易所？」「沒有，」他說，「用電話。」我原以為這份工作是：「喂，紐約，買；芝加哥，賣。」等我到了印第安納波利斯，才發現自己當的是業務員。

幾個月之後，我問辦公室裡的人：「這個行業裡誰在賺錢？」他們說，你必須到交易廳才會賺錢。我當下立即決定要到芝加哥選擇權交易所去找工作。後來，我在交易廳裡碰到以前我替他背桿袋的一位交易者，他資助了我五萬美元。

——給過去的一名桿弟五萬美元，那不是很不尋常嗎？

T　的確是，不過他是個有錢人，因為高血壓不想幹了。他擁有一個只用了一萬美元買來的席位，需要有人幫客戶交易，而我能幫他達成所願。

——他為什麼認為你可以成為交易者？

T　他在交易廳聽說過我是個幹勁十足的職員，基本上他想試試看我成不成器。

——後來呢？

T　我在兩週內就把五萬美元增加到七萬五千美元。我把資金全都押注在波動價差（Volatility Spreads）交易（一種選擇權部位，因市場波動率提高而獲利），結果我押對寶了。

——你可曾想過「小子，這太容易了」？

T　那時我的想法是：「沒問題，搞定了。」我的意思是，我覺得自己很天才。但我所做的，其實是和其他經紀人反向操作；當他們獲利出場時，我則繼續持有。當時是一九七九年春季，隱含波動率（implied volatility）很大，因為一九七八年的市場波動極劇。後來，市場原地踏步，波動率劇減，選擇權價格崩盤。六週內，我幾乎被洗劫一空。原來的五萬美元只剩一萬五千美元。當時我真想自殺。你記得一九七九年五月有架 DC10 客機在芝加哥歐海爾機場墜機，機上所有人員都罹難？我就是在那個時候跌到了谷底。

——那是不是正好隱喻了你的心情？

T　是的，我真希望自己也在飛機上。我的心情糟透了。我心想：「完了，我的一生全都毀了。」

——你是否因為虧了別人的錢而萌生罪惡感？

T　對，我覺得自己就像個失敗者。

——你一開始信心十足嗎？

T　開始時我滿懷信心，因為我曾經為一位經紀人工作了四個月，自以為學到了他的絕活。

——你認為這場遊戲結束了？

T 是的。一九七九年六月，我覺得自己應該另尋工作。我到李維兄弟公司（Levy Brothers）去，這家公司所經營的連鎖餐廳是我的父親建立起來的。他們告訴我：「你需要工作的話，我們隨時可以讓你管理其中一家餐廳。」我說：「再等一陣子，我想再給自己一個月試試看。」

——有了這個後備安排，你感覺好一些了嗎？

T 是的。我後來告訴自己：「還不壞，我的帳戶還有一萬五千美元。」

——所以，你只是在人生的路途上休息了一陣子。

T 沒錯，這只是我的職涯裡的一個休息站。於是，我決定重返市場，再搏一次。

——你的那一位資助者知不知道你虧錢了？他說什麼了嗎？

T 這是個好問題。他每晚都打電話給我。在那之後，我接受過許多人的資金，其中有三、四個投資人也曾經虧損超過五萬美元。不過，這位最早資助我的千萬富豪，他當時表現得彷彿世界末日降臨似的。

——他可曾要求你還他剩下的錢？

T 沒有，他只是嘰嘰咕咕。他的萬貫家財主要來自於繼承和其他生意賺的錢。其實他對選擇權交易懂得不多。他買下席位只是為了讓自己有點事做。他告訴我：「如果你再虧損五千美元，我們就拉倒。」因此，接下來的幾週我拚命出清倉位。我請教交易廳內的其他老手。他們說：「你必須自律，也必須做功課。如果能做到這兩件事，就能在這裡賺到錢。雖然未必致富，但每天賺個三百美元不成問題，到年底不就有七萬五千美元了？你不妨從這個角度看。」他的話有如在黑暗中點亮一盞明燈，我體會到這種循序漸進的方式才是我應該做的；我實在不應該冒大險，不該想著一步登天。

那時我做的是特勵達公司的選擇權交易，價格波動很大。後來我改做起伏較小的波音公司（Boeing）。我成為搶帽子的短線客，在價差中賺四分之一或八分之一點的利潤。

我嚴守平均每天賺三百美元的目標，而這招確實奏效了。這段期間，我學會了自律。至今我仍奉行勤奮、做功課和守紀律為教條。我也是這麼教我的員工。

總之，當時我繼續出清手上剩下的特勵達價差倉位。這個倉位只要遇到市場上漲，就會虧錢。買賣波音大約五週後的某一天，特勵達開始劇漲。我衝到交易廳出清倉位，免得被套牢。可是，我聽到其他經紀人在喊進，突然間我也隨他們起舞，把我交易波音所學到的技巧套用到特勵達；只是，這次不再是搶四分之一或八分之一點的帽子，而是搶一美元或〇．五美元的帽子了。

——當時你的交易規模有多大？

T　我總是下一口注，但交易廳的人不喜歡我這樣，因為我擋了他們的路。他們希望我交易十或二十口單。

——換句話說，你成了討厭鬼。

T　正是。

——你怎麼找到人吃下一口單？

T　在選擇權交易廳，交易的規定是先到先得。如果你有一百口要賣，但有人一筆買單只要一口，你就必須先成交這一口，才能和第二位做剩下的九十九口。經紀人當然可以略過你的單子，但他一旦這麼做，就違規了。

——你的單子被忽略了嗎？

T　經紀人不會，但交易廳的造市者會。

——你說的經紀人，是指執行成交單的人？

T　是的，場內經紀人就是執行成交單的人，造市者則是指那些在場內為自己做交易的人。在選擇權市場裡，這兩種人是不同的。

——你是唯一交易一口特勵達合約的交易者嗎？

T 大部分的情況是。

——很多人取笑你嗎？

T 是的。他們長久以來都一直叫我「一口」。其中有一個表現最好的交易者，他最令我難堪。他賺了好幾百萬美元，簡直就是個傳奇人物。他從一開始就不斷取笑我，讓我的日子很不好過。

——你的自尊心是否受創？

T 是的，這件事日復一日持續了將近一年。

——你沒有試著提高你的交易規模嗎？

T 有，但並不是基於那個原因。主要在背後不斷鞭策著我的，還是我的那一位資助人。他對交易雖然懂得不多，但的確給了我一些很好的忠告。一旦我開始扳回劣勢，他就告訴我要加大規模，他說：「東尼，銀行家做第一筆放款時非常謹慎，但他開始上手後，就會擴大放款規模。你也必須加大規模。」

——他們取笑你的事後來怎麼結束的？

T　他們在一九八〇年六月推出賣權時，那一位總是讓我難堪的交易者痛恨賣權。他不願做賣權的交易，認為沒有利潤。因此我趁機研究賣權，並成為了最早交易賣權的造市者。

——事實上，這個工具開啟了全新的交易策略。

T　實在令人難以置信。後來連那些才入行沒幾年的人，也紛紛跳入這個市場。不久，那位首屈一指的交易者成了我的朋友，並且建議我們兩人一起合作。我們開始研究更高深的交易策略，深入許多更有創意、更抽象的交易風格。

——你們在電腦上設計策略嗎？

T　不是，我們全部親自動手做，把所有的可能性都列出來。

——你們難道不再需要猜測價格和波動的方向嗎？

T　我們仍然會設法正確地猜測波動的方向。但不再需要對價格亦步亦趨，因為我們已建立好了極具優勢的價差倉位。例如，某種選擇權有可能因為大受歡迎而被過度高估。

後來，我覺得大部分的工作都是我在做，那位頭號交易者則仗恃著他的能力縱橫市場。他有時也會脫離我們所擬訂的策略，甚至開始做一些傷害我的事。我對他說：「你在幹什麼？」他只是回答：「我改變主意了。」

最後，我說：「拉倒，我自己來。」於是我開始做更大的規模。當利率在一九八一年和一九八二年年初升到頂時，我的策略非常有效，而且開始賺很多錢。在一九八二年的多頭市場，我曾經有一段時間每天賺二十萬美元。清算公司的人甚至無法相信我的交易量，因為那些交易單堆積如山。

——你那時候做什麼交易？

T 我什麼都做。我自認為是一個混搭式的交易者。我交易所有的市場，因為每種市場其實都相互關聯，然而我的基本策略是買進蝶式（butterfly）價差交易，[2]再搭配一個爆炸性部位（explosion position）。

——買進蝶式價差交易時，你是做多中間價部位，還是做多高低價部位（換句話說，就是履約價格較高和較低的選擇權）？

T 做多高低價部位。這樣一來你的風險有限，而且如果市場沒有大幅波動，時間的

2 「蝶式」價差交易為某個履約價格的多頭或空頭倉位，搭配另一個較高和較低履約價格的相反倉位予以平衡——例如，做多一口 IBM 一三五的買權，放空兩口 IBM 一四〇的買權，並且做多一口 IBM 一四五的買權。

耗竭對你是有利的。[3]當然，我會盡量以低廉的價格買進蝶式價差交易。如果我買進的組合夠多，我的獲利區域就會變得相當寬廣。然後，我就建立一個較遠月份的爆炸性部位。

——你所謂「爆炸性」部位指的是什麼？

T　基本上那是我自創的辭彙，指的是一種風險有限而潛力無限的選擇權倉位，只要價格大幅起落或波動加劇，便能獲利。舉例來說，同時涵蓋價外買權和價外賣權的部位，便是一種「具有爆炸性潛力」的部位。

——聽起來，這種爆炸性部位的基本特色就是：只要市場價格有變化，delta值[4]的上揚就會對你有利。因此，你其實也就是在賭市場波動率。

T　正是如此。

——實際上，這個部位與你所做的蝶式價差部位正好相反。

T　是的，我針對近月份做蝶式價差交易，因為這樣的時間對我有利；爆炸性部位則在遠月份。另外，我再以搶帽子的方式，賺些零頭支付這些爆炸性部位隨著時間而耗竭的成本。

——換句話說，爆炸性部位就是你針對市場大幅走勢所下的賭注，而搶帽子則是為了支付成本——也就是支付爆炸性部位隨時間所耗竭的成本。

T 是的。

——你經常使用某個倉位來沖銷另一個倉位嗎？換句話說，你經常使用 delta 中性[5]的策略嗎？

T 確實經常使用，不過我偶爾也會建立相當大規模的淨倉位。

——你第一筆真正的大買賣是什麼？

T 一九八四年的特勵達。當時股價大跌，因此我買進十月份的價外買權。接著股價開始緩步回升，但是當時特勵達股票掛牌的太平洋岸交易所（Pacific Coast Exchange）大概只有我做多。其他看空的交易者每晚收盤時都小有斬獲，不過我並沒有逃避，反而挺身買進。「你們要以一又四分之一賣出，我就出價一又四分之一買四十口。」這樣的情形大概持續了超過十天。

3 除非價格朝某個方向行進或波動加劇，否則選擇權的價值會隨著時間經過而耗損。在相對平穩的市場裡，履約價格接近市價（蝶式價差的中間價）選擇權，其價格耗竭的速度，要比履約價格遠離市價（蝶式價差的高低兩側部位）的選擇權來得更大。

4 Delta 是選擇權價格在標的證券價格每單位變化之下的預期變化。

5 Delta 中性意味著任何方向的價格小幅變動都不會影響選擇權部位的淨值。

——為什麼太平洋岸交易所的交易者要拋售買權？

T　因為當時股價從每股一六〇跌到一三八，然後又一步步攀上一五〇。我猜那些交易者都認為股價不會再上漲了。但是，五月九日上午九時二十分，一項消息讓他們停止了特勵達的交易。這個消息是：「特勵達宣布一項每股兩百美元的股票回購計畫。」

——買回自家股票？

T　是的。當時股價為每股一百五十五美元，而我握有每股一百八十美元的買權。只隔了一個晚上，我就賺進數百萬美元。後來股價甚至漲到三百美元，接下來的四、五個月對我來說，實在棒極了。

——後來呢？

T　我的人生目標之一，就是在三十歲退休前成為百萬富翁。不過，其實我早在二十五歲前就成了百萬富豪。我原本就打算在三十歲退休。一九八五年五月五日三十歲生日當天，我向大家道別，走出交易廳，再也沒有回頭。

——那時你有多少錢？

T　大約八、九百萬美元。

——你知道接著要做什麼嗎？

T　不太知道，我想應該還是會在這一行，但總之不要在交易廳就行了。

——你「退休」了多久？

T　大約四個月。

——你是不是覺得窮極無聊？

T　是的，我懷念市場，懷念刺激。

——因此，一開始你的目標是賺錢；達到目標之後，就變成……

T　是的，賺錢變成其次。也許如果我有妻兒子女，或者生命中特別的人，我或許就不會重返市場。但交易是我的生命，交易讓我覺得自己與眾不同，給予我存在的意義。

——我知道你的交易表現最佳的一段時期是一九八七年十月股市崩盤的那一週，談談這件事吧。

T　我當時預料會有大起伏，但我不知道會漲還是會跌。因此我開始建立當初操作特勵達時的相同形式倉位。

——蝶式價差，加上爆炸性部位？

T 是的。

——這一次的爆炸性部位是什麼？

T 這一次，爆炸性部位就是由遠月份價外賣權和價外買權所組成的部位。為了平衡倉位，我還建立了近月份的蝶式價差部位，以隨著時間的耗竭而獲利。

——什麼因素使你斷定股市會有大起伏？

T 你可以從九月下旬的股市大幅震盪感覺得到。

——那時你預期市場會下跌嗎？

T 實際上，我當時認為會上漲。我原本以為市場可能要再度上攻之前的高點。

——你何時改變看法？

T 崩盤前那週的週三，股市下挫。週四沒有反彈，但劇烈震盪。如果週五上漲，我便搞糊塗了。可是週五股市下挫。因此我斷定股價應該會往下掉。

——因為那一天是當週最後一個交易日？

T 是的，週五和接下來的週一之間有很大的關聯，至少在開盤時。

——當時你是否約略知道週一市況的劇烈程度？

T 你知道當時我以為下一個週一的情況會怎麼樣嗎？我以為市場會開低後劇跌，然後反彈到大約平盤的位置。為了自保，那個週五我還買了價外買權。

——但你不是說股市會下跌嗎？

T　沒錯，但我只是為了買個保險。有一位交易者告訴過我：「沙利巴，偷第二個東西時，還沒到手之前，另一隻手千萬不要放開第一個東西。」這就是我的操作方法，總是要有保險。

——可是，你一定很肯定週一早盤會大跌。根據一九八八年四月號的《成功》雜誌封面故事，他們把你描述得好像你預知股市會崩盤似的。那篇文章說你甚至故意回辦公室，而不待在交易廳，以免受到現場一片困惑而影響你的決策。你在交易日不待在交易廳，反而回到辦公室，不是很不尋常嗎？

T　是的，我要交易的話，一定會到交易廳去。但那篇文章完全誤導了讀者，因為那樣的寫法可以讓雜誌賣得更好，所以他們把我寫得好像早有預謀似的，所以才故意不去交易廳。事實並不是那樣。我當時很關切我的清算公司所持有的倉位，而同時間有一個人持有龐大倉位，但他並沒有清掉，因此我不得不花很多時間在電話上處理這件事情。我並沒有像雜誌寫的那般神，我現在所說的，才是當時真正的狀況。

——你不是也在當天把席位賣掉了嗎？你一定很確定市場會下跌，才會賣掉席位。

T 我在股市開盤前就賣掉了席位。我在想，如果我沒賣，別人也會賣。更何況，我一共有七個席位，我只賣掉一個。

——這是你第一次買賣席位嗎？我是說，席位的市場流動性並不是太好。

T 我以前也買賣過席位，不過那是我第一次在那麼短的時間內賣出後又買進席位。買賣席位這件事，我完全看我自己的心情而定。整體而言，我看好席位的市場，因為我對我們的這個產業有信心。

——但是，以當時的情況來看，那似乎是一筆不錯的交易。

T 當時我心想：「嘿，我有好多個席位，價值數百萬美元，這樣的風險最好是能有些保障。」我早盤以四十五萬兩千美元賣掉那個席位，隔天下午又以二十七萬五千美元買回。

——那個週一你賺了多少錢？

T 這件事令我頭痛萬分。不提也罷。

——你最大的獲利顯然來自價外賣權，週一收盤時你持有該倉位的比例是多少？

T 大約九五％。

——你保留了大部分的倉位！獲利肯定十分龐大，你難道不想一起獲利了結嗎？

T 我沒有平倉，是因為我認為我買進的賣權上漲得還不夠。我的賣權處於平價狀態。當時三十點的價內賣權成交價為三十美元。換句話說，選擇權的價格與其內在價值（intrinsic value）幾乎一致，市場並未給予其時間價值。以當時市場大幅波動的情況來看，這簡直太瘋狂了。

——因此，你認為應該等到次日。

T 是的。你知道我怎麼避險的嗎？週一收盤時我買了更多保險。我回補了數百口之前放空的買權。

——基本上你這樣的做法，等於是認為波動率還會變得更高。

T 那是我當時所能做的最佳決策。隔天，市場人士全都不知道該怎麼做，一半的人想要賣權，另一半的人想要買權。

——但每個人都想要買波動率。

T 那正是當天開盤時的情況。我可以打個比方，那天就好像是太陽特別接近地球，人人都需要防曬油，而我則是唯一手上有貨的人。

——讓我們從另一個角度來看問題。一九八七年十月全軍覆沒的那些交易者，到底是出了什麼差錯？

T 他們理所當然地認為，那個週一和平常並沒有什麼不同。他們以為市場是在回檔整理，蓄勢反彈，於是開始做多。股市下跌時，他們又一路買進，攤平得很深。

——當時是不是有些交易者被嚇傻了？

T 當然。我有個每年賺進數百萬美元的朋友。週二那天上午，我走進交易廳時對他說：「嗨，傑克，你認為怎樣？今天還要買嗎？」但他只站在那兒，沒有回我的話。他一臉驚魂未定，只顧看著他的報表，想找點事做，但又不知所措。因此錯過了所有的機會。

——為什麼你對市場的反應和你的朋友如此不同？

T 他不清楚他的倉位所承擔的風險。但我經常控制風險，因此不必為此事操心。我每天總是了無牽掛地走進交易廳，因此能掌握時機。

——無牽無掛，像是你每天都空手走進交易所，但你顯然會持有過夜倉位。

T 我的意思是指我總是會避險，有備無患。

——你通常知道自己所持有部位的最大風險嗎？你通常知道最壞的情況是什麼嗎？

T 是的，市場變幻無常。但不管怎樣，我都知道我最壞的際遇會是怎麼樣。我的損失總是受到控制的。

——為什麼許多來到交易廳的交易者，最後都輸得兩手空空？

T 我想這些交易者最大的問題是，他們認為自己比市場了不起。他們不畏懼市場，而且既不自律也不用功。這些人終究會慘敗。但大部分場內交易者真的很用功。

——社會大眾對市場最大的錯誤觀念是什麼？

T 他們認為市場應該上漲，讓他們賺錢。如果策略正確，在任何市場狀況下你都能賺錢。不管是期貨、選擇權或標的市場，總有很多工具可用，你可以因應各種狀況，擬訂不同的交易計畫。

——換句話說，大眾總是太偏向做多？

T 是的，美國投資大眾總是認為市場應該上漲。在三年的多頭市場中，政府對程式交易隻字不提。一旦市場開始下跌，突然之間，程式交易就變成主要的關切點，還因而成立了各種委員會。

對一般人而言，例如我的父母和親戚們，最大的錯誤觀念是：市場若上漲，便能賺錢，市場下跌就會虧錢。其實大眾應該從比較中立的觀點來看，並且這麼說：「我準備做多這一類，放空那一類，但我會限制做空的風險，因為這種風險沒有止境。」

——你怎麼度過連續賠錢的時期？

T 你是怎麼虧錢的呢？如果不是當天交易不順，就是倉位不對。如果後者才是問題所在，因應之道就是脫身不做。

——你就是這麼處理的嗎？

T 是的。我不是清掉，就是讓部位轉為中立，因為這樣你才能浮得起來。當你處在一艘破洞進水的船上時，你不該再挖個洞讓水流出去。

——如果你的交易虧損是因為決策錯誤，你會怎麼做？

T 我會讓自己休假一天。拋開一切，到外頭曬曬太陽，放鬆自己，忘掉煩惱。

——交易致勝的因素是什麼？

T 冷靜、專心和自律。自律尤為首要信條：有了理論，還要恪守才行。不過，你還要有開放的心胸，一旦發現理論錯誤，要能通權達變。你要對自己說：「我的方法對某個型態的市場有效，但我現在不在這種型態的市場中。」

——你遵守哪一些交易規則？

T 我通常採用漸進漸出的做法，因此能分散風險。我不願一開始就下大單。

——還有呢？

T 永遠尊重市場。不要認為任何事都理所當然。要做好功課。每天總結，找出對錯，這是功課的一部分；另一部分則是預先規劃。明天我要做什麼？如果走勢和我的想法相反，或什麼事情都沒有發生，我該怎麼辦？預先想想所有的「如果」。要未雨綢繆，而不是事後補救。

——當你最初賺到數百萬美元時，你是否抽掉了其中的一部分來保本，以免萬一全賠光？

T 沒有。我的交易策略愈做愈順，我需要更多資金。後來我賺了更多錢，我開始做別的投資，其中包括房地產、商店、交易所席位等等。股市在一九八七年十月十九日崩盤——我討厭用這個辭彙——時，我發現自己實在沒有太多的現金，於是我從各項投資中抽出數百萬美元的現金購買國庫券。幾週之後，我就用這筆錢買了個老人年金基金。

——我猜想，你的交易風格如此著重於限制虧損，你第一次覺得自己需要安全網的時候，大概就是因為發現了股市的確可能發生大災難，而你可能陷入無能為力的狀況。

T 沒錯，如果你的交易帳戶裡有一千萬美元，但他們卻說不玩了，你會怎樣？

——你怎麼設定目標？

T 直到最近，我所設定的都是金錢的目標。首先，我要在三十歲以前成為百萬富翁，不過我在二十五歲之前便達成了。接著，我決定每年賺取百萬美元，我也做到了。我最初的目標全是數字，但數字已經不再那麼重要了。現在我不但要獲利，而且要好玩。例如，我現在正在籌組一家交易公司和一家軟體公司。我也想要做一些跟家庭有關的東西。

——你如何衡量成功？

T 我一向以攀上某個領域的巔峰來斷定成敗，例如搖滾音樂界的布魯斯·史普林斯汀（Bruce Springsteen）。在我的行業裡，就要看誰最會賺錢。現在，我比較著重的是生活品質。許多人認為我成功，但我不覺得。我真的不算成功。我覺得我賺了很多錢，在這個領域裡我的確是成功的。我協助有需要的人，但我沒有家庭方面的成就感。你是怎麼衡量成功的呢？我不知道。我只知道，金錢不是答案。

——你一度認為那是答案。

T 是的。老實說，錢很重要，因為錢的影響力很大。看到站在那邊的那個人嗎？我完全不認識他。假設他過來和我們聊天，給了我很壞的第一印象，我也許就會瞧不起他。但如果你告訴我那個人有五千萬美元，而且是他自己賺的，我對他的印象就會完全改觀。這樣說可能不公平，但事情就是這個樣子。

——交易如何影響你的個人生活？

T　從事業的觀點來看，我應付得很好；但從社會的觀點來說，我算是慘敗。交易讓我沒時間經營愛情和友情。有時候，人們喜歡只是坐下來聊聊天。不過，除非談正事，就像我們現在一樣，否則我不會來這種地方。

——你總是這麼在意時間嗎？

T　是的。大部分的人似乎並不這麼在意時間。他們會說：「你難道不會坐在家裡看電視嗎？」

——你會嗎？

T　嗯，電視也許是開著的，但我腦中想的總是交易。昨晚我有個晚餐應酬，半夜才回家。我累得想睡覺，但到早上兩點以前都還醒著，一直在研究我的交易。這就好像是上癮一樣。我以前更糟。我的前任女友傷心欲絕，因為我在約會時工作也不離手。我現在已經不再那樣了，但仍然心繫交易。

——你為什麼如此出類拔萃？

T　我認為我什麼事都能做，而且不怕辛苦。例如，現在我正在和一家法國銀行商談設立交易公司的事。我恨不得公司趕快開張，這樣我就可以和那些年輕小伙子一起工作，訓練他們成為交易者。我不知道銀行要貸多少錢給我，但我會有數億美元的資金從事操作。我喜歡這類挑戰。

●●●

本書訪問的許多傑出交易者，都不是一夕之間便功成名就。例如，沙利巴初期的交易經驗就慘不忍睹，甚至使他一度想要自殺。然而，這些交易者都有個共同特徵：他們很有自信，而且堅忍不拔，屢敗屢戰，最後終於獲得成功。沙利巴初期雖然挫敗，但他的堅持讓他東山再起。以沙利巴操作特勵達公司的經驗來說，如果是其他人，大概早就放棄原來的策略了。

特勵達的例子也點出了卓越交易者的另一個重要特質：即使在艱困的環境中，依然嚴格控制風險。沙利巴被笑稱為「一口」交易者的時候，一定很想在特勵達的交易上建立大倉位。但他恪遵紀律，仍然步步為營，小量交易，直到他的資金夠多，才終於增加倉位規模。

沙利巴的成功也要歸功於他的勤奮用功，以及不斷思考許多不同的情境，總是防範於未然。透過預測各種假設的情況，他能夠進一步掌握狀況，因此在一九八七年十月十九日股市重挫時不像其他人那樣驚慌失措。對許多人來說，傑出交易者給人的印象經常是天生好手，才思敏捷，甚至擁有第六感，但實際上並沒有那麼神。大部分的情況是，卓越的交易者總是痛下苦功，未雨綢繆。事實上，就像沙利巴一樣，許多成功交易者每晚都做功課，不會偷懶，也不會讓其他事情妨礙他們日常的市場分析工作。他們一旦脫離自律，通常都會虧錢。沙利巴提到他最近因為出差而錯過了下單的時機，他說：「這代價是一萬美元，但這些小小的一萬美元，會不斷地累積。」

PART V

交易心理學

The Psychology of Trading

Chapter 17

凡恩・沙普博士

Dr. Van K. Tharp

超級交易者的教練

凡恩・沙普（Van K. Tharp）一九七五年獲得奧克拉荷馬大學心理學博士學位之後，一生致力於研究心理壓力對人類表現的影響。他對於「贏」的心理異常感興趣，尤其是人們在市場對贏的追求。一九八二年，他設計了一套投資心理測驗，衡量的是導致金融操作成敗的心理特徵。數以千計的投機客和投資人，包括我，都接受過他的心理測驗和諮詢。他也寫過五本有關投資成功的書，著作中闡述他的投資課程的核心內容。他是《股票與商品技術分析》（*Technical Analysis of Stocks and Commodities*）的特約編輯，也曾在其他金融刊物發表過無數文章。沙普博士是許多金融相關的電視與電臺節目的常客，也是眾多投資研討會的主講者。

目前，沙普博士在加州格倫代爾（Glendale）全職投入於交易者的心理諮詢和輔導工作，同時繼續他有關交易成功的研究。他目前的工作焦點之一，就是針對頂尖交易者進行訪問與研究，從而建立一個交易成功的模型。沙普博士認為，透過模仿並學習傑出交易者獲勝的心理特徵（而不是具體的交易方法），將大大改善任何交易者與投資者的績效。他原本的訓練計畫是兩次各兩天的課程，最近卻打算把訓練計畫轉變成為每半年進行一次的持續性課程，目的在於將他最優秀的客戶提升成「超級交易者」。

完成了訪談之後，沙普博士反過來邀請我進行一個錄影訪問，作為他目前研究的一部分。我覺得這樣的訪問可能有助於提升我的交易績效，於是毫不猶豫地答應了。訪問進行了大約四小時。沙普博士採用一種特別的逼問技巧。當你回答了他的問題之後，他會問：「還有呢？」他會重複好幾次，直到我再也想不到其他的答案。這時候，他會讓我改變我凝視的方向（他後來解釋，這個指示是為了刺激大腦的不同區域），而每一次這麼做之後，我總會想到另一個之前忽略的觀點。我覺得這個訪問給我帶來了一些重要啟示。（下一章大略闡述了其中一項來自這個訪談的自我覺察。）

我想藉此分享我對沙普博士基礎課程的個人印象。他的這項課程涵蓋五本書和四卷錄音帶。為了這個章節的書寫，我瀏覽了這些課程材料；然而，我的工作與本書的寫作已占據了我的所有時間與精力，再也沒有餘裕去好好研習這些課程內容——這是我留待稍後要完成的事。不過，我可以證明，這本書裡的其中一位受訪者就是沙普博士建立「成功交易者模型」的對象，而該交易者對沙普博士的聰明才智與他對交易成功的洞見讚譽有加。

●●●

傑克．史瓦格（以下表記為——）你是在什麼情況下，對心理學和金融操作之間的關係產生了興趣？

凡恩．沙普（以下表記為V）研究所畢業後，我一直研究各種藥物對人類表現的影響。獲得心理學博士學位之後，我又從事了八年的傳統心理學研究。例如，我協助標準化目前全國警察仍在使用的現場酒測程序。另一方面，我也曾經買賣選擇權，但卻輸了錢。事實上，我不但輸得很快，而且一直輸，於是我決定退場。我認為輸錢和我個人的心理之間，必然存在著某些關係。

在偶然的機會下，我參加了一個理財課程，課堂上傳授的一項原則是：所有發生在自己身上的事，必然是心態的反映。我曾經閱讀不少關於金融操作心理學的文章，但總認為書中所敘述的原則僅是一些經驗談，因此我想證實這些原則的正確性。我決定要開發一個投資心理學測驗，目的在於衡量個人在投資上的長處與短處。我將這份心理測驗寄給某份我訂閱的市場通訊的編輯麥克馬斯特

（McMaster），而他將問卷轉寄了給他的訂戶。後來，我收到大約一千份回函，這鼓舞了我研究這個領域的興趣。

—分析這些問卷，你得到了哪些結論？有任何意外嗎？

V 問卷中涵蓋了許多衡量操盤成功的要素，因此我可以依據受測者的回應而排列他們的「成功等級」。一般的投資相關文獻多半會列出交易成功的十大要素，因此我所設計的問題也會針對這十項要素加以分析。收集到資料之後，我做了一些統計分析，發現了每一項要素和投資成功之間具有顯著相關性。

此外，我發現這十項要素還可以再簡化為三大類別，我姑且稱之為心理因素、決策因素，以及管理與紀律因素。儘管我曾經一再修改問卷，使用的卻仍然是相同的三大類別。此外，我在原本的十個要素之外，還加入了另一項要素：直覺。

—你所衡量的這十一項要素是什麼？

V 心理因素有五個領域，包括全面發展個人生活、積極的態度、賺錢的動機、內心衝突的平衡，以及對結果負責。當然，賺錢的動機和交易成功之間並沒有顯著的相關性，但是我仍然把這一點納入測驗，因為賺錢的動機如果不足，而內心衝突又大，對交易的成功極具殺傷力。

決策因素有三大領域：具備市場技術面的充分知識、能夠做出客觀且不偏不倚的決策，以及獨立思考的能力。我發現，市場技術面知識反而與交易成功的相關性較低。

管理和紀律因素也有三個領域。你需要做風險控制，並且要有耐心。另一方面，我還在這個類別加入直覺。雖然我並未發現直覺和交易成功之間的任何關係，但是我仍然在測驗中加入這個項目，因為我對這一點很感興趣。

V 根據你的研究，失敗的交易者有哪些主要的心理特徵？

失敗交易者的心理特徵包括：無法應付高度的壓力、對生活抱持消極的態度、內心存有許多衝突，而且在事態出差錯時總是抱怨別人。這種人也不會謹守某些原則作為他的操作規範，而且較容易成為跟隨群眾的人。此外，失敗的交易者較傾向於缺乏組織能力和耐心。他們總是有立即行動的欲望。當然，這並不是說失敗的交易者一定擁有上述所有的特徵，不過他們至少都有其中的部分特徵。

V 目前你已經成為許多交易者的顧問，你當初如何開始這項工作？

在我使用這項心理測驗之後，許多人也就開始問我該如何解決他們特定的心理問題。由於交易心理學是一個相當特殊的研究領域，我不知道怎麼回應他們的大多數問題。因此，我決定寫一本小書專門討論這十項心理要素，一方面讓自己更深入探討這些問題，另一方面也希望能為投資人提供一些建議。我的第一本小書後來延伸成了一本專著。就在那時候，我決定透過五本練習手冊，組合成一個完整的投資／交易心理學課程。完成第二本練習手冊後，我開始接受神經語言程式學（Neuro-Linguistic Programming，NLP）的培訓。NLP的確是一門探索如何複製成功的科學，我後來也把NLP的一些技巧融入我的課程。這個課程的發展，也就自然地把我帶向了私人顧問的服務。

V——你對於投資或交易心理學的概念，是否隨著時間經過而有所改變？

我當初設計測驗的目的在於辨識哪種人會成功，而哪種人會失敗。目前，我相信任何人只要有所承諾，都可以成為成功的交易者。基本上，這只是學習的問題。很多人極端固執己見，不願放棄自己所相信的老舊觀念和想法。相反的，我的想法不斷演化，這或許是因為我傾向於以實用的角度來衡量這些概念與想法。因此，我樂於承認我的大多數想法都錯了。例如，或許有一些人即使投入心力，終究還是無法成功交易。但是，我認為我應該相信人人都可能成為成功的交易者。當我抱持著這種想法的時候，我能夠更有效地協助他人成為贏家。

V

——你能不能提供一些實際的案例，說明你在諮商工作中遇到的成功與失敗的個案？

有一名交易者已經超過一年無法從事金融操作。進行完整的諮商之前，他希望我先幫他恢復交易的動力。我請他到我這裡，談了四十五分鐘。我收集了一些資訊，假定他有心理衝突的問題。他做了一個大約十分鐘的練習，後來又花了大約兩週的時間，才真正將練習的結果內化到他的心理層面；於是，他又能從事金融操作了。他花了很多錢，嘗試了各種努力，卻無法解決這個問題。然而，一項十分鐘的練習，以及兩個星期的融合，就解決了他的困境。

我嘗試幫過另一位交易者，他連我的顧問費都付不起，而且上述的那種練習對他完全沒用。他的問題完全與投資無關。儘管他已經四十歲，卻仍然像個小孩，不願承擔身為一個成人的責任。他甚至還和他的母親一起住，的確就像是小孩般地過生活。他從事交易的唯一理由，就是想要持續這種生活方式。當然，如果他不改變自己的態度，恐怕誰也幫不了他。事實上，他也不願意改變自己的心態。

還有一位交易者，做了兩天的諮商之後，他就做了些許心理調整。他不願意進行後續的諮商，因為他認為那是不必要的。但是，後來他還是回來了。我又用了兩天的時間聽他敘述，然後跟他一起做了一項簡單的練習。從此以後，他就像完全變了個人（儘管他用了一週的時間才真正將這項練習的效應融入他的交易）。兩個月後，他打電話告訴我，他賺了六十五萬美元。

V

——如果有人用某種無法計量的方式敘述他的交易方法（比如，「我從圖表型態中感受到市場的未來走勢，於是買進或賣出」），在這種情況下，你如何辨別他交易失敗的原因是源自於缺乏操作技巧，還是源於某些心理障礙？

提供顧問諮詢之前，我通常會事先瞭解我的客戶，詢問他認為可行的操盤方法是什麼，以及他認為那套方法可行的證據。比方說，我會自忖，他能說服我嗎？他真的檢定過這些方法嗎？他做檢定時，是否運用了真正客觀的資料？事實上，我相信當日沖銷或短線操作很難賺錢。如果有人要我幫助他成為一位專做當日沖銷的成功投機客，我恐怕根本做不到。

我同時相信，缺乏操作技巧，在本質上就是一種心理障礙。人們通常會因為缺乏判斷力、缺乏目標，或者基於某種心理衝突，因此無法發展出一套系統性的操作方法，更別說針對自己的方法進行檢驗了。所以，他們或許需要我協助他們克服某個導致他無法發展出一套系統性交易方法的心理障礙。如果某個人帶著這樣的問題來找我，我非常樂於接受他成為我的客戶。

V

——無法成為成功交易者的最大心理障礙是什麼？應該如何克服？

一般人往往帶著各種個人的問題踏進金融市場，而金融市場正是一個突顯個人心理障礙的好地方。大多數人最終都會遠離金融市場，只有少數人才會下定決心找出一套有效的操作方法。那些運用系統性操作方法的人，最後會把解決問題的焦點從市場轉向他們的交易系統。

交易者最根本的心理障礙，就是如何處理風險。舉個例子，操盤要成功，需要遵守兩項最基本的規則：設法快速停損，並且設法讓獲利持續發展。但是，大多數人卻無法做到這兩點。如果你認為賺錢很重要——許多踏入市場的人都是這麼想的——那麼你或許就不願小賠出場。結果虧損變大，你也就更不願意出場。最後，小賠拖成了重大虧損，而你也終究被逼認賠——這一切後果源於你最初不願意接受小賠。相反的，如果帳面上賺了錢，你就會想立即獲利了結，因為你總以為到了口袋的錢才不會跑掉。賺得愈多，你就愈無法抗拒獲利了結的誘惑。

事實是，大多數人在獲利時總是很在意風險，賠錢時卻特別能容忍風險；這恰恰與成功交易的原則背道而馳。結果，他們順利時就小賺，不順利時則大賠。

如果你把金融操作視為一場遊戲，不遵守以上兩項規則即等同於犯規，那麼你或許就會很自然地照章行事。你應該在每天早上思索這些規則，並在一天結束時反省當天的交易。如果你遵守了規則，即使賠錢了，仍值得讚揚。如果你沒有遵守規則，那麼應該自我警惕，好讓自己往後能採取適當的行動。

第二個主要的問題就在於無法應付心理壓力。心理壓力通常會以兩種形式表現：一是憂慮，一是生理上的「戰鬥或逃跑」反應。人類處理資訊的大腦空間有限。如果你的心智被憂慮所盤踞，決策能力必定受損，大腦也勢必無法有效應付所面臨的問題。

「戰鬥或逃跑」反應的一大特徵，就是會限縮人的焦點。面對壓力時，人們往往會訴諸以往所學習到的反應方式。例如：一般人在壓力之下，通常所做的決定就是不做任何決定。他們回到了過去還是新手時的反應模式。他們會按照經紀人的建議而行事。總之，他們會選擇簡單的反應方式，但是簡單的反應通常是不正確的。在高壓的情況下，一般人也傾向於成為群眾的追逐者，因為別人的行為可以輕易被模仿，無須自己做決策。但是，這種行為在金融市場上一定會輸錢。

「戰鬥或逃跑」反應的另一個效應，就是消耗大量精力。面對壓力時，人們思考事情的層面會變得很狹隘。他們會持續做著一貫的行為，而且做得更賣力。在交易決策上賣力，並不會為你賺更多錢。相反的，你會做出更多魯莽而無理性的決定，於是耗費更多能量。你可能因為一再抗拒認賠而心力交瘁，結果就是更大的虧損。總而言之，「戰鬥或逃跑」反應會讓你限縮自己的選擇，並且運用更多能量專注於僅有的少數選項，因此損害了你的表現。

消除心理壓力的正確方式，就是設法找出壓力的源頭，並發展出紓解的方法。我建議這些人去上壓力管理的課程。另外，我還想要強調一點：心理壓力的產生，往往和個人對事物的看法存在緊密的關係。有時候，改變了自己對事物的看法，事物本身也就跟著改變。例如，成功的交易者看待虧損的方式，就和失敗的交易者不同。多數人在輸錢的時候會表現得焦躁不安，成功的投機客則瞭解，想要贏錢的話，必須先接受自己輸點錢。我們的社會文化教導我們只有贏才是好的，因此大多數投資者都必須改變觀點：輸，是為了贏。

第三個障礙是心理衝突。每個人都有不同部分的自我，而每個部分都是基於某些正面的意圖。舉例來說，某個人的一部分自我想要賺錢，另一部分自我卻不願意承擔風險；或者，內心的一部分以自己為重，另一部分則以家庭為重。事實上，當你的內心出現了各個不同的自我，他們就會在你的潛意識裡共同運作。各個部分的自我會基於各自的意圖而持續發展出新的行為模式。有時候，這類新的行為模式就是衝突的來源。這種瞭解心理衝突的模型，是對我的工作非常有用的信念。我並不是說人們真的有各種不同版本的自己，但是，當我幫助他們解決問題時，這樣的概念非常有效。你只需要讓他們瞭解自己心中的各種意念，並設法予以調和。如果可能，你也可以把各個不同的部分融合在一起。

——我覺得這個概念不太容易掌握，你可以舉個例子嗎？

V 我曾經協助一位場內交易者，他的父親很成功。然而，他並沒有視他父親為楷模，因為他父親是個酒鬼。因此，他內心中的一部分自我拒絕讓他成為一個像他父親那樣的人。他有能力一年賺進七萬五千美元，但只要超過這個數額，那個部分的自我就會跳進來，阻止他變得太成功。我協助他進行了內心各個自我的協調，兩個月後，他已成功賺了六十五萬美元。

——你的意思是，有些人在潛意識的層次上故意失敗，以滿足內心其他的正面意圖？這種情況是否常見？

V 有一半的交易者面對這種問題。我想這是相當普遍的。

——前面你已經說明了不正確的風險態度、壓力，以及心理衝突，都是交易成功的障礙。人們在市場裡還面臨其他的重大障礙嗎？

V　第四個問題是，多數交易者會讓情緒主宰交易。事實上，任何交易方面的問題或多或少都和情緒有關。我知道至少有十種方法有助於情緒管理。最簡單的方法就是控制個人的姿勢、呼吸，以及肌肉的舒張。只要改變這些因素，或許就可以改變個人的情緒狀態。

最後，決策的能力也是一種重大的心理障礙。大多數人都會把他們一貫的決策模式帶到市場上。例如，想想你買一部新車時所經歷的過程。你會思考車子的型號、製造商、售後服務、價格、配件等等。你可能會用上一個星期去衡量各種因素，然後才下決定。大多數人把相同的一套方法帶進市場，但這種決策方法註定失敗。市場不能給你這麼多時間。事實上，你真正需要的，是一套能夠迅速發出訊號，提示你採取行動的操作系統。但是，大部分人即使採用了交易系統，面對系統所發出的訊號時，仍然套用他們一貫的決策模式。當然，這也註定失敗。我發現，要改變這種冗長、無效的決策過程，最好的方式是透過一種稱為「錨定」的程序，將整個策略過程簡化成一個捷徑。但我無法在這裡解釋這個程序。

——只要一個人能擺脫情緒上的困擾，就能成為一個成功的交易者，你同意這個說法嗎？

V　這句話的前提是，假設情緒是影響交易成功的重大障礙。但我的看法是，情緒只是一種徵兆。在大部分情況下，我甚至並不認為有需要解決哪一些特定的問題，才能成功交易——你只需要教導他如何有效地從事操作。不過，在這個教導的過程裡，我自然就必須搞清楚當事人的思考方式，而這是大多數的訓練師所忽略的。

目前，我的工作就是模擬專家的行為。我的意思是說，如果某個人在某方面有優秀的表現，我可以探究他們是如何做到的，然後把這些成功者的特質與技巧傳授給任何想要學習這些特質與技巧的人。我的工作重心在於將交易和投資的優秀表現模型化。所以，只要有意成為一名成功的交易者，我相信我可以為他提供一些幫助。

——傑出交易者成功的原因，是因為他的分析技巧比較高，還是因為他比較有能力控制自己的情緒？

V　他們比較善於控制自己的情緒；不過，我認為這兩方面因素的重要性都有點被誇大了。

——所以，你認為該如何複製交易方面的成就？

V 複製交易方面的成就，涉及三大因素，即信念、心理狀態和心理策略。只要模仿傑出交易者在這三方面的長處，你就一定能夠成功。舉一個跟交易無關的例子，大多數武術專家認為你需要練習多年，才能徒手劈開木板。我花了十五分鐘觀察，然後就可以用我的手劈開一塊半寸厚的松木。我甚至教我十歲的孩子怎麼做。這就是行為模擬的威力。

大多數專家其實對自己的能力是不自覺的。他們表現得很好，但實際上那些表現都已成了他們的自動反應。例如，許多人對自己的駕駛能力是不自覺的。你開車時，甚至不需要多加思考。當你不自覺自己的能力時，你就無法向他人講解你的能力，因為你不能傳達其中的精髓。所以，我專注於找出這些被遺漏的重點，然後複製到想要學習的人身上。

——我們先談談第一個長處——信念。這跟成功交易之間有什麼關係？

V 我舉另一個模擬專家行為的例子。軍隊模擬了美國兩位最優秀槍手的射擊技巧，因而成功將原本為期四天的射擊課程縮短成兩天，同時把受訓者的及格率從八〇%提升到一〇〇%。除此之外，他們還運用這些模擬而得的知識，協助原本就表現不錯的射擊手更進一步提升他們的技巧。他們發現，優秀射擊手的信念非常有啟發性。

例如，那兩位全美最頂尖的射擊手相信：

- 射擊的表現關乎我的存活。
- 狩獵是有趣的。
- 心理演練對成功的表現非常重要。
- 任何一次失手，都跟我的表現有關。

這兩位最頂尖的射擊手在賽場上對決的時候，其中一位總是勝出。他們的信念道出了兩個人的差別。例如，冠軍射擊手認為，賽前一晚一定要完整演練一千回的賽程，而亞軍射擊手只是單純地認為心理演練很重要。此外，冠軍選手認為每一發都務必射中靶心(雖然這麼做並不會加分)，而亞軍選手只要求射中靶心。從他們所堅持的信念，你可以分出高低嗎？

現在，我們再對照新進軍人的信念，他們認為：

- 槍支殺人，因此是邪惡的。
- 開太多槍，他們可能會變聾。

- 如果錯失目標，那是因為槍支沒有校準。

我想，光從他們的信念看來，你也可以理解頂尖射擊手表現得比新進軍人好的原因。現在，我再說明我在傑出交易者身上的發現。讀者可以從這本書的其他訪談中確認我的這些發現。整體而言，頂尖交易者認為：

- 金錢本身並不重要。
- 輸小錢是可忍受的。
- 金融操作是一場遊戲。
- 心理演練是致勝的重要關鍵。
- 進場前，就已經贏了這場遊戲。

雖然我還發現其他的信念，但以上這五點最為重要。許多人從事金融操作的目的是希望賺大錢，這往往就是造成他們失敗的原因；因為他們過分重視金錢，以致於很難在輸錢時停損，甚至無法在賺錢時持續持有。相反的，如果能夠把金融操作視為一場遊戲，而且一定要按照遊戲規則去玩，那麼一切就會變得很容易了。

此外，有了心理演練和周詳的計畫，頂尖交易者在進場前早已思考了各種失敗的可能性。因此，他們知道，自己長期而言一定是贏家；有了這樣的認知，他們也就比較容易應付過程中的小挫折。

——你說，傑出交易者在進場前就早已贏了這場遊戲。儘管這種信念對交易者而言具有正面作用，對新手是否反而造成負面影響？例如，你是個滑雪新手，練習的第一週就抱著可以滑下專業級坡道的信心，恐怕不是件好事。缺乏經驗的交易者如何辨別自己的信心是可靠的，還是虛妄的？

V

多數交易者在進場之前，都會對市場做詳盡的研究。他們不僅開發，而且不斷改良自己的交易模型。他們在心中演練了無數次，直到相信自己能贏。就這一點而言，他們不但有信心，而且還有決心要在進場前就獲得成功。除此之外，他們還具備了我剛才提到的所有信念。因此我相信，真正的信心與虛妄之間存有三項差異。

首先，真正的信心源自於上述的那一些信念。如果空有信心而不具備其他信念，他或許就會遭到許多麻煩。其次，真正的信心來自你對自己的某種操作模型所進行的全面性測試。如果你不具備某種經過測試的模型，那麼你的信心很可能是幻覺。最後，真正的信心來自於想要成為成功交易者的承諾。許多人想要成為交易者，但沒有做出任何承諾——他們只是自以為是交易者。蘇格蘭登山家莫瑞

（W. N. Murray）寫的一首詩，其中有一句：「承諾的一刻，天命也改變。」一旦下定決心，你不但會相信自己所做的決定是正確的，而且一切事態的變化，似乎也會順乎自己的意志。如果你真的承諾要當一個交易者，那麼你對我說的這一些大概就會有某種程度的理解。你也會瞭解，你的助力就是你所面臨的那些重大虧損。如果你不曾承諾，那麼你可能會說：「我不明白沙普說什麼。我明明做出承諾了，但事態總是不利於我。」

——你提到「心理狀態」是模擬成功的第二項關鍵因素。你可不可以解釋什麼是心理狀態？

V　如果你要求一般人列出他們操盤失敗的原因，你大致可以將答案分成兩大類。第一類認為失敗不是自己的問題，第二類認為失敗是心理狀態所導致。第一類交易者抱怨市場、抱怨經紀人、抱怨內線交易，甚至抱怨技術指標或他們的交易系統出了差錯。一般人的確都有抱怨別人而保護自己的傾向，我們的社會強化了這種傾向。例如，媒體報導程式交易時，總是暗示著某種觀點：那些在股票市場上失利的投資人都是程式交易害的，與他們自己的問題無關。但是，如果你只抱怨別人，你就可能會一再犯錯，因為你認為一切都是自己所無法掌握的。

出差錯時，最好的做法就是捫心自問：自己到底如何導致這個結果。我不是說你應該責備自己。我是說，在任何情況下，你總會在某個時刻做了某個選擇，以致產生當下的結果。瞭解自己做錯決策的關鍵時刻何在，那麼當你再遇到相同情境時，就可以做其他的選擇，並且導向不一樣的結果。而且，先設想這個情境，你就更容易在未來做出不同的選擇。

另一方面，當一個人坦承自己在交易上有缺陷時，你可以發現出差錯的原因多半源自於某些心理狀態，最常見的包括：

- 我對市場缺乏耐心。
- 市場讓我感到憤怒。
- 恐懼來得不是時候。
- 我對未來過分樂觀。

心理狀態的問題不出這幾種。一旦瞭解自己的心理狀態問題，你就可以採取應變措施，因為這一切都在自己的掌握之中。我說過，你可以採用改變姿勢、呼吸和控制肌肉的方法來控制自己的心理狀態。試試這麼做：到街上去，看看人們如何走路。嘗試模仿各種不同的走路方法，然後觀察自己的心理狀態如何隨著不同的走路姿勢而改變。

我並不是說控制心理狀態是個萬能的解決方案，一定能讓你的操作獲得成功；事實上，這只是成功的部分條件。一旦你發現了問題的解決方法來自於你的內在，你也就回到正途上了。當你接受了自己必須為自己的成敗負責時，你便能掌握投資成功的關鍵。成功的人知道要對自己的操作結果負責，而失敗的人卻不會這麼想。

V

——你能不能舉例說明一個人要如何控制自己的心理狀態？

控制個人的心理狀態，也就是許多人所謂的紀律。我通常會告訴人們一些最簡單、而且能馬上做到的方法。比方說，你現在坐在座位上，而你可能意識到自己想要做點改變。這時候，你不妨先起身離開座位，到一段距離外看看你剛才所坐的位置，想想你原先的姿勢、呼吸和面部表情。然後，再想想你在你所希望的心理狀態下，看起來將會是什麼姿勢、什麼樣子。想清楚之後，回到座位上，做出你所想像的那個樣子。這個練習在任何情境下都適用，而其中涉及幾個重要原則——改變你身體的姿勢、從比較客觀的角度觀察自己，並且設想如何讓自己處於更理想的狀態。

——請你解釋什麼是心理策略，也就是前述的成功交易第三個要素，並舉例說明。

V

要瞭解策略，你必須先瞭解人如何思考。人們透過五種感官來思考，也就是說，他們以視覺、聽覺、觸覺，甚至有些人以味覺和嗅覺來進行思考。這五種方式就心理策略而言，就像字母在一部偉大小說裡的功能，或音符在某個偉大樂章裡的作用。這稱不上是元素，卻是元素被整合在一起的方式。心理策略，其實就是個人思考的步驟。

我想我不應該在這個訪談裡闡述其中複雜的細節，但我可以舉兩個例子來說明。首先，假定你有一套能夠給你發出具體訊號的交易系統。由於多數訊號都是視覺的，例如某種技術圖形或電腦上的警示，想像你的系統給你發出了視覺訊號。現在，嘗試執行以下策略：

- 看到訊號。
- 確認那是你所熟悉的訊號。
- 告訴自己：如果接受這個訊號，可能會出什麼差錯。
- 對訊號感到厭惡。

這樣的話，你還能按照訊號有效從事操作嗎？你會相信這些進出訊號嗎？大概不會！反之，如果你採取以下的心理策略：

- 訊號出現了。
- 確認那是你所熟悉的訊號。
- 感覺良好。

如此一來，你會不會根據訊號從事操作呢？或許會吧！即使兩種策略很接近，卻可能帶來全然不同的交易結果。因此，我的建議是：如果你想根據某種交易訊號從事操作，你就需要一個類似後者的簡單心理策略，才能有效運用你的交易系統。

——如果你的頂尖交易者模擬計畫裡有兩個交易者，其中一個採用完全機械化的操作方式，另一個則傾向於依賴自己的直覺。你能不能比較他們之間的異同？

V

首先探討他們的共同點。當你發現這兩種看似不同的交易者實際上擁有不少共同點的時候，你便可以假設這些共同點就是交易成功的核心元素。例如，這兩種交易者基本上對市場都有充分的瞭解，並且針對自己的交易模型進行大量的測試。儘管他們想法各異，但是操作方法的發展與測試過程對他們而言都是非常重要的。

其次，他們都擁有我先前所提到的各種成功交易者普遍抱持的信念。第三，他們都有明確的個人目標，以及交易目標。他們相信自己是某種更宏觀局勢的一部分，所以奉行順勢而為的哲學。

機械式交易者是非常理性的。他會用自己的想像力建構他的模型。他的語言和思考都非常精確。他的模型呈現的是他對成功交易的執行方式與經濟體系運作的概念。除非他能夠適當地將自己的思維過程轉化成電腦演算法，否則他無法完全信任自己的模型。因此，他將他的模型電腦化，然後同步調整他所建構的圖像，以及他的電腦程式輸出，直到兩者互相契合。這是一個漫長的實驗過程。我認為這種思考方式阻礙了日常生活中的決策，他也同意，但這個模式長遠而言還是對他有幫助的。一旦他的心理圖像和電腦模型互相符合，他基本上已經把自己從交易的圖像中剔除。電腦為他執行所有工作，所以到了這個時候，決策對他而言變得非常簡單。

相對的，直覺型的交易者所發展的心理模型，著重在市場的運作方式，而不是成功交易的方法。他相信，時時貼近市場的變化，比不斷測試電腦化模型來得更重要。他的交易所依據的是他對市場動態的預期，而那都是視覺化的影像。但我認為他想要把這個視覺化的想像轉化成某種感覺。感覺其實是一種思考的模式，但這種模式難以傳達，也無法電腦化。因此，他認為交易系統的電腦化只是在浪費時間。別忘了，他的重點在於解釋市場如何運作（而不是如何交易），而他相信市場變幻無常。所以，他通常無法向別人講解他的交易方法。他只能稱之為直覺。同時，他在每日的決策過程中顯得如魚得水，這一點跟機械式交易者可說是大相徑庭——機械式交易者必須證明他能夠電腦化自己的思考模式，否則無法輕鬆面對決策工作。

V——最難解決的問題是什麼？

我認為困難的問題只有兩個。其中一個是對交易缺乏承諾。除非對於成為一個成功交易者有所承諾，否則人們不會按照我的建議去做，所以我所接觸的交易者當中，缺乏承諾的其實也不多。當我偶爾提供免費或折價的諮商服務時，就會碰到這一類交易者。那個一心想要繼續當個小男孩，甚至想用交易來達到這個目的的人，就是很典型的例子。我不會讓我自己花太多時間在這些承諾不足的交易者身上。

第二種棘手的情況，就是不承認個人過失的交易者。這些人總是一再重複犯錯，因為他們從來沒有找到錯誤的源頭。同樣的，我不常見到這類交易者。前來找我協助的人，通常都意識到他們的問題源自於自己；不過，每個人仍然有一部分自己所不願意承認的過失，我的客戶也不例外。

前來找我的人當中，我覺得最難搞的是強迫性賭徒。這些人通常渴望於進出市場，直到他們來到我面前時，通常早已債台高築。如果已經到了這種程度，我會建議他們到匿名戒賭協會，或其他可以協助他們的資源。不過，我也接受過一位這種類型的客戶，他現在也是我的「超級交易者」計畫的一員。我僅僅將他對市場的強迫性行為輸導至對他有利的方向。

我不太認為糾正交易上的問題是正確的解決方案。舉例來說，在一門教導交易方法的課程裡，你可以在第一堂課教導市場的基本概念，第二堂則介紹某個簡單的交易系統。課程剩餘的時間，都會被用來處理學員運用交易系統時的各種問題。這或許是一門有效的課程。另一方面，你也可以先教學員市場的基本概念；接著，是使用交易系統時所需具備的信念、心態，以及心理策略。最後，再向學員介紹交易系統。我很肯定，第二套程序才是更有效的。至少這是我正在努力的方向。

V ── 談談你的「超級交易者計畫」的緣起、概念，以及方向。

這一切始於某一年的平安夜，有一位交易者來電跟我說，結束了我的訓練之後，他在兩個月內賺了六十五萬美元。在某種程度，我覺得我們的合作似乎才剛開始。

當我深入地思考這件事，腦海裡一再出現這個念頭：「如果我們再往前推向極限，結果將會怎麼樣呢？他可以表現到什麼程度？」所以，超級交易者計畫就來自於這個念頭。我打電話給他，跟他說了我的想法。他當然是全力支持了。

我有四位客戶完成了超級交易者計畫。也就是說，我持續跟這些人定期接觸（通常是每半年）。我們的理念在於將他們的表現推向極限。許多人還沒準備好這麼做，但我的客戶當中有足夠的人早已準備好了。或許在未來的三或四年，我能夠藉由這個計畫跟五十位頂尖交易者合作，誰知道呢？順帶一提，我的那些最優秀的客戶，後來都成了我研究頂尖交易者的理想原型。

有時我會夢見市場朝某個方向走，儘管這種預感不常出現，但正確的機率卻很高。這是正常的現象嗎？

V

我認為這是非常普遍的現象，因為許多人經常這樣告訴我，尤其是傑出的交易者。例如，我剛才提到的，無論是機械式或直覺型的超級交易者，都說過他們曾經夢見市場的未來走向，而且準確度非常驚人。但是，大多數交易者都說這類夢境非常罕見，無法規律地針對這種預感進行交易。就象徵的角度而言，這種現象的發生頻率可能比你所以為的還要高。但是，大多數人並不願意多加解析他們的夢境，以致錯失了這些象徵所蘊含的市場預測。不過，我必須承認，雖然我對這種現象很感興趣，但我對這個領域並未進行深入的研究。

我知道許多天才型人物說過，他們的某些創意實際上來自夢境。麥可・傑克森說他的歌並非由他所寫，而是這些音樂從他處來到他的腦海裡；保羅・麥卡尼說他在夢中聽見〈昨天〉（Yesterday）；愛因斯坦說他夢見了相對論。我想這些例子應該不少，而這類現象可歸結至一個問題：直覺到底是什麼？但請別叫我解釋。我還沒搞懂這個問題！

——我想，你不再回到市場嘗試交易，是因為你認為這麼做跟你幫助客戶的目標有所衝突。然而，既然你在過去五年來做了這麼多有關成功交易的研究，我猜想你一定會有再次進場試試手氣的衝動。你如何處理這個衝突？長期而言，你如何克服這方面的矛盾？

V 我不做交易的原因有兩個。第一個原因就是你所說的，與客戶之間的衝突。如果我正在協助某些人進行交易，而我又持有與他們的利益衝突的部位，那麼我就可能無法客觀看待他們的行為了。另一個同樣重要的理由，在於我已完全投入於目前我所從事的工作。我享受於助人、寫作、演講等等的工作。我每週六十個小時的工作時間已填滿了這些工作。如果我想交易，至少在初始階段，我勢必得投入相當於此的時間。我為什麼要為此放棄一個我正在享受的工作呢？回顧大多數運動項目的歷史，身兼選手與教練的人，效率往往不及那些只專注於單一角色的人。你的問題也假設了我想要交易，因而出現衝突。實際上，我愈投入於幫助別人成為更成功的交易者，我對於親自進入市場做交易的意願就愈低了。現在，我正投資於自己，以及自己的事業。我持續提升自己的技巧與知識，而我總是獲得報償。我為何要放棄這些努力？或許，在未來的某個時候，我覺得自己已經完成了一切可做的，或者想要做一些改變，又或者，只是想要休息一下。例如，未來的三、四年，我可能只跟五十位頂尖交易者合作。如果是這樣，那麼我或許會兼做交易。但就可預見的未來而言，這種可能性並不高。

一筆探尋自我的交易

在訪問撰書期間，我體認到整個計畫的主要動機是探尋自我。雖然多年來我也算是小有斬獲的交易者（我個人有兩次讓小額資本增加好幾倍的經驗），可是我心中還是有一種挫敗感。基於我對市場和交易的知識與經驗，加上我多次正確預測價格的走勢，我覺得我的獲利遠遠不及我真正的潛能。

在旅行採訪的途中，有一晚我和凡恩．沙普博士長談我的交易；隔了一個晚上，我又和賽柯塔談及同樣的話題，這段連續深談的經歷，促使我專注探究自己無法發揮交易潛力的錯誤所在。

自我檢討之後，我發現我最大的錯誤之一是，我雖然正確預測了重大價格走勢，卻無法善加利用。即使獲利潛能不低，我的操作規模卻始終很小，而且太早出場的習慣又進一步放大了我的缺失。我往往在價格上漲第一個波段就獲利了結，企圖等回檔整理時再進場。問題是，接下來的回檔價格往往沒有跌到我的買點，而我又不願追高，結果只能眼睜睜看著價格飆升。我對自己發誓：下次這種情況再出現時，一定要盡力發掘交易潛力。

我並沒有等太久。兩週後我搭機去芝加哥採訪，心中檢討著前一晚的價格走勢圖。我記得有個印象，覺得貴金屬價格會揚升，即使那時外匯市場不太穩定。突然間，我非常清楚自己應該要做什麼交易——做多貴金屬、放空外匯必然大有可為。（因為兩個市場通常同漲同跌，我的方法意味著風險將低於單純做多貴金屬。）我心裡想著這筆交易的若干走勢圖，就這樣盤算著。

次日上午，我找到一部能繪出價格走勢圖的報價機，坐下來評估種種價格關係。首先，我看白銀、黃金和白金的相互關係，判斷買白銀最佳；接著我檢討各種外匯間的關係，發現瑞士法郎最弱。有了這樣的決定之後，我於是開始檢查一個月期間到十年期間的白銀與瑞士法郎的比率走勢圖。

我的分析導出的結論是：我們可能將迎來為期好幾年白銀相對於瑞士法郎的強勢行情。我正在旅行，不能專心於市場，原本不打算交易，但由於我認為形勢大好，潛力雄厚，因此我認為至少手中應握有基本倉位。為了妥善組合倉位，我認為應該大致上把資金平均押在兩個市場。於是我迅速算出，依照當時的價格，應該做多三口白銀期貨，同時放空一口瑞士法郎的合約。

我看了一下白銀／瑞士法郎的價格比率短期走勢圖。令我沮喪的是，相較於前一天早上，價格比率早已經朝我想做的方向走了一大截；即使在當天開盤時，價格走勢仍朝對我的交易有利的方向發展。當我還在思考下一步行動時，白銀／瑞士法郎比率繼續攀高。因此，我決定採取行動，以免到頭來什麼都沒撈到。於是我立即打電話，建立最小的倉位：做多三口白銀合約，放空一口瑞士法郎合約。就在我遞單後不久，價格比率似乎就攀升到頂峰，開始回跌。接下來兩天，價格比率的曲線回跌得更多。結果是，這一筆交易的構想來得及時，卻選在一個糟糕的時機進場。然而，白銀／瑞士法郎價格比率很快又反彈，幾天後我便遙遙領先。

此時，我想起最近對自己過去總是不能從大行情中賺足利潤的缺失所做的檢討，以及其中的啟示。於是我決定不急著獲利了結，並且事先選好加碼的價格點。大約一週後，市場回檔整理，我遵循計畫進行加碼。我的時機抓得很好，價格在盤整後繼續挺升，而這次我的倉位是原先的兩倍。依我當時帳戶的規模（大約七萬美元），做多六口白銀、放空兩口瑞士法郎已經是我平常持有倉位的大約兩倍。我痛改前非的努力似乎沒有白費，接下來兩週價格朝有利的方向發展。一個月內，我的帳戶已增值超過三〇％。

此時我面臨兩難。一方面，根據我最近獲得的啟發，我應該繼續持有。另一方面，我其他的守則是：如果一筆交易能迅速大量獲利，就應該落袋為安，因為你總能找到機會在絕佳的時點重新進場。當白銀／瑞士法郎的價格比率開始下跌時，我心裡想的是第二條守則。

概略檢討過走勢圖之後，我覺得只獲取部分利潤稍嫌謹慎。我應該做更深入的分析再下決定。然而，當時我剛接受了新的工作，加上忙著撰寫本書，使我沒有時間和精力專心其他的事——包括交易。結果該做的分析沒做，我便輕率地決定繼續持有。後來的走勢對我不利，不到一週，我原先的獲利就喪失了一大部分。

雖然在一週前，我推斷我的龐大獲利應該能讓我在市場反轉時，擁有足夠的舒適緩衝；但現在市場反轉了，我卻發現我嚴重錯估我應有的緩衝水準。突然間，我擔心獲利可能會全吐回去，甚至可能發生虧損。我不知道應該拋出，還是依照原先的計畫繼續持有。

那晚我做了個夢。我夢見和朋友談話，他是一位期貨與選擇權分析軟體的開發者。在夢中，他開始交易。我們談及交易，以及我最近在白銀／瑞士法郎交易所遭遇的困境。

朋友針對我的困境表示：「每個人都在市場中各取所需。」我回答：「你的口氣和艾迪．賽柯塔一樣。」這對我而言有點奇怪，因為據我所知，他不認識賽柯塔。但令我意外的是，他回答：「我已經和賽柯塔聊過一陣子，從此之後我的交易只賺不賠。」

他拿出一張紙擺在自己面前，其中一欄是每個月月底的淨值。我瞄了一下，很驚訝地發現最後一個數字超過一千八百萬美元。我驚呼：「伯特，你在市場上賺了一千八百萬美元！我希望你為了安全起見，先獲利了結個幾百萬美元。」「不，我要把所有的錢砸下去交易。」他回答。「那簡直瘋了，」我說，「如果先抽出三、四百萬美元，那麼不管發生什麼事，你都可以高枕無憂。」「我知道自己在幹什麼，只要我每天做功課研究市場，我就不擔心。」他回說。

他的回答一語道破，我沒有每天勤做功課研究市場。他暗示的意思很明白：如果我每天做功課，便可以理解他為什麼不必急於獲利了結幾百萬美元，也不會成天擔心獲利會被洗劫一空。

「你說你每天沒有充分的時間做功課。你太忙於新工作和寫書。我給你看一些東西。」他開始引用本書銷售量的假設、每本書的版稅和我寫書的總時數。然後他把各項計算寫在黃色本子上。他得到最後的數字是每小時十八．五〇美元。「看，」他說，「這就是你賺的。」他的語氣好像在說，我放著幾萬美元不賺，卻去賺蠅頭小利。（事實上，每小時十八．五〇美元可能已過度高估，不過請記住，這只是一場夢。）

做這個夢的那一晚，剛好我在編輯馬丁．舒華茲的訪問，內容談及他每天勤做功課、研究市場。我體悟到致勝沒有捷徑；如果想要成為出色的交易者，就必須每天精研市場。就算沒有時間，也要設法擠出時間。如果背離這項例行的紀律，你必定喪失獲利機會或虧損金錢——無論何者，代價都很高。我潛意識中想表達的訊息是：如果想認真交易，務必重新規劃時間。

附筆

夢與交易

夢與交易之間的關係，是一個非常吸引人的主題。讀者不妨閱讀賽柯塔和沙普對此的談話。其實我還進行了另一個專門討論這項主題的訪問，但那位交易者事後不允許這本書發表我與他的談話。我對他的決定感到有些困惑，因為那一章的文字基本上仍以恭維居多。「你怎麼戒心那麼重，就這樣全然退出？」我問。「絕對不是你的緣故。」他回答，「事實上，你的採訪內容很實在。」他說，最近出版的一本書中談到了他，令他感到十分不悅，因此他堅決反對自己再出現在任何一本書中，即使匿名也不能改變他的決心。然而，我還是設法得到了他的首肯，使用了訪問中有關夢的部分。（在以下的對話中，人物名字都已更改。）

J　一九八〇年，玉米價格創新高，我做多玉米。某夜我做了個夢，夢中我對自己說：

「嗨，傑瑞，玉米要漲到哪裡？」「漲到四．一五美元。」「現在是多少？」「四．○七美元。」「你是說，你甘願冒上所有的風險，就是為了要等玉米再漲八美分？這豈不是瘋了嗎？」剎那之間我醒了。我知道我必須在隔天開盤時，清掉所有的玉米倉位。

隔天玉米開高，我開始拋售。行情漲了一些，我加緊出清。價格又漲了一些。一時之間，我誤以為場內經紀人反向執行我的委託單。然而，他並沒有。

幾分鐘之後，我全部出清，這時候電話響起。是我的另一名交易者朋友卡爾打來的，他一直做多玉米。他說：「傑瑞，是你在拋嗎？」我告訴他：「是的，我已經出清了所有的倉位。」「你在幹什麼？」他大叫。我說：「卡爾，玉米會漲到哪裡？」「大約四．一五到四．二○美元。」他回答。「現在是多少？」我問他。結果他立即掛斷電話。他甚至沒有浪費時間說再見。

——那是玉米的頭部嗎？

J　玉米可能又漲了一天，但那已經接近玉米行情的高峰了。一旦行情反轉，以我所持有倉位的規模，我很可能清不掉。

我覺得那位交易者所敘述的夢境特別有意思，因為我偶爾也有類似的經驗。通常，我認為當你對某一筆交易（不管是進場或出場）日有所思時，便難免夜有所夢，夢兆值得注意。當然，和其他事情一樣，夢兆也不一定準，但我還是認為寧可信其有。

我認為，夢能透過潛意識突破我們自己所建立的障礙，使我們接受真正的市場分析。例如，如果我看多，卻不在市場內，我會謹慎地等到回檔再進場——即使實際的評估顯示這種發展的可能性不高。原因在於，如果我以更高的價格進場，在某種程度上就等於證實我失敗了（也就是說，我並沒有早一點買進），而我又不願意承認。因此，我夢見行情將大漲，可能就是潛意識突破心理障礙的一種表達方式。

結語

交易想要成功，並沒有所謂的聖盃。「金融怪傑」們所運用的操作方法，涵蓋了純技術分析到純基本分析，以及介於這兩種極端之間的各種方法；操作期間則是從幾分鐘到數年不等。儘管操作風格迥異，許多共通點卻很明顯：

一、所有受訪者都有躋身成功交易者的強烈欲望——在許多情況下，他們都能克服重大障礙，邁向目標。

二、所有人都深具信心，而且能夠長期連續致勝。幾乎可以確定的是，他們都認為自己的操作，就是他們資金最佳而且最安全的投資。

三、每位交易者都有自己的操作方法，而且都能堅守他們的方法。紀律是最常被提及的辭彙，而且確實非常重要。

四、頂尖交易者極為看重自己的交易；許多交易者都投入大量的時間，鑽研市場分析和交易策略。

五、嚴格的風險控制，幾乎是所有受訪者交易策略的關鍵要素之一。

六、許多交易者都以不同的方式強調：耐心等待正確的交易機會並加以掌握，是很重要的事。

七、以異於群眾的行為方式行事非常重要，這也是經常被強調的一點。

八、所有頂尖交易者都瞭解，虧損只是操作遊戲中的一部分。

九、他們都熱愛自己的工作。

後記

二十二年後，我所相信的事

《金融怪傑》初版上市後，二十二年已經過去了。這段期間，我對市場的看法是否已有所改變呢？或者，我早已有了全然不同的觀點？巧合的是，這本書當前版本出版時，我正忙於準備另一本書而訪問另一群「金融怪傑」。我刻意避免稱他們為「新世代」，因為他們當中儘管有一些人還在唸研究所，但也有一些甚至比這本書的受訪者更年長。

在這個章節，我試著整理出我在新書草稿裡所透露的一些關於交易的個人思索。這些思考，也就反映了目前的我對市場的現實，以及對交易的成功所持有的觀點。我建議讀者做個有趣的實驗，將這個章節裡的省思對照這本書其他章節所傳達的觀點——這兩者相隔了幾乎一整個世代，而且是一個科技與全球政經劇變的世代。（為了避免這本書因我目前的想法而有所偏頗，我刻意選擇撰寫這個附加的章節，而不是改寫原本的書稿。）我相當確定，即使這些被時代分隔的觀點重疊在某一個課題上，大概也是協調的，原因不在於我的過度頑固——儘管我可能是(「你說的『可能』是什麼意思?」我太太應該會這麼說)——而是,這當中蘊含著某些禁得起時間考驗的市場真理。市場是人性的反映;而我相信,《金融怪傑》出版時所提出的市場規則至今仍然適用,原因就在於人類的情緒狀態從來沒有改變。

好交易與壞交易[1]

交易者常犯的錯誤之一,就是以結果論斷交易決策的對錯。假設一場擲硬幣的賭局,賠率是二比一,你下注但輸了。在這個賭局裡,你可能會輸,但下注的決策是對的,因為長遠而言,一再重複相同的決策可以讓你贏錢。同樣的,一筆虧損的交易可能無損交易決策的正確性。只要遵循一個具獲利能力的策略,即使單筆交易輸了,那還是一筆好交易,因為只要重複次數夠多,你就會贏。交易者不可能事先得知某一筆交易的盈虧。交易者必須接受某個特定比例的好交易會賠錢。只要依循計畫執行某個具獲利能力的策略,那麼一筆賠錢的交易並不意味著錯誤交易。

相反的,一筆賺錢的交易仍然可能是爛交易。例如,假設某個人在二〇〇〇年一月初做多網路科技股,然後在二〇〇〇年二月底出場;就結果而論,這是一筆高明的交易。

但是，如果相同的交易決策在相似的情境下一再重複執行，結果將會很可怕。市場在三月初做頭，但當時市場也可能在一月初做頭。儘管這一筆交易賺錢了，如果在相同的情境下一再重複執行同樣的交易決策，最終的結果一定很糟糕。

交易是一種關於機率的操作。任何交易決策無論多麼有效，都必定會有出錯的時候。交易者往往混淆了交易盈虧和交易好壞。好交易可能賠錢，壞交易可能賺錢。好交易依循的是一個只要重複多次就能獲利（附帶可接受的風險程度）的程序，儘管這個過程中的單筆交易仍然可能賠錢。壞交易依循的則是一個只要重複多次就必定賠錢的程序，儘管這個過程中的單筆交易仍然可能賺錢。例如，即使在吃角子機上贏了一筆錢，那仍然是個壞賭注（也就是壞交易），因為只要重複下注，你賠錢的機率極高。

交易方式，與交易方向同等重要

交易做對了方向，只是成功交易的一部分；以正確的方式執行交易，才是關鍵。我最近訪問的一位「金融怪傑」就認為，交易執行的方式甚至比交易構想本身更重要。他盡

1　作者註：本篇其餘內容改寫自作者正在撰寫的另一本著作《新世紀金融怪傑》（*Hedge Fund Market Wizards*）。

可能以某種能夠提供最佳報酬風險比率，同時又能夠在交易出錯時限制虧損的方式執行交易。例如，當那斯達克從二〇〇〇年三月的高點崩跌，他相當確定泡沫已破裂。然而，即使他相信市場已經形成巨大泡沫頭部，卻沒有考慮建立那斯達克的空頭部位，因為他早已意識到空邊交易非常險峻——事後證明他是對的。儘管市場最終劇烈下跌，但實際上那斯達克指數曾經在二〇〇〇年夏季反彈大約四〇％。這種幅度的走勢極可能讓空頭部位停損出場。他推論，那斯達克做頭向下，意味著大多數資產的價格即將走低，導致經濟放緩，進而壓低利率。就同一個交易構想而言，建立債券多頭部位相較之下成了一個更為容易、且更令人安心的交易方式。後來，債券的確平緩上漲，與那斯達克的游移跌勢形成對比。

「正確」無法讓你賺錢

我最近訪問的一位交易者提出極有洞見的觀點：許多交易者不是因為他們錯誤解讀市場時所做的賠錢交易而失敗，而是因為他們正確解讀市場時沒有進場而失敗。交易者對市場做了正確評估，最終卻無法利用他們的市場見解建立部位並真正獲利，這是非常常見的情況。正確並不夠，你必須能夠利用自己的正確見解獲利。這往往意味著你必須進場執行一筆讓你感到不安的交易。例如，在市場回檔時買進，才是讓交易者感到比較安心的交易方式，但最好的市場有時候並不會提供這種進場機會。舉一個具體的例子，股票市場在二〇〇九年築底之後，任何想要等待顯著拉回時再買進的交易者，最終只能在場外眼睜睜錯失市場隨後兩年的多頭走勢。

交易者如何確定自己能夠在看法正確時賺錢？答案視情況而定，有時候甚至沒有所謂唯一的正確答案。舉個例子，假設你對市場持有偏多立場，但除非漲勢回檔，否則你無法放心進場。與其遞入目前市價以下的限價買單而冒著錯過整段漲勢的風險，你有另一個選擇：以市價建立部分部位，然後等待市場回檔時向下分批加碼直到完整建立部位。如果市場持續上漲，至少你可以從部分部位獲利。另一個選擇，則是在盤整期間建立多頭部位，並且以盤整區間下檔某個有意義的價位作為停損。總之，沒有唯一的正確答案。重點是，交易者必須規劃他們的進場和出場策略，盡可能避免判斷正確卻無法獲利的窘境。

有時候，無為勝有為

作曲家克洛德．德布西（Claude Debussy）曾說過：「音樂，是音符與音符之間的空間。」同樣的，投資與投資之間的空間，即你不在市場裡的時間，也可能是成功投資的關鍵。最近訪問的一位只做多的股票基金經理人，十二年來累積了八〇〇%的總報酬，而這段期間的股票大盤指數基本上平淡發展。他是怎麼做到的？當然，優異的選股是重要因素，但這不是答案的全部。另一部分的答案是：環境不利時選擇不投資（即主要持有現金）。他拒絕在錯誤的時機參與市場，因此過去兩次大空頭市場中的大多數崩跌走勢發生時，他都在場外——這是他的資產能夠取得如此漲幅的關鍵原因。有時候，待在場外觀望的決定，對你的投資成就而言，可能就跟你選擇做的投資一樣重要。這裡傳達的關鍵啟示是：機會不在時，不要介入市場。

交易者必須懂得克制自己，堅持待在場外觀望，而這也突顯了耐心對交易成功的重要性。環境不利於你的投資方法，或者缺乏機會，或機會不夠好的時候，你需要發揮耐心留在場外。

當然，還有風險控制

許多「金融怪傑」認為風險控制甚至比交易方法更重要。最近受訪的一位經理人更將這種態度推向極致，他的每一筆交易所承擔的風險不超過進場價位的〇・一%。一旦交易開始賺錢，他會相應提高部位的風險容忍程度。在這種方法之下，他的每一筆新建立的部位即使賠錢，數額都不大。唯有當他持有的部位累積了大額帳面獲利時，他才會面臨顯著的月份虧損風險。根據進場價位的〇．一％設定停損，對大多數交易者而言的確有些極端（或甚至不值得建議）；然而，他提出的概念，也就是建立部位時使用相對緊密的停損，部位累積利潤後再調寬停損，的確是一種有效的風險管理方法，適用於大部分交易者。

只要你嘗試控制虧損，就必定會遇到這種情況——市場先發動一段對你不利的走勢並引發你的停損，待你出場後再轉向原本對你有利的方向發展。你必須習慣。這種令人鬱悶的經驗是任何有效的風險管理所無可避免的一環。如果想要將帳戶資產淨值耗損維持在可控的範圍，就會有某些時候必須在行情戲劇性轉向的前一刻認賠結束某個部位。

交易規模可能比進場價位更重要

交易者幾乎全神貫注於進場交易的價位。實際上，交易的規模往往比進場價位更重要；如果部位規模太大，行情只要稍有不利，交易者就可能被迫認賠出場。交易者常犯的一項錯誤是，任由他們的貪婪左右決策，將交易規模擴大至超越他們能夠承受的範圍。既然可以建立一〇%的部位而享有雙倍獲利，為什麼要交易五%的部位呢？問題是，部位規模愈大，你就愈容易陷入一種任由恐懼而非判斷與經驗主導交易決策的境地。交易規模必須夠小，小到你的恐懼本能不致於主導你的判斷。

另一個應該考慮的狀況是，一筆好交易可能因為壞運氣而出錯。有時候，不可預測的事件可能毀了一筆好交易。因為意外事件而導致的虧損，本來就是無可避免的。不過，交易者可以做的就是管理部位規模，以限制不利的意外事件所導致的破壞程度。

前文所述，都聚焦於交易規模太大可能造成的危險，但是部位規模太小也是個問題。不是所有交易都相同的。「金融怪傑」們有一個共同特質：當他們遇到特別優異的交易機會（例如高勝率交易，或報酬風險比率偏高的交易）時，就會決定建立一個規模比平時更大的部位。

別追求百分百正確

這是交易者都會面臨的兩難。市場正在往不利於你的方向發展。你知道這個虧損的無底洞有多危險。但同時你仍然對這個部位有信心，擔心自己會在市場重新轉向有利的方向之前丟失機會。你完全凍結，不知所措。你應該明白，你不需要抱著一不做、二不休的心態。相反的，你可以出脫部位的一部分。實現部分虧損，總比整個部位認賠來得容易許多。這種方法讓交易者能夠有所行動，而非一味拖延。如果市場持續往不利的方向發展，交易者可以再次重複執行這個程序。

為什麼許多交易者不情願認賠出脫部分部位？因為結束部分部位意味著你的決策無論如何都是錯誤的——如果市場轉向，你只留著一半部位；如果市場持續不利，你還留著一半部位。追求正確的心態，導致交易者抗拒結束一半部位。下一次，當你猶豫不決，不知該認賠出場，或者咬緊牙關撐下去的時候，別忘了，你還有第三條路：結束一半部位。

針對一個部位進出

很多「金融怪傑」採取動態而非靜態的方式應對個別交易。他們不是單純以一張進場交易單和一張出場交易單就完成整筆交易；相反的，他們會隨時調整部位以回應市場動態（走勢有利時獲利回吐部分部位，然後在回檔時加碼補回已出脫的部分）。以這種方式針對一個部位進出，可以提升績效，也讓交易者更容易抱牢賺錢的部位。舉一個簡單的例子，假設你在五〇的價位做多一支股票，長期獲利目標為七六，但也預期六二附近存在短期壓力。在這種預測之下，你可能在行情進入六一至六三的區間時選擇降低多頭曝險，並且等待價格拉回再恢復原有部位規模。可能的負面結果是，行情最終沒有回檔到重新進場的價位，而你最後只能以較小的部位實現後續走勢的利潤。正面的可能結果則是，如果已獲利回吐的部位最後在一個較理想的價位重新彌補，則最後的總利潤將提升，而或許更重要的是，交易者抱牢部位的阻礙會更小一些。衡量了正負兩面之後，針對同一個部位進出的交易方法究竟有益還是有害，完全視乎交易者的個人主觀判斷。這個方法未必適合所有交易者，但的確有些交易者從中受益。

靈活很重要

靈活是成功的交易不可或缺的元素。重要的是，交易者不可執著於某個想法，一旦價格行為與原有交易構想的假設不符，就應該斷然結束部位。我最近訪問的一位經理人這麼說：「真正優秀的交易者，必須具備瞬間轉念的能力。他們可以在前一刻將某個想法奉為圭臬，下一刻即改變主張。市場將會走高。肯定會漲得更高。不，市場一定會下跌。如果你不能這樣，那就會被套在某個部位裡，最終被刷出場。」

優秀的交易者都很靈活，一旦認清事實，就能全然改變自己原有的觀點。他們不會執著於自己才是正確的；他們會重新評估，確認自己是否可能犯錯。靈活改變不僅在單筆交易的層次上非常重要，甚至對整套交易方法論都很關鍵。

虧損交易的最佳補救

幾乎所有交易者都經歷過某種跟市場脫節的時期。當你承受連續虧損時，更用力地嘗試並無助於扭轉局勢。交易陷入低潮時，最好的解決方法往往就是結束所有部位（或者設置保護性的自動停損），然後停止交易。休息幾天，或甚至更長的時間。結束部位讓你重新變得客觀。處在市場中時，你無法保持客觀。實際暫停交易，也就中斷了這個連續虧損的惡性循環，避免讓每一筆虧損進一步傷害你的自信。重新開始交易之後，先縮小規模，直到你恢復信心。

波動性和風險是兩回事

投資大眾的一大誤解，就是把風險和波動性混為一談；就幾個面向而言，這是嚴重錯誤的觀念。首先，最主要的風險並不會顯現在績效紀錄中，因此無法透過帳戶波動性反映。例如，一個由低流動性的資產組成的投資組合，在市場「風險偏好」（risk on）的時期可能呈現低波動，但一旦市場轉移到「風險厭惡」（risk off）時期，則承擔極大風險。銅板的另一面是，有時候你可能因為突然大賺而處於高波動，但理論上的投資風險是相當有限的。有些「金融怪傑」採用高度不對稱的策略，交易的最大風險相當明確且受控，上檔獲利潛能卻非常大（例如選擇權多頭策略）。愈成功的正面非對稱策略，淨值波動會因為巨大獲利而變得愈大——大部分投資人大概不會視之為風險，更不會抗拒這種波動性。

直覺其實一點也不神祕

許多人往往把直覺跟幸運預測混為一談。然而，直覺實際上以經驗為根基；對大多數交易者來說，直覺是他們成功的核心因素之一。直覺一點都不神秘，不過就是經驗所形塑的潛意識。有時候，交易者看似無來由地強烈看多或看空市場，實際上他們可能只是被潛意識所驅動——他們的潛意識發現了當前情境和過去的市場之間存在相似的型態。如果你發現自己的直覺大部分時候都是對的，那就不妨相信直覺吧。

一切順利時，務必小心！

最糟的淨值耗損，通常緊隨在一切看似如夢幻般美好的時光之後。為什麼表現最好的時期總是迎來慘敗？其中一個可能的原因是，當一切看似完美時，交易者最容易自鳴得意。通常就在這種時候，交易者難以意識到交易可能出差錯，更不認為即將發生最糟的情境。另一個可能的原因是，表現最佳的時期通常也是曝險程度最高的時候。這裡的啟示是：當你的投資組合淨值揚帆迎向新高，而且幾乎所有交易都符合預期地順利發展時，你必須時時檢視自己是否自滿，而且務必加倍謹慎。

當你在市場恐慌時做對了方向，那就獲利了結

當行情加速而發展出拋物線走勢，而你站在對的一方時，或許應該趁著市場處於激情狀態實現部分或全部利潤；不要等到行情轉向時再行動，因為這類市場一旦逆轉，走勢必定瘋狂且極端。簡言之，與其到時候持有多頭部位而凍結在這種走勢之中，不如先縮小規模，或乾脆出場。

市場不管你在哪裡進場

別以你的買進（或放空）股票或期貨合約的價位作為交易決策的依據。市場並不會理會你在什麼價位進場。正確的問題是：如果你現在不在場內，你會怎麼做？交易者經常觸犯一種錯誤：當他們發現自己做了一筆爛交易時，他們決定出場，但總是期待行情回到他們當初的進場價位再行動。我們常聽到一句話：「只要扳平，我就出場。」把進場價位和你的出場決策綑綁在一起，就是小虧損滾成大災難的主要原因。為什麼扳平出場如此重要？這關乎的是自尊。如果你能夠在損益兩平點出場，你就可以說：「我沒有錯。我沒有做錯任何事。」而且，諷刺的是，這種無法接受自己犯錯的心態，就是大多數人在市場上賠錢的原因。

為什麼設定年度目標可能弄巧反拙

避免設下年度報酬目標。交易應該由市場機會決定，而不是交易者的人為目標設定。年度報酬目標導致交易者在市場機會大好時做得太小，在市場缺失機會時卻做得太大。務必謹慎，別因為賺錢的欲望而進場交易。當交易者正在努力達成年度目標時，往往會做一些只有勉強達到標準的交易，導致他們離目標更遙遠。如果不是為了達成目標，他們大概就不會做那些交易。

通往交易成功的道路

要獲致交易成就，並不存在唯一的正確道路。相反的，「金融怪傑」們所採取的交易方法非常多元。他們的交易取徑不僅各不相同，我為了寫下一本書而採訪的某一位交易者，甚至採用與另一個交易者全然相反的交易方法。追求卓越的交易者必須理解，他們該尋求的不是一個能夠破解成功奧秘的神奇方法，而是一種與他們的個人特質契合的交易方法。所有「金融怪傑」所找到的方法都對他們有效，因為那些方法適合他們的個性。任何一個交易者的方法，即使是「金融怪傑」的方法，對另一個交易風格與風險容忍程度全然不同的交易者來說，都可能釀成災難。

多年來，我收到許多類似這樣的提問：

親愛的史瓦格先生：

您是否認識一些想要招收學徒的交易者？只要有機會向任何一位「金融怪傑」學習，我願意在他身邊無酬且長時間工作。

這顯然表示提問者走錯了方向。你不可能模仿別人的交易方法而成功，因為他們的方法極可能並不適合你的個性。正確的道路是：停止模仿他人，去尋找屬於自己的方法。

附錄一

程式交易與投資組合保險

近幾年來，程式交易（program trading）是廣受討論的主題之一。在金融市場歷史上，從來沒有任何一種交易方式像程式交易一樣如此飽受人們的抨擊，卻又如此不為人所理解。我敢打賭，反對程式交易的人當中，甚至不到十分之一知道程式交易到底是什麼。程式交易令人感到困惑的原因之一在於，程式交易一詞既可以用來描述這種交易方式原本涉及的活動，也可以作為各種電腦輔助交易策略（例如投資組合保險〔portfolio insurance〕）的統稱。

程式交易指的是某種典型的套利活動，在某個市場放空，同時在另一個相關程度相當高的市場做多，從中賺取微薄但近乎沒有風險的利潤，而利潤源自於這兩個市場之間價格關係的短暫扭曲。當程式交易者認為實際的股價高於或低於相應的期貨價格時，便會買進或賣出股價指數期貨，並針對一籃子實際的股票建立等值美元的相反部位。事實上，程式交易往往使實際股票和指數期貨之間維持同步關係。只要每一筆與程式交易相關的實際股票賣單都被另一個時間的買單所抵銷，以及多數程式交易都是從做多股票／放空期貨開始（因為在股市放空股票的限制較多），那麼把股市下挫歸咎到程式交易上，就是一種站不住腳的指責。此外，眾多證據顯示，相關市場之間的套利交易可以減少市場的波動，因此宣稱程式交易會造成市場波動加劇，是一種非常值得質疑的指控。

投資組合保險指的是，當股票投資組合的價值下跌時，為了減少風險而系統性地賣出股價指數期貨。一旦風險降低，多頭曝險就會隨著股價指數的上揚而增加到完整部位。投資組合保險的理論基礎在於假設市場價格會平緩地漲跌。當價格劇漲劇跌時，這一套策略的結果就會和理論形成極大的差異。一九八九年十月十九日便發生了這種情形，當股價跌到投資組合保險應該賣出的水準時，引發了賣單湧現，於是形成賣價遠低於理論價格的情形。儘管投資組合保險的確可能加速了十月十九日的跌勢，但另一方面，即使去除了投資組合保險的因素，市場的空頭力量也必然會在幾天之內把股市推往相同的跌幅。這個問題永遠沒有答案。（有人認為程式交易應該對十月十九日股市崩盤負最大的責任，這種說法是值得懷疑的，因為當時個股開盤時間嚴重延後，市場對股價產生重大疑惑，加上自動委託單登錄系統受到交易所限制，這種種因素都嚴重阻礙了當時程式交易的活動。）

附錄二 選擇權入門概念[1]

選擇權有兩種：買權（calls），以及賣權（puts）。買進一個**買權**（call option），買主就有權利（但不是義務）在**到期日**（expiration）當天或之前，已經確定的履約價格（strike price 或 exercise price），買進雙方所同意的商品。**賣權**（put option）則讓買主有權利（但不是義務）在到期日當天與之前的任何時間，以履約價格賣出標的商品。（註：所以，買進一個「賣權」，等於是看壞後市而**放空**；賣出一個「賣權」，則是看好後市而**做多**。）選擇權的價格稱為**權利金**（premium）。舉例來說，「IBM 四月一三〇買權」表示，買主有權利在選擇權的有效期間內，以每股一百三十美元的價格，買進一百股 IBM 股票。

買權的買主預期價格會上漲，因而事先鎖定買價，希望藉此而獲利。買權的買主所

1 這篇附錄摘自史瓦格的著作《期貨市場全書》（Jack D. Schwager, *A Complete Guide to the Futures Market*, New York: John Wiley & Sons, 1984.），寰宇出版（全新增訂版），二〇一八年。

承擔的最大損失，等於買進選擇權所支付的權利金。如果履約價格一直高於市價，買權的買主在到期日之前都不履約，損失金額最多就等於所付出的權利金。例如，一三〇買權到期時，IBM的市價是一二五美元，則買主所買的選擇權到期時變得一文不值。如果到期時，標的商品的價格高於履約價格，則這個選擇權有一些價值，買主因此會履約。但是，如果市價和履約價的差距低於買進選擇權的權利金，這筆操作的淨值仍然是虧損。買權的買主若想實現淨利，則市價和履約價的差距，必須超過買進買權時所支付的權利金（當然需要考慮手續費成本）。市價愈高，淨利也愈多。

賣權的買主則預期價格會下跌，希望事先鎖定賣價，從而賺取利潤。和買權的買主一樣，他最大的可能損失，限於買進這個選擇權所支付的權利金。持有賣權至到期日時，假設履約價格超過市價的金額，高於買進賣權所支付的權利金（考慮手續費的成本後），則這筆操作就有淨賺。

買權與賣權的買家需要承擔的風險有限，潛在獲利則無限；賣方則相反。選擇權的賣方（經常稱為writer）收受權利金之後，如果選擇權買方要求履約，賣方就有義務以履約價格承做相反的倉位。比方說，如果買方履行了買權，則賣方必須以履約價格在標的市場做空倉（因為買主履行了買權時，便以那個價格承做了多頭倉）。

買權的賣方預期價格會橫盤或稍微下跌，希望從中獲利。在這種情況下，賣出買權而收取的權利金，提供了最誘人的操作機會。但是，如果操作者預期價格會大跌，則放空標的市場或買進賣權，通常會比較好，因為這兩項都是利潤潛能無限的操作。同樣的道理，賣出賣權的人則預期價格會橫盤或溫和上漲，希望從中賺取利潤。

有些新手無法理解，既然買進選擇權（無論是買權或賣權，視市場的走勢而定）的獲利潛力無限，而且風險有限，操作者為何還要做其他類型的操作？這種迷惑來自於不瞭解市場的機率分布情況。雖然選擇權賣方的理論風險無限，但是發生機率最大的價格水準（也就是選擇權交易時的市價附近），卻能為選擇權賣方帶來淨利潤。大致來說，選擇權的買方同意接受機率很高的小損失，以換取機率很低的大利潤；選擇權賣方則同意接受機率很低的大損失，以換取機率很高的小利潤。簡而言之，這種交易是在各取所需的狀況下促成的。在有效率的市場中，長期而言，經常買進選擇權的人，或經常賣出選擇權的人，都不會擁有顯著的優勢。

選擇權的權利金由兩個部分構成：一是內在價值（intrinsic value），一是時間價值（time value）。買權的內在價值，是指目前的市價高於履約價格的金額。（賣權的內在價值，則是目前的市價低於履約價格的金額。）其實，權利金裡的內在價值部分，就是選擇權以目前的市價履約後可以實現的利潤。內在價值也是選擇權的底價。為什麼？因為如果權利金低於內在價值，操作者便可以買進並履行選擇權，立即沖銷因此而建立的市場倉位，從而實現淨利潤（假設操作者至少考慮了交易成本）。

具有內在價值的選擇權（也就是買權的履約價格低於市價，而賣權的履約價格高於市價），稱為價內選擇權（in-the-money options）。沒有內在價值的選擇權，則稱為價外選擇權（out-of-the-money options）。履約價格很接近市價的選擇權，稱為平價選擇權（at-the-money options）。

價外選擇權的內在價值等於零，但由於市價還是有機會在到期日之前越過履約價格，所以仍然有一定的價值。價內選擇權的價值高於內在價值，因為操作者偏好建立這種選擇權倉位，甚於建立標市場的倉位。為什麼？因為在價格走勢有利時，選擇權倉位和市場倉位的利潤相等，但是選擇權的最大損失有限。權利金超過內在價值的部分，稱為時間價值。

影響選擇權時間價值最主要的三個因素是：

一、履約價格和市價之間的關係：深度價外選擇權的時間價值十分低，因為在到期日之前，市價上漲到履約價格或履約價格之上、之下的可能性很低。深度價內選擇權的時間價值也很低，因為這種選擇權提供的倉位類似於標的市場——除非價格走勢極端不利，否則兩者的盈虧金額都相當。換句話說，對深度價內選擇權來說，風險的限制並不會為選擇權帶來額外價值，因為履約價格距離目前的市價很遠。

二、**距離到期日的時間**：距離到期日愈遠，選擇權的價值愈高。因為時間愈長，到期前內在價值增加的機率愈高。

三、**波動**：到期前，時間價值直接隨著標的市場的**波動估計值**（衡量價格波動程度的數值）而變動。這是因為波動愈高，到期之前內在價值增加的機率也愈大。換句話說，波動增加，市場價格可能的變動範圍也更大。

雖然波動是決定選擇權權利金價值時極為重要的因素，但必須強調的是，我們無法確切知道未來市場的波動狀況。（相反的，距離到期日的時間、目前市價和履約價格之間的關係，無論在任何時間點都能明確標示。）因此，波動的估計值必須以**歷史波動**資料為依據。市場價格（亦即選擇權的權利金）所透露的未來波動估計值，可能高於歷史波動值，也可能低於歷史波動值；這個估計值，就稱為隱含波動（implied volatility）。

名詞解釋

Advance/decline line（**騰落指數**）：紐約證券交易所（NYSE）每天上漲股票數量和下跌股票數量差值的累積總數。騰落指數的走勢和市場指數（如道瓊工業股價指數）走勢背離時，有時可以被視為一種市場訊號。比方說，如果道瓊指數下跌後彈升到新高點，但騰落指數沒有跟進，可能顯示市場內部還處於疲弱的狀態。

Arbitrage（**套利**）：某個市場和另一個高度相關的市場走勢呈現背離時，在其中一個市場買進，然後在另一個市場賣出，從中獲取利潤。

Arbitrageurs（**套利客**）：指專精於套利的操作者。套利客希望從相關市場的短暫價格扭曲中牟取微小利潤，而不是靠正確掌握市場走勢來賺錢。

Averaging losers (Averaging down)（**逢低加碼攤平**）：價格走勢不利時，依然加碼操作賠錢的倉位。

Bear（**空頭**）：相信價格會下跌的人。

Bear market（空頭市場）：價格節節下降的市場。

Boiler room operation（鍋爐室騙局）：指非法或半非法的電話推銷手段，利用高壓手法，用很高的價格或收取很高的手續費，把金融投資工具或商品賣給不明究裡的投資人。比方說，貴重金屬（或貴重金屬選擇權）合約的出售價格，遠高於合法交易所當時的報價。有時候，這種推銷手法目的在於詐欺，因為所出售的合約根本不存在。

Breakout（突破）：價格上漲到前一個高點之上，或下跌到前一個低點之下，或越過前一個價格盤整區。

Bull（多頭）：相信價格會上漲的人。

Bull market（多頭市場）：價格節節上漲的市場。

Call option（買權）：一種合約，買主有權利（而非義務）在特定期間內以約定的價格買進標的金融工具或商品。

Chart（圖形）：顯示某一個市場價格走勢的圖表。最常見的圖形是**長條形日線圖**（daily bar chart）：在一根長條圖中，顯示出每天的高價、低價和收盤價。

Chart analysis（圖形分析）：研究價格圖形，找出過去在價格上漲或下跌之前所顯現的型態。圖形分析的基本概念是，目前市場如果呈現類似的型態，就相當於發出了訊號，表示市場有可能往相同的方向波動。從事圖形分析的人，通常被稱為圖形分析者（chartists）或技術分析者（technicians）。

Congestion/Consolidation（整理型態）：一種價格型態，特徵是價格持續橫向波動。

Contract（合約、期約）：期貨市場中標準化的交易工具，明確標示未來特定時點交貨（或現金交割）的商品（或金融資產）的數量及品質。

Contrarian（反向操作者）：在大部分人的意見形成後，按相反方向操作的人（見下條）。

Contrary opinion（反向意見）：這種意見認為操作方向和大部分操作者相反，將可獲利。反向意見的基本概念是，如果絕大部分的操作者都看漲後市，那就表示相信價格會上漲的大部分市場參與者都已做多（買進），因此將來價格下跌的阻力最小。相反的，如果大多數操作者都看跌後市，也可以按同樣的推理行事。不少機構都會調查市場參與者、市場快訊、操作顧問的意見，整理出反向意見的數目，並提供投資人參考。

Cover（回補）：結清現有的倉位（也就是說，如果原本做多，則賣出；原本放空，則買進）。

Day trade（**當日沖銷操作**）：當日建立的倉位，當日結清。

Discretionary trader（**自由裁量型操作者**）：一般來說，是指經客戶委任而不需要事先取得客戶同意，即可為客戶的帳戶下單買賣的操作者。但是這個名詞也有比較明確的指涉，那就是操作者根據自己對市場的看法進行操作，而不是依據電腦化系統所發出的訊號行事。

Divergence（**背離**）：指某個市場或指標創新高或新低後，另一個相關的市場或指標卻沒有跟進。有些分析師視背離現象為市場即將做頭或打底的訊號。

Diversification（**分散投資**）：同時在許多不同的市場操作，以求降低風險。

Downtrend（**下跌趨勢**）：某個市場的大勢處於價格下跌的情況。

Drawdown（**耗損**）：帳戶資金餘額減損的情況。**最大耗損**（maximum drawdown）指的是帳戶資金餘額相對高點和隨後的餘額低點之間的最大差距。對操作者或操作系統來說，低耗損是一種理想的表現。

Earnings per share（**每股盈餘**）：指公司稅後總盈餘除以發行在外普通股股數的數值。

Elliott Wave analysis（艾略特波浪分析）：以艾略特（Ralph Nelson Elliott）理論為依據的市場分析方法。艾略特波浪分析相當複雜，基本理論所依據的觀念是：市場的波動呈現波浪狀，一般型態是在主趨勢的方向上形成五個浪（或叫市場波段），接著在反方向有三個調整浪。這個理論還指出，其中每一個浪還可以再分成五個或三個波，而這個浪本身也是某個更大的波浪的一部分。

Equity（帳戶資金餘額）：指操作帳戶中的金額。

Fade（淡出）：某個市場訊號發出（或某個分析師發表意見）後，往反方向操作。比方說，在價格突破前一個整理區間的上檔後（大部分技術操作者見到這種價格走勢，都認為是買進或長抱多頭倉的訊號），操作者如果放空，就稱為「淡出價格突破點」。

False breakout（假突破）：短暫的價格波動，在穿越前一個高點或低點後，不敵反方向更強勁的價格走勢。假設某支股票的價格在六個月內一直在十八元到二十元之間游走，後來上漲到二十一元之後，馬上又跌到十八元以下；在這種情況下，上漲到二十一元的走勢可以稱為假突破。

Federal Reserve Board (Fed)（聯邦準備理事會）：美國聯邦準備制度中的管理機構，透過貨幣政策調節經濟。

Fibonacci retracements（費波納奇回調）：一種價格預測的概念，認為前一段走勢的回調比率經常接近三八．二%和六一．八%。這兩個數值來自於費波納奇數列（見下一條）。

Fibonacci sequence（費波納奇數列）：從一開始，一直到無限大的數列，其中每個數字都是前兩個數字的總和。這個數列的最前面幾個數字如下：一、一、二、三、五、八、十三、二十一、三十四、五十五、八十九等等。隨著數字愈來愈大，前後兩個數字的比率愈來愈趨近〇．六一八，間隔兩位數的比率則愈來愈趨近〇．三八二。這兩個比率，即〇．六一八和〇．三八二，經常用於預測前幾次價格波動後的回檔。

Floor trader（場內操作員）：交易所的會員，以個人利潤為目的而操作。

Frontrunning（搶先交易）：一種不道德的經紀人行為，有時是非法的。當經紀人相信客戶所下的單子將導致價格發生變化，他便在客戶的單子之前搶先為自己下單。

Fundamental analysis（基本面分析）：利用經濟資料預測價格走勢。比方說，針對某種貨幣做基本面分析時，可以著眼於通貨膨脹率、利率、經濟成長率的相對狀況，以及政治因素。

Futures（**期貨**）：請參考本書第一篇〈揭開期貨的神秘面紗〉一節。

Gann analysis（**甘氏分析**）：依據甘氏（William Gann）發展的各種技術概念而執行的市場分析。甘氏是二十世紀上半葉非常著名的股票和商品操作者。

Gap（**缺口**）：沒有任何交易發生的價格區間。例如，假設某個市場上一次的交易高價是二十元，隔天以二十二元開盤，並節節走高，則二十到二十二元之間的價格區間，就稱為缺口。

Hedge（**避險**）：用來沖銷存貨風險，或者在買進或賣出期貨時用來沖銷相關風險的倉位。以下是避險操作的一個例子：玉米農夫在玉米仍處於成長季節的時候，就賣出玉米期貨，交割日期則是預期的收割日。在這個例子裡，賣出期貨就等於鎖住了接近的期貨賣價；以後價格如有波動，風險就十分有限。

Hedger（**避險者**）：建立某個倉位以降低價格風險的市場參與者。避險者對於風險的處理方式正好與投機客相反；投機客在建立倉位時，願意接受風險，希望從預期的價格波動中獲取利潤。

Implied volatility（**隱含波動**）：市場根據以往的選擇權價格走勢對未來價格波動的預測。

Leverage（**槓桿**）：控制規模大於所投入資金的商品或金融工具。倉位的槓桿比率愈高，可能產生的利潤或損失就愈大。

Limit position（**倉位上限**）：投機客被允許持有倉位的最大規模（也就是合約數量）。政府對多種期貨合約都明定上限。

Limit price move（**漲跌停板**）：針對許多期貨合約，交易所都訂定了一天之內價格波動的最大幅度；價格上漲到規定的最大限度時，就稱為漲停板（limit-up），下跌到規定的最大限度時，就稱為跌停板（limit-down）。在正常情況下，自由市場力量如果把價格帶到漲跌停板限制的範圍之外，以尋找均衡價格，則市價便自然上漲或下跌到停板，而且交易幾乎停止。對上漲的市場來說，這種情況稱為鎖住漲停（locked limit-up 或 limit-bid）；至於下跌的市場，這種情況則稱為鎖住跌停（locked limit-down 或 limit-offered）。

Liquidity（**流動性**）：某個市場資金流動的程度。

Liquid market（**高流動市場**）：指每天成交量夠大的市場，多數規模合理的買單和賣單都能成交，同時不至於使價格發生大幅度的變動。換句話說，高流動市場讓操作者相當容易進場和退場。

Local（**自營操作者**）：與場內操作員（floor trader）同義，通常是指交易所會員，操作的是自己的帳戶。

Long（**多頭倉**）：以買單建立的倉位，這種倉位在價格上漲時可以獲利。這個名詞有時也指持有這種倉位的個人或資金。

Lot（**口**）：期貨市場裡指稱合約的另一種說法。

Mark to the market（**依市價計值**）：按當前結算價計算未平倉位的評價法。換句話說，某個倉位依市價計值時，實現和未實現的損失（或利潤）兩者之間沒有差別。

Mechanical system（**機械式系統**）：產生買進和賣出訊號的操作系統（通常是電腦化的系統）。機械式系統的操作者根據系統訊號行事，他們把個人對市場的看法擱置一邊。

Money management（**資金管理**）：指操作時運用的各種控制風險方法。

Moving average（**移動平均**）：把價格平滑，以方便察覺市場趨勢的一種方法。簡單移動平均（simple moving average）取最近幾個交易日的價格平均值。在某些簡單的趨勢追蹤系統中，移動平均線和價格走勢線的交叉，或兩條不同的移動平均線的交叉，被視為買進或賣出的訊號。

Naked option（**無掩護選擇權**）：選擇權的空頭倉，操作者並不持有標的商品或金融工具。

Open interest（**未平倉合約數**）：在期貨市場，未平倉多頭倉和未平倉空頭倉的總數永遠相等。這個總數（多頭倉或空頭倉）稱為未平倉合約數。根據定義，某個合約剛開始交易的時候，未平倉合約數是零，之後增加至高點；但隨著到期日接近，某些倉位會結清，於是未平倉合約數會慢慢減少。

Options（**選擇權**）：參考〈附錄二〉。

Outright position（**單純倉位**）：指淨多頭倉或淨空頭倉（不同於價差交易和套利交易的倉位，會用相關的工具建立反向倉位）。

Overbought/oversold indicator（**超賣／超買指標**）：一種試圖確認價格上漲（下跌）得太多、太快，因此容易往反方向回折的技術指標。超賣／超買的觀念也常與反向意見併用，指出絕大多數操作者在什麼時候看漲後市或看跌後市。

P and L（損益）：利潤／損失（profit ／ loss）的英文縮寫。

Pattern recognition（型態辨識）：一種價格預測的方法，利用歷史價格型態，找出目前狀況的雷同之處。

Pit（交易場）：交易所營業廳內交易期貨合約的地方，有時也被稱為交易檯（ring）。

Position limit（倉位上限）：參考 Limit position。

Price/earnings (P/E) ratio（本益比）：股票價格除以該公司每年盈餘。

Put/call ratio（賣／買權比率）：賣出選擇權的數量除以買進選擇權的數量。賣／買權比率是反向意見或超賣／超買測量值的例子。基本前提是，如果比率高（也就是賣權買進的數量多於買權買進的數量），則表示有太多的操作者看跌後市，因此這個比率就被認為看漲後市。同樣的，賣／買權比率偏低，則被視為看跌後市。

Put option（賣權）：一種合約，買主有權利（而非義務）在特定期間內以約定的價格賣出標的金融工具或商品。

Pyramiding（金字塔加碼）：利用現有倉位的未實現利潤作為保證金，增加倉位的規模。這種方法提高了操作的槓桿比率，導致獲利潛力和風險同時增加。

Reaction（回折）：朝主趨勢的反方向行進的價格波動。

Relative strength（相對強度）：在股票市場裡，指的是某一支股票相對於大盤指數的價格強度。這個名詞也可以擴大應用，成為某種超賣／超買類型的指標。

Resistance（阻力）：在技術分析中，指上漲的市場在某個價格區，預期將碰到愈來愈大的賣盤壓力，而且賣壓足以阻止甚至扭轉漲勢。

Retracement（回檔）：與前一段趨勢相反的價格波動。比方說，在上漲的市場，所謂回檔六〇％是指前一段漲勢已經往下跌了六〇％。

Reversal day（反轉日）：市場上漲到新高（低）點，接下來反轉方向，收盤價低（高）於一天前或前幾天的收盤價。如果當天出現巨量，而且價格波動增強，則反轉日的意義更為重要。

Ring（交易檯）：同交易場（pit）。

Risk control（風險控制）：運用操作規則以控制風險。

Risk/reward ratio（風險／報酬比率）：某一筆操作的潛在損失估計值相對於潛在獲利估計值的比率。理論上，發生獲利或損失的機率也應該納入計算，但往往只是單純地利用獲利或損失的估計值算出比率。

Scalper（帽客）：指操作個人帳戶的場內交易員，尋找機會從很小的價格波動中賺取利潤。在一般情況下，帽客會試圖在有利的買進報價賣出，在有利的賣出報價買進——這種操作方法也給市場提供了流動性。

Seat（席位）：交易所的會員資格。

Sentiment indicator（人氣指標）：衡量後市看漲和後市看跌兩者勢力消長的測量值。人氣指標用於反向意見的操作。賣／買權比率是人氣指標的另一個例子。

Short（空頭倉）：以賣單建立的倉位，這種倉位在價格下跌時可以獲利。這個名詞有時也指持有這種倉位的個人或資金。

Slippage（滑移價差）：參考 Skid。

Skid（執行滑差）：一筆操作理論上的執行價格（例如開盤價區的中點）和實際成交價格之間的差距。

Speculator（投機客）：買賣金融工具或商品時願意接受風險，並從預期的價格波動中獲利的人。

Spike（釘價）：遠高（低）於前幾天和後來幾天高（低）點的價格。釘價至少顯示曾出現短暫的買（賣）壓高潮，有時可能是個大頭部或大底部。

Spread（價差交易）：在同一個市場或高度相關的市場中，同時買進一種期貨合約（或選擇權），並賣出另一種合約（或選擇權）。例如，買進六月長期公債並賣出九月長期公債、買進德國馬克並賣出瑞士法郎、買進 IBM 一三〇買權並賣出 IBM 一四〇買權。

Stop order（停止單）：在高於市價的價格所下的買單（或在低於市價的價格所下的賣單），一旦抵達預定的價格，便成為市價單。停止單有時用於建立新倉位，但最常見的用途是限制損失，也就是所謂的停損單（stop-loss orders）。

Support（支撐）：在技術分析中，指下跌的市場在某個價格區預期將碰到愈來愈大的買盤支撐，而且買盤足以阻止甚至扭轉跌勢。

System（系統）：一套明確的規則，用於產生買進和賣出訊號，供某個市場或某組市場使用。

System trader（系統操作者）：利用系統決定買進和賣出時機的操作者，他們的操作不仰賴個人對市況的判斷。

Tape reader（**價量分析者**）：密切注意一連串報價以及伴隨著報價的成交量，他們以價與量作為判斷市場的後續走勢。

Technical analysis（**技術分析**）：研究價格本身（有時也包括成交量和未平倉合約數），而不是研究基本面（亦即經濟面）市場因素的價格預測方法。技術分析往往相對於基本面分析而論。

Tick（**跳動點或檔**）：某個市場最小的價格波動（上或下）幅度。

Trading range（**橫向交易區**）：維持一段期間的橫向價格帶，所有的價格漲跌都發生在這個區間內。橫向交易區出現時，表示市場走勢漫無方向。

Trend（**趨勢**）：價格波動的大致方向（上漲或下跌）。

Trend-following system（**順勢操作系統**）：一種能夠在新趨勢出現時，往趨勢行進的方向發出買進或賣出訊號的系統。這種系統背後的假設是：趨勢一旦出現，就會傾向於繼續下去。

Uptick rule（**高價放空規定**）：股市的規定，即只能在前一個交易價格以上的價位放空。

Uptrend（上漲趨勢）：特定市場的價格波動傾向大致向上。

Volatility（波動值）：衡量某個市場價格變動程度的測量值。波動值高的市場，價格起伏很大。

Volume（成交量）：某段期間內成交的股票或合約總數。

Whipsaw（拉鋸價格）：指一種價格型態，特徵是趨勢一再突然反轉。這個名詞經常用於說明順勢操作系統在升沉不定、毫無趨勢可言的市場裡發生損失。在這類市況中，順勢系統經常在價格反轉下跌之前發出買進訊號，而在價格反轉上漲之前發出賣出訊號。

強檔上線
全新改版
Invest your profession
歡迎大家加入IPC
即可享有會員專屬優惠
我的IPC
BLOG
財金觀點
課程
即刻選購寰宇
折優惠叢書
熱門排行 MOST POPULAR ITEMS
寰宇嚴選
www.ipci.com.tw
IPC 寰宇財金網
財金趨勢與產業動態的領航家

寰宇圖書分類

技術分析

分類號	書名	書號	定價
1	波浪理論與動量分析	F003	320
2	股票 K 線戰法	F058	600
3	市場互動技術分析	F060	500
4	股票成交當量分析	F070	300
5	動能指標	F091	450
6	技術分析 & 選擇權策略	F097	380
7	史瓦格期貨技術分析 (上)	F105	580
8	史瓦格期貨技術分析 (下)	F106	400
9	市場韻律與時效分析	F119	480
10	完全技術分析手冊	F137	460
11	金融市場技術分析 (上)	F155	420
12	金融市場技術分析 (下)	F156	420
13	網路當沖交易	F160	300
14	股價型態總覽 (上)	F162	500
15	股價型態總覽 (下)	F163	500
16	包寧傑帶狀操作法	F179	330
17	陰陽線詳解	F187	280
18	技術分析選股絕活	F188	240
19	主控戰略 K 線	F190	350
20	主控戰略開盤法	F194	380
21	狙擊手操作法	F199	380
22	反向操作致富術	F204	260
23	掌握台股大趨勢	F206	300
24	主控戰略移動平均線	F207	350
25	主控戰略成交量	F213	450
26	盤勢判讀的技巧	F215	450
27	巨波投資法	F216	480
28	20 招成功交易策略	F218	360
29	主控戰略即時盤態	F221	420
30	技術分析．靈活一點	F224	280
31	多空對沖交易策略	F225	450
32	線形玄機	F227	360
33	墨菲論市場互動分析	F229	460
34	主控戰略波浪理論	F233	360
35	股價趨勢技術分析—典藏版 (上)	F243	600
36	股價趨勢技術分析—典藏版 (下)	F244	600
37	量價進化論	F254	350
38	讓證據說話的技術分析 (上)	F255	350
39	讓證據說話的技術分析 (下)	F256	350
40	技術分析首部曲	F257	420
41	股票短線 OX 戰術 (第 3 版)	F261	480
42	統計套利	F263	480
43	探金實戰．波浪理論 (系列 1)	F266	400
44	主控技術分析使用手冊	F271	500
45	費波納奇法則	F273	400
46	點睛技術分析—心法篇	F283	500
47	J 線正字圖．線圖大革命	F291	450
48	強力陰陽線 (完整版)	F300	650
49	買進訊號	F305	380
50	賣出訊號	F306	380
51	K 線理論	F310	480
52	機械化交易新解：技術指標進化論	F313	480
53	趨勢交易	F323	420
54	艾略特波浪理論新創見	F332	420
55	量價關係操作要訣	F333	550
56	精準獲利 K 線戰技 (第二版)	F334	550
57	短線投機養成教育	F337	550
58	XQ 洩天機	F342	450
59	當沖交易大全 (第二版)	F343	400
60	擊敗控盤者	F348	420
61	圖解 B-Band 指標	F351	480
62	多空操作秘笈	F353	460
63	主控戰略型態學	F361	480
64	買在起漲點	F362	450
65	賣在起跌點	F363	450
66	酒田戰法—圖解 80 招台股實證	F366	380
67	跨市交易思維—墨菲市場互動分析新論	F367	550
68	漲不停的力量—黃綠紅海撈操作法	F368	480
69	股市放空獲利術—歐尼爾教賺全圖解	F369	380
70	賣出的藝術—賣出時機與放空技巧	F373	600
71	新操作生涯不是夢	F375	600
72	新操作生涯不是夢—學習指南	F376	280
73	亞當理論	F377	250
74	趨向指標操作要訣	F379	360
75	甘氏理論 (第二版) 型態 - 價格 - 時間	F383	500
76	雙動能投資—高報酬低風險策略	F387	360
77	科斯托蘭尼金蛋圖	F390	320
78	與趨勢共舞	F394	600
79	技術分析精論第五版 (上)	F395	560
80	技術分析精論第五版 (下)	F396	500

技術分析（續）

分類號	書名	書號	定價
81	不說謊的價量	F416	420
82	K 線理論 2: 蝴蝶 K 線台股實戰法	F417	380
83	關鍵買賣點：突破實戰交易的科學與藝	F433	650
84	約翰墨菲視覺分析	F445	450

智慧投資

分類號	書名	書號	定價
1	股市大亨	F013	280
2	新股市大亨	F014	280
3	智慧型股票投資人	F046	500
4	股票作手回憶錄（經典版）	F062	380
5	超級強勢股	F076	420
6	與操盤贏家共舞	F174	300
7	掌握股票群眾心理	F184	350
8	掌握巴菲特選股絕技	F189	390
9	高勝算操盤（上）	F196	320
10	高勝算操盤（下）	F197	270
11	透視避險基金	F209	440
12	倪德厚夫的投機術（上）	F239	300
13	倪德厚夫的投機術（下）	F240	300
14	圖風勢—股票交易心法	F242	300
15	從躺椅上操作：交易心理學	F247	550
16	華爾街傳奇：我的生存之道	F248	280
17	金融投資理論史	F252	600
18	華爾街一九〇一	F264	300
19	費雪・布萊克回憶錄	F265	480
20	歐尼爾投資的 24 堂課	F268	300
21	探金實戰・李佛摩投機技巧（系列 2）	F274	320
22	金融風暴求勝術	F278	400
23	交易・創造自己的聖盃（第二版）	F282	600
24	華爾街怪傑巴魯克傳	F292	500
25	交易者的 101 堂心理訓練課	F294	500
26	兩岸股市大探索（上）	F301	450
27	兩岸股市大探索（下）	F302	350
28	專業投機原理 I	F303	480
29	專業投機原理 II	F304	400
30	探金實戰・李佛摩手稿解密（系列 3）	F308	480
31	證券分析第六增訂版（上冊）	F316	700
32	證券分析第六增訂版（下冊）	F317	700
33	探金實戰・李佛摩資金情緒管理（系列 4）	F319	350
34	探金實戰・李佛摩 18 堂課（系列 5）	F325	250
35	交易贏家的 21 週全紀錄	F330	460
36	量子盤感	F339	480
37	探金實戰・作手談股市內幕（系列 6）	F345	380
38	柏格頭投資指南	F346	500
39	股票作手回憶錄—註解版（上冊）	F349	600
40	股票作手回憶錄—註解版（下冊）	F350	600
41	探金實戰・作手從錯中學習	F354	380
42	投資悍客	F356	400
43	王力群談股市心理學	F358	420
44	新世紀金融怪傑（上冊）	F359	450
45	新世紀金融怪傑（下冊）	F360	450
46	股票作手回憶錄（完整版）	F374	650
47	超越大盤的獲利公式	F380	300
48	智慧型股票投資人（全新增訂版）	F389	800
49	非常潛力股（經典新譯版）	F393	420
50	股海奇兵之散戶語錄	F398	380
51	投資進化論：揭開"投腦"不理性的真相	F400	500
52	擊敗群眾的逆向思維	F401	450
53	投資檢查表：基金經理人的選股秘訣	F407	580
54	魔球投資學（全新增訂版）	F408	500
55	操盤快思 X 投資慢想	F409	420
56	文化衝突：投資，還是投機？	F410	550
57	非理性繁榮：股市。瘋狂。警世預言家	F411	600
58	巴菲特 & 索羅斯之致勝投資習慣	F412	500
59	客戶的遊艇在哪裡？	F414	350
60	投資詐彈課：識破投資騙局的五個警訊	F418	380
61	心理學博士的深度交易課	F424	500
62	巴菲特的繼承者們	F425	650
63	為什麼總是買到賠錢股	F426	380
64	約翰柏格投資常識（全新增訂 & 十周年紀念版）	F430	480
65	不存在的績效：馬多夫對沖基金騙局最終結案報告	F432	500
66	投資哲人查理蒙格傳	F435	500

智慧投資(續)

分類號	書名	書號	定價
67	優勢投資人交戰守則	F436	420
68	哥倫比亞商學院必修投資課	F437	700
69	索羅斯金融煉金術	F442	600
70	股市金融怪傑	F444	580
71	頂尖避險基金經理人的形成	F446	450
72	股海奇兵之贏在判讀力	F448	380
73	金融怪傑(30周年紀念版)	F450	650

投資策略

分類號	書名	書號	定價
1	經濟指標圖解	F025	300
2	史瓦格期貨基本分析(上)	F103	480
3	史瓦格期貨基本分析(下)	F104	480
4	操作心經：全球頂尖交易員提供的操作建議	F139	360
5	攻守四大戰技	F140	360
6	股票期貨操盤技巧指南	F167	250
7	股票成交量操作戰術	F182	420
8	股票長短線致富術	F183	350
9	交易，簡單最好！	F192	320
10	股價走勢圖精論	F198	250
11	價值投資五大關鍵	F200	360
12	計量技術操盤策略(上)	F201	300
13	計量技術操盤策略(下)	F202	270
14	震盪盤操作策略	F205	490
15	透視避險基金	F209	440
16	看準市場脈動投機術	F211	420
17	巨波投資法	F216	480
18	股海奇兵	F219	350
19	混沌操作法 II	F220	450
20	智慧型資產配置	F250	350
21	混沌操作法新解	F270	400
22	在家投資致富術	F289	420
23	看經濟大環境決定投資	F293	380
24	高勝算交易策略	F296	450
25	散戶升級的必修課	F297	400
26	他們如何超越歐尼爾	F329	500
27	交易，趨勢雲	F335	380
28	沒人教你的基本面投資術	F338	420
29	隨波逐流～台灣50平衡比例投資法	F341	380
30	李佛摩操盤術詳解	F344	400
31	用賭場思維交易就對了	F347	460
32	超級績效—金融怪傑交易之道	F370	450
33	你也可以成為股市天才	F378	350
34	順勢操作—多元管理的期貨交易策略	F382	550
35	陷阱分析法	F384	480
36	全面交易—掌握當沖與波段獲利	F386	650
37	資產配置投資策略(全新增訂版)	F391	500
38	波克夏沒教你的價值投資術	F392	480
39	股市獲利倍增術(第五版)	F397	450
40	護城河投資勢：巴菲特獲利的唯一法則	F399	320
41	賺贏大盤的動能投資法	F402	450
42	下重注的本事	F403	350
43	趨勢交易正典(全新增訂版)	F405	600
44	股市真規則	F412	580
45	投資人宣言：建構無懼風浪的終身投資計畫	F419	350
46	美股隊長操作秘笈：美股生存手冊	F420	500
47	傑西・李佛摩股市操盤術(中文新譯版)	F422	420
48	擊敗黑色星期一的投資鬼才：馬丁．茲威格操盤全攻略	F423	500
49	計量價值的勝率	F428	500
50	尋找股價飆漲前的下一個星巴克、麥當勞、沃爾瑪與全食超市	F429	500
51	股海奇兵之成長型投資	F431	280
52	超級績效2: 投資冠軍的操盤思維	F434	450
53	21世紀價值投資	F438	500
54	耶魯操盤手：非典型成功	F439	500
55	超級績效3：動能大師圓桌論壇	F440	420
56	尋找超值股：解決投資難題的價值檢定程序	F441	420
57	股票交易精鍊手冊	F443	420
58	順勢交易：多空策略實作指引	F447	450
59	當沖專業原理	F449	500

程　式　交　易

分類號	書名	書號	定價
1	高勝算操盤(上)	F196	320
2	高勝算操盤(下)	F197	270
3	狙擊手操作法	F199	380
4	計量技術操盤策略(上)	F201	300
5	計量技術操盤策略(下)	F202	270
6	《交易大師》操盤密碼	F208	380
7	TS 程式交易全攻略	F275	430
8	PowerLanguage 程式交易語法大全	F298	480
9	交易策略評估與最佳化(第二版)	F299	500
10	全民貨幣戰爭首部曲	F307	450
11	HSP 計量操盤策略	F309	400
12	MultiCharts 快易通	F312	280
13	計量交易	F322	380
14	策略大師談程式密碼	F336	450
15	分析師關鍵報告 2─張林忠教你程式交易	F364	580
16	三週學會程式交易	F415	550

期　貨

分類號	書名	書號	定價
1	高績效期貨操作	F141	580
2	期貨賽局(上)	F231	460
3	期貨賽局(下)	F232	520
4	雷達導航期股技術(期貨篇)	F267	420
5	期指格鬥法	F295	350
6	分析師關鍵報告(期貨交易篇)	F328	450
7	期貨交易策略	F381	360
8	期貨市場全書(全新增訂版)	F421	1200

選　擇　權

分類號	書名	書號	定價
1	技術分析 & 選擇權策略	F097	380
2	交易，選擇權	F210	480
3	選擇權策略王	F217	330
4	活用數學・交易選擇權	F246	600
5	選擇權賣方交易總覽(第二版)	F320	480
6	選擇權安心賺	F340	420
7	選擇權 36 計	F357	360
8	技術指標帶你進入選擇權交易	F385	500
9	台指選擇權攻略手冊	F404	380
10	選擇權價格波動率與訂價理論	F406	1080

共　同　基　金

分類號	書名	書號	定價
1	柏格談共同基金	F178	420
2	基金趨勢戰略	F272	300
3	定期定值投資策略	F279	350
4	理財贏家 16 問	F318	280
5	共同基金必勝法則 - 十年典藏版(上)	F326	420
6	共同基金必勝法則 - 十年典藏版(下)	F327	380

債券貨幣

分類號	書名	書號	定價
1	賺遍全球：貨幣投資全攻略	F260	300
2	外匯交易精論	F281	300
3	外匯套利 I	F311	450
4	外匯套利 II	F388	580

財務教育

分類號	書名	書號	定價
1	點時成金	F237	260
2	蘇黎士投機定律	F280	250
3	投資心理學(漫畫版)	F284	200
4	歐丹尼成長型股票投資課(漫畫版)	F285	200
5	貴族·騙子·華爾街	F287	250
6	就是要好運	F288	350
7	財報編製與財報分析	F331	320
8	交易駭客任務	F365	600
9	舉債致富	F427	450

財務工程

分類號	書名	書號	定價
1	固定收益商品	F226	850
2	信用衍生性 & 結構性商品	F234	520
3	可轉換套利交易策略	F238	520
4	我如何成為華爾街計量金融家	F259	500

國家圖書館出版品預行編目資料

金融怪傑：全球頂尖交易高手對談錄／傑克．史瓦格（Jack D. Schwager）著；俞濟群、王永健譯. -- 三版. -- 臺北市:寰宇 ,2020.10
688面 ; 14.8 X 21公分. -- (史瓦格金融訪談系列)(寰宇智慧投資 ; 450)
譯自 : MARKET WIZARDS： INTERVIEWS WITH TOP TRADERS

ISBN 978-986-99330-2-5（平裝）

1.投資

563.5 109015397

寰宇智慧投資450

金融怪傑：全球頂尖交易高手對談錄（30周年紀念版）

作　　者　傑克．史瓦格（Jack D. Schwager）
譯　　者　俞濟群、王永健
編　　輯　陳民傑
美　　編　富春全球股份有限公司
封面設計　YUNING LEE

發 行 人　江聰亮
出 版 者　寰宇出版股份有限公司
台北市 106大安區仁愛路四段 109號13樓
TEL: (02) 2721-8138　FAX: (02) 2711-3270
E-mail: service@ipci.com.tw
http://www.ipci.com.tw
登 記 證　局版台省字第3917號
劃撥帳號　1146743-9
出版日期　西元2020年10月　三版一刷
定　　價　新台幣650元

ISBN：978-986-99330-2-5 (平裝)